房地产经营管理丛书

房地产会计

FANGDICHAN KUAIJI

（第八版）

武玉荣　编著

首都经济贸易大学出版社
Capital University of Economics and Business Press
·北 京·

图书在版编目(CIP)数据

房地产会计/武玉荣编著. --8版. --北京:首都经济贸易大学出版社,2020.1
(房地产经营管理丛书)
ISBN 978-7-5638-3029-9

Ⅰ.①房… Ⅱ.①武… Ⅲ.①房地产业—会计 Ⅳ.①F293.33

中国版本图书馆CIP数据核字(2019)第255093号

房地产会计(第八版)
武玉荣 编著

责任编辑 彭 芳
封面设计 风得信·阿东 FondesyDesign
出版发行 首都经济贸易大学出版社
地　　址 北京市朝阳区红庙(邮编100026)
电　　话 (010)65976483 65065761 65071505(传真)
网　　址 http://www.sjmcb.com
E-mail publish@cueb.edu.cn
经　　销 全国新华书店
照　　排 北京砚祥志远激光照排技术有限公司
印　　刷 北京九州迅驰传媒文化有限公司
开　　本 710毫米×1000毫米 1/16
字　　数 497千字
印　　张 28.25
版　　次 1994年2月第1版 **2020年1月第8版**
2020年1月总第18次印刷
书　　号 ISBN 978-7-5638-3029-9
定　　价 52.00元

前言

自1994年至2017年,《房地产会计》一书出版发行了第一至第七版。2017年8月发行的本书第七版全面遵循和体现了截至2017年4月财政部制订及修订后颁发的41项企业会计准则、企业会计准则解释第1号至第8号、《企业产品成本核算制度》、《营业税改征增值税试点实施办法》、《房地产开发企业销售自行开发的房地产项目增值税征收管理暂行办法》和《增值税会计处理规定》等相关法规、制度的要求,即本书的会计理论与方法紧跟会计改革的步伐,与时俱进,不断更新,内容丰富、充实。

2017年5月以来,财政部制订及修订后颁发了《企业会计准则第14号——收入》《企业会计准则第16号——政府补助》《企业会计准则第21号——租赁》《企业会计准则第37号——金融工具列报》《企业会计准则第42号——持有待售的非流动资产、处置组和终止经营》,还颁发了企业会计准则解释第9号和第12号。2019年,财政部又先后颁发了修订的《企业会计准则第7号——非货币性资产交换》和《企业会计准则第12号——债务重组》。2017年3月31日,财政部修订后颁发的《企业会计准则第22号——金融工具确认和计量》、《企业会计准则第23号——金融资产转移》和《企业会计准则第24号——套期会计》三项新金融工具会计准则,于2018年、2019年和2021年先后在不同类型企业施行,但并未发布应用指南,第七版仅将三个新金融工具准则对相关章节的影响做了简略的文字说明。新修订和新颁发的企业会计准则全面施行在即,于是本书第八版的诞生势在必行。

与第七版相比,第八版主要做以下修订:

1. 第一章总论,按修订后的新准则修改收入确认的条件,充实会计准则体系的内容。

2. 第三章交易性金融资产和应收项目,按修订后的金融工具确认和计量准则,修改了金融资产的概念和分类,修改了交易性金融资产计量的例题,充实了应收款项减值准备的计提;按修订的债务重组准则修改了债务重组的定义、债权人和债务人的会计处理原则,修改和补充了相关例题。

3. 第四章存货，按修订的非货币性资产交易准则，修改了通过非货币性资产交易换入存货的确认和计量原则及其例题。

4. 第五章债权投资、其他债权投资、其他权益工具投资和长期股权投资，按修订后的新准则重新阐述，除长期股权投资外均按修订后的金融工具准则修改相关金融资产的确认和计量、相关账户以及例题。

5. 第七章固定资产，按新颁发的会计准则重新表述持有待售固定资产的确认与计量、租入固定资产的确认与计量、固定资产出售会计处理及相关例题。

6. 第八章无形资产和其他非流动资产，按新颁发的会计准则充实了无形资产的摊销方法。

7. 第九章负债，按照 2018 年的规定修改了相关费税的比率，鉴于国家为减轻企业税负还将逐步降低税率，故没有采用 2019 年 4 月 1 日起施行的 13%、9% 的增值税税率；充实了金融负债的会计处理。

8. 第十二章收入、利润和所得税费用，按修订后的《企业会计准则第 14 号——收入》修改营业收入的确认与计量；房产税、车船税、土地使用税、印花税不再计入管理费用，而计入税金及附加。

9. 第十三章财务报表，按 2018 年财政部修订的适用于施行新金融工具准则企业的财务报表格式修改、充实了相关报表的内容、填制方法和例题。

本书第八版与同类书籍相比具有以下特点：

第一，资料充实、新颖。本书依据截至 2019 年 3 月财政部、国家税务总局及其他相关部门所颁发的与房地产会计相关的法律、法规、制度和规定，体现与国际财务报告准则持续趋同的新的理念和方法。

第二，内容丰富、综合。本书各章内容不局限于与之直接相关的具体会计准则，还扩展到与之相关的其他具体会计准则，将与某项资产、负债、所有者权益、收入、费用和利润相关的确认、计量和记录综合于各章节。第三章交易性金融资产和应收项目，吸纳债务重组准则的内容，将与应收款项列报相关的应收债权的重组纳入第六节；第四章存货，吸纳债务重组准则、非货币性资产交换准则的内容，将与存货列报相关的内容纳入存货确认与计量；第七章固定资产，将租赁准则、非货币性资产交换准则、债务重组准则、持有待售的非流动资产准则的内容，纳入固定资产的确认、计量和处置；第八章无形资产和其他非流动资产，将企业合并准则和资产减值准则的内容，纳入商誉的确认和商誉减值；第九章负债，将职工薪酬准则、股份支付准则、借款费用准则、或有事项准则的内容，纳入应付职工薪酬、非流动负债和预计负债的确认与计量。

第三，理论与实务兼收并蓄。本书将会计基本理论与基本方法的阐述，以及企业会计准则对企业会计核算的一般要求和原则规定与房地产企业会计实务操作有机结合，兼收并蓄，注重体现房地会计的特殊性。第十一章成本费用，系统阐述了开发产品成本核算程序和方法，并列举了大量实例；第十二章收入、利润和所得税费用，阐述了房地产企业预交营业税、预交土地增值税和土地增值税清算的会计处理，并举例说明。

第四，结构严谨、言简意赅。

本书既可作为高等院校会计学专业、房地产经营管理专业的教学用书，也可作为房地产企业会计人员，相关机构的税收、审计人员等的自学或培训教材。

本书第八版仍难免有疏漏之处，敬请读者指正。

目 录

CONTENTS

DI YI ZHANG 第一章 总 论

房 地 产 会 计

第一节 房地产会计的定义及对象

一、房地产及房地产业的经济活动

（一）房地产及其特点

房地产是房产和地产的总称。房产是指各种房屋财产，包括住宅、厂房以及商业、文教、体育、医疗和办公用房等；地产是指土地财产，它是土地和地面、地下各种设施的总称，包括土地使用权、地面道路以及地下供水、供电、供气、供热、排水排污、通信等线路和管网。房屋依地而建，地面和地下各种基础设施又是为房屋主体发挥效能服务的，是房屋主体不可分割的一部分，因此，房产和地产是密不可分的，人们通常把房产和地产统称为房地产。房地产是房地产业的经营对象。

与工业产品比较，房地产具有如下特点：

1. 房地产位置的固定性。房地产属于不动产，这是因为土地作为一种自然资源，是地球的一部分，无法移动，房屋和各种基础设施依地而建，也必然固定在一定的位置上，一般不能移动。房地产地理位置的固定性决定了房地产开发经营必须在预定的地区或地域进行，其开发经营规模应与当地房地产需求趋势相一致，其设计和建造应充分重视该地区的生活水平、思想文化传统、民族风俗、工程地质条件和水文地质条件。为此，开发商必须对拟建项目进行慎重的可行性研究。

2. 房地产使用寿命的长期性。土地是一种不可毁灭的自然资源，人类可以改变它的用途，但却无法使它丧失使用价值。房屋和各项基础设施，只要不遭受重大自然灾害或被人们有目的地拆除，其使用寿命可达数十年乃至数百年。房地产的耐用性决定了房地产开发经营必须具有远见卓识，符合开发地区长远发展规划的要求，同时，在开发建设过程中必须重视工程质量，做到“百年大计，质量第一”。

3. 房地产的单件性。由于每一块土地和每一栋房屋都是根据城市总体规划和用户的要求进行开发建设的，因此其用途、结构、面积、材料和装饰各不相同。即使按同一设计图纸开发建设的房地产项目，也会因开发地点的工程地质条件、水文地质条件、气候条件和建设时间的不同而有很大差别。房地产的单件性决定了房地产开发商必须按设计图纸精心组织每个开发项目的建设，并单独核算各开发项目的成本。

4. 房地产价值的昂贵性。每个房地产项目的开发建设都要经过可行性研究、取得土地使用权、征地拆迁、勘察设计、工程施工、竣工验收和出售等若干阶段，开发建设周期少则数月，多则数年。由于土地使用权价格和开发建设过程中的工程造价颇高，因此，经过很长开发建设周期而形成的房地产商品价值昂贵。这个特点决定了房地产开发商要有足够的经济实力，并需多方筹措资金，如经批准可发行公司股票或债券、取得长短期银行贷款、预收购房订金等。同时，房地产开发商还应在保证质量的前提下，尽量缩短建设周期以减少资金占用，降低房地产成本。

5. 房地产的保值、增值性。随着人口的增加和人们物质生活水平的提高，对房地产的需求会日益增长。但是，土地资源是有限的，可供建筑房的土地更是有限的，因此，房地产价格一般呈上升趋势，加之其寿命极长，故比其他物品更具有保值、增值的功能。

（二）房地产业的经济活动

房地产业是从事房地产开发、建设、经营、管理和服务的综合性行业。房地产业作为不同于建筑业的独立行业，是集房地产开发、建设、经营、管理和服务为一体的，以第三产业为主的产业部门。它的发展不仅为各行各业提供以房地产为主的生产和生活资料，而且促进了经济特区、开发区和城市建设，带动了建筑业、建材业、交通运输业、商品流通业、邮电通信业以及市政、园林等行业的发展，加速了住宅现代化和商品化的步伐，推动了我国新型城镇化的进程。房地产业已经成为我国国民经济的支柱产业之一。

房地产业的主要经济活动包括房地产开发、房地产经营、房地产管理和服务。

1. 房地产开发。房地产开发包括土地开发与房屋开发。

(1)土地开发。土地开发是指对土地进行平整、建筑物拆除、地下管线铺设和道路等基础设施的建设。从广义上讲，土地开发包括新城区的土地开发和旧城区的土地再开发。新城区的土地开发是为城市的新建、扩建和改建提供新的建设场地，它是通过征用农村集体所有制土地、受让土地使用权和城市基础设施建设来实现的。城市基础设施建设是指城市各项建设的前期工程，如道路、上下水、电力、煤气、热力、通信设施等的建设和垃圾处理。新城区的土地开发使“生地”变成“熟地”，为城区建设提供了良好的投资环境。旧城区的土地再开发是为了改变旧城区人口密集，交通、住宅拥挤，房屋陈旧和设施落后的状况，它是通过拆迁和改造实现的。旧城区的土地再开发主要包括道路和基础设施等按城市规划的要求进行改造，以提高土地利用程度，改善生产和生活条件，改善投资环境。

(2)房屋开发。房屋开发是指城市各种房屋，包括商品房、商厦、饭店、学校、厂房和其他用房的开发建设。房屋开发包括新城区房屋开发和旧城区房屋再开发。房屋开发周期较长，涉及面广，工作繁杂，耗资大，必须按规定的建设程序，有计划、有组织、有步骤地进行。

由于土地和房屋不可分割，土地开发和房屋开发紧密相关，因此，将二者统称为房地产综合开发。

2.房地产经营。房地产经营从广义上讲是指从房地产开发到房地产售后服务的全过程，从狭义上讲仅指房地产出售、租赁和抵押。房地产出售是土地使用权和房屋所有权的转让；房地产租赁是房地产使用权的转移，并不改变其所有权，可视为使用权的出售；房地产抵押是指房地产所有者将其房地产所有权作为抵押物赋予抵押权人，以此作为取得贷款的还款保证。目前，我国的房地产经营主要是指房地产出售和房地产租赁，它是房地产从生产进入消费过程中的两种基本形式。

3.房地产管理与服务。房地产管理与服务包括房地产产权管理、房地产产业管理和房地产物业管理。房地产产权管理是指房地产开发经营企业对其开发完成的商品性建设场地和商品房的法定所有权的取得、转让所进行的管理。房地产产业管理是指房地产开发经营企业对其经营的场地、房屋和基础设施等进行的数量、价值和质量的管理。房地产物业管理主要是指对出售和租赁后的房地产提供的各种服务，包括房屋和基础设施的维修保养，房屋的装修装饰，住宅小区的清洁、绿化，治安保卫和通话通邮等。

上述经济活动是由房地产开发公司、房地产经营公司、房地产交易所等机构完成的。

二、房地产会计的定义

众所周知,会计是经济管理的重要组成部分,它是以货币作为主要计量单位,运用一系列专门方法,对企事业单位的经济活动进行连续、系统、综合、全面反映和监督的一项经济管理活动。会计与其他经济管理活动比较有三个明显特点:一是以货币作为主要计量单位;二是会计对经济活动的反映和监督是连续的、系统的、综合的、全面的;三是会计的基本职能是反映和监督。

房地产会计是用来管理房地产业经济活动的一种专业会计。它和工业企业会计、交通运输企业会计、商品流通企业会计、金融企业会计等用于特定行业的会计一样,都是运用会计学的基本理论和基本方法来研究特定行业的具体理论和具体方法的。其特殊性在于,房地产会计是结合房地产业开发经营特点,来研究房地产业在开发、经营、管理和服务活动中所涉及的会计理论和方法。

鉴于我国的房地产企业多集开发和经营于一身,本书所述房地产会计,也可称为房地产开发经营企业会计。

三、房地产会计的对象

房地产会计的对象,是指房地产会计反映和监督的内容。房地产会计的对象取决于房地产业的经济活动内容及其特点,并受到会计职能的制约。如前所述,房地产业的主要经济活动是从事房地产开发、经营、管理和售后服务,会计的基本职能是反映和监督,那么,房地产会计的对象则是反映和监督房地产业能用货币表现的经济活动。由于房地产开发公司、房地产经营公司和房地产交易所等机构的经济活动内容各有侧重,不尽相同,而房地产开发经营企业经济活动的内容和范围较为广泛,可以囊括房地产业全部经济活动,因此,本书就以房地产开发经营企业为例说明房地产会计的对象和方法。

(一)房地产会计的一般对象

房地产业的经济活动是在生产、流通、消费、分配四个环节中进行的。

房地产开发经营企业在从事开发经营活动之前,必须从投资者和债权人那里取得货币资金,当其具备一定生产条件后,就可以进行开发经营活动了。其开发经营活动包括供应、生产、销售三个过程。

在供应过程中,房地产开发经营企业要用货币资金购买材料物资,以备工程之用。对于采用出包方式施工的工程,则需要按照承发包合同的规定预付给承包单位工程款和备料款,从而使企业的货币资金转化为储备资金、结算资金。

在开发生产过程中，房地产开发经营企业采用自营方式或出包方式进行工程施工。自营工程会发生物化劳动和活劳动耗费，主要表现在：①引起固定资产价值损耗，并以计提折旧的形式将其损耗的价值计入工程成本；②引起材料物资的耗费，使其价值一次全部地计入工程成本；③引起职工薪酬和其他费用的支付，并以人工费用和间接费用形式计入工程成本。出包工程要按承发包合同规定的结算办法结算工程价款。在这个过程中，企业的货币资金、储备资金和结算资金转化为在建资金。随着工程的竣工验收，在建资金又进而转化为建成资金。

在销售过程中，房地产开发经营企业将其开发完成的商品性建设场地、商品房和其他配套设施进行转让或出售，从而实现商品价值，并收回货币资金。企业收回的货币资金，首先用以补偿开发建设过程中的耗费，以保证简单再生产的顺利进行；其价值增值部分，就是企业实现的利润，除按规定向国家缴纳税金和提取盈余公积金外，可用于向所有者分配利润。盈余公积金和未分配利润可以用来转增资本，以实现企业扩大再生产的目标。

由此可见，供、产、销过程的进行，不仅完成了房地产业再生产过程的四个环节，而且也使企业的资金不断地改变形态，从货币资金开始，顺序转换为储备资金、结算资金、在建资金、建成资金，最后又转回货币资金。资金的这种转化过程，称为资金的循环。随着再生产过程的不断进行，企业的资金就会周而复始地不断循环，称为资金的周转。这种资金的循环和周转体现了房地产开发经营企业能以货币表现的经济活动，称之为资金运动，它便是房地产会计的一般对象。

房地产开发经营企业的资金运动见图 1-1。

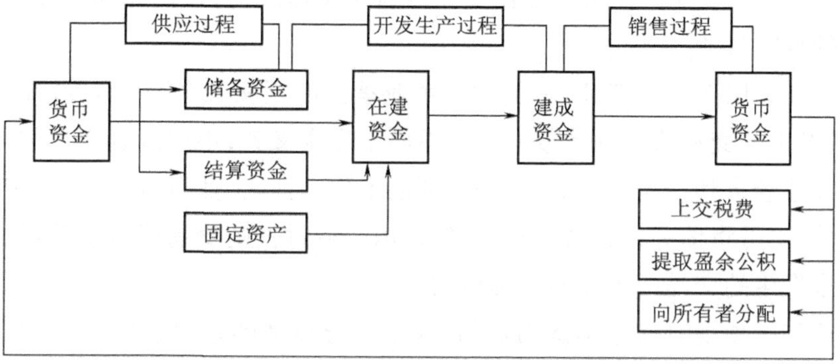

图 1-1　房地产开发经营企业的资金运动

(二)房地产会计的具体对象

上述房地产业的资金运动又可以按经济业务的特征划分为若干类别,这就是会计要素。会计的具体对象就是会计要素的增减变动。企业会计要素有资产、负债、所有者权益、收入、费用和利润等。

1. 资产的定义及其确认条件。资产是指企业过去的交易或者事项形成的、由企业拥有或者控制的、预期会给企业带来经济利益的经济资源。具体地说,它表现为各种财产和权利。

资产具有以下三个特征:①资产预期会给企业带来经济利益,具有直接或间接导致现金或现金等价物流入企业的潜力,它是资产的最重要的特征;②资产应为企业拥有或者控制的资源,企业享有资产的所有权或控制权,才能从资产中获得经济利益;③资产是由企业过去的交易或者事项形成的,企业在未来发生的交易或者事项不形成资产。

企业将一项资源确认为资产,既要符合资产的定义,又要同时具备以下两个条件:①与该资源有关的经济利益很可能流入企业;②该资源的成本或价值能够可靠地计量。符合资产定义但不符合资产确认条件的项目,不能确认为资产。

资产按其流动性质可以划分为流动资产和非流动资产。流动资产是指在一年内或超过一年的一个营业周期内变现、出售或耗用的资产,如库存现金、银行存款、交易性金融资产、应收账款、预付账款和存货等。非流动资产是指不可能也不准备在一年内或超过一年的一个营业周期内变现、出售或耗用的资产,如持有至到期投资、投资性房地产、固定资产、无形资产、长期待摊费用,以及其他长期资产。房地产开发经营企业的资产构成见图 1 -2。

2. 负债。负债是指企业过去的交易或者事项形成的、预期会导致经济利益流出企业的现时义务。

负债具有以下三个特征:①负债是企业承担的现实义务,它是负债的基本特征,未来发生的交易或事项形成的义务不属于现实义务,不应确认为负债;②负债预计会导致经济利益流出企业,它是负债的本质特征,企业可以用资产、劳务形式偿还负债,也可将债务转为资本;③负债是由企业过去的交易或者事项形成的,企业在未来发生的交易或事项不能确认为负债。

企业将一项现时义务确认为负债,既要符合负债的定义,又要同时具备以下两个条件:①与该项义务有关的经济利益很可能流出企业;②未来流出的经济利益的金额能够可靠地计量。符合负债定义但不符合负债确认条件的项目,不能确认为负债。

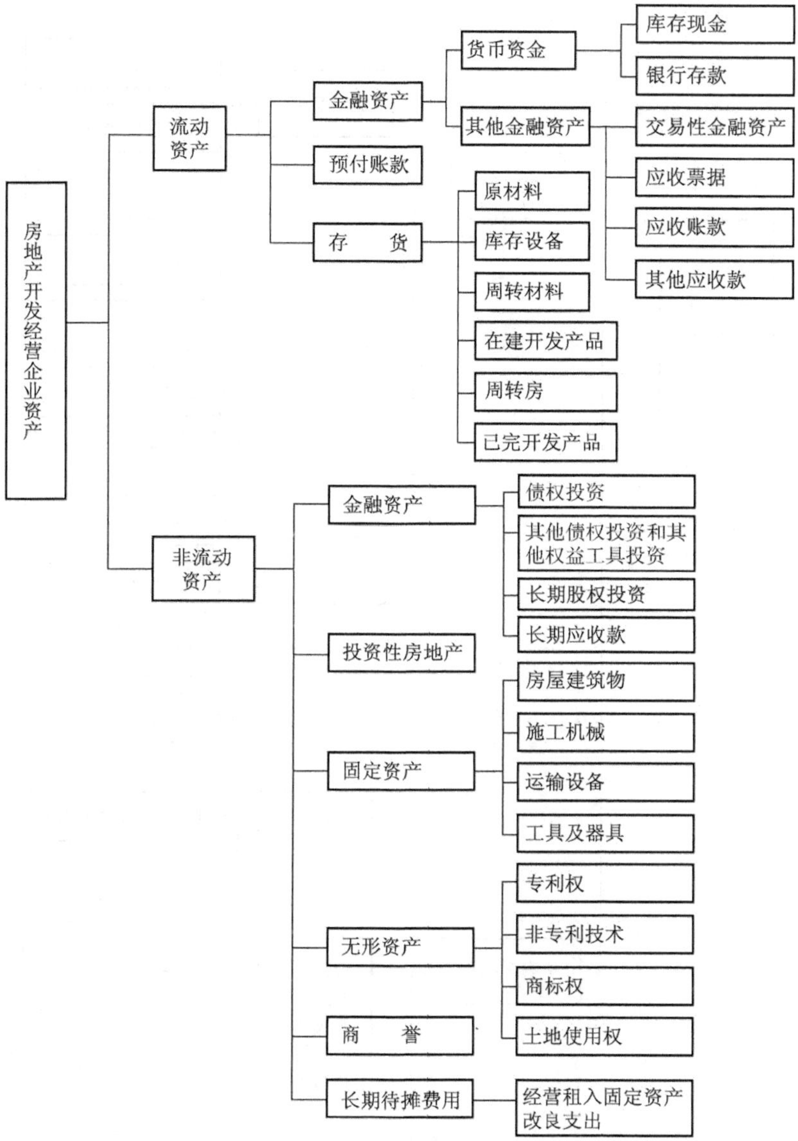

图 1－2　房地产开发经营企业的资产构成

企业的负债按其偿还期限的长短可以划分为流动负债和非流动负债。流动负债是指在一年或超过一年的一个营业周期内偿还的债务，如短期借款、交易性金融负债、应付账款、预收账款、应付职工薪酬、应付股利和应交税费等；非流动负债是指偿还期限在一年或超过一年的一个营业周期以上的债务，如长期借款、应付长期债券、长期应付款、预计负债等。房地产开发经营企业的负债及所有者权益构成见图 1－3。

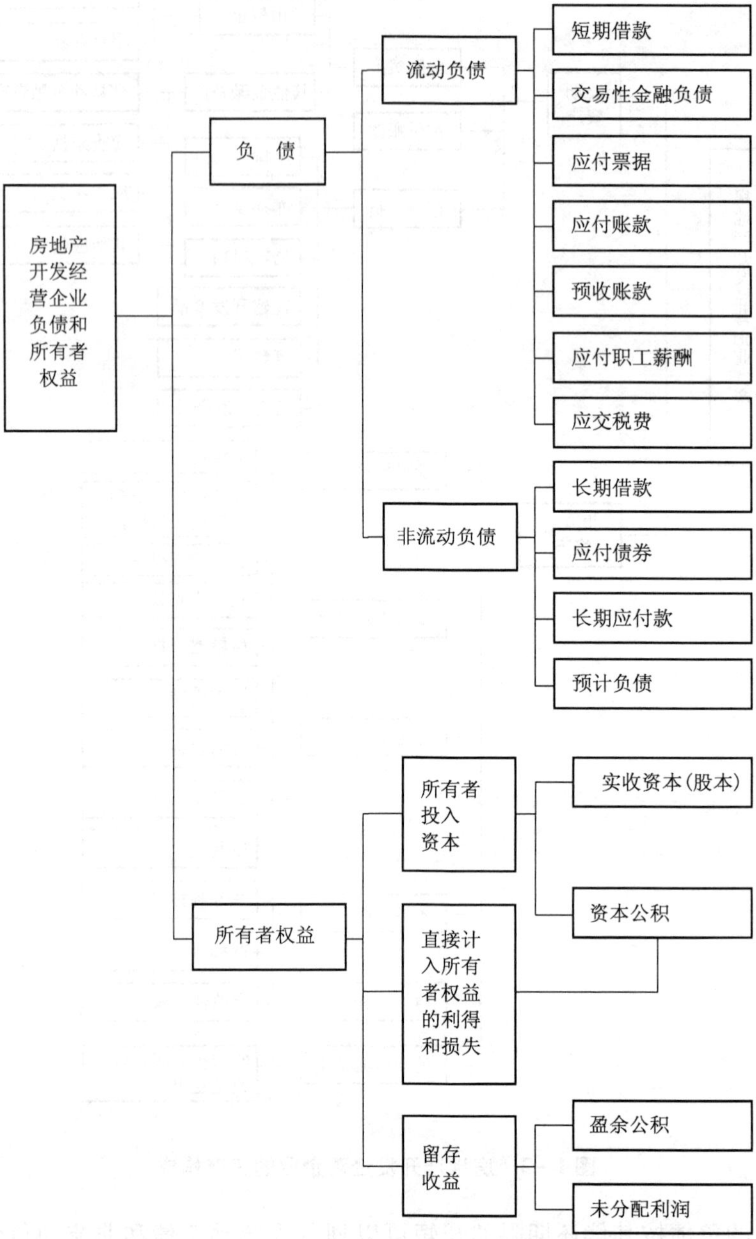

图 1-3 房地产开发经营企业的负债及所有者权益构成

3. 所有者权益。所有者权益是指企业资产扣除负债后，由所有者享有的剩余权益，即所有者对企业资产的剩余索取权。所有者权益又称为股东权益，它表明企业的产权关系，即企业归谁所有，除非发生减值、清算，所有者权益一般不需要偿还,不需要支付费用,其基本部分可以参与利润分配。

所有者权益的来源包括所有者投入的资本、直接计入所有者权益的利得和损失、留存收益等。所有者权益通常由实收资本(或股本)、资本公积、盈余公积和未分配利润构成。其中,实收资本(或股本)是指所有者投入企业的资本相当于注册资本或股本部分的金额,如国家资本金、法人资本金、个人资本金和外商资本金;所有者投入资本超过注册资本或股本部分的金额,作为资本溢价或股本溢价,计入资本公积。

直接计入所有者权益的利得和损失,是指不能计入当期损益、会导致所有者权益发生增减变动的、与所有者投入资本或者向所有者分配利润无关的利得或损失。利得是指由企业非日常活动所形成的、会导致所有者权益增加的、与所有者投入资本无关的经济利益的流入。损失是指由企业非日常活动所发生的、会导致所有者权益减少的、与所有者分配利润无关的经济利益的流出。直接计入所有者权益的利得和损失主要包括可供出售金融资产的公允价值变动额、现金流量套期中套期工具公允价值变动额。

留存收益是企业历年实现的净利润留存企业支配的部分,包括盈余公积和未分配利润。盈余公积是指从企业实现的净利润中提取的法定盈余公积、任意盈余公积等;未分配利润是指企业留待以后年度分配或弥补亏损的利润。

所有者权益的确认主要依赖于资产和负债的确认。企业接受所有者投入的资产符合确认条件时,也便符合所有者权益的确认条件。

房地产开发经营企业的所有者权益构成见图 1 –3。

4. 收入。收入是指企业在日常活动中形成的、会导致所有者权益增加的、与所有者投入资本无关的经济利益的总流入。

收入具有以下三个特征:①收入是在日常活动中形成的。非日常活动所形成的经济利益流入应当计入利得,不能确认为收入。②收入是与所有者投入资本无关的经济利益的总流入。所有者投入的资本应当直接计入所有者权益,不能确认为收入。③收入会导致所有者权益增加。不会导致所有者权益增加的经济利益流入不能确认为收入,如从银行借入的款项,虽然企业经济利益增加了,但应当确认为负债,而不能确认为收入。

收入的确认既要符合收入的定义,又至少应符合以下三个条件:①与收入相关的经济利益很可能流入企业;②经济利益流入企业的结果会导致资产的增加或负债的减少;③经济利益流入额能够可靠地计量。

收入按其不同来源可以划分为销售商品收入、提供劳务收入和让渡资产使用权收入。房地产开发经营企业的收入包括:有偿转让商品性建设场地和商品房的收入、结算代建工程款收入,提供装修装饰、售后服务等劳务收入,转让无形资产使用权等所形成让渡资产使用权收入。收入是企业持续经营的基本条件,只有取得收入,才能补偿开发经营过程中的各种耗费,并实现利润。

5. 费用。费用是指企业在日常活动中发生的、会导致所有者权益减少的、与向所有者分配利润无关的经济利益的总流出。

费用具有以下三个特征:①费用是在日常活动中发生的。非日常活动所发生的经济利益流出应当计入损失,不能确认为费用。②费用是与向所有者分配利润无关的经济利益的总流出。企业向所有者分配利润应当作为所有者权益的减少,不能确认为费用。③费用会导致所有者权益减少。不会导致所有者权益减少的经济利益流出不能确认为费用,如用银行存款偿还银行借款或应付账款,虽然企业经济利益减少了,但不能确认为费用,只能反映负债的减少。

费用的确认既要符合费用的定义,又至少应当符合以下三个条件:①与费用相关的经济利益很可能流出企业;②经济利益流出企业的结果会导致资产的减少或者负债的增加;③经济利益的流出金额能够可靠地计量。

房地产开发经营企业日常活动中发生的经济利益的流出,包括开发、销售商品性建设场地及商品房,提供装修装饰、售后服务等劳务,转让无形资产使用权等活动中所发生的各种耗费,如耗费的原材料、动力,支付的职工薪酬,发生的机器设备折旧费及修理费,等等。费用的一部分属于和收入有因果关系的费用,如已实现收入的商品房及商品性建设场地的成本;另一部分属于期间费用,如管理费用、财务费用和销售费用等。

6. 利润。利润是企业在一定会计期间的经营成果。利润是评价企业管理层业绩的重要指标,也是投资者进行投资决策的重要依据。利润包括收入减去费用后的净额(即日常经营活动中实现的营业利润)、直接计入当期利润的利得和损失。利润的确认依赖于收入、费用、利得和损失的确认。

综上所述,会计反映和监督的具体内容,即会计的具体对象可以概括为以下几个方面:①企业资产的构成及其在开发经营过程中的增减变动情况;②企业负债的形成及偿还情况;③开发经营费用的支出和开发成本的形成情况;④收入的取得、利润的形成和分配情况。也可以说,房地产会计工作的内容,就是对会计要素进行确认、计量、记录和报告。

第二节　会计基本假设、会计基础和会计计量属性

一、会计基本假设

会计假设是对会计核算所处的时间、空间环境所做的合理设定。会计假设是人们在长期的会计实践中逐步总结形成的，它是会计要素确认、计量和报告的基本前提，也是选择会计政策的依据。会计基本假设包括会计主体、持续经营、会计分期和货币计量。

（一）会计主体

会计主体是指会计核算为之服务的特定单位或组织。典型的会计主体是特定的企业。会计核算应当以企业发生的各项经济业务为对象，记录和反映企业本身的各项生产经营活动。所以，会计核算既不反映与本企业经济活动相联系的其他企业或单位的经济活动，也不反映企业投资者本人的经济活动，只反映一个特定企业的生产经营活动，这样，才能使企业的所有者、债权人、企业管理部门和其他有关机构，从会计记录和财务报表中获得特定企业在财务状况、经营成果和现金流量方面的有价值的信息。必须指出，会计主体不同于法律主体。法律主体往往是会计主体，但会计主体可以是法律主体，也可以是非法律主体。例如，可以以一个企业法人中的各内部核算单位作为会计主体，也可以以具有法人资格的若干子公司连同母公司组成的不具有法人资格的企业集团作为会计主体。

（二）持续经营

持续经营是指企业或会计主体的生产经营活动将持续地、正常地进行下去，也就是说，在可以预见的将来，企业不会破产清算。它是选择会计核算原则和方法的依据。会计核算只有以企业持续、正常的生产经营为前提，假定企业可以按既定的用途使用现有的资产，也可以按原先约定的条件去清偿债务，才能选择和确定会计核算的具体方法，并使之保持相对的稳定性。例如，只有在判断企业可以持续经营的前提下，才能将各项资产按历史成本入账，而不按清算价值入账，将固定资产在预计的使用年限内采用一定的方法计提折旧。因此，以持续经营为前提，才能保持会计核算方法的稳定性、一致性，才能提供客观、真实可靠的信息。

（三）会计分期

会计分期是指可将企业持续不断的生产经营活动人为地分割为若干连续的、相等的期间，分期结算账目和编制财务报告，以便及时提供反映企业财务状况、经

营成果和现金流量的信息。通常，会计期间分为年度、半年度、季度和月度。我国的年度、半年度、季度和月度的划分与公历起止日期相同，即每年1月1日至12月31日为一个会计年度；半年度、季度和月度称为会计中期。会计分期对于确定会计核算的原则和方法有重要影响，有了会计分期才产生了当期、以前期间和以后期间的划分，才产生了权责发生制这种会计基础，才有了应收、应付、折旧和摊销等会计方法。

（四）货币计量

货币计量是指在会计确认、计量、记录和报告中应以货币为计量单位，连续、系统、全面、综合地反映企业的经营活动和经营成果。

由于人民币是我国的法定货币，因此，企业的会计核算应以人民币作为记账本位币。我国《会计法》还规定，业务收支以人民币以外的货币为主的单位，可以选定其中一种货币作为记账本位币，但是编报的财务报告应当折算为人民币。我国外币折算准则规定企业选定记账本位币应当考虑下列因素：①该货币主要影响商品和劳务销售价格，通常以该货币进行商品和劳务销售价格的计价和折算；②该货币主要影响商品和劳务所需人工、材料和其他费用，通常以该货币进行上述费用的计价和结算。企业在选定记账本位币时，上述两项因素应综合考虑，不能仅考虑其中一项。

企业在境外的子公司、合营企业、联营企业、分支机构，以及企业在境内的子公司、联营企业、合营企业或者分支机构，选定的记账本位币不同于企业的记账本位币时，都应作为境外经营。企业选定境外经营的记账本位币，除考虑前面所讲的因素外，还应考虑下列因素：①境外经营对其所从事的活动是否拥有很强的自主性。如果境外经营所从事的活动拥有极大的自主性，境外经营不能选择与企业记账本位币相同的货币作为记账本位币。②境外经营与企业的交易是否在境外经营活动中占有较大比重。如果境外经营与企业的交易在境外经营活动中所占的比例较高，境外经营应当选择与企业记账本位币相同的货币作为记账本位币；反之，应选择其他货币。③境外经营活动产生的现金流量是否直接影响企业的现金流量，是否可以随时汇回。如果境外经营活动产生的现金流量直接影响企业的现金流量，并可随时汇回，境外经营应当选择与企业记账本位币相同的货币作为记账本位币；反之，应选择其他货币。④境外经营活动产生的现金流量是否足以偿还其现有债务和可预期的债务。如果境外经营活动产生的现金流量在企业不提供资金的情况下，难以偿还其现有债务和正常情况下可预期的债务，境外经营应当选择与企业记账本位币相同的货币作为记账本位币；反之，应选择其他货币。

企业选择的记账本位币一经确定，不得改变，除非与确定记账本位币相关的企业经营所处的主要经济环境发生了重大变化。

货币计量这一前提也有其局限性，具体表现在以下几个方面：①会计确认、计量、记录和报告只能反映那些能以货币计量的经济活动，而对于那些不能用货币表现的经济活动，如产品质量水平、职工技术水平、企业市场竞争能力等，就无法在会计计量、记录和报告中予以反映；②货币计量的前提是以货币本身价值不变为前提的，只有在币值变动不大的情况下会计信息才是准确的，一旦出现通货膨胀，币值稳定不变的前提不存在了，会计信息也就失去了准确性。

会计基本假设是对会计活动的空间、时间和计量单位所做的规定。其中，会计主体规定了会计确认、计量和报告的空间范围，持续经营和会计分期规定了会计确认、计量和报告的时间范围，而货币计量则规定了会计确认、计量、记录和报告的计量单位。

二、会计基础

会计基础是指会计要素确认、计量和报告采用的标准。按国际惯例和《企业会计准则——基本准则》的规定，企业应当以权责发生制为基础进行会计确认、计量和报告。

权责发生制是指企业在确认、计量和报告各期收入和费用时，应当以权利和责任的实际发生时间为标准。

在企业生产经营过程中，经济业务的发生或完成时间有时与货币的收付时间不一致。例如，本期企业产品销售活动已经完成，但货款却尚未收到，是在收到货款时确认收入还是在本期确认收入，就形成了两种不同的记账时间基础，即收付实现制和权责发生制。

在收付实现制下，以实际收到或付出款项的日期为基础，确认各期收入和费用；在权责发生制下，则以收款权利和付款责任来划分收入和费用的归属期。权责发生制要求：凡是本期已经实现的收入和应当负担的费用，不论款项是否已收付，都应作为本期的收入和费用；凡是不属于本期的收入和费用，即使款项已在本期收付，也不能作为本期的收入和费用。

与收付实现制相比较，权责发生制能够更为准确地反映特定会计期间的财务状况和经营成果，为此，现代企业会计核算应当以权责发生制为基础。权责发生制依据持续经营和会计分期假设，同时又是一系列会计处理方法产生的基础，如应收、应付、折旧、摊销等会计处理方法，就是按照权责发生制要求，为正确划分不同会计期间的收入和费用而采用的。

三、会计计量属性

企业在将符合确认条件的会计要素登记入账并列报于财务报表及其附注时，应当按照规定的会计计量属性进行计量，确定其金额。会计计量属性主要包括以下五项。

(一)历史成本

在历史成本计量属性下，资产按照购置时支付的现金或者现金等价物的金额，或者按照购置资产时所付出对价的公允价值计量；负债按照因承担现实义务而实际收到的款项或者资产的金额，或者承担现实义务的合同金额，或者按照日常活动中为偿还负债预期需要支付的现金或者现金等价物的金额计量。历史成本计量是指企业的各项财产物资应当按取得时的实际成本计价，如有物价变动，除有特殊规定外，不得调整其账面价值。在正常情况下，历史成本计量也适用于负债和所有者权益的计价。

按历史成本计量有以下优点：①取得时的实际成本是在商品交易中形成的，是真实、可靠、可验证的；②能够简化计价和调整账目价值的工作；③可以防止因物价变动随意调整资产价值，人为地调节利润；④实际成本的资料容易取得。但是，历史成本计量也有其局限性，当物价变动幅度较大时，会削弱会计信息的相关性。

(二)重置成本

在重置成本计量属性下，资产按照当前市场条件下重新购买相同或者相似资产所需支付的现金或者现金等价物的金额计量，负债按照现在偿还该项债务所需支付的现金或者现金等价物的金额计量。

(三)可变现净值

在可变现净值计量属性下，资产按照其正常对外销售所能收到的现金或者现金等价物的金额扣除该资产至完工时估计将发生的成本、估计的销售费用以及相关税费后的金额计量。

(四)现值

在现值计量属性下，资产按照预期从其持续使用和最终处置中所产生的未来净现金流入量的折现金额计量，负债则按照预计期限内需要偿还的未来净现金流出量的折现金额计量。

(五)公允价值

在公允价值计量属性下，资产和负债按照参与者在计量日发生的有序交易中，出售一项资产所收到的或转移一项负债所需支付的金额计量。

企业在对会计要素进行计量时一般应当采用历史成本，采用重置成本、可变现净值、现值、公允价值计量的，应当保证所确定的会计要素金额能够取得并能够可靠地计量，而且符合相关会计准则的规定。

第三节　会计信息质量要求

会计信息质量要求是对企业财务报告所提供会计信息质量的基本要求，也是财务报告所提供会计信息应具备的基本特征。广而言之，它也是对会计确认、计量、记录和报告行为的指导性规范。我国《企业会计准则——基本准则》确定了可靠性、相关性、可理解性、可比性、实质重于形式、重要性、谨慎性和及时性八项会计信息质量要求。

一、可靠性

可靠性要求企业应当以实际发生的交易或者事项为依据进行会计确认、计量和报告，如实反映符合确认和计量要求的各项会计要素及其他相关信息，保证会计信息真实可靠、内容完整。可靠性是对会计信息和会计核算工作的最重要、最基本的要求，因为只有真实可靠的会计信息资料，才能满足会计信息使用者进行决策的需要，满足企业内部经营管理和国家宏观经济管理及其调控的需要。可靠性的具体要求有以下三个方面：

第一，会计的确认、计量、记录和报告应以实际发生的交易或事项为依据，如实反映企业的生产经营活动情况。不得虚构交易或者事项，不得伪造或篡改会计凭证、报告和其他会计资料，以此来掩盖生产经营的弊端或薄弱环节，人为地调节企业的成本费用和利润。

第二，会计人员应当采取客观的、不偏不倚的超然立场，以认真负责的态度对符合会计要素定义及其确认条件的资产、负债、所有者权益、收入、费用和利润进行确认、计量、计算、记录和报告，力求会计信息可靠、准确地反映企业的财务状况和经营成果。

第三，在符合重要性和成本效益原则的前提下，充分披露与使用者决策相关的信息，保证财务报表及其附注内容的完整性，不得随意遗漏或减少应予披露的信息。

可靠性是会计信息的生命，离开了可靠性要求，其他各项要求都将不能发挥作用。

二、相关性

相关性要求企业的会计信息应当与财务报告使用者的经济决策需要相关，有助于财务报告使用者对企业过去、现在或者将来的情况作出评价或者预测。相关性又称有用性。会计信息是否有用，关键是要有助于会计信息使用者对企业过去和现在的情况作出评价，有助于会计信息使用者预测企业未来的财务状况、经营成果和现金流量，有助于会计信息使用者作出正确的经济决策。

相关性要求企业在确认、计量和报告会计信息的过程中，一定要考虑有关各方对会计信息的需要，符合会计信息使用者的要求。企业对外的财务报表应当提供投资者、债权人和政府有关部门需要的通用会计信息；企业对经营管理者提供的信息应当全面、具体；企业向职工提供的信息应和职工切身利益及企业前景密切相关。相关性并不要求提供的会计信息都能直接为每一个使用者利用，财务报告的使用者有时也需要对通用会计信息进一步加工整理，得到自己所需的信息，这仍然符合相关性要求。

会计信息的相关性要求是以可靠性为基础的，会计信息在可靠的前提下，应尽可能做到相关。

三、可理解性

可理解性又称明晰性。可理解性要求企业提供的会计信息应当清晰明了，便于财务会计报告使用者理解和使用。

提供会计信息的目的在于提供给各有关方面使用。为此，会计信息应当清晰明了，易于理解，有利于会计信息使用者全面了解企业经济业务的来龙去脉，准确、完整地理解并利用会计信息。

会计信息具有较强的专业性，需要会计信息使用者具有一定的会计专业知识和了解企业经营管理活动。因此，充分披露与会计信息使用者经济决策相关的、复杂的会计信息，仍然符合可理解性的要求。

四、可比性

可比性要求企业提供的会计信息应当具有可比性。可比性包括纵向可比性和横向可比性。

纵向可比性，是指同一企业不同时期发生的相同或者相似的交易或者事项，应当采用一致的会计政策，不得随意变更，确需变更的，应当在附注中说明。提供同一企业不同会计期间的可比会计信息，有助于会计信息使用者了解企业财务状况、经营成果和现金流量的变化趋势，全面、客观地评价企业的过去，预测企业的未来,作出经济决策,也可以制约和防止会计主体通过变更会计处理方法,在会计核算上弄虚作假。

横向可比性,是指不同企业发生的相同或者相似的交易或者事项,应当采用规定的会计政策,确保会计信息口径一致,相互可比。不同企业会计信息横向可比,便于会计信息使用者进行企业间横向比较,有效地评价企业的财务状况、经营成果和现金流量,据以作出正确决策,也便于国家在市场经济条件下对国民经济进行宏观调控和决策。

强调企业会计信息的纵向可比性,并不意味着企业不得变更会计政策,而是强调在一定的会计环境下,会计政策应当相对稳定。如果按照规定或者会计政策变更后可以提供更可靠、更相关的会计信息,则可以变更会计政策,并在附注中予以说明。可见,纵向可比性是一个相对的概念。

强调企业间会计信息的横向可比性,并不意味着各企业对会计处理方法没有选择的余地,必须采用绝对统一的会计处理方法,而是强调同一项经济业务应当采用相同或相类似的处理方法,不同企业的会计信息具有共同的或类似的特征。

可比性是建立在可靠性基础上的,不能一味追求可比性而使会计信息失真。

五、实质重于形式

实质重于形式要求企业应当按照交易或事项的经济实质进行会计确认、计量和报告,而不应当仅以交易或者事项的法律形式为依据。例如,以融资租赁方式租入的资产,虽然从法律形式来讲企业并未拥有其所有权,但从经济实质来看,企业能够控制其创造的未来经济利益,所以,融资租入的固定资产应当视同企业的资产。

六、重要性

重要性要求企业提供的会计信息应反映企业财务状况、经营成果和现金流量等所有的重要交易或者事项。也就是说,对于那些对会计信息使用者或企业经济活动相对重要的会计事项,应当充分反映、分别核算、力求准确,并在财务会计报告中重点说明;而对于那些次要的会计事项,在不影响会计信息可靠性的前提下,可以合并反映,简化核算或采用不完全符合某些会计原则的会计方法进行处理。例如,对于固定资产应当按照预计使用年限,采用按期计提折旧的方法,将其价值分期计入成本费用;而对于同属于劳动资料的低值易耗品,当一次领用数额不大时,若对当月成本影响不大,则可以在领用时将其价值一次摊销计入成本费用,而不必遵循权责发生制按受益期限分期摊销。

贯彻重要性要求,并不意味着对会计事项可以随意取舍,不论从简核算还是合并反映,都必须保证会计信息的全面、客观、完整。重要性的出发点有两个方面:一是分清会计信息的轻重主次,采用不同的繁简详略办法予以反映,以更好地满足会计信息使用者的需要;二是为了提高会计工作效率,在保证会计信息效用的同时,节约核算费用,达到事半功倍的效果。

贯彻重要性要求的关键是对会计事项重要性作出判断。从性质上看,只要该项会计事项的发生对企业财务状况和经营成果以及对信息使用者的决策有重大影响,则属于重要性事项;从数量上看,只要某一会计事项达到一定数量就可能对决策产生重大影响,就应作为重要性事项。衡量重要与否的数量界限是相对的,不同生产规模、不同业务性质、不同管理要求的企业,其数量界限也不尽相同,因此,判断重要与否更重要的是判断经济业务的性质。重要性的应用需要依赖职业判断,在实务中,如果会计信息的省略或者错报会影响会计信息使用者据此作出决策,该信息就具有重要性。

七、谨慎性

谨慎性又称稳健性。谨慎性要求企业对交易或者事项进行会计确认、计量和报告应当保持应有的谨慎,不应高估资产或者收益、低估负债或者费用。在对某些会计事项有不同的会计处理方法可供选择时,在符合会计政策的前提下,尽量选用不导致虚增利润和夸大所有者权益的会计处理方法。也就是说,对收益的确认和资产的估价应当持谨慎的态度,对可能发生的费用和损失,应当合理预计,并予以入账,而对可能取得的收入,则不能提前入账。

贯彻谨慎性要求,是由于企业在激烈的市场竞争中面临着种种风险,一旦数额较大的费用和损失在某一会计期间发生,将直接影响这一会计期间的财务状况和正常经营。例如,根据谨慎性要求,企业可以对应收款项计提坏账准备,对存货计提跌价准备,对固定资产等非流动资产计提减值准备,在国家允许的范围内采用加速折旧的方法计提固定资产折旧,等等。

谨慎性体现在会计确认、计量和报告的各个方面,但这并不意味着企业可随心所欲地任意歪曲谨慎性,计提秘密准备,人为地调整企业资产、负债、所有者权益和利润的数额,扭曲企业的财务状况和经营成果,误导会计信息使用者的决策。

八、及时性

及时性要求企业对于已经发生的交易或者事项及时进行会计确认、计量和报告,不得提前或者延后。及时性有三个方面的含义:一是在经济业务发生后,应当及时收集、整理各种原始单据,取得会计信息;二是要及时对会计信息进行加工整理，及时编制记账凭证、登记账簿等，并及时编制财务报表；三是要及时传递会计信息，将财务报表传递给会计信息使用者。

市场经济瞬息万变、竞争激烈，这使得会计信息的使用者对会计信息的及时性要求越来越迫切，只有贯彻及时性，才能满足会计信息使用者的决策需要，提高会计信息的有用性。

第四节　会计法规体系

房地产会计在反映和监督房地产开发经营企业的经济活动中，不仅应当明确会计基本假设、会计基础、会计计量属性，贯彻会计信息质量要求，还应当了解我国的会计法规体系，自觉遵守各项会计法规。

我国的会计法规体系是以《中华人民共和国会计法》为主法，包括企业会计准则和企业会计制度等较为完整的会计核算的法律法规体系。

一、中华人民共和国会计法

《中华人民共和国会计法》（以下简称《会计法》）是我国会计工作的基本法规，是会计法规的母法，是制定所有会计法规的基本依据。《会计法》包括总则、会计核算、企业会计核算的特别规定、会计监督、会计机构和会计人员、法律责任和附则七部分。

房地产开发经营企业应按照《会计法》的规定，配备会计人员和设置会计机构，大中型企业还应设置总会计师；会计机构内部应建立内部稽核制度和内部牵制制度；会计机构和会计人员应按《会计法》的规定办理会计事务，进行会计核算，实行会计监督；《会计法》还明确了会计核算的主要内容、会计机构和会计人员的主要职责以及单位领导和会计人员违反会计核算和会计监督有关规定的法律责任等。会计人员和企业领导人应依法执行职责，并承担法律责任。

二、企业会计准则

会计准则是对会计确认、计量、记录和报告所作出的标准规范，是生成和提供会计信息的重要依据。为适应我国市场经济发展和会计与国际接轨的需要，参照国际会计准则理事会（前身为“国际会计准则委员会”）颁发的国际财务报告准则，我国于 1992 年 11 月颁发了《企业会计准则》（基本准则），与之相配套的 16 个具体准则也陆续颁发实施。为适应我国经济市场化、国际化程度提高的需要，为完善市场经济体制、提高会计信息质量、加强政府对市场的监管、推进我国会计国际化的需要,2006年2月,财政部颁发了从2007年1月1日起在上市公司施行的、与国际趋同的39个企业会计准则。至此,由基本准则和38个具体准则构成的我国企业会计准则体系基本形成。2012年以来,财政部先后对基本准则和几个具体准则进行了修订,同时又制定并颁发了三个具体准则,即《企业会计准则第39号——公允价值计量》《企业会计准则第40号——合营安排》《企业会计准则第41号——在其他主体中权益的披露》,新修订的和新制定的会计准则于2014年7月1日起施行。同时,为了贯彻中央经济工作会议防控金融风险、促进经济稳中求进的重要精神,应推动企业加强风险管理,及时预警企业面临的金融风险,有效防范和化解金融风险;促进企业战略、业务、风险控制和会计管理的有机融合,全面提升企业管理水平和效率;促进企业转型升级,提高金融市场透明度,强化金融监管,提升监管效能。为了使我国企业会计准则体系保持与国际财务报告准则持续全面趋同,2017年至2018年财政部又先后修订和制订了以下企业会计准则:《企业会计准则第14号——收入》《企业会计准则第16号——政府补助》《企业会计准则第21号——租赁》《企业会计准则第22号——金融工具确认和计量》《企业会计准则第23号——金融资产转移》《企业会计准则第24号——套期会计》《企业会计准则第37号——金融工具列报》《企业会计准则第42号——持有待售的非流动资产、处置组和终止经营》。其中,有些相关的会计准则,财政部对于在境内、境外同时上市的企业以及在境外上市并采用国际财务报告准则或企业会计准则编制财务报告的企业、对于其他境内上市企业、对于执行企业会计准则的非上市企业,分别规定了施行起点时间,但最迟要求自2021年1月1日起施行。

2019年1月,财政部又先后发布了《企业会计准则第7号——非货币性资产交换(修订)(征求意见稿)》和《企业会计准则第12号——债务重组(修订)(征求意见稿)》,正式颁发后,将与修订后的金融工具准则同步施行。

我国的企业会计准则体系可分为以下四个层次。

(一)基本准则

基本准则是对包括会计基本假设、会计信息质量要求、会计要素定义及其确认和计量原则、财务报告等在内的基本问题作出的原则性规定,是制定具体准则的基础。

2006年颁发、2014年修订的《企业会计准则——基本准则》共分11章50条,包括以下主要内容:

第一章总则部分,规定了以下内容:①制定的目的是规范企业会计确认、计量和报告行为,保证会计信息质量;②适用于在中华人民共和国境内设立的企业(含公司)；③做了会计基本假设，即会计主体、会计分期、持续经营和货币计量；④以权责发生制为基础进行会计确认、计量和报告；⑤企业会计要素包括资产、负债、所有者权益、收入、费用和利润；⑥会计记账采用借贷记账法。

第二章会计信息质量要求部分，对会计信息质量提出了八项基本要求。

第三章至第八章，分别就资产、负债、所有者权益、收入、费用和利润六个会计要素的确认、计量和报告的要求作出规定。

第九章会计计量部分，规定了可以采用的会计计量属性包括历史成本、重置成本、可变现净值、现值和公允价值。

第十章财务会计报告部分，规定了以下内容：①财务报表至少包括资产负债表、利润表、现金流量表等报表及附注；②各种财务报表的内容。

第十一章附则。

(二)具体准则

具体准则是以基本准则为依据，对企业发生的具体交易或者事项的会计处理作出的具体规范。现行42个具体准则包括存货、长期股权投资、投资性房地产、固定资产、生物资产、无形资产、非货币性资产交换、资产减值、职工薪酬、企业年金基金、股份支付、债务重组、或有事项、收入、建造合同、政府补助、借款费用、所得税、外币折算、企业合并、租赁、金融工具确认和计量、金融资产转移、套期会计、原保险合同、再保险合同、石油天然气开采、会计政策会计估计变更和差错更正、资产负债表日后事项、财务报表列报、现金流量表、中期财务报告、合并财务报表、每股收益、分部报告、关联方披露、金融工具列报、首次执行企业会计准则、公允价值计量、合营安排、在其他主体中权益的披露、持有待售的非流动资产处置组和终止经营等。

新修订和新制订的具体准则，进一步充实和完善了具体会计准则，实现与国际列报准则的持续趋同。

(三)应用指南

《企业会计准则应用指南》作为《企业会计准则》的重要组成部分，包括各项具体准则的应用说明、财务报告格式内容、会计科目及账务处理。

(四)企业会计准则解释

《企业会计准则解释》主要针对企业会计准则实施过程中遇到的问题作出解释，也称解释性公告。截至2019年3月，财政部已经先后陆续颁发了第1至12号企业会计准则解释。

基本准则、具体准则、应用指南和企业会计准则解释既相对独立，又相互关联，构成了统一的整体。

三、会计制度

会计制度是以《会计法》和《企业财务会计报告条例》为依据制定的，是进行会计工作所遵循的具体规则、方法和程序。从广义而言会计制度应包括以下内容：①会计机构和会计人员配备的规定；②会计凭证填制和审核的规定；③会计账簿设置和登记的规定；④会计科目的设置和核算内容的规定；⑤会计报表的格式、内容和编制方法；⑥成本计算方法；⑦财产清查方法；⑧会计监督的形式、内容和方法；⑨会计内部稽核和内部牵制等内部控制制度；⑩会计工作的组织与管理；⑪会计档案管理办法；⑫代理记账管理办法；⑬会计电算化管理办法；等等。也就是说，它是会计工作制度、会计人员管理制度和会计核算制度的总称。从狭义而言，会计制度仅指会计核算制度。

改革开放以来，我国在经济发展的不同时期财政部颁发和施行过不同的企业会计核算制度。自2006年颁发、2007年开始施行企业会计准则以来，企业会计核算制度陆续废止施行，目前还在施行的只有《小企业会计制度》。

现行的其他会计制度包括《会计基础工作规范》《会计从业资格管理办法》《总会计师条例》《会计专业职务试行条例》《会计档案管理办法》《代理记账管理办法》《内部控制规范》《会计电算化管理办法》《产品企业成本核算制度》《施工企业产品成本核算制度》《钢铁企业产品成本核算制度》等。

除财政部制定颁发的会计制度外，各单位还应建立和健全内部会计管理制度，其主要包括以下几个方面：内部会计管理体系、会计人员岗位责任制度、账务处理程序制度、内部牵制制度、稽核制度、原始记录管理制度、定额管理制度、计量验收制度、财务收支审批制度、财产清查制度、成本核算制度、财务会计分析制度等。

第五节　会计核算方法

会计核算方法是指对会计对象进行反映和监督，以提供连续、系统、全面、综合、真实的会计信息的技术方法。经过长期的会计实践形成的、在实行会计电算化后仍然适用的会计核算基本方法主要包括设置账户、复式记账、填制和审核凭证、登记账簿、成本计算、财产清查和编制财务报表。上述各种方法相互联系、有机结合成完整、科学的会计核算方法体系。关于会计核算方法体系的详细论述和讲解，请参阅基础会计学或初级会计学的有关内容。为了便于众多房地产工作者和广大读者阅读和理解本书，这里仅介绍会计科目和账户以及借贷记账法。

一、会计科目和账户

如前所述，会计的具体对象是企业资产、负债、所有者权益、收入、费用和利润六个会计要素的增减变动情况。为了全面、连续、系统地反映和监督企业经济活动发生情况，了解企业经济活动的过程和结果，必须对六个会计要素的具体构成内容进行科学的分类，并按分类的项目进行核算。这种按会计要素具体构成内容进行科学分类核算的项目，称为会计科目。会计科目是设置账户的依据。

一般企业主要会计科目见表 1－1。

表 1－1　会计科目表

顺序号	编　号	名　称	顺序号	编　号	名　称
		一、资产类	19	1408	委托加工物资
1	1001	库存现金	20	1411	存货跌价准备
2	1002	银行存款	21	1501	债权投资
3	1012	其他货币资金	22	1502	债权投资减值准备
4	1101	交易性金融资产	23	1503	其他债权投资
5	1121	应收票据	24	1511	长期股权投资
6	1122	应收账款	25	1512	长期股权投资减值准备
7	1123	预付账款	26	1521	投资性房地产
8	1131	应收股利	27	1531	长期应收款
9	1132	应收利息	28	1541	未实现融资收益
10	1221	其他应收款	29	1601	固定资产
11	1231	坏账准备	30	1602	累计折旧
12	1401	材料采购	31	1603	固定资产减值准备
13	1402	在途物资	32	1604	在建工程
14	1403	原材料	33	1605	工程物资
15	1404	材料成本差异	34	1606	固定资产清理
16	1405	库存商品	35	1605	在建工程减值准备
17	1406	发出商品	36	1701	无形资产
18	1407	商品进销差价	37	1702	累计摊销

续表

顺序号	编　号	名　称	顺序号	编　号	名　称
38	1703	无形资产减值准备			四、所有者权益类
39	1711	商誉	64	4001	实收资本
40	1801	长期待摊费用	65	4002	资本公积
41	1811	递延所得税资产	66	4101	盈余公积
42	1901	待处理财产损溢	67	4103	本年利润
		二、负债类	68	4104	利润分配
43	2001	短期借款	69	4201	库存股
44	2101	交易性金融负债	70	4301	专项储备
45	2201	应付票据			五、成本类
46	2202	应付账款	71	5001	生产成本
47	2203	预收账款	72	5101	制造费用
48	2211	应付职工薪酬	73	5201	劳务成本
49	2221	应交税费	74	5301	研发支出
50	2231	应付股利			六、损益类
51	2232	应付利息	75	6001	主营业务收入
52	2241	其他应付款	76	6051	其他业务收入
53	2401	递延收益	77	6101	公允价值变动损益
54	2501	长期借款	78	6111	投资收益
55	2502	应付债券	79	6301	营业外收入
56	2701	长期应付款	80	6401	主营业务成本
57	2702	未确认融资费用	81	6402	其他业务成本
58	2711	专项应付款	82	6403	税金及附加
59	2801	预计负债	83	6601	销售费用
60	2901	递延所得税负债	84	6602	管理费用
		三、共同类	85	6603	财务费用
61	3101	衍生工具	86	6701	资产减值损失
62	3201	套期工具	87	6711	营业外支出
63	3202	被套期项目	88	6801	所得税费用
			89	6901	以前年度损益调整

房地产开发经营企业（以下简称“房地产企业”）在设置和使用会计科目时，在不违反会计准则中确认、计量和报告规定的前提下，可以根据本单位的实

际情况自行增设、分拆、合并会计科目。对于会计科目的名称,在不违背会计科目使用原则的基础上,可以根据本企业情况确定适合于本企业的会计科目名称。原有房地产开发经营企业会计制度中所规定的、体现行业特点的会计科目名称仍可以使用。例如,资产类科目中的“开发产品”“分期收款开发产品”“周转房”“库存设备”等科目,成本类科目中的“开发成本”“开发间接费用”等科目。

表1－1所列示的会计科目是对会计要素具体构成内容所做的总括分类,称为总分类科目,又称一级科目。总分类科目只提供总括的会计信息。为了提供详细的会计信息,还应在总分类科目基础上对会计要素的具体内容作进一步的分类,如“原材料”总分类科目下应设置“钢材”“木材”“水泥”等项目,这种进一步分类的项目称为明细分类科目。明细分类科目又可划分为二级明细科目和三级明细科目。上述“钢材”科目为二级明细科目,或称二级科目;而按钢材品种、规格设置的“φ5 圆钢”“φ10 圆钢”等,则为三级明细科目,或称三级科目。明细科目由企业根据实际情况自行设置。

会计科目仅是对会计要素具体内容进行分类核算的项目,在会计实务中企业应根据事先设置的会计科目开设账户。账户是按规定的会计科目在会计账簿中开设的账页,用来对会计要素增减变动情况进行分类和连续、系统的记录。

账户由账户名称和账户结构两部分组成。

会计科目就是账户的名称,它说明账户中记录的经济业务的内容。由于账户是根据会计科目设置的,因此,账户也按其记录经济业务的详略程度划分为总分类账户和明细分类账户。

账户结构是指账户的基本格式。由于会计要素的变动从数量上看无外乎增加和减少两种情况,因此,账户的基本结构可分为左方和右方,一方登记增加额,另一方则登记减少额。在借贷记账法下,左方称为借方,右方称为贷方。除此之外,账户格式中还通常包括日期、凭证号、摘要、余额等内容。账户的一般格式见表1－2。

表1－2　账户名称(会计科目)

年		凭证号	摘　　要	借方	贷方	余额
月	日					

表1－2列示的账户结构称为三栏式账户，它适用于总分类账户和往来结算类等明细账户。对于财产物资类明细账户，应采用数量金额式格式；对于成本费用类明细账户，应采用多栏式格式。这两种格式的账户，请参见本书的“存货”和“成本费用”两章。

二、借贷记账法

企业在按照会计科目设置账户后，当取得了经济业务发生的原始凭证时，就需要采用一定的记账方法将所发生的经济业务在记账凭证和账户中进行登记。根据《企业会计准则》的要求，企业应采用借贷记账法记录其发生的经济业务。借贷记账法是有着五百多年历史，世界各国公认并广泛采用的、科学的复式记账方法。采用这种复式记账方法，需要将每项经济业务引起的两个或两个以上具体会计要素相互联系的增减变动，在两个或两个以上的账户中以相等的金额相互对应地进行登记。借贷记账法的理论依据是会计等式。会计等式可用下列两个公式表示：

$$资产=负债+所有者权益 \tag{1}$$

$$资产=负债+所有者权益+(收入-费用) \tag{2}$$

公式(1)是静态会计等式，它表明会计期末企业全部资产总额与其相应的资金来源，即负债和所有者权益总额相等。

公式(2)是动态会计等式，它表明企业在开发经营过程中，一方面必须取得收入，另一方面也将伴随着收入的取得发生相应的费用。在某一具体的时点上，通过收入与费用配比，形成企业一定会计期间的利润。企业实现的利润归属于所有者，因此，利润的实现表明所有者权益的增加。

可见，公式(1)和公式(2)都是说明六个会计要素之间的数量关系的，动态会计等式又可通过会计期末收入和费用配比、利润的确认演变为静态会计等式。

会计等式决定了企业任何一项经济业务的发生必然引起两个或两个以上的具体会计要素发生增减变动，其增减变动的结果不会影响六个会计要素数量上的平衡关系。

借贷记账法以“借”“贷”作为记账符号，记录每项经济业务所引起的会计要素具体项目增减变化情况，可见“借”“贷”二字所表示的含义无非是“增加”或“减少”。至于在账户的借方、贷方中，哪一方记录增加额，哪一方记录减少额，则取决于账户反映的经济内容和会计等式。公式(2)可以进一步转化为：

$$资产+费用=负债+所有者权益+收入$$

既然资产、费用与负债、所有者权益、收入分别列示于等式的左边和右边，且在借贷记账法下，账户的左方为借方，右方为贷方，那么体现在借贷记账法的账户结构上,等号两边不同性质的账户记录增加或减少的方向必然相反。按会计惯例,资产类、成本费用类账户借方记录增加额,贷方记录减少额,期初、期末余额与增加额方向一致,一般在借方;负债类、所有者权益类、收入类账户贷方记录增加额,借方记录减少额,期初、期末余额与增加额方向一致,一般在贷方。这里需要指出的是,损益类账户中的收入类和相配比的费用类账户所记录的某会计期间的收入和费用,应于会计期末分别全额结转到"本年利润"账户,以便确认实现的利润或发生的亏损,因此,损益类账户期末均无余额。

根据会计等式和借贷记账法的账户结构,在账户中记录经济业务时,必然遵循"有借必有贷、借贷必相等"的记账规则。举例如下:

【例1-1】 房地产开发企业收到投资者追加投资800 000元,已在银行收妥。

这项经济业务的发生,引起银行存款和实收资本以相等的金额同时增加800 000元,应相互联系地在"银行存款"和"实收资本"账户进行记录。在记录账户之前,应先编制记账凭证,记账凭证的核心部分是确定账户的对应关系和金额。确定账户对应关系和金额的记录,称为会计分录。该项经济业务引起"银行存款"这项资产增加,应记入借方,引起"实收资本"这项所有者权益增加,应记入贷方,会计分录如下:

借:银行存款 800 000

贷:实收资本 800 000

【例1-2】 房地产开发企业用银行存款500 000元偿还短期借款。

这项经济业务的发生,引起银行存款和短期借款以相等的金额同时减少500 000元,应相互联系地在"银行存款"和"短期借款"账户进行记录。该项经济业务引起"银行存款"这项资产的减少,应记入贷方,引起"短期借款"这项负债的减少,应记入借方,会计分录如下:

借:短期借款 500 000

贷:银行存款 500 000

【例1-3】 A栋房屋开发领用原材料80 000元。

这项经济业务的发生,引起A栋房屋开发成本增加80 000元,同时库存材料减少80 000元,应相互联系地在"开发成本"和"原材料"账户记录。A栋房屋开发成本增加,应记入"开发成本"账户的借方,库存材料这项资产减少,应记入"原材料"账户的贷方,会计分录如下:

借:开发成本——房屋开发——A栋 80 000

贷:原材料 80 000

【例1-4】 房地产开发企业借入短期借款300 000元,直接偿还应付账款。

这项经济业务的发生,引起短期借款增加300 000元,同时应付账款减少

300 000 元，应相互联系地在“短期借款”和“应付账款”账户记录。应付账款这项负债减少，应记入“应付账款”账户借方；短期借款这项负债增加，应记入“短期借款”账户的贷方。会计分录如下：

借：应付账款　　300 000

　贷：短期借款　　300 000

房地产企业的经济业务成千上万，多种多样，但就其对会计等式的影响而言，不外乎上述四种类型，即：①经济业务的发生，引起会计等式左右两方以相等的金额同时增加，如例 1－1；②经济业务的发生，引起会计等式左右两方以相等的金额同时减少，如例 1－2；③经济业务的发生，引起会计等式左方各项目之间以相等的金额一增一减，如例 1－3；④经济业务的发生，引起会计等式右方各项目之间以相等的金额一增一减，如例 1－4。其增减变动的结果，会计等式依然成立。依据复式记账原理，按照借贷记账法的账户结构特点记录经济业务时，如果记入一个（或几个）账户的借方，必然同时记入一个（或几个）账户的贷方，而且记入借方和贷方的金额必然相等，这就是借贷记账法的记账规则：“有借必有贷、借贷必相等”。

在会计实务中，企业所发生的各种经济业务，就是这样根据原始凭证编制记账凭证（会计分录），再根据记账凭证或记账凭证汇总表（或科目汇总表）登记总账和明细账，最终根据总账和明细账提供的数据编制财务报表，向会计信息使用者提供会计信息。

熟悉房地产企业会计科目，掌握借贷记账方法，是学习房地产会计必不可少的前提条件。

DI ER ZHANG 第二章 货币资金

房 地 产 会 计

第一节 货币资金的管理与控制

货币资金包括库存现金、银行存款和其他货币资金。货币资金是房地产企业流动资金中流动性最强的货币性资产。为了保证开发经营活动的正常运行，房地产企业必须持有一定数额的货币资金。由于货币资金具有广泛的适用性和高度的流动性，加强货币资金的管理和控制则显得格外重要。

一、库存现金管理的规定

库存现金是指存放在企业的货币资金。为了加强现金管理，控制货币流通，减少经济犯罪，企业应当遵守有关规定，加强对库存现金的管理。

（一）库存现金的使用范围

我国《现金管理暂行条例》规定，允许企业使用现金结算的范围是：①职工工资、津贴；②个人劳动报酬；③根据国家规定颁发给个人的科学技术、文化艺术、体育等各种奖金；④各种劳保、福利费用以及国家规定的对个人的其他支出；⑤向个人收购农副产品和其他物资的价款；⑥出差人员必须携带的差旅费；⑦零星支出；⑧中国人民银行确定需要支付现金的其他支出。不属于上述现金结算范围的款项支付，一律不准使用现金结算，而应当通过银行办理转账结算。

（二）库存现金的限额

库存现金的限额是指开户银行核定给开户企业为保证日常零星支出允许留存现金的最高数额。库存现金的限额一般按企业 3 ~ 5 天零星开支所需现金确定。远离银行或交通不便的企业，银行最多可根据企业 15 天的正常开支需要量核定库存现金限额。正常开支需要量不包括发放职工工资和不定期差旅费等大额支出所需要的现金。企业超过限额的现金应及时存入银行,库存现金低于核定的限额时,可以从银行提取现金,补足限额。

(三)现金收支的规定

企业办理现金收支业务还应遵守以下规定:①现金收入应于当日或开户银行确定的时间送存银行;②支付现金可以从企业库存现金限额中支付或从开户银行提取现金,不得从本企业的现金收入中直接支付,即不得"坐支现金",为此,企业收取的不足转账起点的小额销售收入、不能办理转账结算的集体或个人的销货款、职工交回的差旅费余款等现金收入,应及时存入银行,企业因特殊情况需要坐支现金的,应事先报经开户银行审批,由银行核定坐支范围和金额;③从开户银行提取现金应写明用途并由负责人签章;④不准用不符合制度的凭证顶替库存现金,即不得"白条抵库";⑤不准用银行账户为他人存取现金,不准公款私存,不准保留账外公款,不得设置"小金库"等。

二、银行存款管理

银行存款是指企业存放在银行或其他金融机构的货币资金。按规定,凡是独立核算的单位都必须在当地银行开立银行存款账户,在经营过程中发生的一切货币收支,除了在规定的范围内可以直接收取和支付现金外,都必须通过银行存款账户进行结算。企业收取的零星现金必须及时存入银行,库存现金余额不得超过规定的限额。企业应当按照国家有关规定,加强银行存款管理。

(一)开设银行存款户的规定

企业应在银行分别开设基本存款账户、一般存款账户、临时存款账户和专用存款账户,分别办理工资及奖金等现金的支取、银行借款转存、临时经营活动的转账结算、现金收付和特定用途的款项收付。企业只能选择一家银行开立一个基本账户,一般账户只能办理转账结算不得支取现金。企业与其他单位的一切款项收付,除规定可用现金结算外,都必须使用银行票据和结算凭证,通过银行办理支付结算。

(二)银行结算纪律

企业应当按照《支付结算办法》的规定办理支付结算业务,不准违反规定开立和使用存款账户;不准签发没有资金保证的"空头支票"或远期支票,套取银行信用;不准签发、取得、转让没有实际交易和债权与债务的票据,套取银行或其他企业的资金;不准无理拒绝付款,占用其他企业资金。

(三)银行结算方式

按照中国人民银行《支付结算办法》的规定,企业发生的货币收支业务可以采用以下几种结算方式，通过银行办理转账结算。

1. 银行汇票。银行汇票一般是由付款人将款项交存当地银行，由银行签发给付款人持往异地办理转账结算或支取现金的票据。单位和个人各种款项结算，均可使用银行汇票。申请使用银行汇票，应先向出票银行填写“银行汇票申请书”，银行受理“银行汇票申请书”，收妥款项后签发银行汇票。申请人取得银行汇票后即向收款单位办理结算。收款单位应根据银行退回的进账单和有关的原始凭证编制收款凭证；付款单位应在收到银行签发的银行汇票后，根据“银行汇票申请书（存根联）”编制付款凭证。有多余款项或因汇票超过付款期等原因而退款时，应根据银行的多余款收账通知编制收款凭证。

采用银行汇票方式，应注意以下问题：

（1）银行汇票的付款期为一个月，逾期的票据，兑付银行不予办理。

（2）受理银行汇票的企业，应注意审查票据的有效性，其中包括：银行汇票和解讫通知是否齐全、汇票号码和记载的内容是否一致；收款人是否确为本单位或本人；银行汇票是否在提示付款期内；必须记载的事项是否齐全；出票人签章是否符合规定，是否有压数机压印的出票金额，并与大写出票金额一致；出票金额、出票日期、收款人名称是否更改，更改的其他记载事项是否由原记载人签章证明。

银行汇票结算方式有以下特点：使用范围广泛，单位、个人向异地支付各种款项时均可使用；票随人到，便于急需用款和及时采购；可以办理分期支付和转汇；兑现性强，可凭票到兑付银行提取现金；余款自动退回，钱货两清，可防止不合理的预付款和交易尾款的发生；银行保证支付，收款人能迅速获得款项。

2. 银行本票。银行本票是银行签发的，承诺自己在见票时无条件支付确定金额给收款人或者持票人的票据。单位和个人在同一票据交换区域需要支付各种款项，均可以使用银行本票。银行本票分为定额和不定额两种。定额银行本票面额有1 000元、5 000元、10 000元和50 000元四种。银行本票采用记名方式，允许背书转让，付款期限最长不超过两个月。

采用银行本票方式的，收款单位按照规定受理银行本票后，应将银行本票连同进账单送交银行办理转账，根据盖章退回的进账单第一联和有关原始凭证编制收款凭证；付款单位在填送“银行本票申请书”并将款项交存银行，收到银行签发的银行本票后，根据申请书存根联编制付款凭证。企业因银行本票超过付款期限或其他原因要求退款时，在交回本票和填制的进账单经银行审核盖章后，根据进账单第一联编制收款凭证。

银行本票结算方式有以下特点：银行签发，保证承兑，信誉很高；见票即付，结算迅速；在指定城市同城范围内的商品交易和劳务供应以及其他款项的结算都可以使用。

3. 商业汇票。商业汇票是出票人(或承兑申请人)签发,由承兑人承兑,并于到期日向收款人或持票人无条件支付款项的票据。商业汇票按承兑人的不同,分为商业承兑汇票和银行承兑汇票。前者是指由收款人签发,经付款人承兑,或由付款人签发并承兑的票据;后者是指由收款人或承兑申请人签发,并由承兑申请人向开户银行申请,经银行审查同意,由银行承兑的票据。

采用商业汇票方式的,收款单位将要到期的商业汇票连同填制的邮划或电划委托收款凭证,一并送交银行办理收款后,在收到银行的收账通知时,据以编制收款凭证;付款单位在收到银行的付款通知时,据以编制付款凭证。符合条件的商业汇票持票人可将未到期的商业汇票向银行申请贴现,应按规定填制贴现凭证,连同汇票一并送交银行,然后根据银行的收账通知编制收款凭证。

采用商业汇票方式应注意以下几个问题:

(1)在银行开立存款账户的法人以及其他组织之间,必须具有真实的交易关系或债权与债务关系,才能使用商业汇票。

(2)商业汇票的付款期限最长不超过 6 个月。

(3)商业汇票承兑后,承兑人负有到期无条件支付票款的责任。如承兑人或承兑申请人账户不足支付票款,凡属商业承兑汇票的,银行将汇票退给收款人,由其自行处理;凡属银行承兑汇票的,承兑银行除凭票向持票人无条件付款外,对出票人尚未支付的汇票金额按照每天 0.05% 计收利息。

商业汇票结算方式有以下特点:使用广泛,同城和异地均可使用;有较强的信用,承兑人负有无条件支付票款的责任;使用灵活,收款人急需资金时,可以将其贴现或背书转让。

4. 支票。支票是单位或个人签发的,委托银行或者其他金融机构见票时无条件支付一定金额给收款人或者持票人的票据。支票又分为现金支票、转账支票和普通支票三种。现金支票只能用于支付现金;转账支票只能用于转账;普通支票可用于支付现金,也可用于转账。

采用支票方式的,对于收到的支票,应在收到支票的当日填制进账单连同支票送交银行,根据银行盖章退回的进账单第一联和有关的原始凭证编制收款凭证,或根据银行转来的由签发人送交银行支票后,经银行审查盖章的进账单第一联和有关原始凭证编制收款凭证;对于付出的支票,应根据支票存根和有关原始凭证及时编制付款凭证。

支票提示付款期限为自出票日起 10 日内,超过付款期限的,持票人开户银行不予受理。企业不得签发超过存款余额的空头支票,否则将处以罚款。

支票结算方式的特点是:手续简便、灵活、结算迅速,在同一城市或同一区域内可以用于商品交易、劳务供应、清偿债务等款项结算。

5. 汇兑。汇兑是汇款人委托银行将其款项支付给收款人的结算方式。汇兑分为信汇和电汇两种。一般来说，信汇是以邮寄方式将汇款凭证转给外地收款人指定的银行；而电汇则是以电报方式将汇款凭证转发给收款人指定的汇入行。后者的汇款速度比前者快捷，汇款人可根据实际需要选择。

采用汇兑结算方式的，收款单位对于汇入的款项应在收到银行的收账通知时，据以编制收款凭证；付款单位对于汇出的款项应在向银行办理汇款后，根据汇款回单编制付款凭证。

汇兑结算方式有以下特点：便于汇款人向异地收款人主动付款，划拨手续简便、灵活，适于交易双方各种款项的结算。

6. 委托收款。委托收款是收款人委托银行向付款人收取款项的结算方式。委托收款便于收款人主动收款，也分邮寄和电报划回两种。

采用委托收款结算方式的，收款单位对于托收款项，应在收到银行的收账通知时，根据收账通知编制收款凭证；付款单位在收到银行转来的委托收款凭证后，根据委托收款凭证的付款通知联和有关原始凭证编制付款凭证。如在付款期满前提前付款，应于通知银行付款之日编制付款凭证。如拒绝付款，属于全部拒付的，不做账务处理；属于部分拒付的，企业应在付款期内出具部分拒付理由书，根据银行盖章退回的拒付理由书第一联编制付款凭证。

委托收款结算方式有以下特点：便于收款单位主动收款，在同城、异地均可使用，并且不受金额起点限制，委托收款方式还适用于收取水费、电费等公用事业费的款项。

7. 托收承付。托收承付，又称异地托收承付，是指根据购销合同由收款人发货后委托银行向异地付款人收取款项，由付款单位向银行承认付款的结算方式。托收承付结算每笔的金额起点为 1 万元。结算款项的划回有邮寄和电报两种，由收款人选用。

采用托收承付方式时，对于未按合同规定的地点发货的款项，对于货物的品种、质量、规格、价格与合同不符的价款，对于未经双方达成协议的货款等，付款人可以在承付期内（10 日）向银行提出全部或部分拒绝付款。

采用托收承付结算方式的，收款单位对于托收款项，应在收到银行的收账通知时，根据收账通知和有关原始凭证，编制收款凭证；付款单位对于承付的款项，应于承付时根据托收承付结算凭证的承付通知和有关发票、账单等原始凭证，编制付款凭证。

使用托收承付结算方式应注意以下问题：

（1）使用托收承付结算方式的收款单位和付款单位，仅限于经营管理较好，并经开户银行审查同意的企业。

(2)办理结算的款项必须是商品交易以及商品交易产生的劳务供应的款项。代销、寄销、赊销商品的款项,不得办理托收承付结算。

托收承付结算方式有以下特点:可以促使销货方按合同发货,购买方按合同规定付款,有利于维护购销双方的正当权益,适用于订有合同的商品交易和劳务供应的款项结算。

8.信用卡。信用卡是指商业银行向个人或单位发行的,凭其向特约单位购物、消费和向银行存取现金,且具有消费信用的特制载体卡片。信用卡按使用对象分为单位卡和个人卡。单位卡的使用对象为单位。凡申领单位卡的单位,必须在中国境内金融机构开立基本存款账户,并按规定填制申请表,连同有关资料一并送交发卡银行。该单位符合条件并按银行要求交存一定金额的备用金以后,银行为申领人开立信用卡存款账户,并发给信用卡。单位卡可以申领若干张,持卡人的资格由申领单位法定代表人或其委托的代理人书面指定或注销。

采用信用卡结算方式的,收款单位对于当日受理的信用卡签购单,填写汇计单和收款凭证;付款单位对于付出的信用卡资金,应根据银行转来的付款通知和有关原始凭证编制付款凭证。

单位信用卡在使用过程中应注意以下几个问题:

(1)其账户的资金一律从基本存款账户转账存入,不得交存现金,不得将销货收入的款项存入该账户。

(2)单位卡的持卡人不得用于10万元以上的商品交易和劳务供应款项的结算,并一律不得支取现金。

(3)信用卡在规定的限额和限期内允许善意透支,透支期最长60天。

9.信用证。信用证结算方式是国际结算的主要方式。采用信用证结算方式时,收款单位收到信用证后,即应备货装运,签发发票账单,连同运单和信用证送交银行,根据银行退回的有关凭证编制收款凭证;付款单位接到开证行的通知时,根据有关单据编制付款凭证。

三、货币资金的内部控制

(一)货币资金内部控制的原则

企业货币资金内部控制应当遵循以下原则:

1.严格职责分工,不相容职责应由不同的人员担任。

2.实行交易分开,将现金收入业务和现金支出业务分开进行处理。

3.实行内部稽核,建立内部稽核制度。

4.实行定期轮岗制度,对涉及货币资金管理和控制的人员定期轮换岗位。

（二）货币资金内部控制的规定

企业应当按照《内部控制规范——货币资金》的规定，进行货币资金的内部控制，具体内容如下：

1. 建立货币资金业务的岗位责任制，确保不相容岗位相互分离、制约和监督。

2. 办理货币资金业务应配备合格的人员，并进行岗位轮换。

3. 应对货币资金业务建立严格的授权批准制度，不得超越授权范围审批货币资金业务。单位对重要货币资金支付业务，应实行集体决策和审批。

4. 加强与货币资金相关的票据管理和银行预留印鉴的管理。

5. 建立对货币资金业务的监督检查制度。监督检查的内容包括：①有无不相容岗位混岗的现象；②授权审批手续是否健全及有无越权审批行为；③全部印章是否交由一人保管；④票据的购买、领用、保管手续是否健全等。

第二节　货币资金业务的核算

一、库存现金的核算

库存现金的核算主要包括三项内容：①库存现金收支的核算；②库存现金清查的核算；③备用金的核算。为此，企业应设置“库存现金”总账，总括反映现金的收入、支出的金额和期末余额。企业还应设置“现金日记账”，按照业务发生的先后顺序由出纳员逐笔序时登记，且于每日终了时结出余额，与实际库存数进行核对，做到账实相符。月份终了，“现金日记账”的余额必须与“库存现金”总账余额核对相符。有外币收支业务的企业，应按不同的币种分别设置现金账户进行明细核算。

（一）库存现金收支业务的核算

企业发生的每笔现金收入和支出业务，都应根据审核无误的原始凭证编制收款凭证或付款凭证，并据以登记账簿。收入的现金，借记“库存现金”账户，贷记“主营业务收入”“其他业务收入”“其他应付款”等账户；支出的现金，借记“管理费用”“销售费用”“开发间接费用”“其他应收款”等账户，贷记“库存现金”账户。

（二）库存现金清查的核算

企业除每日终了时将现金日记账余额与库存现金的实有金额核对外，还应对现金进行定期或不定期的清查，以保证现金的安全完整和合理使用，做到账实相符。

对于每日终了结算现金收支和财产清查所发现的尚未查明原因的现金短缺或溢余，应通过“待处理财产损溢”账户核算。

属于现金短缺的，应按短缺的金额借记“待处理财产损溢——待处理流动资产损溢”账户，贷记“库存现金”账户。查明原因后，属于应由责任人赔偿或应由保险公司赔偿的部分，借记“其他应收款”账户；无法查明原因的，经批准后借记“管理费用——现金短缺”账户；同时按相应的金额贷记“待处理财产损溢——待处理流动资产损溢”账户。

属于现金溢余的，应按溢余的金额借记“库存现金”账户，贷记“待处理财产损溢——待处理流动资产损溢”账户。待查明原因后，属于应支付给有关单位或个人的，应贷记“其他应付款——应付现金溢余（××）”账户；属于无法查明原因的，经批准后，贷记“营业外收入——现金溢余”账户；同时按相应的金额借记“待处理财产损溢——待处理流动资产损溢”账户。

（三）备用金的核算

备用金是指财会部门拨付给企业内部各单位周转使用的现金。备用金有两种管理制度，即非定额备用金制度和定额备用金制度。前者采用先领后用、用后报销、一次结清的办法，一般通过“其他应收款”账户进行结算；后者采用事先核定定额、专人一次领出、用后报销、补足定额、周转使用的办法，一般可增设“备用金”账户进行结算。在定额备用金制度下，财会部门拨付备用金时，借记“备用金”账户，贷记“库存现金”账户；报销备用金支出并补足定额时，借记有关费用账户，贷记“库存现金”账户。

二、银行存款的核算

银行存款的核算主要包括两项内容：①银行存款收付业务的核算；②银行存款清查的核算。

（一）银行存款收付业务的核算

企业应设置“银行存款”总账，总括反映银行存款的收入、付出和结存情况。企业还应设置“银行存款日记账”，由出纳员根据银行存款的收款凭证和付款凭证，按照业务发生的先后顺序逐笔序时登记，于每日终了时结出余额。“银行存款日记账”应定期与“银行对账单”核对。月份终了，“银行存款日记账”余额必须与“银行存款”总账余额核对相符。有外币业务的企业，应在“银行存款”账户下按币种设置银行存款账户进行明细核算。

在不同结算方式下，银行存款收付的会计处理不尽相同。企业将现金存入银行时，应根据现金付款凭证，借记“银行存款”账户，贷记“库存现金”账户；企业提取现金时,应根据银行存款付款凭证,借记“库存现金”账户,贷记“银行存款”账户。企业通过转账结算方式收到的银行存款,借记“银行存款”账户,贷记“主营业务收入”“应交税费”“应收账款”“应收票据”等账户。企业通过转账结算方式付出的银行存款,借记“材料采购”“应付票据”“应付账款”“管理费用”等账户,贷记“银行存款”账户。

需要指出的是,企业在银行的外埠存款、银行本票存款、银行汇票存款、信用证存款、在途货币资金,应在“其他货币资金”账户核算,不在“银行存款”账户核算。

(二)银行存款清查的核算

企业“银行存款日记账”应定期(至少每月)与“银行对账单”进行逐笔核对。核对时发现的记账错误,应及时更正;发现的未达账项,应编制“银行存款余额调节表”进行调节,使之核对相符。未达账项是指由于凭证传递的时间差,银行和企业一方已经登记入账,而另一方尚未登记入账的款项。

未达账项有以下四种情况:①银行已经收款入账,而企业尚未收款入账;②银行已经付款入账,而企业尚未付款入账;③企业已经收款入账,而银行尚未收款入账;④企业已经付款入账,而银行尚未付款入账。未达账项应通过银行存款日记账的记录与银行对账单的记录逐笔核对查出。

银行存款余额调节表的编制方法举例如下:

【例 2-1】 企业 4 月 30 日银行存款账户余额 312 800 元,银行对账单上余额 270 800 元。经逐笔核对发现以下未达账项:①4 月 27 日委托银行代收的出租房租金 90 000 元,银行已入账,企业尚未入账;②4 月 28 日银行代付的水电费 24 000 元,银行已入账,企业尚未入账;③4 月 29 日企业送存转账支票 170 000 元,企业已入账,银行尚未入账;④4 月 30 日企业开出转账支票 62 000 元,企业已入账,银行尚未入账。据此编制的“银行存款余额调节表”如表 2-1 所示。

表 2-1　银行存款余额调节表

2019 年 4 月 30 日　　　　单位:元

项　目	金　额	项　目	金　额
银行存款日记账余额	312 800	银行对账单余额	270 800
加:银行已收,企业未收	90 000	加:企业已收,银行未收	170 000
减:银行已付,企业未付	24 000	减:企业已付,银行未付	62 000
调整后余额	378 800	调整后余额	378 800

经过上述调整以后，如果双方余额仍不相等，则说明某一方的记账有错误，应深入查明原因，及时更正企业账簿记录或通知银行更正账簿记录。经更正后，应重新编制银行存款余额调节表。这里需要注意的是：不能根据余额调节表调整企业银行存款的账面记录，只有当未达账项的原始凭证到达企业时，才能据以登记银行存款日记账。

企业还应定期对银行存款进行检查，如有确凿证据表明存在银行或其他金融机构的款项已经全部或部分不能收回时，如吸收存款的单位已宣告破产，应将不能获得偿还的金额确认为当期损失，借记“营业外支出”账户，贷记“银行存款”账户。

三、其他货币资金的核算

其他货币资金是指企业库存现金和银行存款以外的其他各种货币形态的资金，主要包括外埠存款、银行汇票存款、银行本票存款、信用卡存款、信用证存款、存出投资款等。由于其他货币资金的存放地点和用途不同于库存现金和银行存款，因此，需要单独设置“其他货币资金”账户，用以反映其他货币资金的收入、支出和结余情况。

（一）外埠存款

外埠存款是指企业到外地进行临时或零星采购时，汇往采购地银行开立采购专户的款项。企业在汇出款项时，应填列汇款委托书，加盖“采购资金”戳记。汇入银行对汇入的采购资金，以汇出单位名义开设采购专户。采购专户只付不收，付毕款项结束账户，采购资金存款不计利息。

企业将款项委托开户银行汇往采购地点银行开立专户时，借记“其他货币资金——外埠存款”账户，贷记“银行存款”账户；收到采购员交来发票账单，支付材料物资买价和增值税时，借记“材料采购”或“在途物资”账户，贷记“其他货币资金——外埠存款”账户；剩余的外埠存款转回当地银行时，借记“银行存款”账户，贷记“其他货币资金——外埠存款”账户。

（二）银行汇票存款

银行汇票存款是指企业为取得银行汇票，按规定存入银行的款项。使用银行汇票的企业，应向银行提交“银行汇票委托书”，并将款项存入开户银行。取得汇票时，应根据银行盖章的“银行汇票委托书”存根联编制付款凭证，借记“其他货币资金——银行汇票存款”账户，贷记“银行存款”账户。企业使用银行汇票支付款项后，应根据发票账单等有关凭证，借记“材料采购”等账户，贷记“其他货币资金——银行汇票存款”账户。支付后银行汇票的余额自动退回或因各种原因未曾使用而退回的款项，借记“银行存款”账户，贷记“其他货币资金——银行汇票存款”账户。

（三）银行本票存款

银行本票存款是指企业为取得银行本票，按规定存入银行的款项。使用银行本票的企业，应向银行提交“银行本票申请书”，并将款项存入开户银行。取得本票时，应根据银行盖章的“银行本票申请书”存根联，编制付款凭证，借记“其他货币资金——银行本票存款”账户，贷记“银行存款”账户。企业使用银行本票支付款项后，应根据发票账单等有关凭证，借记“材料采购”等账户，贷记“其他货币资金——银行本票存款”账户。因各种原因未曾使用而退回的款项，借记“银行存款”账户，贷记“其他货币资金——银行本票存款”账户。

银行本票存款和银行汇票存款有两点不同：①银行本票存款只能办理全额支付，不能将多余款项自动退回；②银行本票结算方式仅用于单位和个人在同一票据交换区的款项结算。

（四）信用卡存款

信用卡存款是指企业为取得信用卡，按规定存入信用卡专户的款项。使用信用卡的企业，应填写申请表，并交存备用金，开立信用卡存款户。企业取得信用卡时，根据银行退回的交存备用金的进账单，编制付款凭证，借记“其他货币资金——信用卡存款”账户，贷记“银行存款”账户。企业收到银行转来的信用卡付款凭证及发票账单后，应借记“管理费用”等账户，贷记“其他货币资金——信用卡存款”账户。

（五）信用证存款

信用证存款是指为开具信用证而存入银行信用证保证金专户的款项。企业采用信用证结算方式支付购货款时，应向银行提交“信用证委托书”，并将款项存入银行，根据银行盖章退回的“信用证委托书”回单，编制付款凭证，借记“其他货币资金——信用证存款”账户，贷记“银行存款”账户。企业收到供货单位信用证结算凭证及发票账单时，借记“材料采购”等账户，贷记“其他货币资金——信用证存款”账户。收到未用完的信用证存款时，借记“银行存款”账户，贷记“其他货币资金——信用证存款”账户。

（六）存出投资款

存出投资款是指企业已存入证券公司但尚未进行投资的款项。企业向证券公司划出资金时，借记“其他货币资金——存出投资款”账户，贷记“银行存款”账户；购买股票、债券实际支付的款项，借记“交易性金融资产”等账户，贷记“其他货币资金——存出投资款”账户。

第三节　外币业务

一、外币业务的有关概念

(一)外汇与汇率

外汇又称外币,是指以外国(或我国港澳台地区,下同)货币表示的国际支付手段。外汇有以下几种:①外国货币,包括纸币和铸币;②外币有价证券,包括外国政府公债、外币国库券、外币公司债券、外币股票、外币息票等;③外币支付凭证,包括外币票据(支票、汇票和期票)、外币银行存款凭证、外币邮政储蓄凭证等;④其他外汇资金。

汇率是指一种货币兑换为另一种货币的比率。根据表示方式不同可以分为直接汇率和间接汇率。

直接汇率是指一定数量的其他货币单位折算为本国货币的金额。例如:1 美元可折算为 7.80 元人民币。目前,世界上大多数国家采用直接汇率,我国的人民币汇率也是以直接汇率表示的。

间接汇率是指一定数量的本国货币折算为其他货币的金额。例如:1 元人民币可兑换 15 日元。目前,英、美两国采用间接汇率。

汇率又有三种表示方法:买入价、卖出价和中间价。买入价是银行向客户买入其他货币时所使用的汇率;卖出价是银行向客户卖出其他货币时所使用的汇率;中间价则是银行买入汇率和卖出汇率之间的平均汇率,它是根据当天买入汇率与卖出汇率之和计算的平均数,通常说的市场汇率,一般指当日银行公布的汇率中间价。

汇率又可以分为即期汇率和远期汇率。即期汇率一般指当日中国人民银行公布的人民币汇率的中间价。远期汇率是在未来某一日交付时的结算价格。

(二)外币业务

外币业务是指房地产企业以记账本位币以外的其他货币进行款项的收付、往来结算和计价的经济业务。外币业务主要包括两方面的内容:一是外币交易的会计处理。外币交易包括买入或卖出以外币计价的商品或劳务、借入或借出外币资金、其他以外币计价或结算的交易。外币交易的会计处理包括两个环节:①交易日对外币交易进行的初始确认,将外币折合成记账本位币金额;②在资产负债表日对外币货币性项目金额按期末汇率进行折算,将汇率变动产生的差额计入当期损益。二是外币报表折算。外币报表折算是指将以某一特定的货币表示的财务报表折算为以另一特定货币表示的财务报表,它往往是为了特定的目的而编制的。

(三)外币货币性项目

外币货币性项目是指企业持有的货币和将以固定或可确定金额货币收取的资产或者偿还的负债。外币货币性项目分为货币性资产和货币性负债,会随着汇率的变动使企业发生持有损益。外币货币性资产包括外币库存现金、外币银行存款,以及以外币结算的债权。外币债权账户包括外币应收账款、外币应收票据、外币预付账款以及准备持有至到期外币债券投资等,外币货币性负债包括外币短期借款、外币长期借款、外币应付账款、外币应付票据、外币应付债券、外币预收账款等。在会计期末或结算日应计算外币货币性项目因汇率变动而发生的汇兑损益。

(四)汇兑差额

1. 汇兑差额的产生。汇兑差额是指企业持有外币货币性资产和负债,以及外币兑换业务所产生的损失和收益。

(1)外币兑换差额。外币兑换差额是指企业买入或卖出外汇时,实际付出或收入的记账本位币的数额与将买入或卖出的外汇按市场汇率折算为记账本位币的数额之间的差额。

(2)外币持有差额。外币持有差额是指在持有外币货币性资产和负债期间,由于外汇汇率变动而引起的外币货币性资产或负债的价值发生变动所产生的损益。外币货币性资产在持有期间的外汇汇率上升,会产生汇兑收益;外汇汇率下降,则会产生汇兑损失。外币货币性负债在持有期间的外汇汇率上升,会产生汇兑损失;外汇汇率下降,则会产生汇兑收益。在会计期末,必须将各外币账户的外币期末余额,按照期末的市场汇率折算为记账本位币的金额,并将其与该账户的原记账本位币期末余额进行比较,所得差额即为期末外币账户余额的折算差额,即折算损益。

2. 汇兑差额的处理。对于企业发生的汇兑差额应区别情况进行处理。

(1)筹建期间发生的与购建固定资产无关的汇兑损益,计入当期管理费用。

(2)与购建固定资产、无形资产、开发产品有关的外币专门借款本金和利息产生的汇兑差额,属于允许资本化期间发生的,应记入“在建工程”“研发支出——资本化支出”“开发间接费用”等账户,计入固定资产、无形资产、开发产品的入账价值;属于不允许资本化期间发生的,应计入当期财务费用。

(3)企业清算期间发生的汇兑损益,计入清算损益。

(4)其他汇兑差额在发生时计入当期财务费用。

二、外币交易的会计处理

（一）外币交易的记账方法

外币交易的记账方法有外币统账制和外币分账制两种。外币统账制是指企业在发生外币交易时，均先将外币折算为记账本位币，再予以记账。外币分账制是指企业在日常核算时分别按不同币种记账，资产负债表日再分别按货币性项目和非货币性项目，依不同的汇率将外币金额调整为记账本位币金额，货币性项目按资产负债表日的即期汇率折算，非货币性项目按交易日的即期汇率折算。除少数金融企业外，我国绝大多数企业采用外币统账制。这两种记账方法只是账务处理程序不同，计算出的汇兑差额相同，并均将汇兑差额计入当期损益。本节仅介绍外币统账制。

（二）折算汇率

当外币交易发生时，企业应在有关外币账户中采用外币和折算的记账本位币作双重记录。将外币折算为记账本位币时采用的折算汇率，一般是业务交易日的即期汇率，当汇率变动不大时，为简化核算，企业在业务交易日或对外币报表的某些项目进行折算时也可以选择即期汇率的近似汇率折算。即期汇率的近似汇率通常是指当期平均汇率或加权平均汇率。

当企业发生的一种货币兑换为另一种货币业务或涉及外币兑换的交易事项时，应当以交易实际采用的汇率，即银行买入价或卖出价折算，发生的折算差额作为汇兑损益计入当期财务费用。

（三）外币交易的日常会计处理

1.外币兑换业务。企业在向银行等金融机构兑换外币时，应当按照当日即期汇率或即期汇率近似汇率将外币折算为人民币入账，折算的金额与实际支付或收到的人民币金额之间的差额作为汇兑差额。

【例2-2】 甲房地产公司采用人民币作为记账本位币，外币业务采用业务发生时的即期汇率折算。2019年8月1日从银行购入10 000美元，当日银行美元卖出价为1∶7.9，当日美元的即期汇率为1∶7.8。则：

借：银行存款——美元户	78 000
财务费用——汇兑差额	1 000
贷：银行存款——人民币户	79 000

【例2-3】 甲房地产公司2019年8月5日将20 000美元到银行兑换为人民币，当日美元对人民币买入价为1∶7.6，当日即期汇率为1∶7.8。则：

借：银行存款——人民币户	152 000

财务费用——汇兑差额 4 000

贷:银行存款——美元户 156 000

2. 外币购销业务。企业从国外或境外购进材料物资、引进设备时,应当按照交易日的即期汇率将外币折算为人民币,以确定购入材料物资等货物的入账价值,同时还应按照外币折算为人民币金额登记支付的款项或形成的债务等有关外币账户。企业出口销售产品或者进行以外币结算的销售业务时,应按照交易日的即期汇率将外币销售收入折算为人民币入账,同时还应按照外币折算为人民币金额登记取得的款项或发生的应收债权等有关外币账户。

在外币债权和债务结算日,应将取得或支付的外币按当日即期汇率折算为记账本位币入账,同时冲减外币债权和债务的账面余额,两者因折算汇率不同而形成的差额计入当期财务费用。

【例 2-4】 2019 年 8 月 14 日,甲房地产公司收到 A 公司进口木材的发票账单,共计 50 000 美元。当日即期汇率为 1:7.8,货款未付,木材已入库。则:

借:原材料 390 000

贷:应付账款——美元户——A 公司 390 000

【例 2-5】 2019 年 8 月 20 日,甲房地产公司向外商 B 公司出售商品房一套,价款 400 000 美元,尚未收到。当日即期汇率为 1:7.7。则:

借:应收账款——美元户——B 公司 3 080 000

贷:主营业务收入 3 080 000

【例 2-6】 2019 年 8 月 22 日,甲房地产公司收到 B 公司所欠商品房价款 400 000 美元。当日即期汇率为 1:7.8。则:

借:银行存款——美元户 3 120 000

贷:应收账款——美元户——B 公司 3 080 000

财务费用——汇兑差额 40 000

3. 外币借款业务。企业借入外币借款时应按照借入外币时或当日即期汇率折算为记账本位币入账,同时按照借入外币的金额登记相关的外币账户。

【例 2-7】 2019 年 8 月 23 日,甲房地产公司借入 20 000 美元,存入银行。当日即期汇率为 1 : 7.85。则:

借:银行存款——美元户 157 000

贷:短期借款——美元户 157 000

4. 接受外币资本投资。企业收到投资者以外币投入的资本,无论是否有合同约定汇率,均不得采用合同约定汇率和即期汇率的近似汇率折算,而是采用交易日即期汇率折算,这样,外币投入资本与相应的货币性项目的记账本位币金额相等,不会产生外币资本折算差额。

【例2－8】 2019年8月28日，甲房地产公司收到某外商投资者的投入资本300 000美元，收到款项时的即期汇率为1∶7.75，投资合同中规定的约定汇率为1∶8.00。则：

借：银行存款——美元户　　2 325 000

　贷：实收资本　　2 325 000

（四）期末外币项目余额的会计处理

1.外币货币性项目的处理。资产负债表日，企业对外币货币性项目的外币余额应按期末即期汇率折算为记账本位币的金额，并将其与交易日即期汇率或前一资产负债表日即期汇率折算的同一外币金额产生的差额，确认为汇兑损益，计入当期财务费用。

【例2－9】 2019年7月31日，甲房地产公司外币账户期末余额见表2－2。

表2－2

账户名称	外币余额（美元）	汇　　率	人民币余额（元）
银行存款——美元	50 000	7.80	390 000
应收账款——C公司	100 000	7.80	780 000
应付账款——A公司	30 000	7.80	234 000

甲房地产公司2019年8月发生的外币业务见例2－2至例2－8。8月31日即期汇率为1∶7.88，则2019年8月31日期末外币账户汇兑差额见表2－3。

表2－3

账户名称	外币余额（美元）	原账面人民币余额（元）	月末折算汇率	月末折算人民币余额（元）	汇兑差额（元）
银行存款——美元户	760 000	5 914 000	1∶7.88	5 988 800	+74 800
应收账款——美元户——C公司	100 000	780 000	1∶7.88	788 000	+8 000
短期借款——美元户	20 000	157 000	1∶7.88	157 600	－600
应付账款——美元户——A公司	80 000	624 000	1∶7.88	630 400	－6 400
汇总损益合计					75 800

从表2－3可以看出，按月末即期汇率调整有关外币货币性项目形成汇兑收益75 800元（74 800＋8 000－600－6 400）。应作会计分录如下：

借：银行存款——美元户　　74 800

　　应收账款——美元户——C公司　　8 000

贷:短期借款——美元户　　600

应付账款——美元户——A 公司　　6 400

财务费用——汇兑差额　　75 800

2. 外币非货币性项目的处理。外币非货币性项目是指除货币性项目以外的项目,如存货、长期股权投资、固定资产、无形资产等。

(1)以历史成本计量的外币非货币性项目。对于以历史成本计量的外币非货币性项目,已在交易发生日按当日即期汇率折算,资产负债表日不应改变其原记账本位币金额,不需要按当日即期汇率进行调整,不产生汇兑差额。

但是,由于存货在资产负债表日采用成本与可变现净值孰低计量,因此,在以外币购入存货并且该存货在资产负债表日的可变现净值以外币反映的情况下,在计提存货跌价准备时应当考虑汇率变动的影响。

【例 2-10】 2019 年 10 月 12 日,甲房地产企业(以下简称"甲企业")以 10 000 美元的价格从美国购入电梯 1 部,并于当日支付了相应货款。2019 年 12 月 31 日,该电梯在国际市场价格已降至 9 750 美元。甲企业以人民币作为记账本位币。10 月 12 日的即期汇率为 1:7.7,12 月 31 日的汇率为 1:8.7。假定不考虑增值税等相关税费。10 月12 日确认的电梯入账价值为 77 000 元(10 000 ×7.7)。各会计期末不再调整电梯的成本。

12 月 31 日,由于市场价格下跌,其可变现净值 9 750 美元低于成本,应计提存货跌价准备。应计提的存货跌价准备为 950 元(10 000 ×7.7 -9 750 ×7.8)。

借:资产减值损失　　950

贷:存货跌价准备　　950

可见,期末以国际市场价格为基础确定的可变现净值应按照期末汇率折算,再与电梯记账本位币成本相比较,确定其应计提的跌价准备。

(2)以公允价值计量的外币非货币性项目。对于以公允价值计量的股票、基金等非货币性项目,如果期末的公允价值以外币反映,则应当先将该外币按照公允价值确定当日的即期汇率折算为记账本位币金额,再与原记账本位币金额进行比较,其差额作为公允价值变动损益,记入当期损益。

【例 2-11】 2019 年 12 月 10 日,甲房地产企业以每股 2 美元的价格购入乙公司 10 000 股作为交易性金融资产,当日即期汇率为 1:7.8,款项已付。2019 年 12 月 31 日,由于市价变动,当月购入的乙公司股票的市价变为每股 3 美元,当日即期汇率为 1:7.7。假定不考虑相关税费的影响,2019 年 12 月 31 日该项交易性金融资产公允价值变动损益为 75 000 元(10 000 ×3 ×7.7 -10 000 ×2 ×7.8)。

可见,以公允价值计量的外币非货币性项目的公允价值变动损益,不仅应考虑美元市价的变动,还应一并考虑美元与人民币之间汇率变动的影响。本例

75 000元既包含甲公司所购乙公司股票公允价值变动的影响，又包含人民币与美元之间汇率变动的影响。

上述外币业务的会计处理是建立在“外币统账制”和“两笔业务观点”前提下的。所谓“外币统账制”，是指企业发生的全部外币业务，都于发生时折算为记账本位币入账，而不区别币种记录外币原价和汇兑差额。所谓“两笔业务观点”，是指将外币销售收入、外币采购成本确认和与其相关的外币债权、债务的结算看成两项相互独立的业务，因此，外币债权的汇兑差额不调整与其相关的销售收入，外币债务的汇兑差额也不调整与其相关的购货成本，除符合资本化条件的汇兑差额计入固定资产、无形资产、开发产品等成本外，其他汇兑差额计入财务费用。

三、外币财务报表折算

出于企业股票、债券上市和母公司编制合并财务报表等的需要，对外币财务报表应折算为记账本位币金额。国际上通常采用的外币财务报表折算方法有现行汇率法、流动与非流动项目法、货币与非货币性项目法以及时态法。我国采用的是现行汇率法，规定如下：①在资产负债表项目中，除“未分配利润”项目根据所有者权益变动表该项目的金额填列，所有者权益项目按发生时的即期汇率折算外，其他资产、负债类项目均按资产负债表日的即期汇率折算为记账本位币；②利润表中的收入和费用项目，按交易发生日的即期汇率或即期汇率的近似汇率折算为记账本位币。

对不同的资产负债表项目采用不同的汇率进行折算会产生外币财务报表折算差额，其处理方法主要有两种：递延到以后各期和计入当期损益。鉴于外币财务报表折算差额属于未实现的损益，因此，我国和绝大多数国家均采用递延到以后各期的方法处理外币财务报表折算差额，即将外币折算差额在资产负债表所有者权益项目下以“其他综合收益”项目列示。

DI SAN ZHANG 第三章 交易性金融资产和应收项目

第一节 交易性金融资产

一、金融资产概述

（一）金融资产的含义和分类

金融资产指企业持有的库存现金、银行存款、应收账款、应收票据、其他应收款、股权投资、债权投资和衍生金融工具形成的资产等。

修订后的金融工具确认和计量准则根据金融资产的业务模式和金融资产的合同现金流量特征，将金融资产划分为以下三类：①以摊余成本计量的金融资产，如银行存款、贷款和应收账款、以收取本息为目标的债权投资等；②以公允价值计量且其变动计入其他综合收益的金融资产，如企业持有的既以收取本息为目标又以出售为目标的其他债权投资、既以收取股利为目标又以出售为目标的其他权益工具投资；③以公允价值计量且其变动计入当期损益的金融资产，如交易性金融资产等。

广义的金融资产还应包括长期股权投资，但因其由《企业会计准则第2号——长期股权投资》规范，在金融资产分类中不予涉及。

从企业资产流动性和资产负债表项目列示考虑，本章只涉及流动性仅次于货币资金的交易性金融资产和应收款项。债权投资、其他债权投资、其他权益工具投资和长期股权投资将在本书第五章阐述。

（二）以公允价值计量且其变动计入当期损益的金融资产的含义和分类

企业常见的下列投资产品，通常应分类为以公允价值计量且其变动计入当期损益的金融资产：①股票，企业持有的既以收取被投资企业未来股利分配又以出售时获取剩余收益为目标的一般股票投资;②基金,常见的有股票型基金、债券型基金、货币基金或混合基金,企业持有的基金以获取投资期间取得的合同现金流量为目标,包括处置时取得的现金流量;③债券,企业持有的既以获取投资期间的利息收入又以出售时获取剩余利益为目标的一般债券,企业持有的除到期收回本金、获取约定利息或收益外还嵌入转股权的衍生工具的可转换债券,也应划分为该类。

需要说明的是,除长期股权投资之外的权益工具投资、除债权投资以外的债务工具投资,一般应分类为以公允价值计量且其变动计入当期损益的金融资产。但初始确认时,企业将其非交易性权益工具投资和非交易性债务工具投资指定为以公允价值计量且其变动计入其他综合收益的金融资产除外。

以公允价值计量且其变动计入当期损益的金融资产,可以划分为交易性金融资产和指定为以公允价值计量且其变动计入当期损益的金融资产。

1. 交易性金融资产。交易性金融资产是指企业分类为以公允价值计量且其变动计入当期损益、为交易目的所持有的债券、股票等金融资产。金融资产满足下列条件之一,才能确认为交易性金融资产:①取得该项金融资产的目的主要是近期出售,赚取差价;②属于进行集中管理的可辨认金融工具组合的一部分,且有客观证据表明近期实际存在短期获利模式,企业持有的、准备在近期出售、从事短期获利活动的股票、债券、基金和权证等都可确认为交易性金融资产;③相关金融资产属于衍生金融工具,如国债期货、远期合同、股指期货等,但符合担保合同定义的衍生工具以及被指定为有效套期工具的衍生工具除外,如果衍生工具被指定为有效套期关系中的套期工具,则应采用相应的方法进行处理。

2. 指定为以公允价值计量且其变动计入当期损益的金融资产。指定为以公允价值计量且其变动计入当期损益的金融资产,是指不能满足确认为交易性金融资产条件的,但在符合特定条件时可按公允价值计量,并将其公允价值变动计入当期损益的金融资产。企业持有的某项金融负债和某项金融资产密切相关,如果该项金融资产划分为其他权益工具投资,则将价值变动计入其他综合收益,而相关的金融负债的公允价值变动却计入当期损益,因两者计量基础不同,将导致会计处埋结果不能反映交易的实质,这时需要将该项金融资产指定为以公允价值计量且其变动计入当期损益的金融资产。

由于除了金融企业以外的一般企业很少涉及指定为以公允价值计量且其变动计入当期损益的金融资产,因此,本节主要阐述交易性金融资产的会计处理。

（三）交易性金融资产核算的账户设置

为了核算交易性金融资产的公允价值及其变动，需要设置"交易性金融资产"账户，并按交易性金融资产的类别和品种，分别按"成本"和"公允价值变动"设置明细账进行明细核算。

二、交易性金融资产的计量

（一）交易性金融资产的初始计量

房地产企业主要以购买的方式取得交易性金融资产。交易性金融资产初始确认时，应按公允价值计量，相关的交易费用直接计入当期损益。交易费用是指可以直接归属于购买交易性金融资产的新增外部费用，包括支付给代理机构、咨询公司、券商的手续费、佣金、税金及其他必要支出，不包括债券溢价、折价、融资费用和内部管理成本。

需要注意的是，房地产企业取得交易性金融资产所支付的价款中包含的已宣告但尚未发放的现金股利或已到付息期但尚未领取的债券利息，应当单独确认为应收股利或应收利息，不得计入交易性金融资产的初始成本。

（二）交易性金融资产持有期的再计量

交易性金融资产持有期的再计量，是指除所取得的原已确认为债权的现金股利或债券利息外，交易性金融资产持有期间所获得的现金股利或债券利息，应确认为投资收益，同时确认为一项债权，不能调整交易性金融资产的账面价值。

需要注意的是，企业在交易性金融资产持有期间收到的、在取得该项交易性金融资产时确认的应收股利和应收利息，应冲减原确认的债权，不能确认投资收益。

（三）交易性金融资产的期末计量

为了反映交易性金融资产的预计获利能力，在资产负债表日，应当按当日各项交易性金融资产的公允价值调整交易性金融资产的账面价值，并将其公允价值变动作为待实现损益计入当期损益。

【例3－1】 2018年5月12日，B公司购入A公司100 000股股票，每股市价为7元，支付交易费用4 000元。A公司已于5月10日宣告发放现金股利，每10股派1元，5月15日为股权登记日。款项以存入证券公司的投资款支付。B公司将该项投资确认为交易性金融资产。6月10日，B公司收到A公司发放的现金股利。2018年12月31日，该项投资的市价为680 000元。2019年3月，A公司宣告发放现金股利，每股0.2元。2019年5月，收到A公司发放的现金股利。则：

（1）2018年5月12日，交易性金融资产的初始成本为690 000元（$7\times100\ 000-100\ 000\div10\times1$）。

借:交易性金融资产——成本　690 000
投资收益　4 000
应收股利　10 000
贷:其他货币资金——存出投资款　704 000

(2)2018 年 6 月 10 日:

借:银行存款　10 000
贷:应收股利　10 000

(3)2018 年 12 月 31 日,公允价值变动为 10 000 元(690 000 - 680 000)。

借:公允价值变动损益　10 000
贷:交易性金融资产——公允价值变动　10 000

如果 2018 年 12 月 31 日该项交易性金融工具的公允价值为 700 000 元,则应作相反的会计分录。

(4)2019 年 3 月:

借:应收股利　20 000
贷:投资收益　20 000

(5)2019 年 5 月:

借:银行存款　20 000
贷:应收股利　20 000

三、交易性金融资产的处置

交易性金融资产处置,是指企业出售、转让交易性金融资产等行为。在交易性金融资产处置时,其持有目的已经实现,应将该项交易性金融资产处置时的公允价值与初始确认入账价值之间的差额确认为投资收益,同时调整公允价值变动损益。

由于持有期间的每个会计期末都按当日的公允价值调整了交易性金融资产的账面价值,并确认了公允价值变动损益,因此,处置交易性金融资产的损益由以下两部分构成:①处置该项交易性金融资产时的公允价值(即处置收入)与其账面价值之间的差额;②持有期间已确认的该项交易性金融资产的公允价值变动损益。为此,处置交易性金融资产时,应将原来确认的公允价值变动损益结转为已实现的投资收益。

部分处置某项交易性金融资产时,无论是该项交易性金融资产的账面价值,还是已确认的公允价值变动损益,都应按处置比例结转。

【例 3 - 2】 假设在例 3 - 1 中,2019 年 6 月,B 公司将持有的 A 公司股票 100 000 股全部出售,每股售价 8 元,支付交易费用 4 000 元。款项已存入证券公司投资款。则：

交易性金融资产处置收益 = 8 × 100 000 − 4 000 − 690 000 = 106 000（元）

借：其他货币资金——存出投资款	796 000
交易性金融资产——公允价值变动	10 000
贷：交易性金融资产——成本	690 000
公允价值变动损益	10 000
投资收益	106 000

如果2018年12月31日，该项交易性金融工具的公允价值为700 000元，那么，其处置收益仍为106 000元，应作以下会计分录：

借：其他货币资金——存出投资款	796 000
公允价值变动损益	10 000
贷：交易性金融资产——成本	690 000
——公允价值变动	10 000
投资收益	106 000

【例3－3】 假设在例3－1中，2019年6月，B公司将持有的A公司股票处置了40 000股，支付交易费用1 600元。则：

交易性金融资产处置收益 = 8 × 40 000 − 1 600 − 690 000 × 40 000 ÷ 100 000

= 42 400（元）

借：其他货币资金——存出投资款	318 400
交易性金融资产——公允价值变动	4 000
贷：交易性金融资产——成本	276 000
公允价值变动损益	4 000
投资收益	42 400

【例3－4】 2018年1月1日，甲房地产公司（以下简称“甲公司”）从二级市场购入乙公司发行的公司债券，价款206万元，含已到付息期但尚未领取的利息6万元，另支付交易费用5万元，债券面值100万元，剩余期限2年，票面利率6%，每年年末付息一次，甲公司将其划分为交易性金融资产。2018年1月10日，甲公司收到上年利息6万元；2018年6月30日，该债券不含利息的公允价值为230万元；2018年12月31日，该债券不含利息的公允价值为220万元；2019年1月20日甲公司收到上年利息；2019年4月1日，甲公司以240万元（含第一季度利息）将该债券出售。款项已用银行存款收付。不考虑其他因素，甲公司的会计处理如下：

（1）2018年1月1日，购买债券：

借：交易性金融资产——成本	2 000 000
应收利息	60 000

投资收益	50 000
贷:银行存款	2 110 000

(2)2018 年 1 月 10 日,收到利息:

借:银行存款	60 000
贷:应收利息	60 000

(3)2018 年 6 月 30 日,公允价值变动:

借:交易性金融资产——公允价值变动	300 000
贷:公允价值变动损益	300 000

(4)2018 年 12 月 31 日,公允价值变动和计息:

借:公允价值变动损益	100 000
贷:交易性金融资产——公允价值变动	100 000
借:应收利息	60 000
贷:投资收益	60 000

(5)2019 年 1 月 20 日,收到利息:

借:银行存款	60 000
贷:应收利息	60 000

(6)2019 年 4 月 1 日,出售债券:

借:银行存款	2 400 000
公允价值变动损益	200 000
贷:交易性金融资产——成本	2 000 000
——公允价值变动	200 000
投资收益	400 000

第二节 应收票据

一、应收票据的确认与计量

(一)应收票据的概念与分类

应收票据是指企业采用商业汇票结算方式销售商品或提供劳务收到的商业汇票。对房地产企业而言,是指企业采用商业汇票结算方式,因销售、转让、出租和结转开发产品,提供装修、装饰服务等而收到的商业汇票。

我国商业汇票的付款期限最长不超过 6 个月。企业持有的商业汇票到期前,可以背书转让,也可以向银行办理贴现。

商业汇票按承兑人不同,分为商业承兑汇票和银行承兑汇票。商业承兑汇票是由银行以外的付款人承兑的汇票,可以由付款人签发并承兑,也可以由收款人签发由付款人承兑,商业承兑汇票到期付款人无款支付票款时,应将应收票据结转为应收账款;银行承兑汇票是由在承兑银行开立存款账户的存款人签发,由银行承兑的汇票,为此,承兑银行应按票面金额向出票人收取0.05%的手续费。银行承兑汇票的出票人应于汇票到期前将票款足额交存开户银行,承兑银行在到期日见票付款。出票人于票据到期日未能足额交存票款时,承兑银行除向持票人无条件付款外,对出票人尚未支付的票款按每天0.05%计收利息,出票人应将未支付的票款结转为逾期的短期借款。

商业汇票按是否计息可分为不带息商业汇票和带息商业汇票。带息商业汇票到期时,承兑人应按票面金额加应计利息向票据持有人支付票款。

商业汇票按是否带有追索权可分为带追索权的商业汇票和不带追索权的商业汇票。在我国,商业汇票可以背书转让,向银行办理贴现。在这种情况下,银行承兑汇票的贴现不带追索权,不会产生或有负债;商业承兑汇票的贴现是带追索权的,会产生或有负债。

(二)应收票据的计量

企业收到应收票据时,应按票据的面值(即票据的票面金额)入账。对于带息的应收票据,应于期末(中期期末和年度终了)计提利息,增加应收票据的账面价值或者以应收利息反映,利息收入冲减财务费用。票据到期日应收到的票款,对于不带息票据而言是票据的面值;对于带息票据而言,应是票据的面值与应计利息之和。带息应收票据到期值的计算公式如下:

带息票据到期值 = 票据面值 × [1 + 年利率 × 票据到期月数(天数) ÷ 12(360)]

在上述公式中,票据到期天数和到期月数均指票据签发日至到期日的时间间隔,票据的期限可按月表示,也可按日表示。按月表示时,应以到期月份中与签发日相同的那一天为到期日,月末签发的票据,不论月份大小,以到期月份的月末那一天为到期日;票据期限按日表示时,应自签发日起按实际经历天数计算,通常签发日和到期日只能计算其中的一天,即“算头不算尾,算尾不算头”。

如果将应收票据计提的利息以应收利息反映,带息应收票据的期末账面价值就是收到票据时的票面金额;如果将应收票据计提的利息增加应收票据账面价值,则带息应收票据的期末账面价值的计算公式如下:

带息票据期末账面价值 = 票据面值 × [1 + 年利率 × 票据持有月数(天数) ÷ 12(360)]

在上述公式中,票据持有天数和持有月数均指票据签发日至期末计息日的时间间隔。按日表示时,为签发日至计息日的实际天数减1,即在计算持有天数时,签发日和计息日“算头不算尾,算尾不算头”;持有月数是指签发日与计息日在不同月份的相同那一天,则持有期限不必按天数计算,而按签发日到计息日的实际月数计算。

我国企业会计准则规定,贷款和应收款项应当采用实际利率法按摊余成本计量。如果有客观证据表明按实际利率与名义利率分别计算的各期利息收入相差很小,也可以采用名义利率摊余成本进行后续计量。我国应收票据多为短期债权,利息收入金额一般不大,为了简化核算手续,一般不再以实际利率计算利息收入。

在计算利息时的利率一般采用票面年利率表示,按月计算利息时,应将其除以 12,换算成月利率;按日计算利息时,一年按 360 天计算,换算成日利率。

【例 3-5】 某房地产企业 2018 年 9 月 1 日销售一批商品房给甲公司,含增值税价款 1 170 万元,其中含增值税 80 万元,收到甲公司开出承兑的商业承兑汇票一张,期限 6 个月,票面利率 5%,则票据的到期日应为 2019 年 3 月 1 日。

$$票据的到期值 = 1\ 170 \times (1 + 5\% \times 6 \div 12) = 1\ 199.25(万元)$$

$$2018 年 12 月 31 日的应计利息 = 1\ 170 \times 5\% \times 4 \div 12 = 19.5(万元)$$

本例中如果 9 月 15 日销售商品房,并收到甲公司开出承兑的商业承兑汇票,期限 180 天,2 月份 28 天。则:至 2018 年 12 月 31 日应收票据的持有天数为 107 天(16 + 31 + 30 + 31 - 1),2018 年 12 月 31 日票据的应计利息为 17.387 5 万元(1 170 × 5% × 107 ÷ 360)。票据到期日应为 2019 年 3 月 14 日(180 - 15 - 31 - 30 - 31 - 31 - 28)。

$$票据的到期值 = 1\ 170 \times (1 + 5\% \times 180 \div 360) = 1\ 199.25(万元)$$

二、应收票据取得、计息、转让和到期收回款项的核算

企业应设置“应收票据”账户,核算因销售商品、提供劳务等而收到的商业汇票的增减变动情况。因销售商品或购货方抵偿应收账款取得的应收票据的面值,记入该账户的借方;应收票据贴现或背书转让、应收票据到期等,将其账面价值记入该账户的贷方。如果不单独核算应收利息,期末计提的利息和实际收到的利息,也应通过“应收票据”账户核算。

【例 3-6】 编制例 3-5 所涉及的应收票据取得、年末计息、到期收回本息存入银行的会计分录。

(1)2018 年 9 月 1 日取得票据时:

借:应收票据	11 700 000	
贷:主营业务收入		10 900 000
应交税费——应交增值税(销项税额)		800 000

(2)2018 年 12 月 31 日计算利息时：

借：应收利息　　195 000

　贷：财务费用　　195 000

(3)2019 年 3 月 1 日票据到期时：

计提 2019 年 1 月、2 月利息 9.75 万元（1 170 × 5% × 2 ÷ 12）。

借：银行存款　　11 992 500

　贷：应收票据　　11 700 000

　　应收利息　　195 000

　　财务费用　　97 500

如果票据到期，付款人无力支付票款，在收到银行退回的商业承兑汇票时，应按应收票据的账面余额转作应收账款，期末不再计息，待实际收到时再冲减收到当期的财务费用。

本例若 3 月 1 日甲公司无力支付票款，则：

借：应收账款　　11 895 000

　贷：应收票据　　11 700 000

　　应收利息　　195 000

如果 5 月 10 日足额收到该项债权的本金和利息，则：

借：银行存款　　11 992 500

　贷：应收账款　　11 700 000

　　应收利息　　195 000

　　财务费用　　97 500

【例 3－7】　12 月 31 日，企业购入材料物资，价款 1 200 万元，增值税 204 万元。因企业货币资金不足，故先将例 3－5 取得的商业承兑汇票背书转让给供货单位，余款已用银行存款支付。则：

借：材料采购　　14 040 000

　贷：应收票据　　11 700 000

　　财务费用　　195 000

　　银行存款　　2 145 000

三、应收票据贴现的核算

应收票据贴现是指票据持有人将未到期的商业票背书后交存银行，银行受理后从票据到期值中扣除按银行贴现率计算的贴现息，将余款付给持票人的行为。可见，应收票据贴现实质上是企业以未到期的商业汇票作抵押，向银行融资的一种方式，贴现所得额是指采用这种融资形式从银行取得的短期借款的金额。

贴现所得额 = 票据的到期值 − 贴现息

贴现息 = 票据到期值 × 贴现率 × 贴现期

贴现期可用月数或天数表示：

贴现月数 = 票据期限 − 已持有月数

贴现天数即自贴现日至票据到期日的实际天数。

贴现天数 = 贴现日至票据到期日的实际天数 − 1

承兑人在异地的贴现利息的计算应另加 3 天的划款日期。

不带息票据的贴现息记入“财务费用”账户的借方；带息票据贴现时，应将尚未计算的利息收入与贴现息的差额记入“财务费用”账户，利息收入大于贴现息的差额记入贷方，利息收入小于贴现息的差额记入借方。

（一）不带追索权的应收票据贴现

不带追索权的应收票据贴现，在办理应收票据贴现的同时，将票据到期不能收回票款的风险转嫁给了贴现银行，企业对票据到期无法收回票款不承担连带责任，符合金融资产终止确认的条件。因此，在取得贴现款的同时应冲销应收票据的账面价值。

【例 3 − 8】 假设例 3 − 5 中的房地产企业取得的是银行承兑汇票，企业根据资金需要，将取得的银行承兑汇票贴现，贴现率为 6%，贴现日为：①2018 年 10 月 1 日；②2018 年 12 月 1 日；③2019 年 1 月 1 日。则：

（1）2018 年 10 月 1 日贴现：

贴现息 = 1 199.25 × 6% × 5 ÷ 12 = 29.981 25（万元）

贴现所得额 = 1 199.25 − 29.981 25 = 1 169.268 75（万元）

借：银行存款　　11 692 687.5

　　财务费用　　7 312.5

　贷：应收票据　　11 700 000

（2）2018 年 12 月 1 日贴现：

贴现息 = 1 199.25 × 6% × 3 ÷ 12 = 17.988 75（万元）

贴现所得额 = 1 199.25 − 17.988 75 = 1 181.261 25（万元）

借：银行存款　　11 812 612.5

　贷：应收票据　　11 700 000

　　　财务费用　　112 612.5

（3）2019 年 1 月 1 日贴现：

贴现息 = 1 199.25 × 6% × 2 ÷ 12 = 11.992 5（万元）

贴现所得额 = 1 199.25 − 11.992 5 = 1 187.257 5（万元）

借:银行存款　　11 872 575

　财务费用　　22 425

　贷:应收票据　　11 700 000

　　应收利息　　195 000

(二)带追索权的应收票据贴现

带追索权的应收票据贴现,在办理应收票据贴现时,并未将票据到期不能收回票款的风险转嫁给贴现银行,企业对票据到期无法收回票款承担连带责任,这种连带偿还责任是企业的一种负债,直至贴现的票据到期才能解除。因此,带追索权的应收票据贴现,不符合金融资产终止确认的条件,不能冲销应收票据的账面价值。

对于已贴现的商业承兑汇票,应将因应收票据贴现而形成的负债在"短期借款"账户单独核算。

【例3－9】 沿用例3－5的资料,2018年10月1日,房地产企业将取得的商业承兑汇票贴现,贴现率为6%。则:

(1)2018年10月1日贴现:

$$贴现息=1\ 199.25\times6\%\times5\div12=29.981\ 25(万元)$$

$$贴现所得额=1\ 199.25-29.981\ 25=1\ 169.268\ 75(万元)$$

借:银行存款　　11 692 687.5

　短期借款——利息调整　　7 312.5

　贷:短期借款——本金　　11 700 000

贴现净利息支出7 312.5元应在票据贴现期间采用实际利率法摊销确认为利息费用,记入"财务费用"账户的借方。

(2)2019年3月1日到期日:

借:短期借款——本金　　11 700 000

　贷:应收票据　　11 700 000

如果已贴现的商业承兑汇票到期,付款人无法支付票款给银行,银行会将已贴现的票据退回申请贴现的企业,并从贴现企业的银行存款账户中将票据款按到期值划回,贴现企业应按票据到期值,借记"应收账款""应收利息"账户,向付款人索要票款,同时贷记"银行存款"账户。本例中应再作以下会计分录:

(3)借:应收账款　　11 700 000

　应收利息　　292 500

　贷:银行存款　　11 992 500

如果贴现企业银行存款账户余额不足,银行会将尚未划回的票据款作为企业的逾期贷款，贴现企业应将其借记“应收账款”“应收利息”账户，贷记“短期借款”账户。

如果票据贴现日为2019年1月1日，则上述会计分录(1)和(2)应为：

(1)借：银行存款　　11 872 575

　　贷：短期借款——本金　　11 700 000

　　　　　　——利息调整　　172 575

贴现净利息收入172 575元应在票据贴现期间采用实际利率法摊销确认为利息收入，记入“财务费用”账户的贷方。

(2)借：短期借款——本金　　11 700 000

　　贷：应收票据　　11 700 000

企业应当设置“应收票据备查簿”，逐笔登记商业汇票的种类、号数、出票日、票面金额、交易合同号、付款人、承兑人、背书人或单位、到期日、背书转让日、贴现日、贴现率、贴现净额、收款日、收回金额和退票情况等。商业汇票到期结清票款或退票后，应在备查簿中予以注销。

第三节　应收账款

一、应收账款的确认与计量

应收账款是指企业采用非商业汇票结算方式，因销售商品、提供劳务等经营活动应向客户收取的款项。对房地产企业而言，是指企业采用非商业汇票结算方式，因销售、转让、出租和结转开发产品，提供装修、装饰服务等，应向客户收取的款项。它包括应向客户收取的货款、劳务款、相关的税金和代垫运杂费，不包括各种非经营活动应收取的款项，如应收职工的各种欠款、应收其他单位的罚款、应收债务人的利息、应收权益性投资的现金股利和存出保证金等债权。因销售商品、提供劳务等，采用递延方式收取合同或协议价款、实质上具有融资性质的，应作为长期应收款，也不得确认为应收账款。

应收账款应于收入实现时，以买卖双方成交的实际金额作为入账价值，即按发票账单表明的金额入账。在实行折扣办法的情况下，我国应收账款的入账金额，是扣除商业折扣但包括现金折扣的金额。

(一)商业折扣和销售折让

商业折扣是指企业可以从货品价目单上规定的价格中扣减的一定比率的金额，作为对客户的优惠，如5%、10%、20%等。扣减商业折扣后的净额才是实际销售价格。在发票账单上可以同时列示原售价、商业折扣和实际销售价格。企业应收账款入账金额应按扣除商业折扣后的实际销售价格计量。

销售折让是指因已售出商品的质量、规格等不符合要求等原因,经与客户协商,给予客户在售价上的减让。如果销售折让发生在企业确认收入之前,则可比照商业折扣处理,视为销售时直接给予客户价格上的减让,应收账款按原售价扣除商业折扣和销售折让后的金额计量;如果销售折让发生在企业确认收入之后,则应在实际发生时冲减当期收入,不涉及收入实现时应收账款的计量。

(二)现金折扣

现金折扣是指企业为了鼓励客户在规定的期限内早日偿付款项,而给予客户的一种折扣优惠。现金折扣一般用"折扣/付款期限"表示,如2/10、1/20、n/30分别表示10天之内付款给予2%的折扣,20天之内付款给予1%的折扣,30天之内付款不给予折扣。可见,客户付款的时间不同,企业应收账款实际收到的金额也会存在差异。

存在现金折扣的情况下,应收账款入账金额的计量有两种方法:总价法和净价法。

1. 总价法。总价法是将未扣减现金折扣前的金额视为实际售价,作为应收账款的入账金额。现金折扣在客户支付款项时,才予以确认,并作为理财费用,计入现金折扣发生当期的财务费用。

2. 净价法。净价法是将扣减最大现金折扣后的金额视为实际售价,作为应收账款的入账金额。这种方法将客户超过折扣期限未能享受到的现金折扣,视为企业向客户提供信贷的利息收入,于实际收到时冲减当期的财务费用。

我国会计实务中规定,对现金折扣采用总价法进行会计处理。

二、应收账款的核算

企业应设置"应收账款"账户核算应收账款的发生和收回情况,还应按不同的购货单位和接受劳务单位设置明细账,进行明细核算。

(一)不存在折扣的情况下,应收账款按全额入账

【例3-10】 某房地产企业向乙公司销售商品房,含增值税价款500万元,其中含增值税40万元,已办妥委托银行收款手续,货款下月收到。

(1)销售实现时:

借:应收账款	5 000 000	
贷:主营业务收入		4 600 000
应交税费——应交增值税(销项税额)		400 000

(2) 收到货款时：

借：银行存款　　5 000 000

　贷：应收账款　　5 000 000

(二) 存在商业折扣和现金折扣的情况下，应收账款按扣减商业折扣后的金额入账

【例 3－11】 某房地产企业向丙公司销售商品房 6 000 平方米，每平方米含增值税价款5 000元，其中含增值税 300 元，销售时给予客户含增值税价款 10% 的商业折扣，并约定如果 3 个月之内付款，给予客户含增值税价款5% 的现金折扣，6 个月之内付款，给予客户 3% 的现金折扣。客户于销售后第 4 个月支付货款。

应收账款入账金额 = 5 000 × 6 000 ×（1 － 10%）= 27 000 000（元）

现金折扣 = 27 000 000 × 3% = 810 000（元）

实际收到的款项 = 27 000 000 － 810 000 = 26 190 000（元）

(1) 实现销售时：

借：应收账款　　27 000 000

　贷：主营业务收入　　25 380 000

　　应交税费——应交增值税（销项税额）　　1 620 000

(2) 收到款项时：

借：银行存款　　26 190 000

　财务费用　　810 000

　贷：应收账款　　27 000 000

三、应收账款抵借和出售

(一) 应收账款抵借

应收账款抵借是指企业以应收账款作为抵押向银行取得借款。企业因此而取得的质押借款应作为短期借款核算。应收账款抵借后，并未改变应收账款的所有权，不符合金融资产终止确认的条件，因此，不能冲销应收账款的账面价值。

【例 3－12】 2018 年 8 月 12 日，某房地产企业以应收账款 200 000 元作抵押，向银行取得年利率为 7% 的借款 160 000 元。2018 年 10 月 12 日，企业收回该项应收账款的 180 000 元，发生销货折让 20 000 元，其中增值税为 1 300 元，当日归还银行借款本息 161 867 元。则：

(1) 2018 年 8 月 12 日：

借：银行存款　　160 000

　贷：短期借款　　160 000

(2)2018 年 10 月 12 日：

借：银行存款　180 000

　主营业务收入　18 700

　应交税费——应交增值税（销项税额）　1 300

　贷：应收账款　200 000

借：短期借款　160 000

　财务费用　1 867

　贷：银行存款　161 867

（二）应收账款出售

应收账款出售是指企业通过与银行等金融机构之间签订让售协议或合同，出售应收账款并取得资金。让售协议或合同应规定手续费、利息、扣留款，以及是否带有追索权。

手续费一般应以扣除最大现金折扣后的净额的一定比例计算，用于金融机构支付收取应收账款过程中发生的费用。利息是指企业筹集资金应承担的资金使用费，按筹资额、合同或协议规定的利率和出售日到应收账款收回日的实际日数计算。扣留款一般按应收账款总额的一定比例计算，用于金融机构应付销货退回、销售折让等减少应收账款的事项。金融机构收回应收账款后，应将尚未动用的扣留款退还给企业。企业出售应收账款取得的筹资额应为应收账款总额扣除最大现金折扣、手续费、扣留款后的余额。

应收账款出售按其是否带有追索权可以分为不附追索权的应收账款出售和附有追索权的应收账款出售。不附追索权的应收账款出售后，应立即通知赊销方将款项直接支付给金融机构，该项应收账款已符合金融工具终止确认的条件，应当冲销该项应收账款的账面价值。附追索权的应收账款出售后，也应立即通知赊销方将款项直接支付给金融机构，但当金融机构到期无法从赊销方收回款项时，金融机构有权向让售企业追偿，让售企业负有偿还或回购该项应收账款的义务。因此，企业不能终止确认该项金融工具，不能冲销该项应收账款的账面价值。可见，附追索权的应收账款出售应当比照应收账款抵借进行会计处理，这里仅举例说明不附追索权应收账款出售的会计处理。

【例 3－13】 2018 年 9 月 10 日，某房地产企业将 9 月 2 日赊销商品形成的应收账款 100 000 元出售给银行，付款折扣条件为 2/10、1/20、n/30，协议规定的手续费率为 2%，筹资利率为 10%，扣留比率为 20%，企业不附有连带责任。10 月 10 日，银行将扣除销售折让 30 000 元后的扣留款存入企业银行存款户。

扣除最大现金折扣的应收账款净额＝200 000×（1－2%）＝196 000（元）

出售手续费＝196 000×2% ＝3 920（元）

扣留款 = 200 000 × 20% = 40 000(元)

筹资限额 = 196 000 - 3 920 - 40 000 = 152 080(元)

利息 = 152 080 × 10% × 30 ÷ 360 = 1 267(元)

筹资金额 = 152 080 - 1 267 = 150 813(元)

(1)9 月 10 日:

借:银行存款	150 813	
财务费用——现金折扣	4 000	
——手续费	3 920	
——利息支出	1 267	
其他应收款——应收扣留款	40 000	
贷:应收账款		200 000

(2)10 月 10 日:

借:银行存款	10 000	
主营业务收入	30 000	
贷:其他应收款——应收扣留款		40 000

第四节　预付账款及其他应收款

一、预付账款

预付账款是指房地产企业因购买货物和出包工程而预付给供货单位购货款及预付给承包单位的工程款及备料款。

(一)预付购货款

房地产企业采用自营方式施工,或虽采用出包方式施工,但按施工合同规定在甲方需要提供部分材料物资的情况下,需要采购材料物资,并可能根据供货合同的规定向供货单位预先支付部分货款,从而形成房地产企业的预付购货款。预付的购货款,借记"预付账款"账户,贷记"银行存款"账户;待收到材料物资和供货单位结算账单时,借记"材料采购"或"在途物资"账户,贷记"预付账款"账户;支付的余款,借记"预付账款"账户,贷记"银行存款"账户;退回多预付的货款,借记"银行存款"账户,贷记"预付账款"账户。

(二)预付工程款和预付备料款

预付工程款是指房地产企业采用出包方式进行工程施工时,按施工合同规定预付给承包单位的工程价款。预付备料款是指房地产企业采用出包方式进行工程施工时,按施工合同规定预付给承包单位用于材料物资储备的款项。预付工程款和预付备料款将随着已完工程价款的结算而陆续扣回。房地产企业提供给承包单位抵作备料款的材料物资，也视同预付备料款一并结算，其材料物资实际成本与双方结算价格的差额直接计入当期的开发成本。

【例3－14】 某房地产企业采用出包方式进行工程施工，按合同规定向承包单位丙公司预付工程款400万元，预付备料款80万元，提供抵作备料款的材料物资实际成本为12万元，结算价格为10万元，预交增值税12万元。年末，承包单位转来“工程价款结算账单”，要求结算不含增值税工程进度款600万元、增值税66万元，扣还预付工程款300万元、预付备料款50万元，其余款已用银行存款支付。

（1）预付款项时：

借：预付账款——丙公司（工程款）	4 000 000	
——丙公司（备料款）	800 000	
贷：银行存款		4 800 000
借：应交税费——应交增值税（预交增值税）	120 000	
贷：银行存款		120 000
借：预付账款——丙公司（备料款）	100 000	
开发成本	20 000	
贷：原材料		120 000

（2）年末结算时：

借：开发成本	6 000 000	
应交税费——应交增值税（进项税额）	660 000	
贷：预付账款——丙公司（工程款）		3 000 000
——丙公司（备料款）		500 000
银行存款		3 160 000

需要说明的是，如果企业为某一个客户设置了预付账款明细账，也应在该明细账中核算对这个客户的应付账款，不再为该客户单独设置应付账款明细账；如果企业对某客户预付账款不多，也可在应付账款账户中核算预付账款；房地产企业的预付工程款和预付备料款也可以不予区分，统称为预付工程款。

二、应收股利和应收利息

（一）应收股利

应收股利是指企业进行股权性质的投资应收取的现金股利和应收取其他单位分配的利润。

企业应设置“应收股利”账户，核算下述应取得的现金股利或利润及其收回情况：①企业取得的交易性金融资产、长期股权投资和可供出售金融资产实际支付的价款中包含的已宣告但尚未发放的现金股利；②交易性金融资产持有期间享有的被投资单位宣告发放的现金股利；③长期股权投资持有期间享有的被投资单位宣告发放的现金股利或利润；④可供出售金融资产（权益工具）持有期间享有的被投资单位宣告发放的现金股利。

“应收股利”账户借方登记企业享有的应收股利或利润；贷方登记企业实际收到的现金股利或利润。例题请见相关章节。

（二）应收利息

应收利息是指企业进行债权性质的投资应收取的利息。

企业应设置“应收利息”账户，核算下述应收取的利息及其收回情况：①企业取得的交易性金融资产、持有至到期投资和可供出售金融资产实际支付的价款中包含的已到付息期但尚未领取的利息；②资产负债表日，按分期付息、一次还本交易性金融资产中债券投资的票面利率计算的利息；③资产负债表日，按分期付息、一次还本的持有至到期投资的票面利率计算的利息；④资产负债表日，按分期付息、一次还本的可供出售金融资产中的债券投资中票面利率计算的利息。

“应收利息”账户借方登记企业应收取的债券投资利息；贷方登记企业实际收到的债券投资利息。例题请见相关章节。

三、其他应收款

其他应收款是指企业除应收票据、应收账款、预付账款、应收股利、应收利息和长期应收款以外的各项应收及暂付款，包括应收的各种赔款（罚款）、应向职工收取的各种垫付款项、不设置“备用金”账户企业拨出的备用金、应收出租包装物押金、存出保证金、按规定转入的不符合预付账款性质的预付账款等。企业应设置“其他应收款”账户，核算各项其他应收款的增减变动情况。发生的其他应收款记入该账户的借方；收回的其他应收款记入该账户的贷方。

【例3－15】 某房地产企业因工程质量原因向承包单位丙公司索赔50 000元；因自然灾害造成固定资产毁损，向保险公司收取保险赔偿150 000元；上述款项已存入银行。保卫处职工王某借支差旅费2 000元，支付现金；报销时提供发票账单1 800元，余款已收回现金。

（1）借：其他应收款——丙公司	50 000	
贷：营业外收入		50 000

(2)借:其他应收款——保险公司	150 000
贷:待处理财产损溢	150 000
(3)借:银行存款	200 000
贷:其他应收款——丙公司	50 000
——保险公司	150 000
(4)借:其他应收款——王某	2 000
贷:库存现金	2 000
(5)借:库存现金	200
管理费用	1 800
贷:其他应收款——王某	2 000

第五节 应收款项减值

一、应收款项减值损失的确认与计量

本章第二节至第四节所述各项应收款项,以摊余成本进行后续计量,可能因以下原因而无法收回:①债务人死亡,以其遗产清偿后仍无法收回;②债务人破产,以其破产财产清偿后仍无法收回;③债务人较长时期内(逾期3年以上)未履行偿债义务,有确凿证据表明无法收回或收回的可能性极小。这类无法收回的应收款项称为坏账。因坏账而发生的损失称为坏账损失。企业应在资产负债表日对应收款项账面价值进行检查,有客观证据表明应收款项发生减值时,应将该项应收款项的账面价值与预计未来现金流量现值的差额确认为减值损失,也称坏账损失。

确认应收款项减值有直接转销法和备抵法两种方法。直接转销法是指坏账发生时,将其作为坏账损失直接计入当期的资产减值损失,计入当期损益,同时,转销该项应收款项;备抵法是指在每个会计期末(一般为年末或半年末)估计坏账损失,计提坏账准备,当某一项应收款项全部或部分被确认为坏账时,在转销相应的应收款项金额时冲减坏账准备。虽然直接转销法简便易行,但不符合权责发生制会计基础和收入与费用配比原则的要求。因此,我国企业会计准则规定,企业只能采用备抵法核算坏账损失,本书也仅阐述备抵法下坏账损失的会计处理。

(一)传统的估计坏账损失的方法

传统的估计坏账损失的方法有余额百分比法、账龄分析法、赊销百分比法和个别认定法四种方法。

1.余额百分比法。采用余额百分比法,企业应在会计期末以可计提坏账准备的应收款项余额乘以估计的坏账率。每个会计期末计入资产减值损失的坏账损失为当期计提、补提或冲销的坏账准备,并非期末坏账准备的余额,可用下列公式计算:

本期计提、补提、冲销的坏账准备 = 期末应收款项余额 × 计提比率 -(+)原"坏账准备"账户贷方(借方)余额

该公式的结果为正数时,补提坏账准备;为负数时,冲销原多计提的坏账准备;为零时,则无须补提或冲销原坏账准备余额。

2. 账龄分析法。账龄分析法是根据各项应收款项账龄的长短和不同账龄的坏账损失比率,估计坏账损失的方法。

在账龄分析法中,冲销坏账、已冲销的坏账又收回等业务的核算与余额百分比法相同。

采用账龄分析法计提坏账准备,应正确统计不同账龄的应收款项金额。如果某项应收款项部分地收回,其剩余的应收款项不改变账龄,仍按原账龄加上本期账龄确定;如果对一个客户存在不同账龄的多项应收款项,本期收到偿还的部分款项,应确认偿还的是哪笔款项,再对剩余款项确定账龄;如果无法确定偿还的是哪笔款项,应按先发生先偿还的原则,确定剩余款项的账龄。

3. 赊销百分比法。赊销百分比法是根据当期赊销金额的一定比率估计坏账损失的一种方法。采用这种方法需要根据坏账损失的实际情况,调整各期的计提比率。按赊销金额乘以确定的计提比率求得的金额,即当期的补提数额,无须减去(加上)原"坏账准备"账户贷方(借方)余额。

4. 个别认定法。个别认定法是根据某项应收款项的实际可收回情况,具体确定计提坏账准备的比率或金额的一种方法。企业在对应收款项进行减值测试时,如果某项应收款项与其他各项应收款项的损失比率有明显的差别,则应对其单独确定计提比率或金额,即采用个别认定法估计坏账损失。

(二)新金融工具准则的原则规定

修订后《企业会计准则第22号——金融工具确认和计量》规定,划分为以摊余成本计量以及以公允价值计量且其变动计入其他综合收益的金融资产,应以预期信用损失为基础进行减值会计处理并确认损失准备。预计信用损失是指以发生违约的风险为权重的金融工具信用损失的加权平均值。信用损失是指按原实际利率折现的根据合同应收的所有合同现金流量与预期收取的所有现金流量之间的差额,即全部现金短缺的现值。

预计信用损失 = 企业应收取的合同现金流量 - 企业预计能收取的现金流量

对于不同阶段的金融工具减值有不同的会计处理方法:①信用风险自初始确认后未显著增加的,企业应当按未来12个月的预期信用损失计量损失准备,并按

账面余额和实际利率计算利息收入;②信用风险自初始确认后已显著增加但尚未发生信用减值的,企业应当按照该工具整个存续期间的预期信用损失计量损失准备,并按账面余额和实际利率计算利息收入;③初始确认后发生信用减值的,企业应当按照该工具整个存续期间的预期信用损失计量损失准备,并按照扣除减值准备后的账面价值和实际利率计算利息收入;④购买时已发生信用减值的金融资产,企业应当仅将初始确认后整个存续期间内预期信用损失的变动确认为损失准备,并按其摊余成本和经信用调整的实际利率计算利息收入。

企业应当在每个资产负债表日评估相关金融资产的信用风险,分别计量其损失准备、确认预期信用损失及其变动。对于大额合同预计信用损失也可按下列公式计算:

预计信用损失 = 期末金融资产账面余额 × 违约概率 × 违约损失率

其中,违约概率是指债务人在未来一段时间内发生违约的可能性;违约损失率是指债务人违约将给债权人造成的损失占债权账面余额的比率。例如,甲房地产公司一项应收货款500万元,预计违约概率为0.4%,违约损失率为30%,则预计信用损失为1.2万元(1 000 ×0.4% ×30%)。

二、应收款项减值会计处理

房地产企业应当设置“坏账准备”和“信用减值损失”两个账户核算备抵法下计提的应收款项坏账准备和确认的坏账损失。“坏账准备”账户贷方登记各期计提的坏账准备和收回的已经核销的坏账;借方登记实际发生的坏账损失和期末冲销的前期多计提的坏账准备;期末余额一般在贷方,反映已经计提但尚未转销的坏账准备。

【例3-16】 某房地产企业采用传统的余额百分比法估计坏账损失,计提坏账准备。可计提坏账准备的应收账款余额如下:第一年200万元、第二年240万元、第三年220万元。计提坏账准备的比率为5%。第二年应收甲公司货款发生坏账损失6万元,第三年已冲销的坏账又收回2万元。则:

第一年:

计提的坏账准备 = 2 000 000 × 5% = 100 000(元)

借:信用减值损失　　100 000

　贷:坏账准备——应收账款坏账准备　　100 000

第二年:

冲销坏账:

借:坏账准备——应收账款坏账准备　　60 000

　贷:应收账款——甲公司　　60 000

补提的坏账准备 =2 400 000×5% -(100 000-60 000)=80 000(元)

借:信用减值损失　　80 000

　贷:坏账准备——应收账款坏账准备　　80 000

第三年:

收回已冲销的坏账:

借:应收账款　　20 000

　贷:坏账准备——应收账款坏账准备　　20 000

借:银行存款　　20 000

　贷:应收账款　　20 000

补提的坏账准备 =2 200 000×5% -(120 000+20 000)= -30 000(元)

借:坏账准备——应收账款坏账准备　　30 000

　贷:信用减值损失　　30 000

【例3-17】 2018年12月31日,某房地产企业应收账款按原实际利率折现的现金流量现值为200万元,预计未来收取的现金流量现值为150万元;其他应收款按原实际利率折现的现金流量现值为80万元,预计未来收取的现金流量现值为75万元。年终计提坏账准备前"坏账准备"账户余额为23万元,其中应收账款坏账准备余额为15万元,其他应收款坏账准备余额为8万元。则:

2018年12月31日应补提的应收账款坏账准备 =200-150-15=35(万元)

2018年12月31日应冲销的其他应收款坏账准备 =8-(80-75)=3(万元)

借:信用减值损失　　350 000

　贷:坏账准备——应收账款坏账准备　　350 000

借:坏账准备——其他应收款坏账准备　　30 000

　贷:信用减值损失　　30 000

第六节　应收债权的重组

一、债务重组的定义及债务重组的方式

(一)债务重组的定义

应收债权的重组和应收债务的重组统称为债务重组,它既涉及债权人的会计处理,也涉及债务人的会计处理,本节着重阐述债务重组的理论和债权人的会计处理。

2019年以前施行的《企业会计准则第12号——债务重组》对债务重组的定义为:债务重组是指债务人在发生财务困难的情况下,债权人按其与债务人达成

的协议或法院的裁定作出让步的事项。“债务人发生财务困难”，是指债务人出现资金周转困难或经营陷入困境，导致无法或者没有能力按原定条件偿还债务。“债权人作出让步”，是指债权人同意发生财务困难的债务人现在或者将来以低于重组债务账面价值的金额或者价值偿还债务。债务人发生财务困难是债务重组的前提条件，债权人作出让步是债务重组的实质。也可以说，债务人发生财务困难、债权人作出让步是债务重组的基本特征。

2019 年财政部颁发的《企业会计准则第 12 号——债务重组（修订）》修改了债务重组定义：债务重组是指在不改变交易对手方的情况下，经债权人和债务人协定或法院裁定，就清偿债务的时间、金额或方式等重新达成协议的交易。债务重组一般包括以下方式：①以存货、长期股权投资、投资性房地产、固定资产、生物资产、无形资产等非现金资产清偿债务；②将债务转为权益工具；③除上述①和②两种方式外修改其他债务条件，如调整债务本金、改变债务利息、变更还款期限等；④以上三种方式的组合等。其强调债务重组准则适用于所有债务重组，但通过债务重组形成企业合并的，适用《企业会计准则第 20 号——企业合并》。可以看出，原债务重组准则将重组债权和债务区别于其他金融工具限定在较小范围内。修订颁发的债务重组准则考虑到重组债权和债务与金融工具的确认和计量原则一致，因而对债务重组区别于其他金融工具加以定义不再具有实际意义，反而可能因准则适用范围不清晰引起误读。因此，征求意见稿修改了债务重组的定义，扩大了债务重组的范围，不再将债务人发生财务困难、债权人作出让步作为债务重组的基本特征，将在不改变交易对手方的情况下，债权人和债务人就债务条款重新达成协议的交易都作为债务重组。

（二）债务重组的方式

债权人和债务人在债务重组协议中可以选择以下债务重组方式：

1. 以低于债务账面价值的现金清偿债务，是指用低于债务账面价值的库存现金、银行存款和其他货币资金清偿债务。在这种方式下，债权人应确认债务重组损失，债务人应将债权人豁免的债务确认为债务重组利得。

2. 以非现金资产清偿债务，是指债务人将持有的股票、债券、基金等金融资产以及存货、固定资产、无形资产等非现金资产转让给债权人以清偿债务。在这种方式下，债权人初始确认受让的非现金资产（不含长期股权投资）时，应当按照其公允价值计量，并同时将重组债权的账面价值调整为公允价值，如果重组债权的公允价值大于受让的非现金资产的公允价值，应将其差额确认为债务重组损失；债务人应先将重组债务账面价值调整为公允价值，如果重组债务公允价值大于转让的非现金资产公允价值，应将其差额确认为债务重组利得，计入当期损益，并将非现金资产的公允价值与其账面价值之间的差额，确认资产转让损益，计入当期损益。

3. 将债务转权益工具，是指债务人将债务转为债权人对债务人的投入资本或其他权益工具，债权人将债权转为对债务人的股权投资或其他权益工具投资。在这种方式下，债权人将债权转为债权人对联营企业或合营企业的权益性投资的，或者债务人以长期股权投资清偿债务且构成债权人对联营企业或合营企业的权益性投资的，债权人初始确认受让的长期股权投资时，应当按照成本计量，将债权转为《企业会计准则第22号——金融工具确认和计量》规范的金融资产，或者债务人以长期股权投资清偿债务且形成债权人的金融资产的，债权人初始确认受让的金融资产时，应当按照公允价值计量，债权人应先将重组债权的账面价值调整为公允价值，如果重组债权公允价值大于与因放弃债权而享有权益工具初始确认的入账价值，应将其差额确认为债务重组损失；债务人初始确认债权人放弃债权而享有的权益工具时，应当按照权益工具的公允价值计量，重组债务公允价值大于权益工具公允价值之间的差额，应当确认为债务重组利得，计入当期损益。如果债权人将债权转为股本（或实收资本），债务人应将债权人放弃债权享有股权的公允价值与股本（或实收资本）之间的差额确认为股本溢价（或资本溢价），将重组债务公允价值超过股权公允价值的差额，确认为债务重组利得。

4. 修改其他债务条件，是指以除上述几种方式以外的其他方式进行的债务重组，如展延债务的偿还期限、豁免全部或部分的利息、豁免部分本金、降低利率等。在这种方式下，债权人应确认债务重组损失，债务人应确认债务重组利得。

5. 混合重组，是指将以上两种或两种以上方式组合以清偿债务，即采用以现金清偿债务、非现金资产清偿债务、债务转为权益工具、修改其他债务条件等方式的组合以清偿债务。在这种情况下，债权人初始确认受让的非现金资产、长期股权投资、金融资产等时，应当分别按照前述第1条至第4条的规定处理。债务人应当按照支付的现金、转让的非现金资产公允价值、债权人享有权益工具的公允价值和修改其他债务条件后金融负债的公允价值的相对比例，对重组债务的公允价值进行分摊，分别按照前述第1条至第4条的规定处理。

二、债务重组的会计处理举例

以资产清偿债务或者将债务转为权益工具方式进行债务重组的，债权人应当在相关资产符合其定义和确认条件时予以确认。

以资产清偿债务方式进行债务重组的，债权人初始确认受让的金融资产以外的资产时，应当按照下列原则以成本计量：存货的成本，包括放弃债权的公允价值和使该资产达到当前位置和状态所发生的可直接归属于该资产的税金、运输费、装卸费、保险费等其他成本。对联营企业或合营企业投资的成本，包括放弃债权的公允价值和可直接归属于该资产的税金等其他成本。投资性房地产的成本，包括放弃债权的公允价值和可接归属于该资产的税金等其他成本。固定资产的成本，包括放弃债权的公允价值和使该资产达到预定可使用状态前所发生的可直接归属于该资产的税金、运输费、装卸费、安装费、专业人员服务费等其他成本。无形资产的成本，包括放弃债权的公允价值和可直接归属于使该资产达到预定用途所发生的税金等其他成本。放弃债权的公允价值与账面价值之间的差额，应当计入当期损益。

本节例题假设债权人重组债权的公允价值与账面价值、债务人重组债务的公允价值与账面价值均相等。

（一）以资产清偿债务

【例3－18】 甲房地产公司（以下简称“甲公司”）应收乙公司商品房货款200万元，已计提坏账准备50万元。2020年1月，双方协商进行债务重组，债务重组日甲公司豁免乙公司债务80万元，其余货款乙公司已划入甲公司银行存款账户。

债权人甲公司的会计处理：

借：银行存款	1 200 000	
坏账准备	500 000	
营业外支出——债务重组损失	300 000	
贷：应收账款——乙公司		2 000 000

附债务人乙公司的会计处理：

借：应付账款	2 000 000	
贷：银行存款		1 200 000
营业外收入——债务重组利得		800 000

【例3－19】 甲房地产公司（以下简称“甲公司”）应收乙公司商品房货款2 000万元，已计提坏账准备100万元。2020年1月，双方协商进行债务重组，甲公司同意乙公司以其生产的、可用于房地产开发的设备和原材料偿还。设备的账面价值为800万元，计提的跌价准备为10万元，公允价值为780万元；材料的账面价值为200万元，公允价值为220万元。设备和原材料已运抵甲公司，甲公司支付相关税费2万元，乙公司支付运杂费8万元。甲公司和乙公司均为增值税一般纳税人，增值税税率分别为10%和16%。债务重组日，甲公司重组债权公允价

值为 1 900 万元、乙公司重组债务公允价值为 2 000 万元。

债权人甲公司的会计处理:

受让设备的入账价值 = 780 + 2 × 780 ÷ (780 + 220) = 781.56(万元)

受让原材料的入账价值 = 220 + 2 × 220 ÷ (780 + 220) = 220.44(万元)

增值税进项税额 = 1 000 × 16% = 160(万元)

债务重组损失 = 2 000 - (780 + 220 + 1 000 × 16%) - 100 = 740(万元)

借:库存设备	7 815 600	
原材料	2 204 400	
应交税费——应交增值税(进项税额)	1 600 000	
坏账准备	1 000 000	
营业外支出——债务重组损失	7 400 000	
贷:应收账款——乙公司		20 000 000
银行存款		20 000

附债务人乙公司的会计处理:

债务重组利得 = 2 000 - (780 + 220 + 1 000 × 16%) = 840(万元)

资产转让损益 = (780 + 220) - (800 - 10 + 200) - 8 = 2(万元)

借:应付账款——甲公司	20 000 000	
贷:主营业务收入		7 800 000
其他业务收入		2 200 000
应交税费——应交增值税(销项税额)		1 600 000
营业外收入——债务重组利得		8 400 000
借:主营业务成本	7 900 000	
其他业务成本	2 000 000	
存货跌价准备	100 000	
贷:库存商品		8 000 000
原材料		2 000 000
借:销售费用	80 000	
贷:银行存款		80 000

(二)将债务转为权益工具

将债务转为权益工具方式进行债务重组,导致债权人将债权转为对联营企业或合营企业的权益性投资的,债权人应当按照前述规定计量其初始投资成本。放弃债权的公允价值与账面价值之间的差额,应当计入当期损益。

【例 3 - 20】 甲房地产公司(以下简称“甲公司”)和乙公司均为股份有限公司,甲公司应收乙公司货款的账面余额为 500 万元,计提的坏账准备为 20 万元。

2020 年 1 月，双方协商进行债务重组，乙公司将应付甲公司的债务转为 100 万股普通股，以偿还债务，每股面值 1 元，市价 3 元。甲公司对取得的长期股权投资采用成本法核算。已办妥股权转让手续，并出具出资证明。债务重组日，甲公司重组债权公允价值为 480 万元，乙公司重组债务公允价值为 500 万元。

债权人甲公司的会计处理：

债务重组损失 = 500 − 100 × 3 − 20 = 180（万元）

借：长期股权投资　　3 000 000

　坏账准备　　200 000

　营业外支出——债务重组损失　　1 800 000

　贷：应收账款——乙公司　　5 000 000

附债务人乙公司的会计处理：

股本溢价 = 100 × 3 − 100 × 1 = 200（万元）

债务重组利得 = 500 − 100 × 3 = 200（万元）

借：应付账款——甲公司　　5 000 000

　贷：股本　　1 000 000

　　资本公积——股本溢价　　2 000 000

　　营业外收入——债务重组利得　　2 000 000

【例 3 − 21】　甲公司作为其他债权投资持有乙公司发行的用于生产线改造的、2021 年到期的公司债券，至 2019 年 12 月 31 日，甲公司该项其他债权投资的成本为 1 000 万元、公允价值变动借方余额为 20 万元、利息调整贷方余额为 10 万元；乙公司应付债券面值为 1 000 万元、利息调整为借方余额 24 万元。2020 年 4 月 1 日，双方协商进行债务重组，将甲公司持有的乙公司债券结转为对乙公司权益工具（优先股）投资，公允价值为 1 000 万元。债务重组日，甲公司应确认该项其他债权投资的应收利息为 10 万元，公允价值变动额为 5 万元，摊销的利息调整为 2 万元；乙公司应确认的应付利息为 10 万元，摊销的利息调整为 4 万元。

债权人甲公司的会计处理：

（1）将重组债权的账面价值调整为公允价值：

借：应收利息　　100 000

　其他债权投资——利息调整　　20 000

　贷：投资收益　　120 000

借：其他债权投资——公允价值变动　　50 000

　贷：其他综合收益　　50 000

债务重组日甲公司重组债权公允价值 = 1 000 + 20 + 5 − (10 − 2) = 1 017（万元）

(2)编制债务重组会计分录,确认享有的乙公司权益工具:

借:其他权益工具投资	10 170 000	
其他债权投资——利息调整	80 000	
营业外支出——债务重组损失	100 000	
贷:其他债权投资——成本		10 000 000
——公允价值变动		250 000
应收利息		100 000

附债务人的会计处理:

(1)将重组债权的账面价值调整为公允价值:

借:在建工程	140 000	
贷:应付债券——利息调整		40 000
应付利息		100 000

债务重组日乙公司重组债务公允价值 =1 000 +24 -4 =1 020(万元)

(2)编制债务重组会计分录,确认甲公司享有的其他权益工具:

借:应付债券——面值	10 000 000	
——利息调整	200 000	
应付利息	100 000	
贷:其他权益工具——优先股		10 200 000
营业外收入——债务重组利得		100 000

(三)修改其他债务条件

1. 不附或有条件的债务重组。不附或有条件的债务重组,是指在债务重组协议中不存在不确定性事项,不涉及或有应付(或应收)金额。

或有应付(或应收)金额,是指需要根据未来某种事项出现而发生的应付(或应收)金额,而且该未来事项的出现具有不确定性。

以修改其他债务条件进行债务重组,如修改后的债务条款中不涉及或有应收金额,债权人应当将修改其他债务条件后的债权的公允价值作为重组后债权的账面价值,重组债权的账面余额与重组后债权的入账价值之间的差额确认为债务重组损失,计入营业外支出。债权人已对该债权计提减值准备的,应当先将该差额冲减减值准备,减值准备不足以冲减的部分,作为债务重组损失,计入营业外支出。

以修改其他债务条件进行债务重组的,如修改后的债务条款中不涉及或有应付金额,债务人应将重组债务的账面价值大于重组后债务的入账价值(即修改其他债务条件后债务的公允价值)的差额作为债务重组利得,计入营业外收入。

需要指出的是,如果修改其他债务条件中展延收(付)款期限超过 3 年,则视为超过正常使用条件，实质上具有融资性质，在计算债务重组利得和损失时，未来应收或应付金额及预计负债应以各期收（付）款额的现值之和确定。为此，需要核算未确认融资收益（或未确认融资费用）。

【例3－22】 甲房地产公司（以下简称“甲公司”）应收乙公司货款120万元，收到乙公司开出承兑的带息商业汇票，面值为120万元，票面利率为6%，承兑期限为6个月。2019年12月31日，该项票据承兑期已满，双方已将该项债权和债务分别结转为应收账款和应付账款，甲公司为该项债权已计提10万元坏账准备。因乙公司财务困难，双方达成债务重组协议，甲公司豁免乙公司全部利息和40万元本金，利息降至5%，展延期限2年，利息按年支付，债务重组协议已开始执行。

债权人甲公司的会计处理：

2019年12月31日债务重组日：

$$应收债权账面价值 = 120 \times (1 + 6\% \times 6 \div 12) - 10 = 113.6（万元）$$

$$债务重组损失 = 113.6 - 80 = 33.6（万元）$$

借：应收账款——债务重组　　800 000
　坏账准备　　100 000
　营业外支出——债务重组损失　　336 000
　贷：应收账款——乙公司　　1 236 000

2020年12月31日收到利息：

借：银行存款　　40 000
　贷：财务费用　　（800 000×5%）40 000

2021年12月31日收回本息：

借：银行存款　　840 000
　贷：应收账款——债务重组　　800 000
　　财务费用　　40 000

附债务人乙公司的会计处理：

2019年12月31日债务重组日：

$$应付债务账面价值 = 120 \times (1 + 6\% \times 6 \div 12) = 123.6（万元）$$

$$债务重组利得 = 123.6 - 80 = 43.6（万元）$$

借：应付账款——甲公司　　1 236 000
　贷：应付账款——债务重组　　800 000
　　营业外收入——债务重组利得　　436 000

2020年12月31日支付利息：

借：财务费用　　40 000
　贷：银行存款　　40 000

2021 年 12 月 31 日支付本息：

借：应付账款——债务重组　　800 000

　财务费用　　40 000

　贷：银行存款　　840 000

2. 附或有条件的债务重组。附或有条件的债务重组，是指在债务重组协议中存在不确定性事项，涉及或有应付（或应收）金额。

以修改其他债务条件进行债务重组，修改后的债务条款中涉及或有应收金额的，债权人不应当确认或有应收金额，不得将其计入重组后债权的账面价值。根据谨慎性原则，或有应收金额属于或有资产，或有资产不予确认。只有在或有应收金额实际发生时，才计入当期损益。

以修改其他债务条件进行的债务重组，修改后的债务条款如涉及或有应付金额，且该或有应付金额符合或有事项准则中有关预计负债确认条件的，债务人应当将该或有应付金额确认为预计负债。重组债务的账面价值与重组后债务的入账价值（即重组后债务的公允价值）和预计负债金额之和的差额，作为债务重组利得，计入营业外收入。上述或有应付金额在随后会计期间没有发生的，企业应当冲销已确认的预计负债，同时作为债务重组利得，确认营业外收入。

【例 3－23】　沿用例 3－22 的资料，其他条件不变，但是，如果乙公司财务状况好转，年利润总额达到 200 万元，则利率还恢复至 6%。乙公司 2020 年利润总额为 150 万元，2021 年利润总额为 250 万元。

债权人甲公司的会计处理：

2019 年 12 月 31 日和 2020 年 12 月 31 日，同例 3－22 的答案。

2021 年 12 月 31 日收回本息：

$$实收金额 = 80 + 80 \times (5\% + 1\%) = 84.8（万元）$$

借：银行存款　　848 000

　贷：应收账款——债务重组　　800 000

　　财务费用　　48 000

附债务人乙公司的会计处理：

2019 年 12 月 31 日债务重组日：

$$预计负债 = (120 - 40) \times (6\% - 5\%) \times 2 = 1.6（万元）$$

$$债务重组利得 = 123.6 - 80 - 1.6 = 42（万元）$$

借：应付账款——甲公司　　1 236 000

　贷：应付账款——债务重组　　800 000

　　预计负债　　16 000

　　营业外收入——债务重组利得　　420 000

2020 年 12 月 31 日支付利息：

借：财务费用　　40 000

　贷：银行存款　　40 000

借：预计负债　　8 000

　贷：营业外收入——债务重组利得　　8 000

2021 年 12 月 31 日：

借：应付账款——债务重组　　800 000

　　财务费用　　40 000

　　预计负债　　8 000

　贷：银行存款　　848 000

（四）以组合方式清偿债务

债务重组以现金、非现金资产、债务转为资本、修改其他债务条件等方式组合进行的，债权人应先以收到的现金、受让非现金资产的公允价值、因放弃债权而享有的股权的公允价值冲减重组债权的账面余额，差额与将来应收金额进行比较，据此计算债务重组损失。债权人已对债权计提减值准备的，应当先将该差额冲减减值准备，减值准备不足以冲减的部分，作为债务重组损失，计入营业外支出。

债务重组以现金、非现金资产、债务转为资本、修改其他债务条件等方式组合进行的，债务人应当依次以支付的现金、转让的非现金资产公允价值、债权人享有股份的公允价值冲减重组债务的账面价值，修改其他债务条件的，应当将修改其他债务条件后债务的公允价值作为重组后债务的入账价值。重组债务的账面价值扣除受让资产、股权公允价值后的余额与重组后债务的入账价值之间的差额，作为债务重组利得，计入营业外收入。修改后的债务条款如涉及或有应付金额，且该或有应付金额符合预计负债确认条件的，债务人应当将该或有应付金额确认为预计负债。重组债务的账面价值与重组后债务的入账价值和预计负债金额之和的差额，计入营业外收入。

以组合方式清偿债务应注意以下问题：①应依据前述的债务偿还顺序，先以现金清偿，然后以非现金资产或债务转资本清偿，最后修改其他债务条件；②在股权转让中双方交纳的印花税不得计入管理费用，债权人应将其计入受让股权的成本，债务人应将其在计算债务重组利得时予以抵减；③以非现金资产抵偿债务的，还应确认资产转让损益。

【例 3 -24】 甲房地产公司（以下简称“甲公司”）应收丁公司货款 500 万元，因丁公司财务困难，双方协商进行债务重组，丁公司以其生产的一批钢材偿还一部分债务，剩余债务转为甲公司对丁公司的投资，占丁公司5%的股权，不具有重大影响。丁公司该批钢材的成本为120万元，市价为140万元，其余债务转换为40万股，每股面值为1元，每股市价为5元，印花税税率为0.4%。甲公司未对该项债权计提坏账准备，丁公司未对钢材计提跌价准备，丁公司为增值税一般纳税人，增值税税率为16%。丁公司已将钢材运抵甲公司，甲公司用银行存款支付运杂费2万元，并已办妥股权转让手续，出具出资证明，甲公司将取得的该项股权确认为其他权益工具投资。

债权人甲公司的会计处理：

受让钢材的入账价值 = 140 + 2 = 142（万元）

受让钢材的增值税 = 140 × 16% = 22.4（万元）

受让股权的入账价值 = 40 × 5 × (1 + 0.4%) = 200.8（万元）

债务重组损失 = 500 - (162.4 + 200) = 137.6（万元）

借：原材料	1 420 000	
应交税费——应交增值税（进项税额）	224 000	
其他权益工具投资	2 008 000	
营业外支出——债务重组损失	1 376 000	
贷：应收账款——丁公司		5 000 000
银行存款		28 000

附债务人丁公司的会计处理：

债务重组利得 = 500 - 140 - 140 × 16% - 40 × 5 - 40 × 5 × 0.4% = 136.8（万元）

股本溢价 = 40 × 5 - 40 = 160（万元）

增值税销项税额 = 140 × 16% = 22.4（万元）

资产转让收益 = 140 - 120 = 20（万元）

借：应付账款——甲公司	5 000 000	
贷：主营业务收入		1 400 000
应交税费——应交增值税（销项税额）		224 000
股本		400 000
资本公积——股本溢价		1 600 000
营业外收入——债务重组利得		1 368 000
银行存款		8 000
借：主营业务成本	1 200 000	
贷：库存商品		1 200 000

【例3-25】 甲房地产公司（以下简称“甲公司”）应收丙公司货款2 000万元，收到丙公司开出的面值2 000万元、承兑期限6个月、票面利率5%的商业承

兑汇票。票据到期，丙公司因现金流量不足而无法兑付票据本金及利息，甲公司已将应收票据转为应收账款并不再计息，甲公司为该项应收款项计提坏账准备 30 万元。2018 年 12 月 31 日，因丙公司财务困难，双方达成债务重组协议如下（不考虑其他相关税费）：

（1）丙公司先以一台运输设备和股权偿还债务，设备的账面价值为 80 万元，累计折旧为 10 万元，计提的减值准备为 10 万元，公允价值为 60 万元。股权为 100 万股，每股面值为 1 元，公允价值为 3.5 元。2018 年 12 月 31 日，丙公司将设备运抵甲公司，并办妥增资手续，向甲公司出具出资证明。甲公司持有的丙公司股权对丙公司无重大影响。

（2）免除剩余债务的 30%，另外 70% 的剩余债务偿还期限延长至 2021 年 12 月 31 日，并从 2019 年 1 月 1 日起按 4% 的年利率计提利息。同时规定，如果丙公司年利润总额超过 800 万元，则年利率仍恢复至 5%。丙公司 2019 年实现的利润总额为 500 万元，2020 年和 2021 年实现的利润总额均为 900 万元。贴现率为 6%。

（3）每年年末支付利息。未确认融资收益和未确认融资费用采用实际利率法摊销。因贴现率为近似值，摊销的未确认融资收益和未确认融资费用金额取至千（百）位，千（百）位以下均舍去。

债权人甲公司的会计处理：

2018 年 12 月 31 日：

$$重组债权账面余额 = 2\ 000 \times (1 + 5\% \times 6 \div 12) = 2\ 050（万元）$$

$$受让设备的入账价值 = 60（万元）$$

$$受让股权的入账价值 = 100 \times 3.5 = 350（万元）$$

$$重组后债权公允价值 = [2\ 050 - (60 + 350)] \times 70\% \div (1 + 6\%)^3 = 964（万元）$$

$$债务重组损失 = 2\ 050 - 60 - 350 - 964 - 30 = 646（万元）$$

$$未确认融资收益 = [2\ 050 - (60 + 350)] \times 70\% - 964 = 184（万元）$$

2018 年 12 月 31 日债务重组日：

借：固定资产	600 000	
其他权益工具投资	3 500 000	
长期应收款——债务重组	11 480 000	
营业外支出——债务重组损失	6 460 000	
坏账准备	300 000	
贷：应收账款——丙公司		20 500 000
未确认融资收益		1 840 000

2019 年 12 月 31 日收到利息：

借：银行存款	459 200	

贷:财务费用 (11 480 000×4%)459 200

借:未确认融资收益 (9 640 000×6%)578 400

贷:财务费用 578 400

2020 年 12 月 31 日收到利息:

借:银行存款 574 000

贷:财务费用 (11 480 000×5%)574 000

借:未确认融资收益 [(9 640 000+578 000)×6%]613 100

贷:财务费用 613 100

2021 年 12 月 31 日收回本息:

借:银行存款 12 054 000

贷:长期应收款——债务重组 11 480 000

财务费用 574 000

借:未确认融资收益 (1 840 000－578 400－613 100)648 500

贷:财务费用 648 500

附债务人丙公司的会计处理:

2018 年 12 月 31 日债务重组日:

$$应付债务账面价值=2\ 000\times(1+5\%\times6\div12)=2\ 050(万元)$$

$$重组后债务账面价值=[2\ 050-(60+350)]\times70\%=1\ 148(万元)$$

$$重组后债务公允价值=[2\ 050-(60+350)]\times70\%\div(1+6\%)^3=964(万元)$$

$$预计负债账面价值=[2\ 050-(60+350)]\times70\%\times(5\%-4\%)\times3=34.44(万元)$$

$$预计负债公允价值=1\ 148\times(5\%-4\%)\div(1+6\%)+1\ 148\times(5\%-4\%)\div(1+6\%)^2+1\ 148\times(5\%-4\%)\div(1+6\%)^3=30.69(万元)$$

$$债务重组利得=2\ 050-60-100\times3.5-964-30.69=645.31(万元)$$

$$股本溢价=100\times3.5-100\times1=250(万元)$$

$$未确认融资费用=1\ 148-964+[1\ 148\times(5\%-4\%)\times3-30.69]=187.75(万元)$$

借:固定资产清理 600 000

固定资产减值准备 100 000

累计折旧 100 000

贷:固定资产 800 000

借:应付账款——甲公司 20 500 000

未确认融资费用 1 877 500

贷:固定资产清理 600 000

长期应付款——债务重组 11 480 000

预计负债 344 400
股本 1 000 000
资本公积——股本溢价 2 500 000
营业外收入——债务重组利得 6 453 100

2019 年 12 月 31 日支付利息：

借：财务费用 459 200
贷：银行存款 459 200

借：预计负债 114 800
贷：营业外收入——债务重组利得 114 800

借：财务费用 [（9 640 000 + 306 900）× 6%] 596 800
贷：未确认融资费用 596 800

2020 年 12 月 31 日支付利息：

借：财务费用 459 200
预计负债 114 800
贷：银行存款 574 000

借：财务费用
[（9 640 000 + 306 900 + 596 800 − 114 800）× 6%] 625 700
贷：未确认融资费用 625 700

2021 年 12 月 31 日支付本息：

借：长期应付款——债务重组 11 480 000
财务费用 459 200
预计负债 114 800
贷：银行存款 12 054 000

借：财务费用 （1 877 500 − 596 800 − 625 700）655 000
贷：未确认融资费用 655 000

从例 3－25 可以看出，债权人已对债权计提减值准备的，应当先将债权账面余额与收到的现金、受让非现金资产公允价值、受让股权公允价值、重组后债权公允价值的差额冲减减值准备，冲减后尚有余额的，作为债务重组损失，计入营业外支出；冲减后减值准备仍有余额的，应予转回并抵减当期资产减值损失。在这种情况下，债权人不确认债务重组损失。

从例 3－25 还可以看出，如果债务重组展延收付款期限在 3 年以上，在计算债务重组损失或收益时，其未来应收或应付金额及其预计负债应以各期收、付款金额的现值确定。

DI SI 第四章 ZHANG 存 货

第一节 存货的确认与计量

一、存货的确认

（一）存货的概念

存货是指企业在日常活动中持有以备出售的产成品或商品、处在生产过程中的在产品，或者将在生产过程或提供劳务过程中耗用的材料、物料等。可见，存货区别于固定资产等非流动资产的最本质特征是，企业持有存货的最终目的是为了出售，而不是自用或消耗。

房地产企业的存货包括以下种类：

1. 原材料。原材料是指房地产企业在开发经营过程中经施工改变其实物形态或性质构成房地产实体或有助于房地产建造的各种原料及主要材料（钢材、木材、水泥）、辅助材料、结构件、修理用备件、燃料等。

2. 设备。设备是指房地产企业在开发经营过程中经安装构成房地产实体的各种设备，如照明设备、通风设备、取暖设备、供水设备、供电设备等。

3. 在建开发产品。在建开发产品是指房地产企业正处在开发建造过程中的商品性建设场地和房屋。

4. 已完开发产品。已完开发产品是指房地产企业已经完成全部开发建造过程，并已验收合格达到设计标准，可以作为商品对外销售，或按合同规定的条件移交购买单位或委托建造单位的土地和房屋。

5. 周转房。周转房是指房地产企业已经开发建造完成，用于安置拆迁居民周转使用的房屋。

6. 委托代销开发产品。委托代销开发产品是指房地产企业已经开发建造完成,委托房地产交易所代为销售的商品性建设场地和房屋。

7. 周转材料。周转材料是指企业能够多次使用、逐渐转移其价值但仍然保持原有形态不确认为固定资产的材料、用具物品,如在开发建造过程中周转使用的模板、挡板,未达到固定资产标准的脚手架,又如未达到固定资产标准的工具、管理用具、劳动保护用品。

(二)存货的范围

一项资产是否作为企业的存货进行核算,应从以下三个方面考虑:

1. 必须符合存货定义,只有符合存货定义的资产,才能确认为企业的存货。

2. 存货必须同时满足两个条件,才能加以确认:①与该存货有关的经济利益很可能流入企业;②该存货的成本能够可靠地计量。如果某种材料已经发生质变或毁损,某项设备已被国家公告禁用,则不能再作为存货核算。

3. 表现为存货形态的资产的所有权必须归属于企业。企业不拥有所有权的物品,即使存放在企业,也不能作为企业的存货;企业已取得法定所有权的物品,即使存放在其他企业或尚在运输途中,也应作为企业的存货。如委托代销商品、在途物资应属于企业的存货;合同约定未来购买的商品、受托代销商品都不属于企业的存货。

二、存货的初始计量

存货的初始计量在于确定取得存货的入账价值,企业取得存货应以实际成本计量。不同渠道取得的存货,实际成本的构成内容不同。

(一)外购存货的成本

企业外购存货的成本即存货的采购成本,是指物资从采购到入库前所发生的全部支出,包括购买价款、相关税费、运输费、保险费、装卸费以及其他可以归属于存货采购成本的费用。存货的购买价款是指购入材料物资的发票账单上列明的价款;相关税费是指购买、自制或委托加工存货过程中发生的进口关税、消费税、资源税和不能抵扣的增值税进项税额等;其他可以归属于存货采购成本的费用包括采购过程中发生的仓储费、包装费、运输途中的合理损耗、入库前的挑选整理费用等。

需要指出的是:

1. 从 2016 年 5 月 1 日开始,房地产企业由营业税纳税人改为增值税纳税人。增值税纳税人分为一般纳税人和小规模纳税人。核定为一般纳税人的房地产企业,其外购存货取得增值税专用发票的,增值税进项税额可以在销项税额中抵扣,不得计入存货采购成本;核定为小规模纳税人的房地产企业,其进项税额可以计入存货采购成本。

2. 运输途中的非合理损耗不能计入存货采购成本，应向供应单位、外部运输单位、保险公司收取的赔款，应冲减物资的采购成本，自然灾害造成的净损失应计入营业外支出，无法查明原因的净损失计入管理费用。

(二)自制或自行建造存货的成本

自制或自行建造存货的成本一般包括材料费用、人工费用和制造费用。就房地产企业开发建造的商品性建设场地和商品房而言，则更有其明显的特殊性，我们将在本书第十一章“成本费用”中详述。就房屋开发成本而言，包括土地征用及迁移补偿费、前期工程费、建筑安装工程费、基础设施费、公共配套设施费和开发间接费。就其中建筑安装工程成本而言，包括材料费、人工费、机械使用费、其他直接费和施工间接费。

(三)委托加工存货的成本

委托加工存货的实际成本由委托单位发出并在加工过程中实际耗用的原材料成本、往返运杂费和加工费构成。需要指出的是，往返运杂费和加工费取得增值税专用发票的，支付的增值税应作为进项税额在销项税额中抵扣，不得计入委托加工存货的成本。对房地产企业而言，委托加工存货主要是指用企业自行采购的物资委托其他企业加工的结构件和作为存货的设备。

(四)投资者投入存货的成本

投资者投入的存货，应以投资合同或协议约定的价值作为实际成本。在投资合同或协议约定价值不公允的情况下，按照该项存货的公允价值入账。

(五)盘盈存货的成本

盘盈的存货应以其重置成本作为入账价值。

(六)非货币性资产交换取得存货的成本

企业应当分别按照下列原则对非货币性资产交换中的换入资产进行确认，对换出资产终止确认：①对于换入资产，企业应当在换入资产符合资产定义并满足资产确认条件时予以确认；②对于换出资产，企业应当在换出资产满足资产终止确认条件时终止确认。换入资产的确认时点与换出资产的终止确认时点存在不一致的，企业在资产负债表日应当按照下列原则进行处理：①换入资产满足资产确认条件，换出资产尚未满足终止确认条件的，在确认换入资产的同时将交付换出资产的义务确认为一项负债；②换入资产尚未满足资产确认条件，换出资产满足终止确认条件的，在终止确认换出资产的同时将取得换入资产的权利确认为一项资产。

房地产企业通过非货币性资产交换取得的存货有两种计量基础：

1. 按公允价值计量。非货币性资产交换同时满足以下两个条件的，应当以公允价值和应支付的相关税费作为换入资产的成本：①该项交易具有商业实质；

②换入资产或换出资产的公允价值能够可靠地计量。

非货币性资产交换满足下列条件之一的，视为具有商业性质：①换入资产的未来现金流量在风险、时间和金额方面与换出资产显著不同；②换入资产与换出资产的预计未来现金流量现值不同，且其差额与换入资产或换出资产的公允价值相比是重大的。一般而言，不同类非货币性资产之间的交换具有商业实质，如以存货交换固定资产、用投资性房地产交换固定资产。而同类资产的交换可能具有商业性质，也可能不具有商业性质，需要根据上述条件具体判断。

具备按公允价值计量条件的换入非货币性资产，应当以换出资产的公允价值和应支付的相关税费作为换入资产的成本，除非有确凿证据表明换入资产公允价值比换出资产的公允价值更加可靠。

涉及补价的，应分别按不同情况处理：

(1)收到补价方，应当以换出资产公允价值减去收到的补价加上应支付的相关税费作为换入资产的成本，或者以换入资产的公允价值加上应支付的相关税费作为换入资产的成本。换出资产公允价值与换出资产账面价值的差额应当计入当期损益。

(2)支付补价方，应当以换出资产的公允价值加上支付的补价和应支付的相关税费作为换入资产的成本。换出资产公允价值与换出资产账面价值的差额应当计入当期损益。

2. 按换出资产账面价值计量。非货币性资产交换不能满足按公允价值计量条件的，应当以换出资产账面价值为基础确定换入资产成本，无论是否支付补价，均不确认损益。

(七)债务重组受让存货的成本

房地产企业接受债务人以非现金资产抵偿债务取得的存货，应当按照受让存货的公允价值加支付的相关税费作为入账价值。

(八)通过提供劳务取得存货的成本

通过提供劳务取得的存货，其成本应当根据从事劳务提供人员的直接人工和其他间接费用以及可以归属于该存货的间接费用确定。

三、发出存货成本的计量

企业的各种存货都是分次、分期购入或形成的，且每次、每期购入或形成存货的单位成本往往不相同，又因企业存货的品种繁多、收发频繁，在发出存货时难以保证存货的实物流转与成本流转相一致，为此，在按实际成本进行存货收发核算时，就需要采用某种存货成本流转假设，选择合理的方法，确定发出存货和结存存货的实际成本。这些方法有先进先出法、月末一次加权平均法、移动加权平均法和个别计价法。

(一)先进先出法

先进先出法是以先收入的存货先发出(销售或耗用)这种实物流转假设为前提,对发出存货和结存存货进行计价的一种方法。采用这种方法,应逐笔登记每次收到存货的数量、单价和金额;按照先进货先发出的原则逐笔登记发出存货的数量、单价和金额,以及结存存货的数量、单价和金额。

【例4-1】 某房地产企业2019年6月A原材料明细账,见表4-1。

表4-1

2019年		摘要	收入			发出			结存		
月	日		数量(千克)	单价(元)	金额(元)	数量(千克)	单价(元)	金额(元)	数量(千克)	单价(元)	金额(元)
6	1	略							30	420	12 600
	6		20	430	8 600				30	420	12 600
									20	430	8 600
	12					30	420	12 600			
						10	430	4 300	10	430	4 300
	20		40	440	17 600				10	430	4 300
									40	440	17 600
	25					10	430	4 300			
						20	440	8 800	20	440	8 800
	30		10	450	4 500				20	440	8 800
									10	450	4 500

在物价上涨的情况下,采用先进先出法计算确定的发出存货成本低于现行市场价格,期末存货成本接近现行市场价格,导致高估当期利润和期末存货成本,有悖谨慎性原则;在物价下跌的情况下,又会导致相反的结果。

(二)月末一次加权平均法

月末一次加权平均法是以月初存货数量和本月全部进货数量为权数,去除月初存货成本加上本月全部进货成本,计算出存货加权平均单位成本,以确定发出存货成本和结存存货成本的一种方法。

$$加权平均单价=\frac{月初存货成本+本月全部进货成本}{月初结存数量+本月进货数量}$$

$$本月发出存货成本=本月发出存货数量\times加权平均单价$$

$$月末存货成本=月末结存存货数量\times加权平均单价$$

【例4-2】 沿用例4-1的资料,采用月末一次加权平均法,某房地产企业

2019 年 6 月 A 原材料明细账，见表 4－2。

表 4－2

2019 年		摘要	收 入			发 出			结 存		
月	日		数量（千克）	单价（元）	金额（元）	数量（千克）	单价（元）	金额（元）	数量（千克）	单价（元）	金额（元）
6	1	略							30	420	12 600
	6		20	430	8 600				50		
	12					40			10		
	20		40	440	17 600				50		
	25					30			20		
	30		10	450	4 500				30		
合 计			70		30 700	70	433	30 310	30	433	12 990

加权平均单价＝（12 600＋8 600＋17 600＋4 500）÷（30＋20＋40＋10）＝433（元）

本月发出存货成本＝433×70＝30 310（元）

月末结存存货成本＝433×30＝12 990（元）

可见，在月末一次加权平均法下，月份之内只登记收入存货的数量、单价、金额，以及发出存货和结存存货的数量，简化了日常发出存货和结存存货的计价手续，但不利于存货日常的价值管理。

（三）移动加权平均法

移动加权平均法与月末一次加权平均法，都是通过计算加权平均单价确定发出存货和结存存货成本的方法。不同的是，在移动加权平均法下，企业每购进一批存货，就根据账面原有存货的数量、成本与本批收进存货的数量、成本计算一次加权平均单价，用于其后发出存货的单价。在这种方法下，企业可以及时登记发出存货和结存存货的数量、单价、金额。

【例 4－3】 沿用例 4－1 的资料，采用移动加权平均法，某房地产企业 2019 年 6 月 A 原材料明细账，见表 4－3。

表 4－3

2019 年		摘要	收 入			发 出			结 存		
月	日		数量（千克）	单价（元）	金额（元）	数量（千克）	单价（元）	金额（元）	数量（千克）	单价（元）	金额（元）
6	1	略							30	420	12 600
	6		20	430	8 600				50	424	21 200
	12					40	424	16 960	10	424	4 240

续表

2019年		摘要	收入			发出			结存		
月	日		数量（千克）	单价（元）	金额（元）	数量（千克）	单价（元）	金额（元）	数量（千克）	单价（元）	金额（元）
	20		40	440	17 600				50	436.8	21 840
	25					30	436.8	13 104	20	436.8	8 736
	30		10	450	4 500				30	441.2	13 236
合计			70		30 700	70		30 064	30	441.2	13 236

（四）个别计价法

个别计价法是假设存货的成本流转与实物流转相一致，将某种存货进货时的实际成本作为发出存货的实际成本。采用这种方法计算求得的发出存货成本和结存存货成本准确、合理，但必须具备以下条件：①每批收进存货必须单独存放，并设置标签，注明单价；②在存货明细账中也应详细记录每个或每批收入、发出和结存存货的数量、单价、金额，以便认定每次发出存货的实际成本。这种计价方法适用于为某一开发项目专门购入或制造，并单独存放的特殊材料设备，也适用于在建开发产品、已完开发产品。

第二节　物资采购与收发

房地产企业为开发建造活动所取得的原材料、设备和周转材料等，其采购收发的核算可以按计划成本计价，也可以按实际成本计价。

一、进货费用的归集和分配

进货费用是指采购材料物资过程中发生的运输费、装卸费、包装费，运输途中的合理损耗，以及入库前的挑选整理费用等。进货费用发生时，如果能够分清归属对象，如运输费、装卸费，可以直接计入相关存货成本；如果难以分清归属对象，可以采用适当的分配标准分配计入相关存货成本；如果各月进货费用相差悬殊，且不应当都由本月入库存货负担，难以分清归属对象，则可以增设“进货费用”账户，先在该账户借方归集发生的进货费用，期末再按照一定比例分配计入各项外购存货成本。由于材料物资的运输费一般都能直接计入相关存货成本，因此进货费用的分配一般是指除运输费以外的进货费用的分配。

进货费用的分配有以下两种方法：

（一）实际分配率法

实际分配率法是将本月发生的进货费用以当月购入存货的买价和运费为标准，全部分配计入本月购入存货成本的方法。其计算公式如下：

$$\text{进货费用实际分配率}=\frac{\text{本月发生的进货费用}}{\text{本月购入存货的买价和运费}}\times 100\%$$

$$\text{某种外购存货应负担的进货费用}=\text{本月购入该种存货的买价和运费}\times\text{实际分配率}$$

【例4-4】　本月发生进货费用为60 000元，本月购入存货的买价和运费为2 400 000元，其中购入钢材的买价和运费为480 000元。则：

$$\text{进货费用实际分配率}=60\ 000\div 2\ 400\ 000\times 100\%=2.5\%$$

$$\text{该项钢材负担的进货费用}=480\ 000\times 2.5\%=12\ 000(\text{元})$$

$$\text{该项钢材实际成本}=480\ 000+12\ 000=492\ 000(\text{元})$$

（二）计划分配率法

计划分配率法是根据全年计划进货费用和全年计划采购物资的买价和运费计算进货费用的计划分配率，并据以分配进货费用的一种方法。其计算公式如下：

$$\text{进货费用计划分配率}=\frac{\text{全年计划进货费用}}{\text{全年计划采购存货的买价和运费}}\times 100\%$$

$$\text{某项存货应负担的进货费用}=\text{该项存货的买价和运费}\times\text{计划分配率}$$

上述公式中，如果运费也需要分配计入存货成本，则上述公式应以买价为标准分配全部进货费用。

【例4-5】　全年计划需分配的进货费用480 000元，全年计划采购存货的买价和运费16 000 000元，本月购入电梯的买价和运费为600 000元。则：

$$\text{进货费用计划分配率}=\frac{480\ 000}{16\ 000\ 000}\times 100\%=3\%$$

$$\text{该电梯应负担的进货费用}=600\ 000\times 3\%=18\ 000(\text{元})$$

$$\text{该电梯实际成本}=600\ 000+18\ 000=618\ 000(\text{元})$$

按计划分配率分配进货费用，在各月份进货费用不均衡的情况下，使得进货费用的分配和存货采购成本的计算趋于合理。在按实际成本进行存货日常收发计价时，还便于及时确定购入存货的实际成本。按计划分配率分配的进货费用与实际发生额之间的差额，平时可以保留在“进货费用”账户不予结转，在编制资产负债表时，列入“存货”项目，如为贷方余额则抵减存货。年度终了时，应将其差额全部计入存货的采购成本，调整本年购入存货的实际成本，为简化核算手续，其差额也可全部调整发出存货的实际成本，计入有关项目的开发成本。

二、计划成本法

计划成本法是指存货的收入、发出和结存均按计划成本计价的方法。存货按计划成本核算，首先必须制定每一品种、规格存货的计划单位成本，据以计算存货收入、发出和结存的金额；其次，存货的收发凭证必须登记计划成本，并据以登记存货类账户的总账和明细账；还必须设置"材料成本差异"账户，以便将计入成本费用账户的材料物资计划成本调整为实际成本，并在资产负债表中将存货的计划成本调整为实际成本。

(一)材料成本差异的形成和分配

材料成本差异是指在计划成本法下企业各种材料的实际成本与计划成本的差异。企业需设置"材料采购"账户，核算外购材料的实际成本和形成的材料成本差异，借方登记材料采购的实际成本，贷方登记验收入库材料物资的计划成本。如果材料的实际成本大于计划成本，则形成材料成本的超支额，从贷方转出，记入"材料成本差异"账户的借方；如果材料实际成本小于计划成本，则形成材料成本的节约额，从借方转出，记入"材料成本差异"账户的贷方。"原材料"等账户核算库存材料物资的计划成本。

月末，为将计入成本费用账户的材料物资计划成本调整为实际成本，并在资产负债表中将存货的计划成本调整为实际成本，需要将形成的材料成本差异在发出材料和月末结存材料之间进行分配。其计算公式如下：

$$\begin{matrix}\text{本月材料}\\\text{成本差异率}\end{matrix}=\frac{\text{月初材料的成本差异}+\text{本月收入材料的成本差异}}{\text{月初结存材料的计划成本}+\text{本月收入材料的计划成本}}\times 100\%$$

分子中的节约额用负数表示。

$$\text{上月材料成本差异率}=\frac{\text{月初材料的成本差异}}{\text{月初结存材料的计划成本}}$$

$$\begin{matrix}\text{本月发出材料}\\\text{应负担的差异}\end{matrix}=\begin{matrix}\text{本月发出材料}\\\text{的计划成本}\end{matrix}\times\begin{matrix}\text{本月材料}\\\text{成本差异率}\end{matrix}$$

如果委托其他企业加工材料或设备，月份内发出材料且当月加工完成验收入库，在计算收回委托加工物资的实际成本和形成的材料成本差异时，必须采用上月材料成本差异率将发出材料的计划成本调整为实际成本。

分配的材料成本差异登记在"材料成本差异"账户的贷方，分配的节约额用红字登记。

材料成本差异率应按材料类别计算。"材料成本差异"账户的月末余额即为月末结存材料应负担的成本差异。

(二)计划成本法下存货收发的会计处理

【例4－6】 某房地产企业材料核算采用计划成本计价法，物资采购由不实行独立核算的供应部门进行，进货费用按计划分配率分配计入材料成本，计划分配率为3%。“原材料”账户月初余额为40 000元，“材料成本差异”账户月初借方余额为800元。2019年6月该企业发生以下经济业务：①5日用银行存款支付钢材价款200 000元、增值税为32 000元，运费为6 660元、增值税为660元，采购钢材已验收入库，计划成本为246 000元；②18日开出承兑商业汇票支付钢材价款800 000元、增值税为128 000元，运费为22 200元、增值税为2 200元，钢材已入库，计划成本为844 000元；③6月份进货费用为30 000元，无增值税，已用银行存款支付；④根据6月份发料凭证汇总表，本月共发出钢材800 000元，其中，自营工程领用400 000元，现场开发管理部门领用12 000元，企业管理部门领用8 000元，对外销售60 000元，固定资产扩建工程领用320 000元。本题增值税已经税务机关认证。

（1）2019年6月5日：

钢材实际成本 =（200 000 + 6 660）×（1 + 3%）= 212 859.8（元）

借：材料采购	206 660	
应交税费——应交增值税（进项税额）	32 660	
贷：银行存款		239 320
借：材料采购	6 199.8	
贷：进货费用		6 199.8
借：原材料	246 000	
贷：材料采购		246 000

（2）2019年6月18日：

钢材实际成本 =（800 000 + 22 200）×（1 + 3%）= 846 866（元）

借：材料采购	822 200	
应交税费——应交增值税（进项税额）	130 200	
贷：银行存款		952 400
借：材料采购	24 666	
贷：进货费用		24 666
借：原材料	844 000	
贷：材料采购		844 000

（3）2019年6月进货费用归集：

借：进货费用	30 000	
贷：银行存款		30 000

（4）2019年6月发出原材料：

借：开发成本	400 000	
开发间接费用	12 000	

管理费用 8 000

其他业务成本 60 000

在建工程 320 000

贷:原材料 800 000

(5)月末结转本月形成的材料成本差异、分配材料成本差异:

形成的材料成本差异 = 212 859.8 − 246 000 + (846 866 − 844 000) = −30 274.2(元)

本月材料成本差异率 = (800 − 30 274.2) ÷ (40 000 + 246 000 + 844 000) = −2.608%

本月发出材料负担的材料成本差异 = 800 000 × (−2.608%) = −20 864(元)

本月发出材料实际成本 = 800 000 − 20 864 = 779 136(元)

月末结存材料实际成本 = 40 000 + 246 000 + 844 000 − 800 000 + (800 − 30 274.2 + 20 864)
= 321 389.8(元)

借:材料采购 30 274.2

贷:材料成本差异 30 274.2

借:开发成本 10 432

开发间接费用 312.96

管理费用 208.64

其他业务成本 1 564.8

在建工程 8 345.6

贷:材料成本差异 20 864

需要指出的是,如果物资已验收入库,但发票账单尚未到达,平时不作会计处理。若至期末发票账单仍未到达,则应以合同价格或计划价格作为暂估成本,借记"原材料"账户,贷记"应付账款"账户。待下月初,再作与此相同的红字分录,将其冲销,待发票账单到达时,再比照例4−6进行会计处理。在计算本月材料成本差异率时,在本月收入材料的计划成本中,不包括暂估入账的材料计划成本。

三、实际成本法

实际成本法是指存货的收入、发出和结存均按实际成本计价,存货的收发凭证必须登记实际成本,并据以登记存货类账户的总账和明细账。在实际成本法下,应设置"在途物资"账户。收入存货的实际成本可比照例4−4和例4−5的方法确定,发出存货的实际成本按本章第一节所述确定。实际成本法适用于各种物资和未完及已完开发产品的核算。一般说来,作为存货的设备、低值易耗品和未完及已完开发产品都采用实际成本法核算。

下面以设备和周转材料为例说明实际成本法的应用。

(一)设备采购收发的核算

用于房地产开发建造,并构成房屋实体的各种电梯设备、取暖设备、通风设备、供电设备、供水设备、卫生设备等,一般采用实际成本法进行采购、收发的核算。用于开发工程的设备一般都是通过外购取得的,库存设备的发出主要是交付安装,也有少量不需用或多余的设备对外销售。企业需设置“库存设备”账户核算库存设备的实际成本。

【例4-7】 某房地产企业购入电梯5台,每台买价300 000元,共支付增值税240 000元;共发生运费22 200元,共支付增值税2 200元。价款已用银行存款支付,设备已有3台验收入库。进货费用按计划分配率法分配,计划分配率为3%。本月将2台电梯交付安装,同时对外销售已不再适用的取暖设备一台,实际成本为200 000元。年末“进货费用——设备”账户借方余额10 000元,且库存设备的80%已交付安装。本题增值税已经税务机关认证。

(1)购入电梯:

每台电梯的实际成本 = (300 000 + 22 200 ÷ 5) × (1 + 3%) = 313 573.2(元)

借:在途物资	1 522 200	
应交税费——应交增值税(进项税额)	242 200	
贷:银行存款		1 764 400
借:在途物资	27 399.6	
贷:进货费用		27 399.6
借:库存设备	940 719.6	
贷:在途物资		940 719.6

(2)电梯交付安装:

借:开发成本	627 146.4	
贷:库存设备		627 146.4

(3)结转销售的取暖设备成本:

借:其他业务成本	200 000	
贷:库存设备		200 000

(4)年末,结转“进货费用”账户余额:

借:开发成本	8 000	
库存设备	2 000	
贷:进货费用		10 000

记入“库存设备”账户的进货费用,应再按库存设备买价和运费比例分配计入各项库存设备的实际成本。

（二）周转材料摊销的核算

企业会计准则规范的周转材料包括包装物、低值易耗品和建造承包商的钢模板、木模板、脚手架等。包装物是指为了包装本企业商品而储备的各种包装容器，如桶、箱、瓶、坛、袋等。其主要作用是盛装、装潢产品或商品，房地产企业不存在包装物；低值易耗品是指不符合固定资产确认条件的各种用具物品，如工具、管理用具、玻璃器皿、劳动保护用品，以及在经营过程中周转使用的容器等；建造承包商的周转材料，是指房地产企业在自营开发建造过程中周转使用的模板、挡土板，未达到固定资产标准的脚手架、安全网等。包装物和低值易耗品应当采用一次摊销法或者五五摊销法；模板、脚手架等可以采用一次摊销法、五五摊销法或者分次摊销法。

低值易耗品能多次周转使用而不改变其实物形态，其价值逐渐转移到有关的成本费用中，从性质上说属于劳动工具，但因其价值较低、更换频繁，视同存货进行管理和核算。低值易耗品取得的核算与原材料和库存设备相同，其价值转移的核算称为低值易耗品摊销。房地产企业的低值易耗品摊销费，应计入开发成本、开发间接费用或者当期损益。如果对相关低值易耗品计提了存货跌价准备，还应结转已计提的存货跌价准备，冲减相关资产的成本或当期损益。

房地产企业的其他周转材料在自营施工的开发建设过程中多次反复地使用，并在一定程度上保持原有的实物形态，其价值相应地逐渐转移到工程成本中去。周转材料价值转移核算称为周转材料的摊销。房地产企业的其他周转材料摊销费，应计入开发成本。如果对周转材料计提了存货跌价准备，还应结转已计提的存货跌价准备，冲减开发成本。

1. 一次摊销法。一次摊销法是指在领用周转材料时，将其价值一次全部计入有关的成本费用。这种方法适用于价值较低或易于损坏的周转材料。领用时，借记“管理费用”“销售费用”“开发成本”“开发间接费用”“工程施工”“进货费用（或采购保管费）”等账户，贷记“周转材料”账户。已领用的周转材料报废时回收的残料，在冲减有关的成本费用的同时，应借记“原材料”或“银行存款”等账户。

2. 五五摊销法。五五摊销法是指在领用周转材料时摊销其价值的一半，在报废时再摊销其价值的另一半。这种方法适用于价值相对略高、使用期限相对略长的周转材料，也适用于每期领用数量和报废数量大致相当的各种物品。

在这种方法下，领用周转材料时，借记“周转材料——在用周转材料”账户，贷记“周转材料——在库周转材料”账户，同时摊销价值的一半，借记有关成本费用账户，贷记“周转材料——周转材料摊销”；报废时，应将收回的残料借记“原材料”账户，再将价值的另一半减去残料后的差额借记有关成本费用账户，将价值的另一半贷记“周转材料——周转材料摊销”账户，最后，将报废的在用周转材料价值转销，借记“周转材料——周转材料摊销”账户，贷记“周转材料——在用周转材料”账户。

3. 分次摊销法。分次摊销法是指按估计使用次数，将领用的周转材料的价值分次摊入有关的成本费用。这种方法适用于价值相对略高、使用期限相对略长、可以合理估计使用次数和确定各期实际使用次数的钢模板、木模板、脚手架等。某期摊销额的计算公式如下：

$$\text{某期摊销额}=\frac{\text{领用周转材料的实际成本}}{\text{预计使用次数}}\times\text{该期实际使用次数}$$

在这种方法下，领用周转材料时，借记“长期待摊费用”账户，贷记“周转材料”账户；摊销时，借记有关成本费用账户，贷记“长期待摊费用”账户。已领用的周转材料报废时回收的残料，应冲减有关的成本费用。

四、委托加工物资的核算

以自营方式施工的房地产企业，有时还需要委托外单位加工材料和设备，如加工门窗、模板、结构件、供水设备等。为此，企业应先向受托单位发出材料物资，待加工完成办理价款结算时，应支付加工费，此外还需支付往返运杂费，并通过“委托加工物资”账户核算委托加工物资的实际成本。如果材料采用计划成本法核算，还应结转发出材料应负担的材料成本差异，并确定收回的委托加工物资所形成的材料成本差异。

【例4-8】 某房地产企业委托乙公司加工结构件，发出钢材、水泥等原材料的计划成本200 000元，用银行存款支付往返运费2 220元、增值税220元，支付加工费40 000元、增值税6 400元，当月加工完成验收入库，月初材料成本差异率为-1%，验收入库结构件的计划成本为235 000元。本题增值税已经税务机关认证。

借：委托加工物资	198 000	
贷：原材料		200 000
材料成本差异		2 000
借：委托加工物资	42 220	
应交税费——应交增值税（进项税额）	6 620	
贷：银行存款		48 840
借：原材料	235 000	
贷：委托加工物资		235 000

借:材料成本差异　　5 220

贷:委托加工物资　　5 220

五、其他渠道取得存货的核算

(一)投资者投入

投资者投入的存货,应当以投资合同或协议约定的价值作为存货的实际成本,并以合同、协议约定的在资本中享有的份额作为股本(或实收资本),两者的差额作为股本溢价(或资本溢价),计入资本公积。

(二)非货币性资产交换取得的存货

非货币性资产交换是指交易双方主要以存货、固定资产、无形资产和长期股权投资等非货币性资产进行的交换,这种交换不涉及或只涉及少量的货币性资产。

货币性资产是指企业持有的货币资金和收取固定或可确定金额的货币资金的权利,包括库存现金、银行存款、应收账款、应收票据以及准备持有至到期的债券投资等;非货币性资产是指货币性资产以外的资产,包括存货、固定资产、无形资产、股权投资以及不准备持有至到期的债券投资等。

非货币性资产交换涉及的少量货币性资产称为补价。当补价占全部交易额的比例小于或等于25%时,则视为非货币性资产交换,其全部交易额相当于收到补价方换出资产公允价值,或支付补价方的换出资产公允价值与支付的补价之和。

1. 以公允价值计量的非货币性资产交换。非货币性资产交换同时满足下列两个条件的,应当以公允价值和应支付的相关税费作为换入资产的成本:①该项交换具有商业性质;②换入资产或换出资产的公允价值能够可靠地计量。在以公允价值计量时,换入资产初始计量成本和损益的计算公式如下:

(1)在不涉及补价的情况下:

换入资产成本 = 换出资产公允价值 + 应支付的相关税费

非货币性交换损益 = 换出资产公允价值 - 换出资产账面价值

换出资产为存货的,应视同销售处理,其非货币性交换损益作为营业利润的构成部分列示于利润表;换出资产为固定资产、无形资产的,非货币性交换损益计入营业外收入或营业外支出;换出资产为长期股权投资的,非货币性交换损益计入投资收益。

(2)在涉及补价的情况下:

支付补价方的换入资产成本 = 换出资产公允价值 + 支付的补价 + 应支付的相关税费

支付补价方确认的损益 = 换出资产公允价值 - 换出资产账面价值

收到补价方的换入资产成本 = 换出资产公允价值 - 收到的补价 + 应支付的相关税费

收到补价方确认的损益 = 换出资产公允价值 - 换出资产账面价值

对于同时换入的多项资产，按照换入金融资产以外的各项换入资产公允价值的相对比例，将换出资产公允价值总额（涉及补价的，加上支付补价的公允价值或减去收到补价的公允价值）扣除换入金融资产公允价值后的净额进行分摊，以分摊至各项换入资产的金额，加上应支付的相关税费，作为各项换入资产的成本进行初始计量。有确凿证据表明换入资产的公允价值更加可靠的，以各项换入资产的公允价值和应支付的相关税费作为各项换入资产的初始计量金额。

2. 以账面价值计量的非货币性资产交换。非货币性资产交换不具有商业性质，或者虽具有商业性质但换入资产和换出资产的公允价值均不能可靠地计量的，应以换出资产账面净值和应支付的相关税费作为换入资产的成本，不确认损益。在以账面价值计量时，换入资产入账价值的计算公式如下：

（1）在不涉及补价的情况下：

换入资产入账价值 = 换出资产账面价值 + 应支付的相关税费

（2）在涉及补价的情况下：

支付补价方的换入资产入账价值 = 换出资产账面价值 + 支付的补价 + 应支付的相关税费

收到补价方的换入资产入账价值 = 换出资产账面价值 − 收到的补价 + 应支付的相关税费

非货币性资产交换涉及多项资产的交换时，应当按照各项换入资产公允价值的相对比例将换出资产账面价值总额（涉及补价的，加上支付补价的账面价值或减去收到补价的公允价值）分摊至各项换入资产，加上应支付的相关税费，作为各项换入资产的初始计量金额。换入资产的公允价值不能够可靠计量的，可以按照各项换入资产的原账面价值的相对比例或其他合理的比例对换出资产的账面价值进行分摊。

【例 4－9】 甲房地产公司（以下简称“甲公司”）用开发完成的商品房换入乙公司钢材和水泥，甲公司换出商品房的账面价值为 160 万元，公允价值为 200 万元（其中地价款 80 万元），增值税为 10.91 万元［120 ÷（1 + 10%）× 10%］。甲公司收到乙公司支付的补价 25.31 万元。乙公司钢材的账面价值为 100 万元，公允价值为 130 万元，增值税为 20.8 万元；水泥的账面价值为 28 万元，公允价值为 30 万元，增值税为 4.8 万元。甲公司增值税税率为 10%，不考虑其他相关税费。双方都未对资产计提跌价准备。本题增值税已经税务机关认证。甲公司的会计处理如下：

（1）判断是否属于非货币性资产交换：

补价占全部交易额的比例 = 25.31 ÷ 210.91 = 12%

属于非货币性资产交换。

（2）判断交易的性质和公允价值能否可靠地计量。换出商品房的未来现金流量在风险、时间和金额方面与换入钢材和水泥显著不同，预计未来现计流量的现值也不同，交易具有商业性质，换入和换出资产公允价值均能可靠地计量。

（3）确定换入资产入账价值：

换入存货成本总额 = 130 + 30 = 160（万元）

换入钢材成本 = 130（万元）

换入水泥成本 = 30（万元）

交换损益 = 160 + 25.31 + 25.6 - 160 - 10.91 = 200 - 160 = 40（万元）

（4）会计分录：

借：原材料——钢材	1 300 000	
——水泥	300 000	
应交税费——应交增值税（进项税额）	256 000	
银行存款	253 100	
贷：主营业务收入		2 000 000
应交税费——应交增值税（销项税额）		109 100
借：主营业务成本	1 600 000	
贷：开发产品——商品房		1 600 000

（三）债务重组受让存货

有关受让资产入账价值的确认和计量，请见本书第三章第六节“应收债权的重组”的例3－19。

第三节 开发产品和周转房

一、开发产品

（一）开发产品的种类

开发产品是指房地产企业已经完成全部开发建造过程，并已验收合格符合设计标准，可以按照合同规定的条件移交购货单位，或者可以作为商品对外销售的产品，包括已经开发建造完成的土地、房屋、配套设施和代建工程等。

作为开发产品的土地，按开发目的可以分为两种：一是用于出租或有偿转让而开发的商品性建设场地；二是为建造商品房、经营房、周转房而开发的自用建设场地。前者属于企业的最终产品，后者属于企业的中间产品，但是，如果企业开发的自用建设场地，近期不投入使用，也可视同最终产品。

作为开发产品的房屋按用途可以划分为四种：①为销售而开发建造的商品房；②为出租经营而开发建造的出租房；③为安置被拆迁居民周转使用而开发建造的周转房；④受其他单位委托代为开发建造的房屋。

作为开发产品的配套设施包括两大类。一类是开发小区内独立的非经营性公共配套设施,如锅炉房、水塔、停车场、变电站、自行车棚、公厕、消防设施、托幼园所、派出所、居委会等。另一类属于城市规划中的大配套设施项目,包括:①开发小区外为居民服务的给排水、供电、供暖、供气的增容、增压,以及交通道路;②开发小区内的商店、银行、邮局等营业性公共配套设施;③开发小区内的中小学校、医院等非经营性配套设施。第一类配套设施的费用应计入商品房成本,因而这类配套设施属于企业的中间产品。第二类大配套设施不论有偿转让还是本企业用于出租或经营,都应作为企业最终产品。

代建工程是指企业接受其他单位委托,代为开发建设的各种工程,包括建设场地、房屋及其他工程等。由于代为开发的土地和房屋可以与上述开发完工的土地和房屋一并核算,因此,这里所说的代建工程主要是指代建的其他工程,如市政工程等。

开发产品是房地产企业生产经营活动的最终成果,是企业存货的重要组成部分。开发产品一般按实际成本计价。

(二)开发产品的收发与结转

不论采用自营方式还是出包方式进行施工,开发项目按设计要求购建完成,具备了销售和使用条件,就应及时办理验收交接手续。验收交接前应由主管部门、房地产企业、设计单位、施工单位和使用单位参加的验收委员会具体负责各项验收交接工作。房地产企业应根据施工单位提供的设计、施工及技术验收规范等资料和本身的会计核算资料,编制并提供有关工程建设概况、工程质量、工期、开发产品实际成本等资料的验收交接凭证,经交接双方签章,作为开发产品增加核算的凭证。房地产企业出售、转让或出租开发产品,应办理交付使用或销售、结转等手续,填制交付使用、销售、出租开发产品明细表,列示各项财产的名称和实际成本,并连同发票账单、合同及协议等资料,作为开发产品减少的凭证。

对于已经办理交付使用或办理销售、结转手续,但尚未办理财产移交的开发产品,因企业已不具有所有权,因此应另设"代管房产备查簿"予以登记,并进行实物管理;对于以分期收款方式销售的开发产品,应在开发产品移交购买单位并办妥分期收款销售合同时,结转开发产品的实际成本;对于企业已开发完成用于出租的土地和房屋,应于签订出租合同或协议后,结转开发产品的实际成本。

房地产企业应设置"开发产品"账户,借方登记已竣工验收合格开发产品的实际成本;贷方登记转让、销售、出租、周转使用和结转受托单位的开发产品实际成本。企业将开发的营业性配套设施用于本企业第三产业的经营用房,也登记在本账户的贷方;本账户的借方期末余额表示尚未转让、销售和结转的开发产品的实际成本。

【例 4-10】 某房地产企业已开发建造完成商品房一批,验收交接凭证上标明的实际成本为 8 600 万。本期销售商品房的实际成本为 3 600 万元,其中采用分期收款方式销售 600 万元;本期用于出租经营房屋的实际成本 800 万元,投资性房地产按成本计量;用于安置拆迁居民周转使用的房屋实际成本 400 万元;将开发的经营性配套设施——商店,作为第三产业经营用房投入使用,实际成本 700 万元。

借:开发产品	86 000 000	
贷:开发成本		86 000 000
借:主营业务成本	36 000 000	
贷:开发产品		36 000 000
借:投资性房地产	8 000 000	
周转房	4 000 000	
贷:开发产品		12 000 000
借:固定资产	7 000 000	
贷:开发产品		7 000 000

房地产企业还应按开发产品的种类,如土地、房屋、配套设施和代建工程等设置明细账,进行明细分类核算。企业代管的商品房、安置房和配套设施等,应登记"代管房产备查簿",不得将这部分财产在"开发产品"总账和明细账中登记,也不得计提折旧和摊销。企业在代管房产过程中取得的收入和发生的各项支出,应作为其他业务收支处理。

二、周转房

(一)周转房的特点

房地产企业可以将开发产品分别用于出租、出售、周转使用或再开发。周转房是指房地产企业开发建造完成的、用于安置拆迁居民地无偿周转使用的房屋。出租房和周转房具有以下共同特点:①它们均是由房地产企业通过开发建造活动购建完成的;②它们均具有用途的不稳定性,出租房和周转房也可以根据需要再用于出售,转化为商品房。正因为如此,不得将周转房和出租房确认固定资产。周转房可以确认为房地产企业的存货,而出租房是房地产企业的一种投资获利行为,应将其确认为投资性房地产。

房地产企业开发完成用于出租的土地，与出租房的特点相同，也应作为房地产企业的投资性房地产。

投资性房地产的概念、性质和会计处理请见本书第六章。

(二)周转房的计价及价值摊销

1. 周转房的计价。为了反映周转房的增减变动情况，并正确计算周转房的摊销额，对于周转房主要采用以下两种计价方法：①原价，原价是指房地产企业开发购建某项周转房时所发生的各项实际支出，根据"开发成本"账户等资料计算确定；②摊余价值，摊余价值是指周转房的原价减去已提摊销额后的余额。

原价可以反映企业周转房的初始成本，并作为计提摊销额的依据；摊余价值可以反映周转房的实有价值，将其与原价对比，可以反映周转房的新旧程度，摊余价值还是将周转房作为商品房对外销售时确定销售价款的依据。

2. 周转房的价值摊销。周转房可以在若干个开发经营周期中使用，其价值逐渐转移到相关的成本费用中，于是需要按期计提摊销额。周转房的摊销额，应计入开发产品成本。周转房的价值按其使用年限分期平均分摊计入成本。每期摊销额的计算公式如下：

$$月摊销率=\frac{1-估计残值占原价的比率}{摊销年限\times 12}$$

$$月摊销额=应计摊销的周转房原价\times 月摊销率$$

例如，某项周转房残值占原价比率为 4%，摊销年限 20 年，原价5 000 000元。则：

$$月摊销率=\frac{1-4\%}{20\times 12}=0.4\%$$

$$月摊销额=5\ 000\ 000\times 0.4\%=20\ 000(元)$$

(三)周转房的后续支出与销售

周转房在使用过程中会发生不同程度的磨损或毁损，因而需要进行修理，修理费用计入当期损益或开发间接费用。将周转房作为商品房对外销售，应于销售实现时转销周转房的原价和累计摊销额。转作对外销售周转房所发生的改装修复费用，应作为销售费用列支。

(四)周转房的会计处理

房地产企业应设置"周转房"账户，用来核算企业安置拆迁居民周转使用的房屋实际成本。本账户下设置"在用周转房"和"周转房摊销"两个明细账。前者登记周转房原价的增减变动情况，后者登记周转房计提和转销的摊销额。"在用周转房"明细账借方余额减去"周转房摊销"明细账贷方余额，即为周转房的摊余价值。

【例4－11】 企业开发完成的B栋商品房在尚未出售前用于安置拆迁居民周转使用，实际成本1 000万元，已办理投入使用手续。每月计提的周转房摊销额2万元。用银行存款支付周转房修理费0.6万元。将C栋周转房作为商品房对外销售，不含增值税售价500万元、增值税30万元，原价450万元，累计摊销额50万元，价款尚未收到。本题增值税纳税义务已经发生。

(1)结转周转房成本：

借：周转房——在用周转房	10 000 000	
贷：开发产品		10 000 000

(2)按月计提摊销额：

借：开发间接费用	20 000	
贷：周转房——周转房摊销		20 000

(3)支付修理费用：

借：开发间接费用	6 000	
贷：银行存款		6 000

(4)周转房出售收入：

借：应收账款	5 300 000	
贷：主营业务收入		5 000 000
应交税费——应交增值税(销项税额)		300 000
借：主营业务成本	4 000 000	
周转房——周转房摊销	500 000	
贷：周转房——在用周转房		4 500 000

企业还应根据周转房的具体情况，按类别、栋号设置明细账进行明细核算，并建立“周转房卡片”，详细登记周转房的坐落地点、结构、层数、面积、租金单价等情况。

第四节　存货清查和期末计量

为了在会计期末编制的资产负债表上客观地反映企业期末存货的实际价值，首先，必须定期、不定期地，至少于年度终了时对各项存货进行清查，通过调整账簿记录做到账实相符。其次，还应选择合理的计价原则，如果有确凿证据表明存货已经减值，则确认存货跌价损失，计提存货跌价准备。

一、存货清查

房地产企业期末存货数量绝大多数是采用永续盘存制，极少数的大堆存放材料采用实地盘存制。对于采用实地盘存制的砖、瓦、灰、砂、石等大堆材料，其期末存货的数量和金额是通过实地盘点确定的，因此，不存在账实不符的调账问题。对于采用永续盘存制的存货，首先是在存货明细账上逐日、逐笔登记收入发出的存货，并及时计算账面结存的数量和金额；其次，通过实地盘点确定期末存货实际结存的数量和金额；最后，将两者对比确定存货的盈亏，编制“存货盈亏报告表”，并据以进行存货盈亏的会计处理。为此，需要设置“待处理财产损溢——待处理流动资产损溢”账户，登记发生的存货盈亏的金额及处理情况。

（一）存货盘盈

存货盘盈是指账面存货小于实际存货。应根据“存货盈亏报告表”，按计划成本或估计成本调增存货账面价值，同时贷记“待处理财产损溢——待处理流动资产损溢”账户。期末，将属于收发计量或记录的误差等原因造成的盘盈，借记“待处理财产损溢——待处理流动资产损溢”账户，贷记“管理费用”（或“进货费用”）账户。

（二）存货盘亏或毁损

存货盘亏与毁损是指账面存货大于实际存货。应根据“存货盈亏报告表”调减存货账面价值，同时借记“待处理财产损溢——待处理流动资产损溢”账户。期末，分别按不同情况进行处理。

1. 属于定额内的损耗，计入管理费用（或“进货费用”，或“采购保管费”）。

2. 属于管理不善等原因造成短缺或毁损，将残料价值作为材料入库，将应收回的保险赔偿、过失人赔偿通过“其他应收款”账户索赔，将扣除残料价值和应收回保险赔偿和过失人赔偿后的净损失计入管理费用（或“进货费用”，或“采购保管费”）。

3. 自然灾害或意外事故造成的存货毁损，应将扣除残料价值和应收回赔偿后的净损失计入营业外支出。

4. 属于管理不善等造成的存货非正常损失，其净损失还应包括损失存货在购入时确认的增值税进项税额，即应将其进项税额转出，与存货账面价值一并转入“待处理财产损溢”账户，增加存货净损失。

需要说明的是，待处理财产损溢不符合资产和负债的定义，因此在编制期末资产负债表时，即使有关部门没有批复存货盈亏的处理意见，也必须按上述原则做出处理，将“待处理财产损溢——待处理流动资产损溢”账户结平。如果期末盘盈、盘亏处理的结果与日后有关部门批准处理的金额不一致，属于年内批复的，直接调整当月有关项目的金额；属于以后年度批复的，应当调整当期资产负债表的年初数和利润表的上年数。

二、存货的期末计量

会计期末，存货应当按照成本与可变现净值孰低计量，即期末存货按照成本与可变现净值两者之中较低者进行计价。这里的“成本”是指按实际成本原则进行存货收发核算求得的期末存货的实际成本。“可变现净值”是指在日常活动中，存货的估计售价减去至完工时将要发生的成本、估计的销售费用以及相关税费后的金额。

确定存货可变现净值的前提是企业在进行正常的生产经营活动，如果企业处在清算过程中，则不能按照存货准则的规定确定可变现净值。可变现净值的基本特征表现为存货的预计未来现金流量，而不是存货的售价或合同价。

（一）确定存货可变现净值应当考虑的因素

企业在确定存货的可变现净值时，应当以取得的确凿证据为基础，并且考虑持有存货的目的、资产负债表日后事项的影响等因素。

1. 确定存货的可变现净值应当以取得的确凿证据为基础。确定存货的可变现净值必须建立在取得的确凿证据的基础上。这里所讲的“确凿证据”是指对确定存货的可变现净值和成本有直接影响的客观证明。

存货的采购成本、建造成本和其他成本及以其他方式取得的存货的成本，应当以取得外来原始凭证、生产成本账簿记录等作为确凿证据。

存货可变现净值的确凿证据，是指对确定存货的可变现净值有直接影响的确凿证明，如开发商品的市场销售价格、与开发商品相同或类似开发商品的市场销售价格、销货方提供的有关资料和生产成本资料等。

2. 确定存货的可变现净值应当考虑持有存货的目的。持有准备销售的存货，如准备出售的商品房、商品性建设场地、原材料等，只需以其本身的预计售价为基础计算可变现净值。而为耗用而持有的存货，如为自营工程耗用持有的原材料，必须在其所生产的产品按可变现净值计价的前提下，以其所生产的产品的预计售价为基础计算可变现净值。

为销售而持有的存货，还应考虑有无销售合同。为执行销售合同或劳务合同而持有的存货，以其合同价格作为计算可变现净值的计算基础；没有销售合同或劳务合同约定的存货，以其一般销售价格或原材料市场价格作为计算可变现净值的计算基础。

如果企业持有存货的数量多于销售合同的数量,或同一类、同一种存货一部分有合同价格约定,另一部分没有合同价格约定,那么销售合同约定的存货,以合同价格作为计算可变现净值的基础;超出合同数量的存货,或没有合同约定的存货应以一般销售价格作为计算可变现净值的基础。

3. 确定存货的可变现净值应当考虑资产负债表日后事项等的影响。资产负债表日后事项应当能够确定资产负债表日存货的存在状况,即在确定资产负债表日存货的可变现净值时,不仅要考虑资产负债表日与该存货相关的价格与成本波动,而且还应考虑未来的相关事项。也就是说,不仅限于财务报告批准报出日之前发生的相关价格与成本波动,还应考虑以后期间发生的相关事项。

(二)对于用于开发建造而持有的材料的期末计量

1. 对于用于开发建造而持有的材料的期末计量应遵循以下原则:①如果用于生产的产品的可变现净值高于成本,产品按成本计量,则该材料也按成本计量;②如果因材料价格的下降导致产品的可变现净值低于成本,产品按可变现净值计量,则该材料也应按可变现净值计量。

2. 对于用于开发建造而持有的材料采用可变现净值计量的步骤如下:①计算所生产产品的可变现净值;②将所生产产品的可变现净值与其成本比较;③计算材料的可变现净值。

(三)计提存货跌价准备的会计处理

存货跌价准备一般应按单个存货项目计提,但如果存货数量繁多、单价较低,也可以按存货类别计提存货跌价准备。计提和补提的存货跌价准备,借记“资产减值损失”账户,贷记“存货跌价准备”账户。

如果以前减记存货价值的影响因素已经消失,则减记的金额应予以恢复,应在原已计提的存货跌价准备的金额内转回。发出存货的同时,应结转相应的存货跌价准备。

冲销的存货跌价准备和销售存货时结转的存货跌价准备,借记“存货跌价准备”账户,贷记“资产减值损失”和“主营业务成本”或“其他业务成本”账户;因债务重组和非货币性资产交换转出的存货也应同时结转存货跌价准备。如果按存货类别计提存货跌价准备,应按上期末存货跌价准备余额与上期末该类存货的账面余额的比例计算应结转的存货跌价准备。

【例4-12】 某房地产企业第一期期末存货资料如表4-4所示。

表 4-4 单位:万元

存货名称	用途	账面价值	一般销售价格	合同价格	尚需发生的成本	加工成产品的预计售价	预计税费
A 材料	生产甲商品						
	其中:生产合同产品	20	19		10	35	3
	生产非合同产品	10	9.5		5	18	1.6
B 材料	生产乙商品	40	36		16	60	6
C 材料	出售	10	13				1
甲商品	出售(100 件,有合同)	200 件,3/件	3.2/件	2.8/件			0.1/件

第二期签订有合同的甲商品出售 80 件,结转存货跌价准备。则计算如下:

用 A 材料生产有合同甲商品成本 = 20 + 10 = 30(万元)

用 A 材料生产有合同甲商品可变现净值 = 35 - 3 = 32(万元) > 30(万元)

A 材料按成本计价。

用 A 材料生产无合同甲商品成本 = 10 + 5 = 15(万元)

用 A 材料生产无合同的甲商品可变现净值 = 18 - 1.6 = 16.4(万元) > 15(万元)

A 材料按成本计价。

用 B 材料生产的乙商品成本 = 40 + 16 = 56(万元)

用 B 材料生产的乙商品可变现净值 = 60 - 6 = 54(万元)

B 材料计提的跌价准备 = 40 - (60 - 16 - 6) = 2(万元)

C 材料可变现净值 = 13 - 1 = 12(万元) > 10(万元)

C 材料按成本计价。

有销售合同的甲商品的可变现净值 = 100 × (2.8 - 0.1) = 270(万元)

有销售合同的甲商品计提的跌价准备 = 3 × 100 - 270 = 30(万元)

无销售合同的甲商品的可变现净值 = 100 × (3.2 - 0.1) = 310(万元) > 300(万元)

无销售合同的甲商品不计提跌价准备,按成本计价。

根据上述计算结果,编制会计分录如下:

借:资产减值损失 320 000

贷:存货跌价准备 320 000

出售 80 件合同商品应结转的跌价准备 = 30 ÷ 300 × (80 × 3) = 24(万元)

借:存货跌价准备 240 000

贷:主营业务成本 240 000

或

借:主营业务成本	2 160 000
存货跌价准备	240 000
贷:开发产品	2 400 000

如果用另外20件合同商品换入固定资产,且该项非货币性资产交换不具有商业性质,则:

借:固定资产	540 000
存货跌价准备	60 000
贷:开发产品	600 000

DI第五章 WUZHANG

债权投资、其他债权投资、其他权益工具投资和长期股权投资

第一节 债权投资

一、债权投资的含义和特征

债权投资是指同时符合下列两个条件的债务工具投资:①企业管理该金融资产的业务模式是以收取合同现金流量为目标的;②该金融资产的合同条款规定,在特定日期产生的现金流量仅为对本金和以未偿付本金金额为基础的利息的支付。如企业购入的到期日固定、回收金额固定或可确定,且企业有明确意图和能力收取合同规定的本金和利息的国债、企业债券、金融债券等,均可分类为债权投资。在初始确认时已确认为以公允价值计量且其变动计入当期损益或计入其他综合收益的非衍生金融资产以及贷款和应收款项,不能划分为债权投资。

债权投资具有以下特征:①该金融资产具有固定的到期日、固定的或浮动的利率,回收金额固定或可确定;②企业以收取合同现金流量为目标;③企业在特定日期获取的现金流量仅为对本金和以未偿付本金金额为基础计算的利息;④企业未将该项债务工具投资划分以公允价值计量且其变动计入当期损益或其他综合收益的金融资产。

企业应当于每个资产负债表日对债权投资的管理业务模式进行评价,发生变更的,应当将其重新分类为其他债权投资或交易性金融资产,并自重新分类起采用未来适用法进行相关的会计处理,不得对以前确认的利得或损失,包括减值损

失或利得进行追溯调整。

二、债权投资的计量

（一）债权投资初始成本的计量

债权投资取得时，应当以公允价值和支付相关交易费用之和作为初始成本，即以支付的全部价款作为入账价值，但不包括实际支付的价款中包含的已到付息期但尚未领取的债券利息。

债权投资初始确认时应当计算其实际利率，以便采用实际利率法进行后续计量。

实际利率是指金融资产或金融负债在预计存续期间或适用更短期间内的未来现金流量折合为该项金融资产或金融负债当前账面价值所使用的利率。金融资产的未来现金流量或存续期无法可靠预计的，应当采用该金融资产在整个合同期内的合同现金流量。

（二）债权投资的后续计量

企业应当采用实际利率法，按摊余成本对债权投资进行后续计量。实际利率法是指按照金融资产或金融负债的实际利率计算其摊余成本及各期利息收入或利息费用的方法。摊余成本是指金融资产的初始成本扣除已偿还的本金，加上或减去采用实际利率法摊销的初始成本与到期日金额的差额形成的累积摊销额，再扣除已发生的减值损失后的结果。

企业在债权投资的存续期内，应当按照摊余成本和实际利率计算确认利息收入，计入投资收益。实际利率与票面利率差别较小时，也可以按票面利率计算利息收入，计入投资收益。有关计算公式如下：

实际利息收入＝期初摊余成本×实际利率

收到的票面利息的现金流入＝票面价值×票面利率

利息调整的摊销额＝票面利息－实际利息收入

期末摊余成本＝期初摊余成本＋实际利息收入－现金流入

或　　＝期初摊余成本＋（－）当期利息调整的摊销额

或　　＝初始成本－已偿还的本金＋（－）利息调整的累计摊销额－已发生的减值损失

（三）债权投资的期末计量

企业应当在每个资产负债表日评估债权投资的信用风险，计量其损失准备、确认预期信用损失及其变动。有确凿证据表明该项债权已发生减值的，应当比照应收款项减值，将该项债权投资按原实际利率折现的、根据合同应收的所有合同现金流量与预期收取的所有现金流量现值之间的差额，确认为信用减值损失，计提减值准备，借记“信用减值损失”账户，贷记“债权投资减值准备”账户。已计提减值准备的债权投资价值以后又得以恢复的，应当在原计提减值准备的金额内恢复，增加该项债权投资的账面价值，并转回信用减值损失。

（四）债权投资的重分类

在资产负债表日，企业应对债权投资管理业务模式进行评价，发生变更的，应当将该项债权投资重新分类为其他债权投资或交易性金融资产，并自重新分类起采用未来适用法进行相关的会计处理，不得对以前确认的利得或损失，包括减值损失或利得进行追溯调整。将债权投资重新分类为以公允价值计量且其变动计入当期损益的，应当按照该项债权投资在重分类日的公允价值进行计量，原账面价值与公允价值之间的差额计入当期损益；将债权投资重新分类为以公允价值计量且其变动计入其他综合收益的，应当按照该项债权投资在重分类日的公允价值进行计量，原账面价值与公允价值之间的差额计入其他综合收益，该项债权投资重分类不影响其实际利率和预期信用损失的计量。

三、债权投资的处置与转换

企业出售持有债权投资应当将收到的金额与其账面价值的差额确认为投资损益，并同时结转已计提的减值准备。

企业部分出售债权投资或对债权投资重分类，将剩余部分重新分类为其他债权投资时，应以公允价值进行后续计量。重分类日，该项投资剩余部分账面价值与公允价值之间的差额计入其他综合收益，在该其他债权投资发生减值或终止确认时转出，计入当期损益。

四、债权投资的会计处理举例

为了核算债权投资的初始成本、摊余成本、持有收益、转让收益和计提的减值准备，房地产企业应当设置“债权投资”“投资收益”“债权投资减值准备”账户，并在“债权投资”总分类账户下分别设置“成本”“利息调整”“应计利息”等明细账户。购入的债券面值记入“债权投资——成本”账户；实际支付价款中包含的债券溢价或折价和交易费用，记入“债权投资——利息调整”账户；实际支付的价款中包含的尚未到期的债券利息应计入债权投资的初始投资成本，并在“债权投资——应计利息”账户单独核算；企业购买的到期还本分期付息债券中包含的尚未到期的债券利息也构成债权投资初始投资成本，并在“债权投资——应计利息”账户单独核算，到付息日再转入“应收利息”账户；实际支付的价款中包含的已到付息期但尚未领取的利息，应记入“应收利息”账户。

【例 5 - 1】 2018 年 1 月 1 日，甲房地产公司购入丙公司 2017 年 1 月 1 日发行的3年期、债券面值为2 000万元、票面利率为5%的公司债券，支付全部价款2 167万元，另支付手续费、税金等交易费用21万元，全部款项已用银行存款支付。债券按年计息。2017年利息尚未领取。2018年3月5日收到2017年利息。2019年3月2日收到2018年利息。2020年1月15日收到债券本金和2019年利息。则：

每年的票面利息 = 2 000 × 5% = 100（万元）

债权投资初始成本 = 2 167 − 2 000 × 5% + 21 = 2 088（万元）

计算该项债券的实际利率：

$$100 \div (1+r) + (2\,000+100) \div (1+r)^2 = 2\,088 \text{（万元）}$$

采用插值法，$r = 2.72\%$。编制摊余成本和利息收入计算表，如表5－1所示。

表5－1 单位：万元

时　间	期初摊余成本	实际利息收入（2.72%）	票面利息收入（现金流入）	利息调整摊销额	期末摊余成本
2018.01.01	2 088				2 088
2018.12.31	2 088	56.79	100	43.21	2 044.79
2019.12.31	2 044.79	55.21	100	44.79	2 000

表5－1中的2019年实际利息收入55.21元，是为了将利息调整全部摊销完，而用票面利息收入减利息调整摊销额挤出来的。

有关会计分录如下：

（1）2018年1月1日，购入债券：

借：债权投资——成本　　20 000 000
　　　　　　——利息调整　　880 000
　　应收利息　　1 000 000
　贷：银行存款　　21 880 000

（2）2018年3月5日，收到利息：

借：银行存款　　1 000 000
　贷：应收利息　　1 000 000

（3）2018年12月31日，计息和摊销利息调整：

借：应收利息　　1 000 000
　贷：债权投资——利息调整　　432 100
　　　投资收益　　567 900

(4)2019 年 3 月 2 日，收到利息：

借：银行存款　　1 000 000

　贷：应收利息　　1 000 000

(5)2019 年 12 月 31 日，计息和摊销利息调整：

借：应收利息　　1 000 000

　贷：债权投资——利息调整　　447 900

　　投资收益　　552 100

截至 2019 年 12 月 31 日，利息调整已摊销完毕，因此“债权投资——利息调整”账户余额均为零。

(6)2020 年 1 月 10 日，收到本金和利息：

借：银行存款　　21 000 000

　贷：债权投资——成本　　20 000 000

　　应收利息　　1 000 000

需要注意的是，企业计提的分期付息的债券利息应作为流动资产，通过“应收利息”账户核算。如果本例为到期一次还本付息的债券，年末计息时，应将计提的利息作为非流动资产，借记“债权投资——应计利息”账户，而不通过“应收利息”账户。

【例 5－2】 沿用例 5－1 的资料，假设 2019 年 4 月 3 日，因该项债权投资出现价格持续下跌迹象，甲房地产公司出售其 30%，价款 660 万元，剩余债券管理业务模式发生变化，重新分类为其他债权投资。至 5 月 20 日将该项债权全部出售，价款 1 560 万元。款项都已即时存入银行。

4 月 3 日该债券出售前的摊余成本为 2 044.79 万元，其中，成本为 2 000 万元，利息调整为 44.79 万元。

借：银行存款　　6 600 000

　贷：债权投资——成本　　6 000 000

　　　　　——利息调整　　134 370

　　投资收益　　465 630

其他债权投资的入账价值 = 660 ÷ 30% × 70% = 1 540(万元)

借：其他债权投资——成本　　14 000 000

　　　　　　——利息调整　　313 530

　　　　　　——其他债权投资公允价值变动　　1 086 470

　贷：债权投资——成本　　14 000 000

　　　　　——利息调整　　313 530

　　其他综合收益——其他债权投资公允价值变动损益　　1 086 470

5 月 20 日该项其他债权投资账面价值为 1 540 万元,则:

借:银行存款	15 600 000
其他综合收益——其他债权投资公允价值变动	1 086 470
贷:其他债权投资——成本	14 000 000
——利息调整	313 530
——其他债权投资公允价值变动	1 086 470
投资收益	1 286 470

第二节 其他债权投资和其他权益工具投资

一、其他债权投资

(一)其他债权投资的含义

其他债权投资是指初始确认时根据管理该债权的业务模式和该债券的合同流量特征即被分类以公允价值计量且其变动计入其他综合收益的金融资产。企业持有的债务工具同时符合下列条件的,应当分类以公允价值计量且其变动计入其他综合收益的金融资产:①企业管理该金融资产的业务模式既以收取合同现金流量为目标又以出售该项金融资产为目标;②该金融资产的合同条款规定,在特定日期产生的现金流量,仅为对本金和以未偿付本金金额为基础的利息的支付。下列各类债权性质的金融资产除外:①以公允价值计量且其变动计入当期损益的债权工具金融资产;②贷款及应收款项;③债权投资。企业持有的某项金融工具具体归属于哪一类,主要取决于企业管理该项金融资产的业务模式和持有目标等因素。一项债权性质的投资,因管理的业务模式和持有目标不同,可能确认为交易性金融资产,也可能确认为其他债权投资或债权投资。同理,一项权益性质的投资,也会因管理的业务模式和持有目标不同,可能确认为交易性金融资产,也可能确认为其他权益工具投资或长期股权投资。

其他债权投资区别于交易性金融资产中的债券投资的主要特征在于,企业管理该项金融资产的业务模式既不以出售该项金融资产为唯一目标,也不以获取本金和利息现金流量为唯一目标,而是既以收取合同现金流量为目标,又以出售该项金融资产为目标。

(二)其他债权投资的计量

1. 其他债权投资的初始计量。企业取得其他债权投资时,应按公允价值计量。取得其他债权投资支付的价款中包含的已到付息期但尚未收取的债券利息,应单独确认为应收利息;支付的相关税费应计入初始入账价值,而不得计入当期损益。

2. 其他债权投资的后续计量。其他债权投资持有期间所产生的利得或损失,除减值损失或利得和汇兑损益外,均应计入其他综合收益,直至该项金融资产终止确认或被重分类。但是,采用实际利率法计算的该金融资产的利息应当计入当期损益。资产负债表日,其他债权投资应当以公允价值计量,公允价值变动计入其他综合收益。

(三)其他债权投资的减值

企业应当在每个资产负债表日评估其他债权投资的信用风险,计量其损失准备,确认预期信用损失及其变动。有确凿证据表明该项其他债权投资已发生减值的,应当比照债权投资减值,将该项债权投资的按原实际利率折现的根据合同应收的所有合同现金流量现值与预期收取的所有现金流量现值之间的差额,确认为信用减值损失,计提减值准备,借记"信用减值损失"账户,贷记"其他综合收益——信用减值准备"账户。

需要注意的是:若已确认减值损失的其他债权投资,以后会计期间公允价值上升且与原确认减值损失的事项有关,则原确认的减值损失应当予以转回,但不得通过损益转回,应当计入其他综合收益。

(四)其他债权投资的处置

企业处置其他债权投资时,应将取得的价款与该项其他债权投资账面价值的差额,计入当期投资收益。同时,原计入其他综合收益的公允价值变动累计额对应处置部分金额转入当期投资收益。

企业应设置"其他债权投资"账户,核算企业持有的其他债权投资的公允价值。企业还应按其他债权投资的类别和品种,分别设置"成本""利息调整""应计利息""公允价值变动"等明细账户进行明细核算。需要注意的是,其他债权投资分期付息的应收利息,不应通过"其他债权投资——应计利息"账户核算,而应通过"应收利息"账户核算。

其他债权投资发生减值的,应分别设置"其他综合收益——信用减值准备"账户和"信用减值损失"账户。

【例 5-3】 2018 年 1 月 1 日,甲房地产公司(以下简称"甲公司")以 10.282 4 万元购入丙公司发行的 3 年期公司债券,该债券的票面价值为 10 万元,票面利率为 8%,实际利率为 6.925%,每年年末支付利息,到期支付本金。甲公司将其划分为其他债权投资。2018 年 12 月 31 日,该债券的市价为 9.584 万元(不含利息)。2019 年 12 月 31 日,该债券的市价降为 9.214 万元(不含利息),甲公司预计12个月内信用损失金额为0.5万元。2020年1月1日,甲公司以公允价值计量9.214万元出售该项债券,款项已存入银行。

(1)2018年1月1日,购入债券:

借:其他债权投资——成本　　100 000

——利息调整　　2 824

贷:银行存款　　102 824

(2)2018年12月31日,收到利息,确认公允价值变动:

确认的利息收入 = 10.282 4 × 6.925% = 0.712 056 2(万元)

实际收到的票面利息 = 10 × 8% = 0.8(万元)

摊销的利息调整 = 0.8 − 0.712 056 2 = 0.087 943 8(万元)

年末摊余成本 = 10.282 4 + 0.712 056 2 − 0.8 = 10.194 456 2(万元)

公允价值变动 = 9.584 − 10.194 456 2 = −0.610 456 2(万元)

借:应收利息　　8 000

贷:其他债权投资——利息调整　　879.44

投资收益　　7 120.56

借:银行存款　　8 000

贷:应收利息　　8 000

借:其他综合收益——其他债权投资公允价值变动　　6 104.56

贷:其他债权投资——公允价值变动　　6 104.56

(3)2019年12月31日,收到利息,确认公允价值变动,计提减值准备:

确认的利息收入 = 10.194 456 2 × 6.925% = 0.705 966 091 85(万元)

实际收到的票面利息 = 10 × 8% = 0.8(万元)

摊销的利息调整 = 0.8 − 0.705 966 091 85 = 0.094 033 908 15(万元)

年末摊余成本 = 10.194 456 2 + 0.705 966 091 85 − 0.8

= 10.100 422 291 85(万元)

公允价值变动 = 9.214 − 10.100 422 − (−0.610 456)

= −0.275 966(万元)

确认的减值损失 = 0.5(万元)

借:应收利息　　8 000

贷:其他债权投资——利息调整　　940.34

投资收益　　7 059.66

借:银行存款　　8 000

贷:应收利息　　8 000

借:信用减值损失　　5 000

其他综合收益——公允价值变动　　2 759.66

贷:其他综合收益——信用减值准备　　5 000
　其他债权投资——公允价值变动　　2 759.66

(4)2020 年 1 月 1 日,出售该项债券:

出售该项债券的损失 = 92 140 + 5 000 − (100 000 − 1 004.22)
= −1 855.78(元)

借:银行存款　　92 140
　其他债权投资——利息调整　　1 004.22
　其他债权投资——其他债权公允价值变动　　8 864.22
　其他综合收益——信用减值准备　　5 000
　投资收益　　1 855.78
　贷:其他债权投资——成本　　100 000
　　其他综合收益——其他债权投资公允价值变动　　8 864.22

从例 5 − 3 可以看出,该项其他债权投资在持有期间确认的利息收入为 14 180.22 元,信用减值损失为 5 000 元;未到期出售时确认的损失为 1 855.78 元。持有该项其他债权投资获净利 7 324.44 元。本例中若为到期一次偿还本金和利息,则年末计提的利息应记入“其他债权投资——应计利息”账户。

二、其他权益工具投资

(一)其他权益工具投资的含义

其他权益工具投资是指初始确认时根据管理该权益工具的业务模式和该权益工具的合同流量特征即被分类为以公允价值计量且其变动计入其他综合收益的金融资产。企业管理该项权益工具金融资产的业务模式,既以收取合同现金流量为目标,又以出售该项金融资产为目标,就应当分类为以公允价值计量且其变动计入其他综合收益的金融资产。下列各类权益工具性质的金融资产除外:①以公允价值计量且其变动计入当期损益的权益工具金融资产;②已确认为长期股权投资的权益工具金融资产。企业持有的某项金融工具具体归属于哪一类,主要取决于企业管理该项金融资产的业务模式和持有目标等因素。一项权益性质的投资,会因管理的业务模式和持有目标不同,可能确认为交易性金融资产,也可能确认为其他权益工具投资或长期股权投资。

其他权益工具投资区别于交易性金融资产中的权益工具投资和长期股权投资的主要特征在于,企业管理该项金融资产的业务模式既不以出售该项金融资产为唯一目标,也不以对被投资企业实施控制、共同控制或重大影响为唯一目标,而是既以收取合同现金流量为目标,又以出售该项金融资产为目标。

(二)其他权益工具投资的计量

1. 其他权益工具投资的初始计量。企业取得其他权益工具投资时,应按公允价值计量。取得其他权益工具投资支付的价款中包含的已宣告但尚未领取的现金股利,应单独确认为应收股利;支付的相关税费应计入初始入账价值,而不得计入当期损益。

2. 其他权益工具投资的后续计量。其他权益工具投资持有期间除了获取股利(属于投资成本收回部分的除外)计入当期损益外,其他相关的利得或损失(包括汇兑损益),均应计入其他综合收益,且后续不得转入当期损益。当其终止确认时,之前计入的累计损失或利得应当从其他综合收益转出,计入留存收益。资产负债表日,其他权益工具投资应当以公允价值计量,公允价值变动计入其他综合收益。

企业只有在同时符合下列条件时,才能确认其他权益工具投资的股利收入并记入当期损益:①企业收取股利的权利已经确立;②与股利相关的经济利益很可能流入企业;③股利的金额能够可靠地计量。

(三)其他权益工具投资的减值

企业应当在每个资产负债表日评估其他权益工具投资的信用风险,计量其损失准备、确认预期信用损失及其变动。有确凿证据表明该项其他权益工具投资已发生减值的,应当比照债权投资减值,将该项其他权益工具投资按原实际利率折现的、根据合同应收的所有合同现金流量现值与预期收取的所有现金流量现值之间的差额,确认为信用减值损失,计提减值准备,借记"信用减值损失"账户,贷记"其他综合收益——信用减值准备"账户。

需要注意的是:已确认减值损失的其他权益工具投资,以后会计期间公允价值已上升且与原确认减值损失的事项有关,原确认的减值损失应当予以转回,不得通过损益转回,也不能计入其他综合收益,而应转入留存收益。

(四)其他权益工具投资的处置

企业处置其他权益工具投资时,应将取得的价款与该项其他权益工具投资账面价值的差额,计入留存收益。

企业应设置"其他权益工具投资"账户,核算企业持有的其他权益工具投资的公允价值。企业还应按其他权益工具投资的类别和品种,分别设置"成本"和"公允价值变动"等明细账户进行明细核算。需要注意的是,取得其他权益工具投资支付的价款中包含的已宣告但尚未领取的现金股利,应单独确认为应收股利,通过"应收股利"账户核算。

【例5-4】 2019年4月5日,甲房地产公司(以下简称“甲公司”)以508万元购入乙公司股票100万股,占乙公司有表决权股份的10%。支付的价款中含已宣告但尚未领取的现金股利1万元,另支付交易费7.5万元。甲公司将其分类为其他权益工具投资。2019年6月1日,甲公司收到乙公司发放的现金股利。2019年6月30日,该股票市价为每股6元。2019年12月31日该股票市价为每股5元。2020年4月2日,乙公司宣告发放现金股利200万元。2020年4月28日,甲公司以每股5.5元将该股票全部转让,不考虑相关税费。

(1)2019年4月5日,购入股票:

借:其他权益工具投资——成本 5 145 000

应收股利 10 000

贷:银行存款 5 155 000

(2)2019年6月1日,收到现金股利:

借:银行存款 10 000

贷:应收股利 10 000

(3)2019年6月30日,确认公允价值变动:

借:其他权益工具投资——公允价值变动

(1 000 000×6-5 145 000) 855 000

贷:其他综合收益——其他权益工具公允价值变动 855 000

(4)2019年12月31日,确认公允价值变动:

借:其他综合收益——其他权益工具公允价值变动 1 000 000

贷:其他权益工具投资——公允价值变动

[1 000 000×(5-6)]1 000 000

(5)2020年4月2日,乙公司宣告分配现金股利:

借:应收股利 (2 000 000×10%)200 000

贷:投资收益 200 000

(6)2020年4月28日,转让股票:

借:银行存款 5 500 000

其他权益工具投资——公允价值变动 145 000

贷:其他权益工具投资——成本 5 145 000

其他综合收益——其他权益工具投资公允价值变动 145 000

应收股利 200 000

盈余公积 15 500

利润分配——未分配利润 139 500

第三节　长期股权投资

一、长期股权投资的含义和特征

长期股权投资是指投资方对被投资单位实施控制、重大影响的权益性投资，以及对其合营企业的权益性投资。也可以说，长期股权投资是指采用合并、合营、联营的方式取得的股权性质的投资。按照投资协议、合同等约定，股权投资一方面形成投资方的金融资产，另一方面形成被投资方的所有者权益，两者在原则上均属于金融工具。根据投资方在投资后对被投资方能够施加影响的程度，企业会计准则将股权投资区分为按照金融工具确认和计量准则进行会计处理和按照长期股权投资准则进行会计处理两种情况。长期股权投资较之交易性金融资产、其他权益工具投资等具有以下特征：

第一，多以对被投资企业实施控制、共同控制或重大影响为目的。按照对被投资企业的财务与经营政策等相关活动的影响程度，长期股权投资可以分为三种类型：

一是对被投资企业实施控制。控制是指投资方拥有对被投资方的权力，通过参与被投资方的相关活动而享有可变回报，并且有能力运用对被投资方的权力影响其回报金额。对被投资企业实施控制则有权决定被投资企业的财务与经营决策等相关活动。相关活动，是指对某项安排的回报产生重大影响的活动。某项安排的相关活动应当根据具体情况进行判断，通常包括商品或劳务的销售和购买、金融资产的管理、资产的购买和处置、研究与开发活动以及融资活动等。控制的途径主要有：①直接拥有、间接拥有或直接和间接合计拥有被投资企业50%以上（不含50%）的表决权；②以所有权和其他方式达到控制的目的，即以不足50%的表决权和合同、章程、协议等方式可以对被投资单位实施控制。投资方能够对被投资企业实施控制的，被投资企业为其子公司。

二是对合营企业实施共同控制。合营企业是指合营方仅对合营安排的净资产享有权利的合营安排。合营安排是指一项由两个或两个以上的参与方共同控制的安排。共同控制是指按照相关约定对某项安排所共有的控制，并且该安排的相关活动必须经过分享控制权的参与方一致同意后才能决策。合营安排分为共同经营和合营企业。通过单独主体达成的合营安排，通常应当划分为合营企业。共同经营是指合营方享有该安排相关资产且承担该安排相关负债的合营安排。未通过单独主体达成的合营安排，应当划分为共同经营。这里所说的单独主体是指具有单独可辨认的财务架构的主体,包括单独的法人主体和不具备法人主体资格但法律认可的主体。

三是对被投资企业实施重大影响。重大影响是指投资方对被投资单位的财务和经营政策等相关活动有参与决策的权力,但并不能够控制或者与其他方一起共同控制这些政策的制定。在确定能否对被投资单位施加重大影响时,应当考虑投资方和其他方持有的被投资单位当期可转换公司债券、当期可执行认股权证等潜在表决权因素。投资方能够对被投资单位施加重大影响的,被投资单位为其联营企业。下述对合营企业不享有共同控制的参与方,对合营企业具有重大影响的,也属于这种类型。施加重大影响的途径有:在被投资企业权力机构中派有代表、参与被投资企业财务和经营政策制定过程、向被投资企业派出管理人员、向被投资企业提供关键技术资料、与被投资企业之间发生重大交易、拥有被投资企业低于50%但高于20%的表决权资本且二者非合营企业。

对被投资企业既无控制、共同控制又无重大影响,并且在活跃市场中没有报价、公允价值不能可靠计量的权益性投资,以及对合营企业不具有重大影响的参与方对合营企业的投资,不能确认为长期股权投资,应当按照《企业会计准则第22号——金融工具确认和计量》的规定进行会计处理。

第二,持有期限较长,属于上述前三种类型的长期股权投资,企业出于持有意图,一般会长期持有。

二、长期股权投资的初始计量

长期股权投资取得时,应当按照初始投资成本入账。因取得方式不同,应分别按以下方法确定长期股权投资的初始投资成本。

(一)企业合并形成的长期股权投资

1.同一控制下企业合并形成的长期股权投资。同一控制下的企业合并,是指参与合并的企业在合并前后均受同一方或相同的多方最终控制且该控制并非暂时的。应按以下两种情况确定初始成本:

(1)合并方以支付现金、转让非现金资产或承担债务方式作为合并对价的,应当在合并日以取得被合并方所有者权益在最终控制方合并报表中的账面价值的份额作为长期股权投资的初始投资成本。长期股权投资的初始投资成本与支付的现金、转让的非现金资产及所承担债务账面价值之间的差额,应当调整资本公积(资本溢价或股本溢价);资本公积(资本溢价或股本溢价)的余额不足冲减的,调整留存收益。

(2)合并方以发行权益性证券作为合并对价的,应当在合并日按照被合并方所有者权益在最终控制方合并报表中的账面价值的份额作为长期股权投资初始投资成本。应按发行股份的面值总额作为股本,长期股权投资的初始投资成本与所发行股份面值总额之间的差额,应当调整资本公积(资本溢价或股本溢价);资本公积(资本溢价或股本溢价)不足冲减的,调整留存收益。

同一控制下的企业合并中,合并方发生的审计、法律服务、评估咨询等中介费用(即为进行企业合并发生的各项直接相关费用)以及其他相关管理费用,应当于发生时计入当期损益。

【例5-5】 2019年1月1日,甲房地产公司(以下简称"甲公司")向同一集团下的乙公司的原股东增发600万股普通股,取得乙公司100%的股权。每股面值为1元,市价为8元,并于当日起能够对乙公司实施控制。合并后乙公司成为甲公司的全资子公司。合并日,乙公司所有者权益在最终控制方合并报表中的账面价值为3 000万元。则:

借:长期股权投资	30 000 000
贷:股本	6 000 000
资本公积——股本溢价	24 000 000

本例中,如果甲房地产公司以银行存款4 000万元取得乙公司100%股权,甲公司资本公积800万元,盈余公积1 000万元。则:

借:长期股权投资	30 000 000
资本公积	8 000 000
盈余公积	2 000 000
贷:银行存款	40 000 000

企业通过多次交易分步取得同一控制下被投资单位的股权,最终形成企业合并的,应当判断多次交易是否属于一揽子交易。属于一揽子交易的,合并方应当将各项交易作为一项取得控制权的交易进行会计处理。不属于一揽子交易的,取得控制权日,应按照以下步骤进行会计处理:

第一,在合并日,根据合并后应享有被合并方净资产在最终控制方合并财务报表中的账面价值的份额,确定长期股权投资的初始投资成本。

第二,合并日长期股权投资的初始投资成本,与达到合并前的长期股权投资账面价值加上合并日进一步取得股份新支付对价的账面价值之和的差额,调整资本公积(资本溢价或股本溢价),资本公积不足冲减的,冲减留存收益。

第三,合并日之前持有的股权投资,因采用权益法核算或金融工具确认和计量准则核算而确认的其他综合收益,暂不进行会计处理,直至处置该项投资时采用与被投资单位直接处置相关资产或负债相同的基础进行会计处理;因采用权益法核算而确认的被投资单位净资产中除净损益、其他综合收益和利润分配以外的所有者权益其他变动,暂不进行会计处理,直至处置该项投资时转入当期损益。处置后的剩余股权采用成本法或权益法核算的,其他综合收益和其他所有者权益应按比例结转,处置后的剩余股权改按金融工具确认和计量准则进行会计处理的,其他综合收益和其他所有者权益应全部结转。

【例5-6】 2018年1月1日,丁房地产公司(以下简称"丁公司")取得同一控制下的A公司30%的股份,能够对A公司施加重大影响,实际支付款项900万元。相关手续于当日办理完毕。当日,A公司可辨认净资产账面价值及公允价值均为2 200万元。2018年度和2019年度,A公司实现净利润合计为100万元,无其他所有者权益变动。2020年1月1日,丁公司定向增发150万股普通股,每股面值为1元,每股公允价值为4.5元,购买同一控制下戊公司所持有的A公司30%股权,至此,丁公司能够对A公司实施控制。相关手续于当日完成。进一步取得投资后,当日,A公司在最终控制方合并财务报表中的净资产的账面价值为2 300万元。假设丁公司和A公司采用的会计政策和会计期间相同,均按照10%的比例提取盈余公积。丁公司和A公司一直同受同一最终控制方控制。上述交易不属于一揽子交易。不考虑相关税费等其他因素影响。

合并日丁公司享有A公司70%股权的初始投资成本=2 300×70%=1 610(万元)

合并日所支付对价的账面价值=900+100×30%+150×1=1 080(万元)

长期股权投资初始投资成本与合并对价账面价值之间的差额=1 610-1 080=530(万元)

借:长期股权投资——投资成本	16 100 000	
贷:长期股权投资——投资成本		9 000 000
——损益调整		300 000
股本		1 500 000
资本公积(股本溢价)		5 300 000

2. 非同一控制下企业合并形成的长期股权投资。在非同一控制下的控股合并中,购买方应当以确定的企业合并成本作为长期股权投资的初始投资成本。企业合并成本包括购买方付出的资产、发生或承担的负债、发行的权益性证券的公允价值。

购买方以支付非货币性资产为对价的,有关非货币性资产公允价值与其账面价值的差额,应作为资产处置损益。以固定资产、无形资产为对价的,其处置损益计入营业外收支;以开发产品为对价的,应分别确认主营业务收入和主营业务成本。

购买方发生的审计、法律服务、评估咨询等中介费用(即为进行企业合并发生的各项直接相关费用)以及其他相关管理费用,应当于发生时计入当期损益。

购买方作为合并对价发行的权益性证券或债务性证券的交易费用,应计入权益性证券或债务性证券的初始确认金额,不得计入长期股权投资初始投资成本。

【例5-7】 2019年6月30日,乙房地产公司(以下简称"乙公司")取得丙公司60%的股权,并对丙公司实施控制,合并前乙公司与丙公司不存在任何关联方关系。合并过程中,乙公司用银行存款支付资产评估费用等交易费用20万元,支付的有关资产在购买日的账面价值与公允价值如下:①固定资产原值为500万元,已提折旧100万元,公允价值为640万元;②专利权原价为400万元,累计摊销额为80万元,公允价值为360万元。则:

(1)借:管理费用	200 000	
贷:银行存款		200 000
(2)借:固定资产清理	4 000 000	
累计折旧	1 000 000	
贷:固定资产		5 000 000
(3)借:长期股权投资	10 000 000	
累计摊销	800 000	
贷:固定资产清理		6 400 000
无形资产		4 000 000
资产处置损益		400 000
(4)借:固定资产清理	2 400 000	
贷:资产处置损益		2 400 000

企业通过多次交易分步实现非同一控制下企业合并的,在编制个别财务报表时,应当以原持有的股权投资的账面价值加上新增投资成本之和,作为改按成本法核算的初始投资成本。

购买日之前持有的股权采用权益法核算的,相关其他综合收益应当在处置该项投资时采用与被投资单位直接处置相关资产或负债相同的基础进行会计处理,因被投资方除净损益、其他综合收益和利润分配以外的其他所有者权益变动而确认的所有者权益,应当在处置该项投资时相应转入处置期间的当期损益。其中,处置后的剩余股权根据本准则采用成本法或权益法核算的,其他综合收益和其他所有者权益应按比例结转,处置后的剩余股权改按金融工具确认和计量准则进行会计处理的,其他综合收益和其他所有者权益应全部结转。购买日之前持有的股权投资，采用金融工具确认和计量准则进行会计处理的，应当将按照该准则确定的股权投资的公允价值加上新增投资成本之和，作为改按成本法核算的初始投资成本，原持有股权的公允价值与账面价值之间的差额以及原计入其他综合收益的累计公允价值变动应当全部转入改按成本法核算的当期投资收益。施行2017年发布的新金融工具准则后，其他综合收益不再转入当期投资收益，下同。

【例5-8】 2018年1月1日，乙房地产公司(以下简称“乙公司”)以现金300万元从非关联方处取得B公司20%股权，并能够对其施加重大影响。当日，B公司可辨认净资产公允价值为1 400元。2020年7月1日，乙公司支付现金800万元从另一非关联方处取得B公司40%股权，从而取得对B公司的控制权。购买日，乙公司原持有的对B公司的20%股权的公允价值为400万元，账面价值为350万元，乙公司确认与B公司权益法核算相关的累计损益调整为25万元、其他综合收益为15万元、其他所有者权益变动为10万元；B公司可辨认净资产公允价值为1 800万元。假设乙公司购买B公司20%股权和后续购买40%股权的交易不构成一揽子交易。以上交易的相关手续均于当日完成。不考虑相关税费等其他因素影响。

购买日前乙公司原持有B公司股权的账面价值 = 300 + 25 + 15 + 10 = 350(万元)

购买日对子公司按成本法核算的初始投资成本 = 350 + 800 = 1 150(万元)

购买日前A公司原持有股权相关的其他综合收益15万元以及其他所有者权益变动10万元在购买日均不进行会计处理。

借：长期股权投资——投资成本	11 500 000
贷：长期股权投资——投资成本	3 000 000
——损益调整	250 000
——其他综合收益	150 000
——其他权益变动	100 000
银行存款	8 000 000

(二)企业合并以外其他方式取得的长期股权投资

1. 以支付现金取得的长期股权投资，应当以实际支付的购买价款作为初始投资成本。初始投资成本包括与取得长期股权投资直接相关费用、税金及其他必要支出，但不包括支付价款中包含的被投资企业已经宣告而尚未发放的现金股利。

2. 以发行权益性证券方式取得的长期股权投资，应当以发行权益性证券的公允价值作为初始投资成本。为发行权益性证券支付给有关证券承销机构等的手续费、佣金等与权益性证券发行直接相关的费用，不构成取得长期股权投资的成本。该部分费用应从权益性证券的溢价发行收入中扣除，权益性证券的溢价收入不足冲减的，应冲减盈余公积和未分配利润。

【例5-9】 2019年3月1日，丙房地产公司（以下简称“丙公司”）通过增发600万股普通股取得丁公司20%的股权，能够对丁公司的财务与经营决策施加重大影响。股票每股面值1元，按照增发前后的平均股价计算，该600万股股份的公允价值为1 100万元。丙公司在增发股份的过程中，还支付了40万元的佣金和手续费。则：

借：长期股权投资	11 000 000	
贷：股本		6 000 000
资本公积——股本溢价		5 000 000

发行权益性证券过程中支付的佣金和手续费，应冲减权益性证券的溢价发行收入：

借：资本公积——股本溢价	400 000	
贷：银行存款		400 000

3. 投资者投入的长期股权投资，应当以投资合同或协议约定的价值作为初始投资成本，但合同或协议约定的价值不公允的除外。

投资者投入的长期股权投资，是指投资者以其持有的对第三方的投资作为出资投入企业。

【例5-10】 丁房地产公司（以下简称“丁公司”）设立时，其主要出资方甲公司以其持有的对乙公司的长期股权投资作为出资投入丁公司。投资合同中约定该项长期股权投资的价值为2 000万元。丁公司注册资本为8 000万元。甲公司出资占丁公司注册资本的20%，对被投资企业有重大影响。则：

借：长期股权投资	20 000 000	
贷：实收资本		16 000 000
资本公积——资本溢价		4 000 000

4. 以债务重组、非货币性资产交换等方式取得的长期股权投资，其初始投资成本的确定请参见第四章“存货”中以债务重组方式受让存货和以非货币性交易换入存货的会计处理。

三、长期股权投资的后续计量

长期股权投资的后续计量，涉及持有期间长期股权投资账面价值的调整和投资收益的确定。长期股权投资后续计量，按其对被投资企业的影响程度以及公允价值是否能够可靠取得，分别采用成本法和权益法两种核算方法。

（一）成本法

1. 成本法的特点。成本法与权益法相比较，有以下特点：

（1）采用成本法核算的长期股权投资，应当按照初始投资成本计价。追加或收回投资应当调整长期股权投资的成本。在成本法下，“长期股权投资”账户只需按被投资企业的名称设置明细账，核算初始投资成本、追加投资成本和收回投资成本，该账户的账面价值不随被投资企业所有者权益的变动而调整。

（2）只有在被投资企业宣告分派现金股利或利润时，才能按照享有的份额确认当期投资收益。

2. 成本法的适用范围。投资方能够对被投资单位实施控制的长期股权投资，即对子公司的长期股权投资，应当采用成本法核算。

可见，对被投资单位不具有控制、共同控制或重大影响，且在活跃市场中没有报价、公允价值不能可靠计量的股权投资，适用《企业会计准则第 22 号——金融工具确认和计量》，不再采用成本法核算。

【例 5－11】 2019 年 1 月 1 日，某房地产企业用银行存款 500 万元购入乙公司 60% 的股权，拟长期持有并对乙公司实施控制。2019 年 7 月 30 日，乙公司宣告分配利润为 125 万元。2019 年 1 月 1 日乙公司未分配利润 150 万元，2019 年上半年乙公司实现的净利润为 100 万元。则：

（1）2019 年 1 月 1 日：

借：长期股权投资——乙公司　　5 000 000

　贷：银行存款　　5 000 000

（2）2019 年 7 月 30 日：

$$应享有的投资收益 = 125 \times 60\% = 75（万元）$$

借：应收股利　　750 000

　贷：投资收益　　750 000

（二）权益法

1. 权益法的特点。权益法有以下特点：

（1）初始投资或追加投资时，按照初始投资成本或追加投资的投资成本，增加长期股权投资的账面价值。

（2）比较初始投资成本与投资时应享有被投资单位可辨认净资产公允价值的份额，长期股权投资初始投资成本小于投资时应享有被投资单位可辨认净资产公允价值份额的，应对长期股权投资的账面价值进行调整，将其差额计入当期损益；长期股权投资的初始投资成本大于投资时应享有被投资单位可辨认净资产公允价值份额的，不调整长期股权投资的初始投资成本。

(3)持有投资期间，随着被投资单位所有者权益的变动相应调整增加或减少长期股权投资的账面价值，并分别按不同情况处理：对属于因被投资单位实现净损益产生的所有者权益的变动，投资企业应当按照应享有的份额，增加或减少长期股权投资的账面价值，同时确认为当期投资损益；对被投资单位除净损益以外其他综合收益导致的所有者权益变动，投资企业应当按照应享有或应分担的份额，增加或减少长期股权投资的账面价值，同时增加或减少其他综合收益。

(4)被投资单位宣告分派现金股利或利润时，投资企业应当按照应分享的部分，相应减少长期股权投资的账面价值。

(5)投资企业对于被投资单位除净损益、其他综合收益和利润分配以外所有者权益的其他变动，应当调整长期股权投资的账面价值并计入所有者权益。

(6)在权益法下，"长期股权投资"账户应在按被投资企业名称设置的明细账下，再分别设置"投资成本""损益调整""其他综合收益""其他权益变动"四个明细账。"投资成本"明细账核算初始投资成本、追加投资成本和调整的初始成本；"损益调整"明细账核算因被投资企业实现净损益，投资企业按持股比例计算的应享有或承担的份额；"其他综合收益"明细账核算因被投资企业其他综合收益变动，投资企业按持股比例计算的应享有或承担的份额；"其他权益变动"明细账核算被投资企业除净利润、其他综合收益和利润分配以外的其他所有者权益变动，投资企业按持股比例计算的应享有的份额。可见，在权益法下，"长期股权投资"账户的账面价值要随着被投资企业所有者权益的变动而调整。

2. 权益法的适用范围。以下两类长期股权投资应当采用权益法核算：①对合营企业投资；②对联营企业投资。投资企业对被投资企业能够实施共同控制或者能够施加重大影响的长期股权投资，应当采用权益法核算。

投资方对联营企业的权益性投资，其中一部分通过风险投资机构、共同基金、信托公司或包括投连险基金在内的类似主体间接持有的，无论以上主体是否对这部分投资具有重大影响，投资方都可以按照《企业会计准则第 22 号——金融工具确认和计量》的有关规定，对间接持有的该部分投资选择以公允价值计量且其变动计入损益，并对其余部分采用权益法核算。

3. 初始投资成本的调整。投资企业取得投资以后，对于取得投资时初始投资成本与应享有被投资单位可辨认净资产公允价值份额之间的差额，应区别情况处理：①初始投资成本大于取得投资时应享有被投资单位可辨认净资产公允价值份额的，不对长期股权投资的成本进行调整；②初始投资成本小于取得投资时应享有被投资单位可辨认净资产公允价值份额的，计入取得投资当期的营业外收入，同时调整增加长期股权投资的账面价值。

【例5-12】 2019年1月，甲房地产公司支付价款300万元，取得乙公司30%的股权，能够对乙公司施加重大影响，取得投资时被投资单位净资产账面价值为750万元，公允价值为：①800万元；②1 200万元。则：

(1)长期股权投资的初始投资成本300万元大于取得投资时应享有被投资单位可辨认净资产公允价值的份额240万元(800×30%)，该差额不调整长期股权投资账面价值。

借：长期股权投资——乙公司(投资成本)　　3 000 000

　贷：银行存款　　3 000 000

(2)长期股权投资的初始投资成本300万元小于取得投资时应享有被投资单位可辨认净资产公允价值的份额360万元(1 200×30%)，则初始投资成本与应享有被投资单位可辨认净资产公允价值份额之间的差额60万元应计入取得投资当期的营业外收入，同时调增长期股权投资账面价值。

借：长期股权投资——乙公司(投资成本)　　3 600 000

　贷：银行存款　　3 000 000

　　营业外收入　　600 000

4.投资损益的确认。投资后，投资企业应当按照应享有或分担的被投资单位实现的净利润或发生的净亏损的份额(法律或章程规定不属于投资企业的净损益除外)，调整长期股权投资的账面价值，并确认为当期投资损益。在确认应享有或分担的被投资单位的净利润或净亏损时，在被投资单位账面净损益的基础上，还应考虑以下因素进行调整：

(1)被投资单位采用的会计政策及会计期间与投资企业不一致的，应按投资企业的会计政策及会计期间对被投资单位的财务报表进行调整，在此基础上确定被投资单位的损益。

(2)应当以取得投资时被投资单位可辨认净资产的公允价值为基础，对被投资单位的净利润进行调整后确认，即以取得投资时被投资单位固定资产、无形资产的公允价值为基础计提折旧额或摊销额以及有关资产减值准备等，对被投资单位净利润进行调整。

被投资单位个别利润表中的净利润是以其持有的资产、负债账面价值为基础持续计算的，而投资企业在取得投资时，是以被投资单位有关资产、负债的公允价值为基础确定投资成本的，因此，投资企业取得投资时被投资单位有关资产、负债的公允价值与其账面价值不同的，未来期间，在计算归属于投资企业应享有的净利润或应承担的净亏损时，应对被投资单位计提的折旧额、摊销额以及资产减值准备金额等进行调整。

【例5－13】 甲房地产公司(以下简称“甲公司”)于2019年1月5日购入丙公司30%的有表决权股份，能够对丙公司施加重大影响，购买价款为1 100万元。取得投资当日，丙公司可辨认净资产公允价值为3 000万元。丙公司存货账面价值为250万元，公允价值为450万元，2019年有90%对外出售；丙公司固定资产账面价值为600万元，公允价值为800万元，丙公司预计使用年限为10年，甲公司投资后剩余使用年限为8年，预计净残值均为0，采用直线法计提折旧。丙公司其他资产、负债的公允价值与其账面价值相同。2019年丙公司实现净利润920万元，假定甲、乙公司间未发生任何内部交易。

甲公司在确定其应享有的投资收益时，应根据取得投资时丙公司有关资产的账面价值与其公允价值差额的影响，对丙公司实现的净利润进行调整(假定不考虑所得税影响)。

存货账面价值与公允价值的差额应调减的利润＝(450－250)×90%＝180(万元)

固定资产公允价值与账面价值差额应调增的折旧额＝800÷8－600÷10＝40(万元)

调整后的净利润＝920－180－40＝700(万元)

甲公司应确认的投资收益＝700×30%＝210(万元)

借：长期股权投资——丙公司(损益调整)　　2 100 000

　贷：投资收益　　2 100 000

(3)对于投资企业与其联营企业及合营企业之间发生的未实现内部交易损益，应当予以抵销，即投资企业与联营企业及合营企业之间发生的未实现内部交易损益，按照应享有比例计算归属于投资企业的部分，应当予以抵销，在此基础上确认投资损益。投资企业与被投资单位发生的未实现内部交易损失，按照《企业会计准则第8号——资产减值》等规定属于资产减值损失的，应当全额确认。

应当注意的是，该未实现内部交易损益的抵销包括顺流交易和逆流交易。其中，顺流交易是指投资企业向其联营企业或合营企业出售资产，逆流交易是指联营企业或合营企业向投资企业出售资产。当该未实现内部交易损益体现在投资企业或其联营企业、合营企业持有的资产账面价值中时，相关的损益在计算确认投资损益时应予抵销。

a. 顺流交易。在顺流交易存在未实现内部交易损益的情况下，投资企业在采用权益法计算确认应享有联营企业或合营企业的投资损益时，应抵销该未实现内部交易损益的影响，同时调整对联营企业或合营企业长期股权投资的账面价值。这也就是说，在顺流交易中，投资方投出资产或出售资产给其联营企业或合营企业产生的损益中，按照持股比例计算确定归属于本企业的部分不予确认。

【例 5－14】 甲房地产公司（以下简称“甲公司”）持有乙公司有表决权股份的 30%，能够对乙公司施加重大影响。2019 年 10 月，甲公司将其账面价值为 400 万元的商品以 700 万元的价格出售给乙公司。至 2019 年 12 月 31 日还未将该批商品对外部第三方销售。假定甲企业取得该项投资时，乙公司各项可辨认资产、负债的公允价值与其账面价值相同，两者在以前期间未发生过内部交易。乙公司 2019 年实现净利润为 800 万元。假定不考虑所得税影响。

甲公司应确认的投资收益＝［800－（700－400）］×30% ＝150（万元）

借：长期股权投资——乙公司（损益调整） 1 500 000

　贷：投资收益 1 500 000

甲公司如存在子公司需要编制合并财务报表，在合并财务报表中对该未实现内部交易损益应在个别报表已确认投资收益的基础上进行以下调整：

借：营业收入 （7 000 000×30%）2 100 000

　贷：营业成本 （4 000 000×30%）1 200 000

　　投资收益 900 000

b. 逆流交易。在逆流交易存在未实现内部交易损益的情况下，投资企业在采用权益法计算确认应享有联营企业或合营企业的投资损益时，应抵销该未实现内部交易损益的影响。因逆流交易产生的未实现内部交易损益，在未对外部独立第三方出售之前，体现在投资企业持有资产的账面价值当中。投资企业应对包含未实现内部交易损益的资产账面价值进行调整，抵销有关资产账面价值中包含的未实现内部交易损益，并相应调整对联营企业或合营企业的长期股权投资。

【例 5－15】 甲房地产公司（以下简称“甲公司”）持有乙公司 30% 有表决权的股份，能够对乙公司施加重大影响。假定甲公司取得该项投资时，乙公司各项可辨认资产、负债的公允价值与其账面价值相同。2019 年 10 月，乙公司将其成本为 300 万元的商品以 500 万元的价格出售给甲公司，甲公司将取得的商品作为存货。至 2019 年 12 月 31 日，甲公司未对外出售该项存货。乙公司 2019 年实现净利润为 1 000 万元。假定不考虑所得税因素影响。

甲公司应确认的投资收益＝［1 000－（500－300）］×30% ＝240（万元）

借：长期股权投资——乙公司（损益调整） 2 400 000

　贷：投资收益 2 400 000

进行上述处理后，投资企业如有子公司，需要编制合并财务报表的，在其 2019 年合并财务报表中，因该未实现内部交易体现在投资企业持有存货的账面

价值当中,应在合并财务报表中进行以下调整:

借:长期股权投资　　　　(2 000 000 × 30%)600 000

　贷:存货　　　　600 000

c. 合营方向合营企业投出非货币性资产产生损益的处理。合营方向合营企业投出或出售非货币性资产的相关损益,应当按照以下原则处理:

符合下列情况之一的,合营方不应确认该类交易的损益:与投出非货币性资产所有权有关的重大风险和报酬没有转移给合营企业;投出非货币性资产的损益无法可靠计量;投出非货币性资产交易不具有商业实质。

合营方转移了与投出非货币性资产所有权有关的重大风险和报酬并且投出资产留给合营企业使用,应在该项交易中确认归属于合营企业其他合营方的利得和损失。交易表明投出或出售的非货币性资产发生减值损失的,合营方应当全额确认该部分损失。

在投出非货币性资产的过程中,合营方除了取得合营企业长期股权投资外,还取得了其他货币性资产或非货币性资产,应当确认该项交易中与所取得其他货币性、非货币性资产相关的损益。

【例 5 – 16】　甲公司与乙公司和丙公司共同投资设立合营企业丁公司,甲公司以固定资产出资,持有丁公司 40% 的注册资本,该固定资产原值为 2 000 万元,累计折旧为 800 万元,公允价值为 1 800 万元,未计提减值准备。假定甲公司需要编制合并财务报表。

甲公司向合营企业丁公司投出固定资产产生的利得 = 1 800 – (2 000 – 800) = 600(万元)

借:固定资产清理　　　　12 000 000

　累计折旧　　　　8 000 000

　贷:固定资产清理　　　　20 000 000

借:长期股权投资——丁公司(成本)　　　　18 000 000

　贷:固定资产清理　　　　18 000 000

借:固定资产清理　　　　6 000 000

　贷:资产处理损益　　　　6 000 000

甲公司在合并财务报表中需要抵销该项投资产生的利得归属于甲公司的部分 240 万元(600 × 40%),编制以下抵销分录:

借:资产处理损益　　　　2 400 000

　贷:长期股权投资　　　　2 400 000

5. 超额亏损的确认。投资企业按持股比例确认分担被投资单位发生的净亏损,应当冲减长期股权投资的账面价值,但是,原则上应以长期股权投资账面价值及其他实质上构成对被投资单位净投资的长期权益减记至零为限。“其他实质上构成对被投资单位净投资的长期权益”通常是指长期应收项目,比如,企业对被投资单位的长期债权,该债权没有明确的清收计划,且在可预见的未来期间不准备收回,则实质上构成对被投资单位的净投资。

投资企业在确认应分担被投资单位发生的净亏损时,在长期股权投资的账面价值减记至零的情况下,如果仍有未确认的投资损失,应以其他长期权益的账面价值为基础继续确认。当长期股权投资账面价值及其他实质上构成对被投资单位净投资的长期权益减记至零以后,因投资合同或协议约定导致投资企业需要承担额外义务的,应当按照或有事项准则的规定,对于符合确认条件的义务,应确认为当期损失,同时确认预计负债。长期股权投资账面价值是指长期股权投资账面余额减去已计提的减值准备后的金额。

在确认了有关的投资损失以后,被投资单位于以后期间实现净利润的,投资方在其收益分享额弥补未确认的亏损分担额后,应按以上相反顺序分别减记已确认的预计负债,恢复其他长期权益及长期股权投资的账面价值,同时确认投资收益,即应当按顺序分别借记“预计负债”“长期应收款”“长期股权投资”科目,贷记“投资收益”科目。

6. 取得现金股利或利润。按照权益法核算的长期股权投资,投资企业自被投资单位取得的现金股利或利润,在被投资单位宣告分派现金股利或利润时,借记“应收股利”账户,贷记“长期股权投资(损益调整)” 账户。

【例 5 - 17】 2017 年 4 月 1 日,某房地产企业用银行存款 80 万元取得甲公司 30% 的股权,对甲公司施加重大影响,已办妥股权转让手续,股权购买日甲公司所有者权益账面价值为 220 万元,公允价值为 290 万元。净资产公允价值与账面价值的差额为 70 万元(见表 5 - 2),固定资产采用直线法计提折旧。甲公司 2017 年实现净利润 100 万元,其中,1 月至 3 月实现净利润 30 万元。2018 年 1 月 1 日,该房地产企业又以商品房换入甲公司 10% 的股权,商品房的成本为 21.5 万元,公允价值为 31.5 万元,支付相关税费 1.5 万元,仍对甲公司施加重大影响;5 月 1 日,甲公司股东大会通过并实施利润分配方案,分配现金股利 40 万元,提取法定盈余公积和任意盈余公积 15 万元。2018 年甲公司实现净利润 50 万元。2019 年 6 月 1 日,甲公司股东大会通过并实施利润分配方案,分配现金股利 20 万元,提取法定盈余公积和任意盈余公积 8 万元。2019 年甲公司发生亏损 400 万元。2020 年甲公司实现净利润 200 万元。该房地产企业不具有实质上构成对被投资单位净投资的长期权益,投资合同没有约定投资企业需要承担额外损失弥补义务。该企业和甲公司采用相同的会计政策和会计期间,彼此之间无内部交易。收回现金股利的会计分录略。

表 5－2 单位:万元

资产	账面原价	预计使用年限	每年计提折旧或摊销	公允价值	应计提折旧或摊销	每年调整金额
存货	50	2017 年出售 80%,其余 2018 年出售		70		(2017 年)16 (2018 年)4
固定资产	190	10 年(已用 2 年)	19	240	24	(2017 年)3.75 (2018 年后)5
合计	240		19	310	24	(2017 年)19.75 (2018 年)9 (2019 年后)5

(1)2017 年 4 月 1 日:

借:长期股权投资——甲公司(投资成本) 870 000

贷:银行存款 800 000

营业外收入 70 000

(2)2017 年 12 月 31 日:

调整后的投资后甲公司实现净利润＝100－30－19.75＝50.25(万元)

享有的投资收益＝50.25×30%＝15.075(万元)

借:长期股权投资——甲公司(损益调整) 150 750

贷:投资收益 150 750

(3)2018 年 1 月 1 日:

追加投资调整后成本＝(290＋50.25)×10%＝34.025(万元)

营业外收入＝(290＋50.25)×10%－(31.5＋1.5)＝1.025(万元)

借:长期股权投资——甲公司(投资成本) 340 250

贷:主营业务收入 315 000

银行存款 15 000

营业外收入 10 250

借:主营业务成本 215 000

贷:开发产品 215 000

(4)2018 年 5 月 1 日:

借:应收股利 (400 000×40%) 160 000

贷:长期股权投资——甲公司(损益调整) 160 000

(5)2018 年 12 月 31 日:

调整后的净利润＝50－9＝41(万元)

享有的投资收益 = 41 × 40% = 16.4(万元)

借:长期股权投资——甲公司(损益调整)　　164 000

　贷:投资收益　　164 000

2018 年 12 月 31 日长期股权投资账面价值 = (87 + 15.075 + 34.025 - 16 + 16.4) = 136.5(万元)

(6)2019 年 6 月 1 日:

借:应收股利　　80 000

　贷:长期股权投资——甲公司(损益调整)　　80 000

分配现金股利后长期股权投资账面价值 = 136.5 - 8 = 128.5(万元)

(7)2019 年 12 月 31 日:

调整后的净亏损 = 400 + 5 = 405(万元)

未确认的亏损分担额 = 405 × 40% - 128.5 = 33.5(万元)

借:投资收益　　1 285 000

　贷:长期股权投资——甲公司(损益调整)　　1 285 000

(8)2020 年 12 月 31 日:

调整后的净利润 = 200 - 5 = 195(万元)

可确认的投资收益 = 195 × 40% - 33.5 = 44.5(万元)

借:长期股权投资——甲公司(损益调整)　　445 000

　贷:投资收益　　445 000

本例中,如果 2019 年投资企业具有其他实质上构成对被投资单位净投资的长期权益,即长期应收款为 8 万元,因投资合同或协议约定导致投资企业需要承担额外义务、符合确认预计负债条件金额 20 万元,则上述会计分录(7)、(8)应为:

(7)2019 年 12 月 31 日:

调整后的净亏损 = 400 + 5 = 405(万元)

未确认的亏损分担额 = 405 × 40% - 128.5 - 8 - 20 = 5.5(万元)

确认的投资损失 = 405 × 40% - 5.5 = 156.5(万元)

借:投资收益　　1 565 000

　贷:长期股权投资——甲公司(损益调整)　　1 285 000

　　长期应收款——甲公司　　80 000

　　预计负债　　200 000

(8)2020 年 12 月 31 日:

调整后的净利润 = 200 - 5 = 195(万元)

可确认的投资收益 = 195 × 40% - 5.5 = 72.5(万元)

借:长期股权投资——甲公司(损益调整)　　445 000

长期应收款——甲公司　　80 000
预计负债　　200 000
贷:投资收益　　725 000

需要注意的是,不论用权益法还是用成本法核算长期股权投资,投资企业收到的被投资企业发放的股票股利,不能作为投资收益加以确认,只在备查簿中登记所增加的股数。这是因为:①投资企业既没有收到资产,也没有增加所有者权益,仅是股数的增加,每股投资成本降低,每股享有的被投资企业所有者权益份额的减少;②股票股利属于未实现的、潜在的损益;③被投资企业分配股票股利是将未分配利润转为股本,既没有减少资产,也没有减少所有者权益,只是每股净资产降低,股份的稀释。

7. 被投资单位除净损益以外所有者权益的其他变动。采用权益法核算时,投资企业对于被投资单位除净损益以外所有者权益的其他变动,应当按照应享有或分担的其他综合收益份额相应调整长期股权投资的账面价值:①对于被投资单位除净损益以外其他综合收益导致的所有者权益变动,投资企业应当按照应享有或应分担的份额,增加或减少长期股权投资(其他综合收益),同时增加或减少其他综合收益;②对于被投资单位除净损益、其他综合收益和利润分配以外所有者权益的其他变动,投资企业应当按照应享有或应分担的份额,增加或减少长期股权投资(其他权益变动),同时增加或减少资本公积(其他资本公积)。

【例5-18】　甲房地产公司持有乙公司30%的股份,能够对乙公司施加重大影响。当期乙公司因持有的其他债权投资公允价值变动而计入其他综合收益的金额为60万元,乙公司当期实现的净损益为2 000万元。则:

借:长期股权投资——乙公司(损益调整)　　6 000 000
　　　　　　　　——乙公司(其他综合收益)　　180 000
贷:投资收益　　6 000 000
其他综合收益　　180 000

本例中,如果乙公司当期接受股东捐赠60万元,则:

借:长期股权投资——乙公司(损益调整)　　6 000 000
　　　　　　　　——乙公司(其他权益变动)　　180 000
贷:投资收益　　6 000 000
资本公积——其他资本公积　　180 000

四、长期股权投资的减值

企业应定期或至少于年末对长期股权投资的账面价值进行逐项检查,如果发现某项长期股权投资出现减值的迹象,就应将其未来可收回金额低于账面价值的差额,确认为长期股权投资减值损失,计提长期股权投资减值准备。

对子公司、联营企业、合营企业的投资,应按照长期股权投资的公允价值减去处置费用的净额与资产预计未来现金流量的现值两者之间的较高者确定可收回金额。长期股权投资减值损失一经确认,以后会计期间不得转回。

【例 5-19】 2019 年 12 月 31 日,某房地产企业对乙公司长期股权投资账面价值为 904 万元,年末因乙公司当年发生严重亏损,预计该项投资可收回金额为 600 万元。则:

$$\begin{array}{c}2019\text{ 年 }12\text{ 月 }31\text{ 日计提的}\\ \text{长期投资减值准备}\end{array}=904-600=304(\text{万元})$$

借:资产减值损失　　3 040 000

　贷:长期投资减值准备　　3 040 000

五、权益性投资会计处理方法的转换

(一)公允价值计量与权益法的转换

1. 公允价值计量转为权益法。投资方初始权益性投资对被投资方无控制、共同控制和重大影响的,应当确认为交易性金融资产、其他权益工具投资等金融资产,并按照《企业会计准则第 22 号——金融工具确认和计量》的规定进行会计处理。投资方因追加投资等原因能够对被投资单位施加重大影响或实施共同控制但不构成控制的,应当确认为长期股权投资,并采用权益法核算,以追加投资前确定的原持有的股权投资的公允价值加上新增投资成本(即取得新增投资支付对价的公允价值)之和,作为改按权益法核算的该项长期股权投资的初始投资成本。原持有的股权投资分类为其他权益工具投资的,其公允价值与其账面价值之间的差额以及原计入其他综合收益的累计公允价值变动,应当转入改按长期股权投资核算的当期损益。然后,比较上述计算所得的初始投资成本与按照追加投资后全新的持股比例计算确定的应享有被投资单位在追加投资日可辨认净资产公允价值份额之间的大小,前者大于后者的,不调整长期股权投资的账面价值;前者小于后者的,差额应调整长期股权投资的账面价值,并计入当期营业外收入。

【例 5-20】 2019 年 1 月 1 日,甲房地产公司(以下简称"甲公司")用银行存款 275 万元购入乙公司 50 万股股票,取得乙公司 10% 的股权,另支付交易费等相关直接费 1 万元,该项投资对乙公司无控制、共同控制和重大影响,甲公司将其确认为其他权益工具投资。取得投资时乙公司可辨认净资产公允价值总额为 2 600 万元。2019 年 6 月 30 日,该股票市价为每股 5.8 元。2019 年 12 月 31 日该股票市价为每股6元。2020年3月10日，乙公司宣告发放现金股利100万元。2020年5月30日，甲公司又以每股5.9元购入乙公司50万股股票，取得乙公司10%的股权，另支付交易费等相关直接费1.2万元。追加投资时乙公司可辨认净资产公允价值总额为2 700万元。至此，甲公司累计持有乙公司20%的股权，能够对乙公司的财务与经营政策等相关活动施加重大影响。甲公司将该项权益性投资确认为长期股权投资。甲公司在取得对乙公司10%股权后至新增投资日，乙公司实现的净利润为200万元，其中，2020年1至5月实现净利润80万元。未发生其他计入资本公积的交易或事项。则：

(1)2019年1月1日，购入股票：

借：其他权益工具投资——成本　　2 760 000

　贷：银行存款　　2 760 000

(2)2019年6月30日，确认公允价值变动：

借：其他权益工具投资——公允价值变动　　140 000

　贷：其他综合收益　　(500 000 ×5.8 －2 760 000)140 000

(3)2019年12月31日，确认公允价值变动：

借：其他权益工具投资——公允价值变动　　100 000

　贷：其他综合收益　　[500 000 ×(6 －5.8)]100 000

(4)2020年3月10日，乙公司宣告分派现金股利：

借：应收股利　　(1 000 000 ×10%)100 000

　贷：投资收益　　100 000

(5)2020年5月30日，购入股票：

长期股权投资初始投资成本＝50×5.9＋50×5.9＋1.2＝591.2(万元)

计入当期损益的金额＝50×5.9－(276＋14＋10)＋(14＋10)＝19(万元)

借：长期股权投资——乙公司(投资成本)　　5 912 000

　其他综合收益　　240 000

　贷：其他权益工具投资——成本　　2 760 000

　　　　　　——公允价值变动　　240 000

　　投资收益　　190 000

　　银行存款　　2 962 000

(6)对长期股权投资初始投资成本的调整。长期股权投资初始投资成本与投资时应享有乙公司可辨认净资产公允价值份额的差额为51.2万元[591.2－(2 700×20%)]，属于商誉体现，不调整长期股权投资的账面价值。

2.权益法转为公允价值计量。投资方因处置部分股权投资等原因丧失了对被投资单位的共同控制或重大影响的，处置后的剩余股权应当改按《企业会计准则第22号——金融工具确认和计量》进行会计处理,其在丧失共同控制或重大影响之日的公允价值与其账面价值之间的差额计入当期损益。原股权投资因采用权益法核算而确认的其他综合收益,应当在终止采用权益法核算时采用与被投资单位直接处置相关资产或负债相同的基础进行会计处理。因被投资方除净损益、其他综合收益和利润分配以外的其他所有者权益变动而确认的所有者权益,应当在终止采用权益法核算时全部转入当期损益。

【例5-21】 甲房地产公司(以下简称"甲公司")持有乙公司40%的股权,对乙公司施加重大影响。2019年12月,甲公司出售其持有的乙公司股权的80%,价款768万元,出售股权后甲公司丧失对乙公司的重大影响,转为按公允价值计量,甲公司确认为其他权益工具投资。出售股权时长期股权投资的账面价值为800万元,其中:投资成本600万元,损益调整150万元,其他权益变动50万元。

(1)确认长期股权投资处置损益:

借:银行存款	7 680 000	
贷:长期股权投资——乙公司(投资成本)		4 800 000
——乙公司(损益调整)		1 200 000
——乙公司(其他权益变动)		400 000
投资收益		1 280 000

(2)将剩余股权按公允价值结转:

借:其他权益工具投资——成本	1 920 000	
贷:长期股权投资——乙公司(投资成本)		1 200 000
——乙公司(损益调整)		300 000
——乙公司(其他权益变动)		100 000
投资收益		320 000

(3)将原计入的资本公积的其他权益变动转入当期损益:

借:资本公积——其他资本公积	500 000	
贷:投资收益		500 000

(二)公允价值计量与成本法的转换

1. 公允价值计量转为成本法。投资方原持有的股权投资按照《企业会计准则第22号——金融工具确认和计量》进行会计处理的,因追加投资等原因能够对非同一控制下的被投资单位实施控制的,应于购买日确认长期股权投资,并采用成本法核算,以追加投资前确定的原持有的股权投资的公允价值加上新增投资成本之和,作为改按成本法核算的该项长期股权投资的初始投资成本。原持有的股权投资分类为其他权益工具投资的，其公允价值与其账面价值之间的差额以及原计入其他综合收益的累计公允价值变动，应当转入改按长期股权投资核算的当期损益。

2. 成本法转为公允价值计量。投资方因处置投资导致对被投资单位丧失控制、共同控制或重大影响的，处置后的剩余股权应当改按《企业会计准则第22号——金融工具确认和计量》核算，其在丧失控制、共同控制或重大影响之日的公允价值与其账面价值之间的差额计入当期损益。

（三）成本法转为权益法

投资方因处置部分权益性投资等原因丧失了对被投资单位的控制的，处置后的剩余股权能够对被投资单位实施共同控制或施加重大影响的，应当改按权益法核算，并对该剩余股权视同自取得时即采用权益法核算进行调整。

在这种情况下，首先应当按处置或收回投资的比例结转应终止确认的长期股权投资成本。在此基础上，应当比较剩余的长期股权投资成本与按照剩余持股比例计算原投资时应享有被投资单位可辨认净资产公允价值的份额，属于投资作价中体现的商誉部分，不调整长期股权投资的账面价值；属于投资成本小于原投资时应享有被投资单位可辨认净资产公允价值份额的，在调整长期股权投资成本的同时，应调整留存收益。

对于原取得投资后至转变为权益法核算之间被投资单位实现净损益中应享有的份额，应当调整长期股权投资的账面价值，同时对于原取得投资时至处置投资当期期初按照原持股比例计算应享有被投资单位实现的净损益（扣除已宣告发放的现金股利或利润），应当调整留存收益，对于处置投资当期期初至处置投资交易日之间应享有被投资单位的净损益，应当计入当期损益；因其他原因导致被投资单位所有者权益变动中应享有的份额，在调整长期股权投资账面价值的同时，应当分别计入“其他综合收益”和“资本公积——其他资本公积”。

【例5-22】 乙房地产公司（以下简称“乙公司”）原持有子公司丁公司60%的股权，其账面余额为600万元，未计提减值准备。2019年1月2日，乙公司将其持有的对丁公司长期股权投资的50%出售给A企业，出售取得价款360万元，当日丁公司可辨认净资产公允价值总额为1 600万元。乙公司原取得丁公司60%股权时，丁公司可辨认净资产公允价值总额为900万元（假定公允价值与其账面价值相同）。自乙公司取得对丁公司长期股权投资后至部分处置投资前，丁公司实现净利润500万元。丁公司一直未进行利润分配。此外，发生其他计入其他综合收益的交易或事项200万元。

在出售50%的股权后,乙公司对丁公司的持股比例为30%,对丁公司丧失控制权,但仍对丁公司具有重大影响,长期股权投资应由成本法改为权益法核算。

(1)确认长期股权投资处置损益:

借:银行存款	3 600 000
贷:长期股权投资——丁公司	3 000 000
投资收益	600 000

(2)将剩余投资转为权益法核算:

借:长期股权投资——丁公司(投资成本)	3 000 000
贷:长期股权投资——丁公司	3 000 000

(3)调整长期股权投资账面价值。剩余长期股权投资的账面价值为300万元,与原投资时应享有被投资单位可辨认净资产公允价值份额之间的差额30万元(300 - 900 × 30%)为商誉体现,该部分商誉的价值不需要对长期股权投资的成本进行调整。

调整留存收益的金额 = 500 × 30% = 150(万元)

调整计入其他综合收益的金额 = 200 × 30% = 60(万元)

借:长期股权投资——丁公司(损益调整)	1 500 000
——丁公司(其他综合收益)	600 000
贷:其他综合收益	600 000
盈余公积	150 000
利润分配——未分配利润	1 350 000

(四)权益法转为成本法

因追加投资等原因导致原持有的对联营企业或合营企业的投资转变为对子公司投资的,也应当将该项长期股权投资由权益法转为成本法核算。如果属于同一控制下的企业合并,在合并日,应当按照《企业会计准则第2号——长期股权投资》的有关规定确定长期股权投资的初始投资成本,同时,对合并前取得的长期股权投资视同取得时即按照同一控制下企业合并的原则进行调整,合并日长期股权投资初始投资成本与合并前的长期股权投资账面价值(经调整)加上合并日进一步取得股份新支付对价的账面价值之和的差额,调整资本公积(资本溢价或股本溢价),资本公积不足冲减的,冲减留存收益;如果属于非同一控制下的企业合并,投资方因追加投资等原因能够对非同一控制下的被投资单位实施控制的,应当以原权益法核算的长期股权投资账面价值加上新增投资成本之和,作为改按成本法核算的初始投资成本。购买日之前持有的长期股权投资因采用权益法核算而确认的其他综合收益,应当在处置该项投资时采用与被投资单位直接处置相关资产或负债相同的基础进行会计处理。

【例5-23】 甲房地产公司(以下简称"甲公司")与乙公司为非同一控制下的企业,2018年3月,甲公司以2 000万元取得乙公司30%的股权,能够对乙公司施加重大影响,对该项长期股权投资采用权益法核算,于2018年确认对乙公司的投资收益200万元。2019年1月,甲公司又以3 000万元取得乙公司30%的股权,最终达到对乙公司实施控制,形成企业合并。假定甲公司在取得对乙公司的长期股权投资以后,乙公司未宣告发放现金股利或利润。甲公司按净利润的10%提取盈余公积,未对该项长期股权投资计提任何减值准备。假定不考虑所得税影响,甲公司在购买日的会计处理如下:

借:长期股权投资——乙公司　　22 000 000
　贷:长期股权投资——乙公司(成本)　　20 000 000
　　　　　　　　——乙公司(损益调整)　　2 000 000
借:长期股权投资——乙公司　　30 000 000
　贷:银行存款　　30 000 000

购买日长期股权投资初始投资成本=2 200+3 000=5 200(万元)

【例5-24】 沿用例5-23的资料,甲公司与乙公司为同一控制下的企业。合并日乙公司净资产在最终控制方合并报表中的账面价值为8 200万元,甲公司资本公积(股本溢价)为100万元,盈余公积为60万元,未分配利润为200万元。假定不考虑所得税影响,甲公司在合并日的会计处理如下:

甲公司合并日初始投资成本=8 200×60% =4 920(万元)

初始投资成本与所付出对价账面价值的差额=2 200+3 000-4 920=280(万元)

借:长期股权投资——乙公司　　49 200 000
　　资本公积　　1 000 000
　　盈余公积　　600 000
　　利润分配——未分配利润　　1 200 000
　贷:长期股权投资——乙公司(成本)　　20 000 000
　　　　　　　　——乙公司(损益调整)　　2 000 000
　　银行存款　　30 000 000

本例中,如果合并日乙公司净资产账面价值为9 000万元,则合并日甲公司初始投资成本5 400万元(9 000×60%)与所付出对价5 200万元的差额200万元,应调增甲公司资本公积。

六、长期股权投资的处置

企业将持有的长期股权投资全部或部分对外出售时,应相应结转与所售股权相对应的长期股权投资的账面价值,出售所得价款与处置长期股权投资账面价值之间的差额，应确认为处置损益。

企业处置部分股权投资不论是否丧失对原有子公司控制权，也不论通过多次交易最终丧失对原有子公司控制权是否属于一揽子交易，对个别财务报表的相关会计处理原则都与上述原则相同，只是对合并财务报表的相关会计处理原则不同。

采用权益法核算的长期股权投资，原计入其他综合收益（不能结转损益的除外）和资本公积（其他资本公积）的，在处置该项投资时采用与被投资单位直接处置相关资产或负债相同的基础，并按比例进行结转，计入当期损益。

【例5－25】 甲房地产公司（以下简称“甲公司”）持有乙公司40%的股权，2019年12月，甲公司出售其持有的乙公司股权的50%，价款480万元，出售股权后仍能对乙公司施加重大影响。出售股权时，长期股权投资的账面价值为800万元，其中：投资成本600万元，损益调整150万元，其他综合收益30万元，其他权益变动20万元。

借：银行存款	4 800 000	
贷：长期股权投资——乙公司（投资成本）		3 000 000
——乙公司（损益调整）		750 000
——乙公司（其他综合收益）		150 000
——乙公司（其他权益变动）		100 000
投资收益		800 000

同时，还应将原计入的其他综合收益和资本公积按比例转入当期损益：

借：其他综合收益	150 000	
资本公积——其他资本公积	100 000	
贷：投资收益		250 000

企业对子公司权益性投资、对联营企业或合营企业的权益性投资全部或部分分类为持有待售资产的，投资方应当按照《企业会计准则第42号——持有待售的非流动资产、处置组和终止经营》的有关规定处理。

已划分为持有待售的对联营企业或合营企业的权益性投资，不再符合持有待售资产分类条件的，应当从被分类为持有待售资产之日起采用权益法进行追溯调整。分类为持有待售期间的财务报表应作相应调整。

DI LIU ZHANG 第六章 投资性房地产

第一节 投资性房地产的含义与范围

一、投资性房地产的含义

投资性房地产是指为赚取租金或为资本增值，或者两者兼有而持有的房地产。

房地产企业是拥有房地产资源最为丰富的企业，既拥有用作自身管理和生产经营的土地使用权、房屋建筑物及构筑物，还拥有自行建造完成、作为开发产品准备对外销售的土地、商品房、基础设施、公共配套设施等。随着我国房地产市场日益活跃，房地产企业所持有的房地产除了用作自身管理、生产经营活动场所和对外销售之外，还可以将房地产用于赚取租金或增值收益的活动。投资性房地产就是指用于出租或增值的房地产。按照国家有关规定认定的闲置土地，不属于持有并准备增值后转让的土地使用权。在我国实务中，持有并准备增值后转让的土地使用权这种情况较少。

投资性房地产具有以下特征：

(一)投资性房地产处于出租或增值状态，其用途、状态等方面区别于作为生产经营场所和用于销售的房地产

房地产企业持有的土地使用权、房屋建筑物及构筑物、作为开发产品的土地、商品房、基础设施和公共配套设施等，不论其原有用途和存在状态如何，是作为生产经营场所还是用于商品销售，也不论其是在“无形资产”“固定资产”还是在“开发产品”账户核算，只要改变原有用途和存在状态，将土地使用权用于资本增值，将土地使用权和房屋建筑物用于出租，导致房地产处于出租或资本增值状态，就

应当重新确认为投资性房地产，以便与作为无形资产、固定资产和存货的房地产加以区别。

（二）投资性房地产是一种经营活动，持有投资性房地产的目的在于获取租金收入和资本增值收益

企业出租房屋建筑物和土地使用权，实质上属于一种让渡资产使用权行为。获取的房地产租金就是让渡资产使用权取得的使用费收入，是企业为完成其经营目标所从事的经营性活动以及与之相关的其他活动形成的经济利益总流入。企业持有并准备增值后转让的土地使用权，尽管其增值收益通常与市场供求、经济发展等因素有关，但目的在于增值后转让以赚取增值收益，也是企业为完成其经营目标所从事的经营性活动以及与之相关的其他活动形成的经济利益总流入。

投资性房地产属于日常经营性活动，房地产企业形成的租金收入或转让增值收益，应视其与开发经营活动的关系，确认为主营业务收入或者其他业务收入。例如，房地产租赁公司出租房地产所取得的租金收入，应当确认为主营业务收入，而兼营房地产租赁的房地产开发经营公司出租房地产所取得的租金收入，属于与开发经营活动相关的其他经营活动取得的收入，则应确认为其他业务收入。

企业出租房地产、转让土地使用权均视为一种经营活动，其取得的房地产租金收入或土地使用权转让收益应当缴纳营业税，如土地使用权转让增值额达到法定标准，还需缴纳土地增值税。

（三）投资性房地产有两种后续计量模式

投资性房地产通常应当采用成本模式进行后续计量，但有确凿证据表明其所有投资性房地产的公允价值能够持续可靠取得的，也可以采用公允价值模式进行后续计量。但是，同一企业只能采用一种模式对所有投资性房地产进行后续计量，一般不得同时采用两种后续计量模式。在极少数情况下，采用公允价值进行后续计量的企业，有证据表明，当企业首次取得某项投资性房地产（含完成开发建造或改变用途后首次成为投资性房地产）时，该项投资性房地产的公允价值不能持续可靠取得的，应当对该项投资性房地产采用成本模式计量直至处置。但是，采用成本模式进行后续计量的企业，即使有证据表明，当企业首次取得某项投资性房地产时，该项投资性房地产的公允价值能够持续可靠取得的，企业仍应对该项投资性房地产采用成本模式进行后续计量。

二、投资性房地产的范围

投资性房地产的范围包括以下项目。

（一）已出租的土地使用权

已出租的土地使用权，是指企业通过出让或转让方式取得的、以经营租赁方式出租的土地使用权。企业用于出租的土地使用权通常包括在一级市场上以交纳土地出让金的方式取得的土地使用权，也包括在二级市场上接受其他单位转让的土地使用权。企业出租土地使用权应当签署土地使用权租赁协议，自租赁协议约定的租赁期开始日起，这项土地使用权就应当确认为投资性房地产。以经营租赁方式租入土地使用权再转租给其他单位的，不能确认为投资性房地产。

（二）持有并准备增值后转让的土地使用权

持有并准备增值后转让的土地使用权，是指企业取得的、准备增值后转让的土地使用权。这类土地使用权很可能给企业带来资本增值收益，符合投资性房地产的定义。例如，企业发生转产或厂址搬迁，部分土地使用权停止自用，管理层决定继续持有这部分土地使用权，待其增值后转让以赚取增值收益。

企业依法取得土地使用权后，应当按照国有土地有偿使用合同或建设用地批准书规定的期限动工开发建设。未经原批准用地的人民政府同意，超过规定的期限未动工开发建设的建设用地属于闲置土地。具有下列情形之一的，也可以认定为闲置土地：①国有土地有偿使用合同或者建设用地批准书未规定动工开发建设日期，自国有土地有偿使用合同生效或者土地行政主管部门建设用地批准书颁发之日起满一年未动工开发建设的；②已动工开发建设但开发建设的面积占应动工开发建设总面积不足1/3或者已投资额占总投资额不足25%且未经批准中止开发建设连续满一年的；③法律、行政法规规定的其他情形。按照国家有关规定认定的闲置土地，不属于持有并准备增值后转让的土地使用权，也就不属于投资性房地产。

（三）已出租的房屋建筑物

已出租的房屋建筑物是指企业拥有产权的、以经营租赁方式出租的房屋建筑物，包括房地产企业的自行开发建造完成后用于出租的房屋建筑物。企业出租房屋建筑物应当签署租赁协议，自租赁协议约定的租赁期开始日起，这项房屋建筑物就应当确认为投资性房地产。企业在判断和确认已出租的房屋建筑物时，应当明确以下问题：

1. 企业必须拥有用于出租的房屋建筑物的产权，以经营租赁方式租入房屋建筑物等再转租给其他单位的，不能确认为投资性房地产。

2. 已出租的建筑物是企业已经与其他方签订了租赁协议，约定以经营租赁方式出租的房屋建筑物。一般自租赁协议规定的租赁期开始日起，经营租出的房屋建筑物才属于已出租的房屋建筑物。通常情况下，对企业持有以备经营出租的空置房屋建筑物，如董事会或类似机构作出书面决议，明确表明将其用于经营租出且持有意图短期内不再发生变化的，即使尚未签订租赁协议，也应视为投资性房地产。空置房屋建筑物，是指企业新购入、自行建造或开发完成但尚未使用的房屋建筑物，以及不再用于日常生产经营活动且经整理后达到可经营出租状态的房屋建筑物。

3. 企业将房屋建筑物出租，按租赁协议向承租人提供的相关辅助服务（维护、保安等）在整个协议中不重大的，应当将该房屋建筑物确认为投资性房地产。

4. 房地产企业以经营租赁方式已出租的、自行开发建造完成的建设场地，应视同已出租的房屋建筑物。

以下项目不属于投资性房地产：①企业是为生产商品、提供劳务或者经营管理而持有的自用房地产，应当将其确认为固定资产或无形资产，其价值会随着房地产的使用而逐渐转移到企业的产品或服务中去，通过销售商品或提供服务为企业带来经济利益；②房地产企业在正常经营过程中销售的或为销售而正在开发的商品房和商品性建设场地，属于房地产开发企业的存货；③房地产企业依法取得的、用于开发后出售的土地使用权，属于房地产开发企业的无形资产或存货，即使房地产开发企业决定待增值后再转让其开发的土地，也不得将其确认为投资性房地产。

在实务中，如果某项房地产部分自用或作为存货出售、部分用于赚取租金或资本增值的情形，而且该项房地产不同用途的部分能够单独计量和出售，应当分别确认为固定资产、无形资产、存货和投资性房地产。

投资性房地产只有在符合定义的前提下，同时满足下列两个条件，才能确认为投资性房地产：①与该投资性房地产有关的经济利益很可能流入企业；②该投资性房地产的成本能够可靠地计量。已出租的土地使用权和房屋建筑物，应在租赁合同规定的租赁开始日确认为投资性房地产；持有并准备增值后转让的土地使用权，应在企业将自用土地使用权停止自用、准备增值后转让的日期确认为投资性房地产。

第二节 投资性房地产的计量

投资性房地产应当按照成本进行初始计量。在后续计量时，通常应当采用成本模式，只有在满足特定条件时才允许采用公允价值模式。

一、成本模式计量

在成本模式计量下，房地产企业应当设置“投资性房地产”“投资性房地产累计折旧（摊销）”“投资性房地产减值准备”等账户进行会计处理。

（一）投资性房地产的初始计量

1. 外购或自行建造的投资性房地产。采用成本模式计量的外购投资性房地产，应当按照取得时的实际成本进行初始计量，其成本包括购买价款、相关税费和可直接归属于该资产的其他支出。如果企业购入的房地产部分用于出租（或资本增值）、部分自用，用于出租（或资本增值）的投资性房地产应当予以单独确认，按照投资性房地产部分的公允价值占公允价值总额的比例将成本在不同部分之间进行合理分配，确定投资性房地产的初始投资成本。

采用成本模式计量的自行建造投资性房地产，其初始成本为建造该项资产达到预定可使用状态前发生的必要支出，包括土地开发费、建筑安装工程费、应予以资本化的借款费用、支付的其他费用和分摊的间接费用等。建造过程中发生的非正常性损失直接计入当期损益，不计入建造成本。

【例6-1】 2019年6月，甲房地产公司（以下简称"甲公司"）计划购入一块土地的使用权用于对外出租。甲公司与乙公司签订了经营租赁合同，约定自土地使用权购买日起将其出租给乙公司，租赁期为5年。6月20日，甲公司支付价款共计8 000万元，不考虑其他相关税费。

甲公司的会计分录为：

借：投资性房地产——土地使用权　　80 000 000

　贷：银行存款　　80 000 000

【例6-2】 2018年3月，甲房地产公司（以下简称"甲公司"）从一级土地市场取得一块土地的使用权，并在该块土地上开始自行建造自用办公楼。2019年10月，甲公司与乙公司签订了经营租赁合同，将开发建造的自用办公楼租赁给乙公司使用，并约定办公楼达到预定可使用状态时开始起租。2019年12月31日，办公楼达到预定可使用状态。该块土地使用权的成本为1 000万元，办公楼的造价为2 000万元。

甲公司的会计分录为：

借：投资性房地产——办公楼　　20 000 000

　贷：在建工程　　20 000 000

借：投资性房地产——土地使用权　　10 000 000

　贷：无形资产——土地使用权　　10 000 000

本例中，如果办公楼为自行开发建造并用于销售，则其达到销售状态时的成本应为3 000万元。甲公司的会计分录为：

借：投资性房地产——办公楼　　30 000 000

　贷：开发成本——房屋开发——办公楼　　30 000 000

2. 作为存货的房地产转换为投资性房地产。非投资性房地产转换为投资性房地产,实质上是因房地产用途发生改变而对房地产进行的重新分类。

作为存货的房地产转换为投资性房地产,是指房地产企业将其持有的开发产品以经营租赁的方式出租,存货相应地转换为投资性房地产。这种情况下,转换日通常为房地产的租赁期开始日。租赁期开始日是指承租人有权行使其使用租赁资产权利的日期。一般而言,如果企业自行建造或开发完成但尚未使用的房屋建筑物,且董事会或类似机构作出正式书面决议,明确表明其自行建造或开发产品用于经营出租且持有意图短期内不再发生变化,则应视为存货转换为投资性房地产,转换日为董事会或类似机构作出书面决议的日期。

企业将作为存货的房地产转换为采用成本模式计量的投资性房地产,应当按该项存货在转换日的账面价值结转。

【例 6-3】 2019 年 5 月 10 日,甲房地产公司(以下简称"甲公司")与乙公司签订了租赁协议,将其开发的一栋综合楼出租给乙公司使用,租赁期开始日为 2019 年 6 月 15 日。2019 年 6 月 15 日,该综合楼的账面余额为 8 000 万元,未计提存货跌价准备。

甲公司的会计分录为:

借:投资性房地产——综合楼	80 000 000
贷:开发产品	80 000 000

3. 自用房地产转换为投资性房地产。企业将原本用于生产商品、提供劳务或者经营管理的房地产改用于出租,通常应于租赁期开始日,将相应的固定资产或无形资产转换为投资性房地产。对不再用于日常生产经营活动且经整理后达到可经营出租状态的建筑物,如果董事会或类似机构作出正式书面决议,明确表明其自用房地产用于经营出租且持有意图短期内不再发生变化,则应视为自用房地产转换为投资性房地产,转换日为董事会或类似机构作出书面决议的日期。

企业自用的房地产转换为采用成本模式计算的投资性房地产,应当按该房地产在转换日的账面价值结转。

【例 6-4】 2019 年 12 月 10 日,甲房地产公司(以下简称"甲公司")拟将其持有的一栋总部办公楼出租给乙公司,并与乙公司签订了经营租赁协议,租赁期开始日为 2019 年 12 月 31 日,租赁期为 4 年。2019 年 12 月 31 日,这栋总部办公楼的账面余额为 9 000 万元,已计提折旧 450 万元,未计提减值准备。

甲公司的会计分录为:

借:投资性房地产——办公楼	90 000 000
累计折旧	4 500 000
贷:固定资产	90 000 000

投资性房地产累计折旧　　4 500 000

（二）与投资性房地产有关的后续支出

与投资性房地产有关的后续支出，满足投资性房地产确认条件的应当予以资本化，计入投资性房地产成本。例如，企业为了提高投资性房地产的使用效能，往往需要对投资性房地产进行改建、扩建而使其更加坚固耐用，或者通过装修而改善其室内装潢，改扩建或装修支出满足确认条件的，应当将其资本化。企业对某项投资性房地产进行改扩建等再开发且将来仍作为投资性房地产的，再开发期间应继续将其作为投资性房地产，再开发期间不计提折旧或摊销。

与投资性房地产有关的后续支出，未满足投资性房地产确认条件的应当予以费用化，在发生时计入当期损益。

【例6－5】 2018年3月，甲房地产公司（以下简称“甲公司”）对其出租的商务楼进行日常维修，支付维修费用2万元。2019年10月，甲公司对租赁合同即将到期的、按照成本模式进行后续计量的商务楼进行改扩建，以便提高商务楼的租金收入。该项商务楼原价为4 000万元，已计提折旧1 000万元。甲公司与承租方乙公司续签了经营租赁合同，约定自改扩建完工时提高租金。10月31日，甲公司与乙公司签订的原租赁合同到期，商务楼开始进行改扩建工程。12月31日，商务楼改扩建工程完工，共发生支出300万元，即日按照租赁合同续租给乙公司。

甲公司的会计分录为：

（1）2018年3月，支付维修费用：

借：其他业务成本　　15 000

　贷：银行存款　　15 000

（2）2019年10月31日，投资性房地产转入改扩建：

借：投资性房地产——商务楼（在建工程）　　30 000 000

　投资性房地产累计折旧　　10 000 000

　贷：投资性房地产——商务楼　　40 000 000

（3）2019年11月1日—12月31日，支付改扩建费用：

借：投资性房地产——商务楼（在建工程）　　3 000 000

　贷：银行存款等　　3 000 000

（4）2019年12月31日，改扩建工程完工：

借：投资性房地产——商务楼　　33 000 000

　贷：投资性房地产——商务楼（在建工程）　　33 000 000

（三）投资性房地产的后续计量和期末计量

采用成本模式进行后续计量的投资性房地产，应当按照固定资产或无形资产的有关规定，按期（月）计提折旧或摊销，借记“其他业务成本”等账户，贷记“投资性房地产累计折旧（摊销）”账户。取得的租金收入，借记“银行存款”等账户，贷记“其他业务收入”等账户。

投资性房地产存在减值迹象的，还应当适用资产减值的有关规定。经减值测试后确定发生减值的，应当计提减值准备，借记“资产减值损失”账户，贷记“投资性房地产减值准备”账户。如果已经计提减值准备的投资性房地产的价值又得以恢复，则不得转回。

【例 6－6】 甲房地产公司（以下简称“甲公司”）出租给乙公司的写字楼已于 2018 年 12 月确认为投资性房地产，采用成本模式进行后续计量。该写字楼的原价为 9 000 万元，按照直线法计提折旧，使用寿命为 20 年，预计净残值为零，出租时已提折旧 450 万元。按照经营租赁合同约定，乙公司每月支付给甲公司租金 40 万元，增值税为 6.8 万元。2019 年年末，这栋写字楼发生减值迹象，经减值调试，其可收回金额为 8 000 万元。以前未计提减值准备。

甲公司 2019 年的会计分录为：

（1）每月计提折旧：

$$9\ 000 \div 20 \div 12 = 37.5\text{（万元）}$$

借：其他业务成本　　375 000

　贷：投资性房地产累计折旧　　375 000

（2）确认每月租金：

借：银行存款（或其他应收款）　　468 000

　贷：其他业务收入　　400 000

　　应交税费——应交增值税（销项税额）　　68 000

（3）计提减值准备：

借：资产减值损失　　1 000 000

　贷：投资性房地产减值准备　　1 000 000

二、公允价值模式计量

公允价值模式，是指企业对其所有投资性房地产采用公允价值进行后续计量。不得对一部分投资性房地产采用成本模式进行后续计量，对另一部分投资性房地产采用公允价值模式进行后续计量。企业只有存在确凿证据表明其公允价值能够持续可靠取得的，才允许采用公允价值计量模式。采用公允价值模式计量投资性房地产，应当同时满足以下两个条件：①投资性房地产所在地有活跃的房地产交易市场；②企业能够从房地产交易市场上取得同类或类似房地产的市场价格及其他相关信息，从而对投资性房地产的公允价值作出科学合理的估计。如前所述，采用公允价值对投资性房地产进行后续计量的企业，有证据表明，当企业首次取得某项投资性房地产时，该投资性房地产的公允价值不能持续可靠取得的，应当对该投资性房地产采用成本模式计量直至处置，并且假设无残值。但是，采用成本模式对投资性房地产进行后续计量的企业，即使有证据表明，企业首次取得某项投资性房地产时，该投资性房地产的公允价值能够持续可靠取得的，该企业仍应对该投资性房地产采用成本模式进行后续计量。

企业可以参照活跃市场上同类或类似房地产的现行市场价格来确定投资性房地产的公允价值；无法取得同类或类似房地产现行市场价格的，可以参照活跃市场上同类或类似房地产的最近交易价格，并考虑交易情况、交易日期、所在区域等因素予以确定；也可以根据预计未来获得的租金收益和有关现金流量的现值计量。

投资性房地产采用公允价值模式进行后续计量的，对投资性房地产无须计提折旧或摊销，也无须计提资产减值准备。

在公允价值模式计量下，企业应当在“投资性房地产”账户下设置“成本”和“公允价值变动”两个明细账户进行会计处理。外购或自行建造时发生的实际成本和非投资性房地产转换为投资性房地产的公允价值，记入“投资性房地产——成本”账户；资产负债表日，投资性房地产公允价值与其账面价值的差额，记入“投资性房地产——公允价值变动”账户。

（一）投资性房地产的初始计量

1. 外购或自行建造的投资性房地产。外购或自行建造的采用公允价值模式计量的投资性房地产，应当按照取得时的成本进行初始计量。其实际成本的确定与外购或自行建造的采用成本模式计量的投资性房地产相同。

【例6-7】 2019年6月，甲房地产公司（以下简称“甲公司”）与乙公司签订租赁协议，约定将甲公司开发的商厦于开发完成的同时开始租赁给乙公司使用，租赁期为10年。当年9月1日，该商厦开发完成并开始起租，商厦的造价为8 000万元。

甲公司租赁开始日的会计分录为：

借：投资性房地产——成本	80 000 000	
贷：开发成本		80 000 000

2. 作为存货的房地产转换为投资性房地产。企业将作为存货的房地产转换为采用公允价值模式计量的投资性房地产时，应当按该项房地产在转换日的公允价值入账，借记“投资性房地产——成本”账户；原已计提跌价准备的，借记“存货跌价准备”账户；按其账面余额，贷记“开发产品”等账户。同时，将转换日的公允价值小于账面价值的差额，借记“公允价值变动损益”账户；转换日的公允价值大

于账面价值的差额,贷记"其他综合收益"账户。待该项投资性房地产处置时,因转换计入其他综合收益的部分应转入当期损益,借记"其他综合收益"账户,贷记"其他业务成本"账户。

【例6-8】 2019年6月,甲房地产公司(以下简称"甲公司")与乙公司签订租赁协议,将甲公司开发建造的综合楼出租给乙公司使用,租赁期为10年。综合楼的账面价值为7 000万元,未计提存货跌价准备,公允价值为7 800万元。

甲公司租赁开始日的会计分录为:

借:投资性房地产——成本	78 000 000	
贷:开发产品		70 000 000
其他综合收益		8 000 000

本例中,如果综合楼的公允价值为6 800万元,则:

借:投资性房地产——成本	68 000 000	
公允价值变动损益	2 000 000	
贷:开发产品		70 000 000

3. 自用房地产转换为投资性房地产。企业将自用房地产转换为采用公允价值模式计量的投资性房地产时,应当按该项土地使用权或建筑物在转换日的公允价值,借记"投资性房地产——成本"账户;按已计提的累计摊销或累计折旧,借记"累计摊销"或"累计折旧"账户;原已计提减值准备的,借记"无形资产减值准备"或"固定资产减值准备"账户;按其账面余额,贷记"固定资产"或"无形资产"账户。同时,将转换日的公允价值小于账面价值的差额,借记"公允价值变动损益"账户;转换日的公允价值大于账面价值的差额,贷记"其他综合收益"账户。待该项投资性房地产处置时,因转换计入其他综合收益的部分应转入当期损益,借记"其他综合收益"账户,贷记"其他业务成本"账户。

【例6-9】 2019年2月,甲房地产公司(以下简称"甲公司")因迁址,准备将其原办公楼出租,以赚取租金收入。2019年6月,甲公司完成了搬迁工作,原办公楼停止自用。2019年8月,甲公司与乙公司签订租赁协议,将其原办公楼租赁给乙公司使用,租赁期开始日为2019年10月1日,租赁期限为3年。2019年10月1日,该办公楼的公允价值为9 700万元,其原价为12 000万元,已提折旧2 000万元,已计提减值准备的100万元。

甲公司租赁期开始日的会计分录为:

借:投资性房地产——成本	97 000 000
累计折旧	20 000 000
固定资产减值准备	1 000 000
公允价值变动损益	2 000 000

贷：固定资产　　120 000 000

本例中，如果办公楼的公允价值为 10 200 万元，则应将转换日的公允价值大于账面价值的差额 300 万元计入其他综合收益。

（二）与投资性房地产有关的后续支出

采用公允价值模式计量的投资性房地产后续支出的会计处理，与采用成本模式计量的投资性房地产后续支出的会计处理相同。

【例 6－10】 2019 年 4 月，甲房地产公司（以下简称“甲公司”）与乙公司的一项综合楼经营租赁合同即将到期。甲公司决定在租赁期满后对其进行改扩建，以提高租金收入，并与丙公司签订了经营租赁合同，约定自改扩建完工时将综合楼出租给丙公司。5 月 15 日，与乙公司的租赁合同到期，综合楼开始进行改扩建。12 月 20 日，改扩建工程完工，共发生支出 200 万元，即日按照租赁合同出租给丙公司。5 月 15 日，综合楼账面余额为 6 500 万元，其中成本为 6 000 万元，累计公允价值变动为 500 万元。甲公司对投资性房地产采用公允价值模式计量。

甲公司对该项资本化支出的会计处理为：

（1）2019 年 5 月 15 日，投资性房地产转入改扩建工程：

借：投资性房地产——综合楼（在建工程）　　65 000 000
　贷：投资性房地产——成本　　60 000 000
　　　　　　　　——公允价值变动　　5 000 000

（2）2019 年 5 月 15 日—12 月 20 日，改扩建支出：

借：投资性房地产——综合楼（在建工程）　　2 000 000
　贷：银行存款等　　2 000 000

（3）2019 年 12 月 20 日，改扩建工程完工：

借：投资性房地产——成本　　67 000 000
　贷：投资性房地产——综合楼（在建工程）　　67 000 000

与投资性房地产有关的后续支出，不满足投资性房地产确认条件的应当在发生时记入“其他业务成本”账户，计入当期损益。

（三）投资性房地产的后续计量

投资性房地产采用公允价值模式计量的，不计提折旧或摊销，应当以资产负债表日的公允价值计量。资产负债表日，投资性房地产的公允价值高于其账面余额的差额，借记“投资性房地产——公允价值变动”账户，贷记“公允价值变动损益”账户；公允价值低于其账面余额的差额，作相反的会计分录。

【例 6－11】 沿用例 6－7 的资料，2019 年 12 月 31 日，该出租商厦的公允价值为 8 200 万元,原账面价值为 8 000 万元,以公允价值为基础调整其账面价值,公允价值与原账面价值之间的差额计入当期损益。

借:投资性房地产——公允价值变动　　2 000 000

　贷:公允价值变动损益　　2 000 000

三、投资性房地产后续计量模式的变更

同一企业只能采用一种模式对所有投资性房地产进行后续计量,不得同时采用两种计量模式。企业对投资性房地产的计量模式一经确定,不得随意变更,以保证会计信息的可比性。当有确凿证据表明以成本模式计量的投资性房地产的公允价值能够持续可靠取得,并满足采用公允价值模式的条件,才允许企业对所有投资性房地产从成本模式计量变更为公允价值模式计量。

从成本模式计量转为公允价值模式计量的,应当作为会计政策变更处理,并按计量模式变更时公允价值与账面价值的差额调整期初留存收益。已采用公允价值模式计量的投资性房地产,不得从公允价值模式转为成本模式。

【例 6－12】 2019 年 1 月 1 日,甲房地产公司(以下简称"甲公司")投资性房地产已满足采用公允价值计量的条件,决定将投资性房地产由成本模式后续计量改为公允价值模式后续计量。其中,甲公司已出租的自行开发建造的房屋原价为 8 000 万元,已计提折旧为 800 万元,账面价值为 7 200 万元,公允价值为 9 000 万元。

甲公司转换时的会计分录为:

借:投资性房地产——成本　　90 000 000

　投资性房地产累计折旧　　8 000 000

　贷:投资性房地产　　80 000 000

　　盈余公积　　1 800 000

　　利润分配——未分配利润　　16 200 000

第三节　投资性房地产的转换与处置

一、投资性房地产的转换

投资性房地产的转换,从广义来说,是对改变用途的房地产进行重新分类,包括将投资性房地产转换为其他资产以及将其他资产转换为投资性房地产;从狭义来说,仅指将投资性房地产转换为其他资产,因为,将其他资产转换为投资性房地产属于投资性房地产的初始计量。本节仅述狭义的投资性房地产的转换。

（一）成本模式下的投资性房地产转换为非投资性房地产

1. 投资性房地产转换为自用房地产。企业将投资性房地产改用于经营或者生产商品、提供劳务，应于转换日将投资性房地产相应地转换为固定资产或无形资产。转换日是指房地产达到自用状态，企业开始将房地产用于经营或者生产商品、提供劳务的日期。

在成本模式下，企业将投资性房地产转换为自用房地产时，应当按该项投资性房地产在转换日的账面余额、累计折旧（摊销）、减值准备等，分别转入“固定资产”“累计折旧”“固定资产减值准备”等账户；按投资性房地产的账面余额，借记“固定资产”或“无形资产”账户，贷记“投资性房地产”账户；按已计提的折旧或摊销，借记“投资性房地产累计折旧（摊销）”账户，贷记“累计折旧”或“累计摊销”账户；原已计提减值准备的，借记“投资性房地产减值准备”账户，贷记“固定资产减值准备”或“无形资产减值准备”账户。

【例6－13】 2019年10月1日，甲房地产公司（以下简称“甲公司”）将出租办公楼收回，并即刻用作甲公司总部办公楼。该项房地产在转换前采用成本模式计量，其账面价值为5 600万元，其中，初始成本为7 600万元，累计已提折旧（摊销）2 000万元。

甲公司转换日的会计分录为：

借：固定资产	76 000 000	
投资性房地产累计折旧	20 000 000	
贷：投资性房地产——办公楼		76 000 000
累计折旧		20 000 000

2. 投资性房地产转换为存货。如果投资性房地产为房地产企业自行开发建造的开发产品，房地产企业将用于经营出租的房地产重新开发用于对外销售的，应从投资性房地产转换为存货。这种情况下，转换日为租赁期届满，企业董事会或类似机构作出书面决议明确表明将其重新开发用于对外销售的日期。

企业将投资性房地产转换为存货时，应当按照该项投资性房地产在转换日的账面价值，借记“开发产品”账户，按照已计提的折旧或摊销，借记“投资性房地产累计折旧（摊销）”账户，原已计提减值准备的，借记“投资性房地产减值准备”账户，按其账面余额，贷记“投资性房地产”账户。

【例6－14】 如果例6－13中的办公楼收回准备对外销售，则甲公司转换日的会计分录为：

借：开发产品　　56 000 000

投资性房地产累计折旧　　20 000 000

贷:投资性房地产——办公楼　　76 000 000

(二)公允价值模式下投资性房地产转换为非投资性房地产

1. 投资性房地产转换为自用房地产。在公允价值模式下,投资性房地产转换为自用房地产时,应当以其转换当日的公允价值作为自用房地产的账面价值,公允价值与原账面价值的差额计入当期损益。

转换日,按该项投资性房地产的公允价值,借记“固定资产”或“无形资产”账户,按该项投资性房地产的成本,贷记“投资性房地产——成本”账户;按该项投资性房地产的累计公允价值变动,贷记或借记“投资性房地产——公允价值变动”账户;按其差额,贷记或借记“公允价值变动损益”账户。

【例6-15】 2019年2月1日,甲房地产公司(以下简称“甲公司”)将出租的综合楼收回,准备用于本企业行政管理的办公楼。2019年4月1日,该综合楼正式开始自用,当日的公允价值为6 000万元。该项房地产在转换前采用公允价值模式计量,账面价值为5 900万元,其中,成本为5 200万元,公允价值变动为增值700万元。

甲公司转换日的会计分录为:

借:固定资产　　60 000 000

贷:投资性房地产——成本　　52 000 000

——公允价值变动　　7 000 000

公允价值变动损益　　1 000 000

2. 投资性房地产转换为存货。在公允价值模式下,投资性房地产转换为存货时,应当以其转换当日的公允价值作为存货的账面价值,公允价值与原账面价值的差额计入当期损益。

转换日,按该项投资性房地产的公允价值,借记“开发产品”等账户,按该项投资性房地产的成本,贷记“投资性房地产——成本”账户;按该项投资性房地产的累计公允价值变动,贷记或借记“投资性房地产——公允价值变动”账户;按其差额,贷记或借记“公允价值变动损益”账户。

【例6-16】 如果例6-15中的综合楼收回准备对外销售,则甲公司转换日的会计分录为:

借:开发产品　　60 000 000

贷:投资性房地产——成本　　52 000 000

——公允价值变动　　7 000 000

公允价值变动损益　　1 000 000

二、投资性房地产的处置

投资性房地产处置包括以下原因引起的投资性房地产的减少:①对外出售或转让的投资性房地产,取得投资收益;②由于使用而不断磨损直到最终报废,或者由于遭受自然灾害等非正常损失发生毁损的投资性房地产进行清理;③因其他原因引起的投资性房地产的减少,如非货币性交换、债务重组等而减少投资性房地产。当投资性房地产被处置时,应当终止确认该投资性房地产,并将处置收入扣除其账面价值和相关税费后的金额计入当期损益。

(一)成本模式下投资性房地产的处置

企业处置采用成本模式计量的投资性房地产时,应当按实际收到的金额,借记"银行存款"等账户,贷记"其他业务收入"等账户;按该项投资性房地产的账面价值,借记"其他业务成本"账户;按其账面余额,贷记"投资性房地产"账户;按照已计提的折旧或摊销,借记"投资性房地产累计折旧(摊销)"账户;原已计提减值准备的,借记"投资性房地产减值准备"账户。

【例6-17】 甲房地产公司(以下简称"甲公司")将其确认为投资性房地产并采用成本模式计量的写字楼,于租赁期届满时出售给乙公司。合同价款为15 000万元,增值税80万元,乙公司已用银行存款支付。出售时,该栋写字楼的成本为14 000万元,已计提折旧1 500万元。

甲公司的会计分录为:

借:银行存款	150 800 000	
贷:其他业务收入		150 000 000
应交税费——应交增值税(销项税额)		800 000
借:其他业务成本	125 000 000	
投资性房地产累计折旧	15 000 000	
贷:投资性房地产——写字楼		140 000 000

(二)公允价值模式下投资性房地产的处置

当处置采用公允价值模式计量的投资性房地产时,应当按实际收到的金额,借记"银行存款"等账户,贷记"其他业务收入"账户;按该项投资性房地产的账面余额,借记"其他业务成本"账户;按其成本,贷记"投资性房地产——成本"账户;按其累计公允价值变动,贷记或借记"投资性房地产——公允价值变动"账户。同时,结转投资性房地产累计公允价值变动损益。若存在原转换日计入其他综合收益的金额,也一并结转。

【例6-18】 2018年5月15日,甲房地产公司(以下简称"甲公司")与乙公司签订了租赁协议,将其开发的一栋综合楼出租给乙公司使用,采用公允价值模式计量。租赁期开始日为 2018 年 6 月 15 日,当日,该综合楼的账面余额 9 000 万元,公允价值为 9 400 万元。2018 年 12 月 31 日,该项投资性房地产的公允价值为 9 600 万元。2019 年 6 月租赁期届满,甲公司将收回的该项投资性房地产,以 11 000 万元出售,出售款项已收讫,不考虑相关税费。

甲公司的会计分录为:

(1)2018 年 6 月 15 日,确认投资性房地产:

借:投资性房地产——成本	94 000 000	
贷:开发产品		90 000 000
其他综合收益		4 000 000

(2)2018 年 12 月 31 日,记录公允价值变动:

借:投资性房地产——公允价值变动	2 000 000	
贷:公允价值变动损益		2 000 000

(3)2019 年 6 月,收回并出售投资性房地产:

借:银行存款	110 400 000	
公允价值变动损益	2 000 000	
其他综合收益	4 000 000	
其他业务成本	90 000 000	
贷:投资性房地产——成本		94 000 000
——公允价值变动		2 000 000
其他业务收入		110 000 000
应交税费——应交增值税(销项税额)		400 000

DI QI ZHANG 第七章 固定资产

第一节　固定资产的确认与初始计量

一、固定资产的确认

（一）固定资产的概念与特征

固定资产是指同时具有以下特征的有形资产：①为生产商品、提供劳务、出租或经营管理而持有的；②使用寿命超过一个会计年度。

可见，固定资产具有以下三个特征：

1. 为生产商品、提供劳务、出租或经营管理而持有。持有固定资产的目的是使用，而不是出售。因此，固定资产属于劳动工具或手段，而非劳动对象，这是它与作为劳动对象的存货的本质区别。其中“出租”的固定资产，是指已出租的机器设备、运输设备等固定资产，不包括以经营租赁方式出租的房屋建筑物，后者属于投资性房地产。

2. 使用寿命超过一个会计年度。使用寿命是指使用固定资产的预计期间，或者该固定资产所能生产产品或提供劳务的数量。固定资产使用寿命超过一年，意味着固定资产属于非流动资产，能够在生产经营过程中长期使用，并保持其原有的实物形态，其价值逐渐地、分期地转移到成本费用中。固定资产使用寿命超过一个会计年度，但这并不意味着使用寿命超过一个会计年度的劳动工具或手段都能确认为固定资产，如使用期限超过一年的低值易耗品、周转材料等应确认为存货，不属于固定资产。

3. 是有形资产。固定资产具有实物形态，这是固定资产与无形资产的本质区别。无形资产虽然具有上述两个特征，但是不具有实物形态，不属于固定资产。

房地产企业应根据固定资产的特征和企业的实际情况，确定本企业的固定资产标准，制定固定资产目录，确定固定资产折旧年限、预计净残值、折旧方法，作为固定资产核算的依据。

（二）固定资产的分类

为了对固定资产进行管理和核算，对固定资产可以采用不同的标准分类。如按固定资产经济用途可分为生产经营用固定资产和非生产经营用固定资产；按固定资产使用情况可分为使用中的固定资产、未使用固定资产、不需用固定资产和待售固定资产；按固定资产的所有权可分为自有固定资产和租入固定资产。

1. 生产用固定资产。生产用固定资产指直接服务于企业开发经营过程的各项固定资产，如开发经营用的房屋、建筑物，管理用设备及工器具、开发建造用设备及工器具等。

2. 非生产经营用固定资产。非生产经营用固定资产指不直接服务于开发经营过程的各项固定资产，如职工宿舍、食堂、浴室、理发室等用的房屋、设备、工器具等。

3. 租出的固定资产。租出的固定资产指在经营性租赁方式下出租给外单位使用的机器设备等固定资产。

4. 未使用固定资产。未使用固定资产指企业已购建完成尚未正式使用的固定资产和因经营任务变更暂时停用的固定资产。

5. 不需用固定资产。不需用固定资产指企业多余或不适用的固定资产。

6. 待售固定资产。待售固定资产指企业已经作出处置决议，并已与受让方签订了不可撤销的转让协议，该项转让将在一年内完成的固定资产。

7. 土地。土地指过去已单独作为固定资产入账的土地，不包括企业已支付土地出让金或转让金但尚未投入开发过程的土地使用权，也不包括已转入开发成本的土地使用权费用。

8. 融资租入固定资产。融资租入固定资产指以融资租赁方式租入的、视同自有固定资产管理的固定资产。

（三）固定资产确认的条件

固定资产在同时满足以下两个条件时，才能予以确认：

1. 该固定资产包含的经济利益很可能流入企业。判断固定资产包含的经济利益是否很可能流入企业的主要依据是与该项固定资产所有权相关的风险和报酬是否转移到了企业，即企业是否取得了固定资产的所有权或者是否能控制该项固定资产所包含的经济利益流入企业。如果既没有取得所有权，又不能控制该项固定资产所包含的经济利益流入企业,即使该项资产存放在企业,也不能作为企业的固定资产。

2. 该固定资产的成本能够可靠地计量。为取得该项固定资产而发生的支出必须能够可靠地计量,才能作为固定资产予以确认。对于已达到预定可使用状态,但尚未办理竣工决算的固定资产,可以根据有关预算或成本资料按估计价值确定其成本,待办理竣工决算后再按实际成本调整原来的估计价值。

企业在进行固定资产确认时,应根据固定资产定义和确认条件加以判断。

二、固定资产的初始计量

固定资产的初始计量,是指确定固定资产的取得成本。固定资产的取得成本又称固定资产原始价值,或原值。它是指企业购建的某项固定资产达到预定可使用状态前所发生的一切必要的、合理的支出。固定资产取得的渠道不同,其入账价值的构成内容也不尽相同。

固定资产确认和初始计量,是通过"固定资产""在建工程"等账户核算的。

"固定资产"账户用来核算企业的固定资产原值,借方登记取得的固定资产原值,贷方登记报废、出售、毁损等原因减少的固定资产原值。

"在建工程"账户用来核算企业进行基建工程、安装工程、技术改造工程等发生的实际支出和需要安装设备的价值,借方登记发生的各项实际支出,贷方登记转入"固定资产"账户的固定资产实际成本。本账户应按"建筑工程"、"安装工程"、"在安装设备"、"待摊支出"以及单项工程等进行明细核算。

"固定资产"总账下应当设置"固定资产登记簿""固定资产卡片",按固定资产类别、使用部门和每项固定资产进行明细核算。

固定资产登记簿按固定资产类别、使用部门设置,以金额登记固定资产的增减变动和结存情况。

固定资产卡片按每一项固定资产设置,一般一式三份,由房屋设备保管部门、使用部门和会计部门分别登记和保管。固定资产卡片应记载以下内容:①取得方式、取得时间及其凭证;②固定资产类别、编号、名称、制造企业、规格、出厂日期;③设备重量、图纸编号、额定转速、安装地点、功率、安装日期、启用日期、使用单位、存放地点;④原始价值、预计残值、预计处置费用、预计寿命、月折旧率;⑤已提折旧、检修记录、内部转移记录、处置清理记录。

(一)外购的固定资产

外购固定资产的成本,包括购买价款、相关税费(不含一般纳税人的增值税)、使固定资产达到预定可使用状态前所发生的可归属于该项资产的运输费、装卸费、安装费和专业人员服务费等。

如果企业以一笔款项购入多项没有单独标价的资产，且这些资产均符合固定资产的定义，并满足固定资产的确认条件，则应将各项资产单独确认为固定资产，并按各项固定资产公允价值的比例对总成本进行分配，分别确定各项固定资产的成本。

企业购入不需要安装设备，可将发生的价款和相关税费直接记入"固定资产"账户的借方，并贷记"银行存款""应付账款""应付票据""长期应付款"等账户。

企业购入需要安装设备，应先通过"在建工程"账户核算购入和安装设备发生的各项支出，待安装完毕时，再将确定的固定资产成本转入"固定资产"账户。

如果企业采用分期付款方式购买固定资产，且在合同中规定的付款期限比较长，超过了正常信用条件（通常在3年以上），则该类购货合同实质上具有融资性质。在这种情况下，购入固定资产的成本不能以各期付款额之和确定，而应以各期付款额的现值之和确定。购入固定资产时，按购买价款的现值，借记"固定资产"或"在建工程"账户；按应支付的金额，贷记"长期应付款"账户；购买价款的现值与应支付的金额之间的差额，应确认为未确认融资费用，借记"未确认融资费用"账户。各期实际支付的价款与购买价款的现值之间的差额，在达到预定可使用状态之前符合《企业会计准则第17号——借款费用》中规定的资本化条件的，应当计入固定资产成本，其余部分应当在信用期间内确认为财务费用，计入当期损益。

【例7-1】 甲房地产公司为增值税一般纳税人，购入运输汽车一辆，价款为240 000元、增值税税率为16%，运费为8 880元、增值税为880元。其增值税已经税务机关认证，款项已用银行存款支付。则：

借：固定资产	248 880	
应交税费——应交增值税（进项税额）	39 280	
贷：银行存款		288 160

【例7-2】 甲房地产公司为增值税一般纳税人，购入需要安装设备一台，价款为200 000元、增值税为32 000元，运费为2 220元、增值税为220元，已用银行存款支付。在安装过程中领用原材料4 000元，应付安装人员薪酬20 000元。其增值税已经税务机关认证。则：

（1）取得设备，支付款项：

借：在建工程——在安装设备	202 220	
应交税费——应交增值税（进项税额）	32 220	
贷：银行存款		234 440

（2）领用材料和应付职工薪酬：

借：在建工程——在安装设备　　24 000

　贷：原材料　　4 000

　　应付职工薪酬　　20 000

（3）设备安装完毕，达到预定可使用状态：

借：固定资产　　226 220

　贷：在建工程——在安装设备　　226 220

【例 7－3】 2016 年 1 月 1 日，甲房地产公司（以下简称“甲公司”）采用分期付款方式购入一台需要安装的大型机器设备。该设备价款共计 180 万元，合同约定，2016 年 1 月 1 日支付款项 30 万元，其余款项在 2016 年至 2020 年 5 年期间的年末平均支付。2016 年 1 月 1 日，设备运抵甲公司并开始安装，用银行存款支付运杂费和相关税费 32 万元。2016 年 12 月 31 日，设备达到预定可使用状态，用银行存款支付安装费 8 万元。折现率为 10%。甲公司按照合同约定如期支付了各期款项。不考虑增值税。

（1）2016 年 1 月 1 日：

$$(P/A, 10\%, 5) = 3.790\ 8$$

购买价款的现值为：

$$30 + 30 \times 3.790\ 8 = 143.724（万元）$$

借：在建工程　　1 437 240

　未确认融资费用　　362 760

　贷：长期应付款　　1 800 000

借：长期应付款　　300 000

　贷：银行存款　　300 000

借：在建工程　　320 000

　贷：银行存款　　320 000

未确认融资费用的分摊表，见表 7－1。

表 7－1　甲公司未确认融资费用分摊表

2016 年 1 月 1 日　　单位：元

时　间	分期付款额	确认的融资费用	应付本金减少额	应付本金余额
①	②	③＝期初⑤×10%	④＝③－②	期末⑤＝期初⑤－④
2016.01.01				1 437 240－300 000 ＝1 137 240

续表

时 间	分期付款额	确认的融资费用	应付本金减少额	应付本金余额
①	②	③ = 期初⑤ × 10%	④ = ③ - ②	期末⑤ = 期初⑤ - ④
2016.12.31	300 000	113 724	186 276	950 964
2017.12.31	300 000	95 096.40	204 903.60	746 060.40
2018.12.31	300 000	74 606.04	225 393.96	520 666.44
2019.12.31	300 000	52 066.64	247 933.36	272 733.08
2020.12.31	300 000	300 000 - 272 733.08 = 27 266.92	272 733.08	0
合 计	1 500 000	362 760	1 137 240	

(2)2016 年 1 月 1 日—2016 年 12 月 31 日:

借:在建工程　　80 000
　贷:银行存款　　80 000
借:长期应付款　　300 000
　贷:银行存款　　300 000
借:在建工程　　113 724
　贷:未确认融资费用　　113 724
借:固定资产　　1 950 964
　贷:在建工程　　1 950 964

(3)2017—2020 年,每年年末:

2017 年 12 月 31 日:

借:长期应付款　　300 000
　贷:银行存款　　300 000
借:财务费用　　95 096.40
　贷:未确认融资费用　　95 096.40

以后各会计年度末的会计分录,参见 2017 年 12 月 31 日。

(二)自行建造的固定资产

自行建造的固定资产以建造该项固定资产达到预定可使用状态前所发生的必要支出作为实际成本,包括工程用物资成本、人工成本、交纳的相关税费,应予资本化的借款利息以及应分摊的间接费用。工程物资应当以实际支付的买价、不能抵扣的增值税额、运输费、保险费等相关税费作为实际成本。

需要说明的是：①工程用的外购设备和材料成本中应包括增值税进项税额；②盘盈、盘亏、报废、毁损的工程物资，减去保险索赔、过失人索赔后的净损失，计入或冲减所建工程项目的成本，工程已完工的，计入当期营业外支出；③在建工程发生单项或单位工程报废或毁损，减去残料价值、保险赔偿、过失人赔偿后的净损失，计入继续施工的工程成本，如为非常原因造成的报废或毁损，或工程项目全部报废或毁损，其净损失计入当期营业外支出。

自行建造固定资产可以采用自营和出包两种方式。

1. 自营方式。自营方式是指由企业自行组织施工队建造房屋、建筑物和其他设施，或由企业附属的设备制造和修理部门自行制造机器设备。在这种方式下，应增设“工程物资”账户，核算购入的设备和工程用材料的成本。自行建造过程中所领用的设备、材料和发生的各项费用都应先记入“在建工程”账户借方，待固定资产建造完成，达到预定可使用状态时，再将确定的固定资产实际成本转入“固定资产”账户的借方。

【例7－4】 甲房地产公司自行建造办公楼，并采用自营方式施工。发生以下经济业务：①购入工程用物资400万元、增值税64万元，运费2万元、增值税0.2万元，款项已用银行存款支付；②领用工程物资392万元；③领用开发用原材料2万元；④应付工程人员薪酬238万元；⑤施工机械折旧费80万元；⑥工程物资盘亏3万元，其中工程完工前盘亏2万元，完工后盘亏1万元；⑦工程达到预定可使用状态；⑧剩余工程物资转作公司的原材料。增值税已经税务机关认证。则：

(1)借：工程物资	4 020 000	
应交税费——应交增值税(进项税额)	642 000	
贷：银行存款		4 662 000
(2)借：在建工程——办公楼	3 920 000	
贷：工程物资		3 920 000
(3)借：在建工程——办公楼	20 000	
贷：原材料		20 000
(4)借：在建工程——办公楼	2 380 000	
贷：应付职工薪酬		2 380 000
(5)借：在建工程——办公楼	800 000	
贷：累计折旧		800 000
(6)借：待处理财产损溢	30 000	
贷：工程物资		30 000
借：在建工程——办公楼	20 000	
营业外支出	10 000	
贷：待处理财产损溢		30 000

(7)借:固定资产　　7 140 000

　　贷:在建工程——办公楼　　7 140 000

(8)借:原材料　　70 000

　　贷:工程物资　　70 000

2. 出包方式。出包方式是指房地产企业将自行建造固定资产工程委托施工企业或工业企业进行。企业以出包方式建造固定资产,其成本由建造该项固定资产达到预定可使用状态前所发生的必要支出构成,包括发生的建筑工程支出、安装工程支出,以及需分摊计入各固定资产价值的待摊支出。待摊支出是指在建设期间发生的,不能直接计入某项固定资产价值,而应由所建造固定资产共同负担的相关费用,包括为建造工程发生的管理费、可行性研究费、临时设施费、公证费、监理费、应负担的税金、符合资本化条件的借款费用、建设期间发生的工程物资盘亏、报废及毁损净损失以及负荷联合试车费等。企业为建造固定资产通过出让方式取得土地使用权而支付的土地出让金不计入在建工程成本,应确认为无形资产(土地使用权)。房地产企业应与承包企业按期结算工程款和设备款,并将应支付的工程款和设备款记入"在建工程"账户的借方,贷记"应付账款""银行存款""工程物资——××设备"等账户;发生的待摊支出,借记"在建工程——待摊支出"账户,贷记"银行存款""长期借款""应付职工薪酬"等账户。

在建工程达到预定可使用状态时,首先应当将待摊支出分配计入各项工程成本,再确定固定资产成本,并将固定资产实际成本从"在建工程——建筑工程""在建工程——安装工程""在建工程——待摊支出"账户的贷方转入"固定资产"账户的借方。

房屋建筑物等固定资产实际成本 = 建筑工程支出 + 应分摊的待摊支出

需要安装设备的实际成本 = 设备成本 + 设备基础、支架等建筑工程支出 + 设备安装工程支出 + 应分摊的待摊支出

$$待摊支出分配率 = \frac{累计发生的待摊支出}{建筑工程支出 + 安装工程支出 + 在安装设备支出} \times 100\%$$

【例 7-5】　甲公司经当地有关部门批准,新建水泥厂,由 A、B、C 三个单项工程构成。2018 年 2 月 1 日,甲公司与乙公司签订合同,将该项目出包给乙公司承建。根据双方签订的合同,A 工程的价款为 500 万元,B 工程的价款为 300 万元,C 工程设备的安装价款为 50 万元。建造期间发生的有关资料如下(假设不考虑相关税费):

(1)2018 年 2 月 10 日,甲公司按照合同约定向乙公司预付 10% 的备料款 80 万元,其中 A 工程为 50 万元,B 工程为 30 万元。

(2)2018 年 8 月 2 日，A、B 工程进度达到 50%，甲公司与乙公司办理工程价款结算 400 万元、增值税 39.64 万元，其中 A 工程为 250 万元，B 工程为 150 万元。甲公司抵扣了预付备料款后，将余款用银行存款支付。

(3)2018 年 10 月 8 日，甲公司购入需要安装设备，价款总计 350 万元，增值税额为 56 万元，已用银行存款支付。

(4)2019 年 3 月 10 日，建筑工程主体已完工，甲公司与乙公司办理工程价款结算 400 万元、增值税 39.64 万元，其中，A 工程为 250 万元，B 工程为 150 万元。甲公司向乙公司开具了一张期限为 3 个月的商业票据。

(5)2019 年 4 月 1 日，甲公司将设备运抵现场，交付乙公司进行安装。

(6)2019 年 5 月 10 日，设备安装完毕，达到预定可使用状态，甲公司与乙公司办理设备安装价款结算 50 万元、增值税 4.955 万元，款项已支付。

(7)工程项目发生管理费、可行性研究费、公证费、监理费共计 24 万元，增值税 1 万元，已用银行存款支付。

假设水泥厂实行独立核算，为增值税一般纳税人，增值税进项税额不得计入设备成本且已经税务机关认证。则：

(1)2018 年 2 月 10 日，预付备料款：

借：预付账款	800 000	
贷：银行存款		800 000

(2)2018 年 8 月 2 日，办理建筑工程价款结算：

借：在建工程——建筑工程 A	2 500 000	
——建筑工程 B	1 500 000	
应交税费——应交增值税（进项税额）	396 400	
贷：银行存款		3 596 400
预付账款		800 000

(3)2018 年 10 月 8 日，购入设备：

借：工程物资——设备	3 500 000	
应交税费——应交增值税（进项税额）	560 000	
贷：银行存款		4 060 000

(4)2019 年 3 月 10 日，办理建筑工程价款结算：

借：在建工程——建筑工程 A	2 500 000	
在建工程——建筑工程 B	1 500 000	
应交税费——应交增值税（进项税额）	396 400	
贷：应付票据		4 396 400

(5) 2019 年 4 月 1 日,将设备交付乙公司安装:

借:在建工程——在安装设备 C　　3 500 000

　贷:工程物资——设备　　3 500 000

(6)2019 年 5 月 10 日,办理安装工程价款结算:

借:在建工程——在安装设备 C　　500 000

　应交税费——应交增值税(进项税额)　　49 550

　贷:银行存款　　549 550

(7)支付工程发生的管理费、可行性研究费、公证费、监理费:

借:在建工程——待摊支出　　240 000

　应交税费——应交增值税(进项税额)　　10 000

　贷:银行存款　　250 000

(8)计算分配待摊支出:

待摊支出分配率 = 24 ÷ (500 + 300 + 50 + 350) × 100% = 2%

A 工程应分配的待摊支出 = 500 × 2% = 10(万元)

B 工程应分配的待摊支出 = 300 × 2% = 6(万元)

C 设备应分配的待摊支出 = (350 + 50) × 2% = 8(万元)

借:在建工程——建筑工程 A　　100 000

　　——建筑工程 B　　60 000

　　——在安装设备 C　　80 000

　贷:在建工程——待摊支出　　240 000

(9)计算结转固定资产的成本:

A 固定资产成本 = 500 + 10 = 510(万元)

B 固定资产成本 = 300 + 6 = 306(万元)

C 设备的成本 = (350 + 50) + 8 = 408(万元)

借:固定资产——A 项目　　5 100 000

　　——B 项目　　3 060 000

　　——设备 C　　4 080 000

　贷:在建工程——建筑工程 A　　5 100 000

　　——建筑工程 B　　3 060 000

　　——在安装设备 C　　4 080 000

(三)租入的固定资产

企业采用租赁方式租入固定资产,应施行 2019 年修订后的《企业会计准则第 21 号——租赁》的规定。

租赁合同是指在一定期间内,出租人将资产的使用权让与承租人以获取对价的合同。在合同开始日，企业应当评估合同是否为租赁或者是否包含租赁。如果合同中一方让渡了在一定期间内控制一项或多项已识别资产使用的权利以换取对价，则该合同为租赁或者包含租赁。

为确定合同是否让渡了在一定期间内控制已识别资产使用的权利，企业应当评估合同中的客户是否有权获得在使用期间内因使用已识别资产所产生的几乎全部经济利益，并有权在该使用期间主导已识别资产的使用。

已识别资产通常由合同明确指定，也可以在资产可供客户使用时隐性指定。但是，即使合同已对资产进行指定，如果资产的供应方在整个使用期间拥有对该资产的实质性替换权，则该资产不属于已识别资产。同时符合下列条件时，表明供应方拥有资产的实质性替换权：①资产供应方拥有在整个使用期间替换资产的实际能力；②资产供应方通过行使替换资产的权利将获得经济利益。企业难以确定供应方是否拥有对该资产的实质性替换权的，应当视为供应方没有对该资产的实质性替换权。

存在下列情况之一的，可视为客户有权主导对已识别资产在整个使用期间内的使用：①客户有权在整个使用期间主导已识别资产的使用目的和使用方式；②已识别资产的使用目的和使用方式在使用期开始前已预先确定，并且客户有权在整个使用期间自行或主导他人按照其确定的方式运营该资产，或者客户设计了已识别资产并在设计时已预先确定了该资产在整个使用期间的使用目的和使用方式。

从承租人的角度，可将租入资产分为需要确认使用权资产的租赁和不需要确认使用权资产的租赁两大类。使用权资产是指承租人可在租赁期内使用租赁资产的权利。可见，修订后的租赁准则取消了承租人的融资租赁与经营租赁分类，要求承租人对除短期租赁和低价值资产租赁以外的所有租赁确认使用权资产和租赁负债，并分别确认折旧和利息费用，即采用与原融资租赁会计处理类似的单一模型。

既然承租人有权获得在使用期间内因使用已识别资产所产生的几乎全部经济利益，并有权在该使用期间主导已识别资产的使用，取得了租赁资产的使用权、支配权和收益权，而出租人只是保留了租赁资产的所有权，那么承租人可将租赁资产视同自有资产管理，在租赁期开始日，确认使用权资产和租赁负债。租赁开始日是指出租人提供租赁资产使其可供承租人使用的起始日期。

短期租赁是指在租赁期开始日，租赁期不超过12个月的租赁，但包含购买选择权的租赁不属于短期租赁。低价值资产租赁是指单项租赁资产为全新资产时价值较低的租赁。低价值资产租赁的判定仅与资产的绝对价值有关，不受承租人规模、性质或其他情况影响。低价值资产租赁还应当符合以下两项条件：①承租人可从单独使用该资产或将其与易于获得的其他资源一起使用中获利；②该资产与合同中的其他资产不存在高度依赖或高度关联关系。对于短期租赁和低价值资产租赁，承租人可以不确认使用权资产和租赁负债，而是将短期租赁和低价值资产租赁的租赁付款额，在租赁期内各个期间按照直线法或其他系统合理的方法计入相关资产成本或当期损益。其他系统合理的方法能够更好地反映承租人的受益模式的，承租人应当采用该方法。因此，承租人的短期租赁和低价值资产租赁不涉及固定资产的初始计量。

1. 使用权资产的初始计量。使用权资产应当按照成本进行初始计量。

使用权资产成本 = 租赁负债的初始计量金额 + 在租赁期开始日或之前支付的租赁付款额 - 已享受的租赁激励相关金额 + 承租人发生的初始直接费用 + 承租人为拆卸及移除租赁资产、复原租赁资产所在场地或将租赁资产恢复至租赁条款约定状态预计将发生的成本

租赁激励，是指出租人为达成租赁向承租人提供的优惠，包括出租人向承租人支付的与租赁有关的款项、出租人为承租人偿付或承担的成本等。

初始直接费用，是指为达成租赁所发生的增量成本。增量成本是指若企业不取得该租赁，则不会发生的成本。

2. 租赁负债的初始计量。租赁负债应当按照租赁期开始日尚未支付的租赁付款额的现值进行初始计量。在计算租赁付款额的现值时，承租人应当采用租赁内含利率作为折现率；无法确定租赁内含利率的，应当采用承租人增量借款利率作为折现率。

租赁付款额，是指承租人向出租人支付的与在租赁期内使用租赁资产的权利相关的款项。

租赁付款额 = 固定付款额及实质固定付款额 - 租赁激励相关金额 + 取决于指数或比率的可变租赁付款额 + 购买选择权的行权价格（或行使终止租赁选择权需支付的款项）+ 承租人提供的担保余值预计应支付的款项

实质固定付款额，是指在形式上可能包含变量但实质上无法避免的付款额。

可变租赁付款额，是指承租人为取得在租赁期内使用租赁资产的权利，向出租人支付的因租赁期开始日后的事实或情况发生变化（而非时间推移）而变动的款项。取决于指数或比率的可变租赁付款额包括与消费者价格指数挂钩的款项、与基准利率挂钩的款项和为反映市场租金费率变化而变动的款项等。与出租人无关的一方向出租人提供担保，保证在租赁结束时租赁资产的价值至少为某指定的金额，该金额即担保余值。

企业为取得使用权资产自行支付的初始直接费用和运杂费、安装费等计入使用权资产的初始成本，但不构成租赁负债的入账价值。

3. 未确认融资费用。使用权资产初始计量成本与租赁付款额之间的差额，

作为未确认融资费用。未确认融资费用应从租赁开始日起在租赁期内按实际利率法摊销,并将摊销额计入当期财务费用。

企业应设置“使用权资产”账户和“租赁负债”账户分别核算使用权资产的初始成本和租赁负债的增减变动情况,并在“租赁负债”账户下分别设置“租赁付款额”和“未确认融资费用”两个明细账户。

履约成本在发生时直接计入当期损益。或有租金在发生时应分别按不同情况处理,按销售百分比或使用量计算的,记入“销售费用”账户;按物价指数计算的,记入“财务费用”账户。

融资租入固定资产应采用与自有固定资产相同的折旧政策。

【例7－6】 2018 年 12 月 15 日,甲房地产公司(以下简称“甲公司”)与乙租赁公司(以下简称“乙公司”)签订一份施工设备租赁合同,有关条款如下:①租赁期开始日 2018 年 12 月 31 日,租赁期 2018 年 12 月 31 日至 2020 年 12 月 31 日;②每年年末支付租金1 000万元,租赁期届满,设备估计余值 200 万元,甲公司担保的余值为 100 万元,未担保的余值为 100 万元;③2018 年 12 月 31 日,该全新的施工设备原账面价值 1 730 万元,公允价值 1 930 万元,预计使用年限 3 年;④出租人租赁内含利率 6%;⑤租赁期届满,甲公司将设备归还乙公司。

设备已于 2018 年 12 月 31 日投入使用。甲公司用银行存款支付初始直接费 1 万元、设备运杂费 1 万元。未确认融资费用采用实际利率法摊销,固定资产采用直线法计提折旧。甲公司的会计处理如下:

(1)租赁期开始日:

$$租赁付款额 = 1\ 000 \times 2 + 100 = 2\ 100(万元)$$

$$\begin{aligned}租赁付款额的现值 &= 1\ 000 \div (1 + 6\%) + 1\ 000 \div (1 + 6\%)^2 + 100 \div (1 + 6\%)^2 \\ &= 1\ 922.4(万元)\end{aligned}$$

$$使用权资产初始成本 = 1\ 922.4 + 2 = 1\ 924.4(万元)$$

$$未确认融资费用 = 2\ 100 - 1\ 922.4 = 177.6(万元)$$

借:使用权资产——租入固定资产	19 244 000
租赁负债——未确认融资费用	1 776 000
贷:租赁负债——租赁付款额	21 000 000
银行存款	20 000

(2)2019 年 12 月 31 日:

$$摊销的未确认融资费用 = 1\ 922.4 \times 6\% = 115.34(万元)$$

$$计提的折旧额 = (1\ 924.4 - 100) \div 2 = 912.2(万元)$$

借:租赁负债——租赁付款额	10 000 000
贷:银行存款	10 000 000

借:财务费用　　1 153 400
　贷:租赁负债——未确认融资费用　　1 153 400
借:开发成本(或"工程施工"等)　　9 122 000
　贷:累计折旧　　9 122 000

(3)2020 年 12 月 31 日:

摊销的未确认融资费用 = [1 922.4 − (1 000 − 115.34)] × 6% = 62.26(万元)

计提的折旧额 = (1 924.4 − 100) ÷ 2 = 912.2(万元)

借:租赁负债——租赁付款额　　10 000 000
　贷:银行存款　　10 000 000
借:财务费用　　622 600
　贷:租赁负债——未确认融资费用　　622 600
借:开发成本(或"工程施工"等)　　9 122 000
　贷:累计折旧　　9 122 000
借:租赁负债——租赁付款额　　1 000 000
　累计折旧　　18 244 000
　贷:使用权资产——租入固定资产　　19 244 000

(四)其他方式取得的固定资产

1. 企业以非货币性资产交换换入的固定资产、债务重组受让的固定资产、投资者投入的固定资产的实际成本,请参见第四章"存货"的初始计量。

2. 盘盈的固定资产成本。盘盈的固定资产按同类或类似固定资产的市场价格,减去按该项资产新旧程度估计的价值损耗后的余额,作为入账价值;但如果同类或类似固定资产不存在活跃市场,则以该项固定资产的预计未来现金流量的现值作为入账价值。盘盈的固定资产,作为前期差错处理,在按管理权限批准处理之前,应先通过"以前年度损益调整"账户核算。在批准处理后,调整年初留存收益。

在固定资产的入账价值中,还应包括为取得固定资产缴纳的契税、耕地占用税、车辆购置税、符合资本化条件的固定资产专门借款的利息、利息调整摊销额、外币本金及利息的汇兑差额和借款的辅助费用等。

固定资产原值反映企业对固定资产的原始投资,具有客观性和可验证性,是企业确定新增固定资产入账价值和对其计提固定资产折旧的依据。

第二节 固定资产的后续计量

一、固定资产折旧

(一)固定资产折旧的含义

固定资产折旧,是指固定资产在使用寿命内,按照确定的方法对应计折旧额进行的系统分摊。应计折旧额,是指应当计提折旧的固定资产原值扣除其预计净残值后的金额。如果已对固定资产计提减值准备,还应当扣除已计提的固定资产减值准备累计金额。正确计提固定资产折旧,对于合理确定开发产品成本和从销售收入中补偿固定资产耗损、维持固定资产再生产,都是至关重要的。

(二)影响固定资产折旧的因素

影响固定资产折旧的因素主要有:

1. 固定资产原值,即固定资产的成本。

2. 预计净残值。预计净残值是指假定固定资产预计使用寿命已满并处于使用寿命终了时的预计状态,企业目前从该项资产处置中获得的扣除预计处置费用后的金额。

3. 固定资产减值准备。固定资产减值准备是指固定资产已计提减值准备的累计金额。固定资产计提减值准备后,应将固定资产账面余额扣减累计折旧、累计减值准备和预计净残值后的账面价值,作为应计折旧额,重新计算确定折旧率和折旧额。

4. 固定资产使用寿命。固定资产使用寿命通常是指固定资产的预计使用期间,在按工作量法计提折旧时,是指固定资产所能生产产品或提供劳务的数量。确定固定资产使用寿命时,应当综合考虑该项固定资产的预计生产能力、有形损耗、无形损耗以及有关法律或规定的约束。一般说来,固定资产的折旧年限就是固定资产的预计使用年限。它不仅取决于物理、化学等方面作用引起的有形损耗,也取决于技术进步、技术更新引起的使用寿命缩短或相对经济效益降低引起的无形损耗。企业应当对影响固定资产使用年限的因素作出合理的预计,并参照税法对各类固定资产折旧年限所做的规定,确定企业各项固定资产折旧年限。

需要指出的是,融资租入固定资产的折旧年限应区别以下两种情况确定:①如果能够合理确定租赁期届满时承租人将取得租赁资产所有权,则应以租赁期开始日租赁资产的使用寿命作为折旧期间;②如果无法合理确定租赁期届满时承租人能够取得租赁资产的所有权,则以租赁期与租赁资产尚存的使用寿命两者中较短者作为折旧期间。

(三)计提折旧的固定资产范围

除以下两种情况外,企业应对所有的固定资产计提折旧:①已提足折旧仍继续使用的固定资产;②按规定单独计价作为固定资产的土地。

需要指出的是:

1. 企业转入更新改造的固定资产,从将固定资产账面价值转入"在建工程"账户的第二个月起不再计提折旧,待更新改造项目达到预定可使用状态转入固定资产后,再按重新确定的折旧方法和使用寿命计提折旧。

2. 以融资租赁方式租入的固定资产和以经营租赁方式出租的固定资产,应当计提折旧;以融资租赁方式出租的固定资产和以经营租赁方式租入的固定资产,不应计提折旧。

3. 已达预定可使用状态但尚未办理竣工决算的固定资产,应按估计价值入账,并计提折旧,待办理竣工决算后再按实际成本调整固定资产的暂估价值,但不需要调整原已计提的折旧。

4. 企业一般应当按月初固定资产原值计提折旧。当月增加的固定资产,当月不计提折旧,从下月开始起计提折旧;当月减少的固定资产,当月照提折旧,从下月开始起不再计提折旧。

5. 固定资产提足折旧后不论是否使用,均不再计提折旧。提前报废的固定资产不再补提折旧。

6. 未使用和不需用的固定资产应计提折旧,并将计提的折旧计入当期管理费用。

7. 因大修理停用的固定资产应计提折旧,并将计提的折旧计入"开发成本""机械使用费用""开发间接费用"等有关的成本费用账户。

(四)固定资产折旧的方法

企业应当根据与固定资产有关的经济利益的预期实现方式合理选择折旧方法。可选用的折旧方法包括年限平均法、工作量法、双倍余额递减法和年数总和法等。企业选用不同的固定资产折旧方法,将影响固定资产使用寿命期间内不同时期的折旧费用,因此,固定资产的折旧方法一经确定,不得随意变更。

1. 年限平均法。年限平均法,是指将固定资产的应计折旧额均衡地分摊到固定资产预计使用寿命内的一种方法。按照这种方法计算提取的折旧额,在各个使用年份或月份都是相等的,折旧的积累金额呈直线上升趋势,因此,这种方法又称

为直线法。其计算公式为:

$$固定资产年折旧额=\frac{固定资产原值-预计净残值}{固定资产预计使用年限}$$

$$固定资产月折旧额=\frac{固定资产年折旧额}{12}$$

在实际工作中,为了反映固定资产在一定时期内的损耗程度并简化核算,企业每月应计提的折旧额一般是根据固定资产的原值乘以月折旧率计算确定的。固定资产折旧率的计算公式为:

$$固定资产年折旧率=\frac{\frac{固定资产原值-预计净残值}{固定资产预计使用年限}}{固定资产原值}\times 100\%$$

$$=\frac{1-预计净残值率}{固定资产预计使用年限}\times 100\%$$

$$固定资产月折旧率=\frac{固定资产年折旧率}{12}$$

$$固定资产月折旧额=固定资产原值\times 固定资产月折旧率$$

【例 7 -7】 企业某项固定资产原值为 20 万元,预计使用年限为 10 年,预计残值收入 0.4 万元,预计处置费用为 0.2 万元,该固定资产采用年限平均法计提折旧,则:

$$固定资产年折旧额=\frac{20-(0.4-0.2)}{10}=1.98(万元)$$

$$固定资产月折旧额=\frac{1.98}{12}=0.165(万元)$$

或

$$固定资产年折旧率=\frac{1-0.2\div 20}{10}\times 100\% =9.9\%$$

$$固定资产月折旧率=\frac{9.9\%}{12}=0.825\%$$

$$固定资产月折旧额=20\times 0.825\% =0.165(万元)$$

上述计算的折旧率和折旧额是按单项固定资产计算的,其年(月)折旧率称为个别折旧率。在实际工作中,为简化固定资产折旧额计算的工作,企业往往采用分类折旧率。固定资产分类折旧率的计算公式如下:

$$某类固定资产分类年折旧率=\frac{该类固定资产年折旧额}{该类固定资产原值}\times 100\%$$

为了准确计算固定资产折旧额,一般不得采用综合折旧率。

年限平均法的优点是直观、简便。其缺点是:①由于该方法侧重于时间因素,因而忽视了固定资产不同使用期间的经济效益的差异;②随着固定资产的连续使用,其相应的修理、维护费用逐渐增加,但由于各期所提折旧额相同,导致各期成本费用负担的固定资产使用成本不均衡。

2. 工作量法。工作量法是根据实际工作量计算各期应计提折旧额的一种方法。其基本计算公式为：

$$每一工作量折旧额=\frac{固定资产原值\times(1-预计净残值率)}{预计总工作量}$$

$$\begin{matrix}某项固定资产\\月折旧额\end{matrix}=\begin{matrix}该项固定资产\\当月的工作量\end{matrix}\times\begin{matrix}每一工作量\\折旧额\end{matrix}$$

【例 7-8】 某企业有运输货车一辆，原值为 30 万元，预计净残值率为 5%，预计总行驶里程为 50 万公里，当月行驶 6 000 公里，则该项固定资产的月折旧额计算如下：

$$单位里程折旧额=\frac{30\times(1-5\%)}{50}=0.57(元)$$

$$本月折旧额=6\ 000\times0.57=3\ 420(元)$$

工作量法是按照固定资产所完成的工作量来计算每期的折旧额。其优点是：简明易算，且计提的折旧额与固定资产的使用程度相联系。其缺点是忽视了无形损耗对固定资产的影响。另外，要准确预计固定资产在其使用期间的预计总工作量也比较困难。

工作量法主要适用于运输车辆、各期使用时间不均衡的大型施工机械，以及大型精密设备的折旧计算。

3. 双倍余额递减法。双倍余额递减法是在不考虑预计净残值情况下，根据每期期初固定资产账面原值减去累计折旧后的余额和双倍直线法折旧率计算固定资产折旧的方法。其计算公式为：

$$年折旧率=\frac{2}{预计使用年限}\times100\%$$

$$年折旧额=年初固定资产净值\times年折旧率$$

$$月折旧额=年折旧额\div12$$

需要说明的是，本书上述公式不同于相关会计考试教材，没有列示月折旧率，也没有根据月折旧率计算月折旧额，而是直接根据年折旧额除以 12 求出月折旧额，从而一方面更便于准确理解公式中的“固定资产账面净值”为年初固定资产净值，而非年内各月月初固定资产净值，另一方面也简化了会计实务中月折旧额的计算。

需要注意的是，双倍余额递减法不考虑固定资产预计净残值，且各年折旧额呈递减趋势，因此，为了防止折旧年限终了时出现账面折余价值与预计净残值不一致及最后几年计提的折旧额高于前期的情况，当符合下列条件时，应转换为直线法计提折旧额：

$$\frac{\text{固定资产账面折余价值}-\text{预计净残值}}{\text{剩余使用年限}}>\begin{matrix}\text{该年按双倍余额递减法}\\\text{计算的折旧额}\end{matrix}$$

为简化核算，我国企业的现行做法是：实行双倍余额递减法的固定资产，在其固定资产折旧年限到期前两年内，将固定资产净值扣除预计净残值后的净额平均摊销。

【例 7－9】 甲房地产公司拥有施工设备一台，原值为 40 万元，预计净残值为其原值的 3%，预计使用年限为 5 年。采用双倍余额递减法计算各年折旧额，如表 7－2 所示。

表 7－2 各年折旧额及其他

年份	期初账面净值（元）	年折旧率（%）	年折旧额（元）	累计折旧额（元）	期末账面净值（元）
					400 000
1	400 000	40	160 000	160 000	240 000
2	240 000	40	96 000	256 000	144 000
3	144 000	40	57 600	313 600	86 400
4	86 400		37 200	350 800	49 200
5	36 900		37 200	388 000	12 000

$$\begin{matrix}\text{第 4、5 年}\\\text{年折旧额}\end{matrix}=\frac{(86\ 400-400\ 000\times 3\%)}{2}=37\ 200(\text{元})$$

【例 7－10】 沿用例 7－9 的资料。如果甲房地产公司于第 1 年 7 月 10 日购入并投入使用施工设备，则第 1 年和第 2 年计提折旧额的计算如下：

$$\text{第 1 年应计提的折旧额}=\frac{400\ 000\times 40\%\times 5}{12}=66\ 666.67(\text{元})$$

$$\text{第 2 年应计提的折旧额}=\frac{400\ 000\times 40\%\times 7}{12}+\frac{240\ 000\times 40\%\times 5}{12}=133\ 333.33(\text{元})$$

从本例可以看出：①在会计实务中，按双倍余额递减法和下述年数总和法计提折旧时，某项固定资产某一会计年度的折旧额，可能涉及两个折旧年度折旧额的计算；②在加速折旧法下，以年折旧额为基础计算月折旧额是常用的简便方法。

4. 年数总和法。年数总和法又称年限合计法，是指将固定资产的原值减去净残值后的余额，乘以一个以固定资产尚可使用寿命为分子、以预计使用寿命逐年数字之和为分母的逐年递减的分数计算每年折旧额的方法。其计算公式如下：

$$年折旧率 = \frac{尚可使用年限}{预计使用寿命的年数总和} \times 100\%$$

或

$$年折旧率 = \frac{预计使用年数 - 已使用年数}{预计使用年数 \times (预计使用年数 + 1) \div 2} \times 100\%$$

$$年折旧额 = (固定资产原值 - 预计净残值) \times 年折旧率$$

$$月折旧额 = 年折旧额 \div 12$$

月折旧额的说明同双倍余额递减法。

【例7－11】 甲房地产公司某项固定资产原值为50 000元，预计净残值率为4%，预计使用寿命为5年。采用年数总和法计提折旧，各年折旧额如表7－3所示。

表7－3 各年折旧额及其他

年份	原值－预计净残值(元)	年初尚可使用年限	年折旧率(%)	年折旧额(元)	累计折旧额(元)
1	48 000	5	5/15	16 000	16 000
2	48 000	4	4/15	12 800	28 800
3	48 000	3	3/15	9 600	38 400
4	48 000	2	2/15	6 400	44 800
5	48 000	1	1/15	3 200	48 000

双倍余额递减法和年数总和法均属于加速折旧法。在加速折旧法下固定资产前期计提折旧多，后期计提折旧少，从而使固定资产价值在预计使用年限内加快得到补偿。从例题还可以看出，双倍余额递减法的各年折旧额递减速度大于年数总和法，更能加快固定资产价值的补偿。

(五)固定资产折旧的会计处理

固定资产折旧的计算是通过编制"固定资产折旧计算表"进行的。该表是进行固定资产总分类核算的依据。企业按月计提的固定资产折旧，应按受益部门分别记入"开发间接费用"、"开发成本"、"机械使用费"、"销售费用"、"管理费用"(含未使用、不需用固定资产计提的折旧)、"其他业务成本"和"在建工程"等账户的借方,贷记“累计折旧”账户。

固定资产因计提折旧引起的价值减少,应记入单独设置的“累计折旧”账户,该账户贷方记录各期计提的折旧,反映固定资产价值的减少,该账户的贷方余额反映企业现有固定资产的累计折旧额。“累计折旧”账户作为“固定资产”账户的备抵调整账户,在资产负债表中作为固定资产原值的抵减项目,两者的差额反映固定资产净值。

【例7-12】 甲房地产公司计提本月份固定资产折旧编制的“固定资产折旧计算表”,如表7-4所示。

表7-4 固定资产折旧计算表 单位:元

使用部门	固定资产类别	上月折旧额	上月增加的固定资产		上月减少的固定资产		本月折旧额	费用账户
			原值	折旧额	原值	折旧额		
总公司	房屋	3 000					3 000	管理费用
	运输设备	2 000	50 000	800	10 000	160	2 640	
	办公设备	1 000					1 000	
	小计	6 000					6 640	
专设销售机构	房屋	200					200	销售费用
	运输设备	500					500	
	办公设备	100					100	
	小计	800					800	
分公司	房屋	5 000					5 000	开发间接费用
	运输设备	4 000			20 000	300	3 700	
	办公设备	500					500	
	小计	9 500					9 200	
	机械设备	2 500	30 000	1 000			3 500	开发成本或机械使用费
其他经营部门	房屋	300					300	其他业务成本
	运输设备	700					700	
	办公设备							
	小计	1 000					1 000	
合计		19 800		1 800		460	21 140	

根据表 7-4 编制以下会计分录：

借：管理费用	6 640	
销售费用	800	
开发间接费用	9 200	
开发成本	3 500	
其他业务成本	1 000	
贷：累计折旧		21 140

需要指出的是，固定资产使用寿命、预计净残值和折旧方法，一经确定不得随意变更，如需变更应经股东大会或类似的权力机构批准，并按规定报送有关各方备案，作为会计估计变更，采用未来适用法进行会计处理。

二、固定资产后续支出

固定资产后续支出，是指固定资产在使用过程中发生的更新改造支出、修理费用等。按其是否符合固定资产确认条件，能否计入固定资产成本，可以分为资本化后续支出和费用化后续支出。

（一）资本化后续支出

固定资产后续支出具备以下条件之一时，可以认为符合固定资产确认条件，应当计入固定资产成本：①延长了固定资产的使用寿命或提高了生产能力；②使产品的质量实质性提高；③使产品的成本实质性降低。固定资产更新改造支出应当予以资本化，计入固定资产成本。

企业对固定资产进行更新改造时，一般应将该固定资产的原价、已计提的累计折旧和减值准备转销，将固定资产的账面价值转入在建工程，并停止计提折旧。发生的各项更新改造费用，先通过“在建工程”账户核算。在固定资产更新改造工程完工并达到预定可使用状态时，再从“在建工程”账户转入“固定资产”账户，并按重新确定的使用寿命、预计净残值和折旧方法计提折旧。

如果固定资产更新改造工程涉及替换原固定资产的某组成部分，且符合固定资产确认条件，则应将其发生的后续支出计入固定资产成本，同时将被替换部分的账面价值扣除。扣除的价值从“在建工程”账户转入“营业外支出”账户。

【例 7-13】 2017 年 12 月，甲房地产公司（以下简称“甲公司”）购入机械设备一台，用于房地产开发建造，原价 28.4 万元，预计净残值率 3%，预计使用年限 6 年，采用直线法计提折旧。2020 年 1 月 1 日，甲公司决定对该项设备进行更新改造，以提高生产能力。2020 年 3 月 31 日，该项设备经更新改造后达到预定可使用状态,其间用银行存款支付更新改造费用 13.445 万元。预计使用年限延长了 4 年(含更新改造期间在内),预计净残值率为更新改造后固定资产账面价值的 3%,折旧方法不变。假设固定资产按年计提折旧。则:

(1)2018 年和 2019 年:

每年折旧额 = 284 000 × (1 - 3%) ÷ 6 = 45 913.33(元)

借:开发成本　　45 913.33

　贷:累计折旧　　45 913.33

(2)2020 年 1 月 1 日:

借:在建工程　　192 173.34

　　累计折旧　　91 826.66

　贷:固定资产　　284 000

(3)2020 年 1 月 1 日至 3 月 31 日:

借:在建工程　　134 450

　贷:银行存款　　134 450

借:固定资产　　326 623.34

　贷:在建工程　　326 623.34

(4)2020 年 12 月 31 日:

2020 年折旧额 = [326 623.34 × (1 - 3%) ÷ (7 × 12 + 9)] × 9
= 30 660.45(元)

借:开发成本　　30 660.45

　贷:累计折旧　　30 660.45

(二)费用化后续支出

固定资产后续支出,如果不符合固定资产确认条件,应当在发生时一次计入当期损益。如固定资产的日常维护和修理,不论是中小修理还是大修理,都是为了保证固定资产的正常运转和使用,充分发挥其使用效能,不会改变固定资产的原有功能和生产能力,也不会导致固定资产给企业带来的未来经济利益的增加,因此,房地产企业应根据不同情况分别在发生时计入当期管理费用或销售费用,不再采用待摊和预提的方式核算,也不再记入"开发间接费用""机械使用费用"等账户。房地产企业开发建造部门和行政管理部门等发生的固定资产修理费用等后续支出计入"管理费用";企业专设销售机构相关的固定资产修理费用等后续支出,计入"销售费用"。

对于企业发生的难以分清修理还是更新改造的支出,如果其修理、更新改造支出不满足固定资产的确认条件,在发生时也应直接计入当期损益。

（三）固定资产后续支出的特殊问题

1. 固定资产维护修理和固定资产更新改造的区分。固定资产后续支出发生时，如果难以区分是固定资产维护修理还是固定资产更新改造，或者企业将固定资产修理和固定资产更新改造相结合，则应当对固定资产带来的未来经济利益作出科学合理的预测，凡是能使流入企业的经济利益超过原来估计的，就应将发生的后续支出予以资本化，计入固定资产成本，否则就应作为固定资产维护修理费用，计入当期损益。

2. 固定资产装修费用。作为固定资产后续支出的固定资产装修费用，凡是不符合上述资本化原则的，应于发生时计入当期损益；凡是符合上述原则可予以资本化的，应在"固定资产"账户下单独设置"固定资产装修"明细账户核算，并在两次装修期间与固定资产尚可使用寿命两者中较短的期间内，采用合理的方法单独计提折旧。如果下次装修时，该项固定资产的装修费用尚未提足折旧，应将"固定资产装修"明细账户余额减去已计提折旧后的差额一次计入当期的营业外支出。

3. 租入固定资产后续支出。非短期租赁和低价值资产租赁租入固定资产后续支出，应比照自有固定资产后续支出的原则处理。不同的是，融资租入固定资产发生的装修费用符合上述原则予以资本化后，应将记入"固定资产装修"明细账户的固定资产装修费用，以两次装修期间、剩余租赁期与固定资产尚可使用寿命三者中取较短者作为折旧年限，采用合理的折旧方法单独计提折旧。

短期租赁和低价值资产租赁租入固定资产发生的不能予以资本化的后续支出，应随着租金一并计入相关费用。发生的可予资本化的固定资产改良支出，应在"长期待摊费用"账户单独核算，并在剩余租赁期与租赁资产尚可使用年限两者中较短的期间内，采用合理的方法摊销。

第三节　固定资产的处置和减值

一、固定资产处置

（一）固定资产终止确认的条件

固定资产满足下列条件之一的，应当予以终止确认：

1. 该固定资产处于处置状态。固定资产处置是指因固定资产出售、转让、报废、盘亏、毁损、对外投资、抵偿债务、非货币性资产交换等原因减少固定资产。

处于处置状态的固定资产不再用于管理、生产商品、提供劳务或出租，也不能再为企业带来经济利益，因此，不再符合固定资产定义，应当终止确认。

2. 该固定资产预期通过使用或处置不能产生经济利益。固定资产的确认条件之一是“与该固定资产有关的经济利益很可能流入企业”，如果一项固定资产预期通过使用或处置不能产生经济利益，就不再符合固定资产的定义和确认条件，应予终止确认。

划分为持有待售的固定资产，应按持有待售资产进行会计处理；未划分为持有待售的固定资产，除固定资产盘亏应通过“待处理财产损溢——待处理固定资产损溢”账户核算外，均应通过“固定资产清理”账户核算。

（二）未划分为持有待售资产的固定资产出售、报废和毁损的会计处理

企业因出售、报废和毁损而减少的未划分为持有待售资产的固定资产会计核算的步骤如下：

1. 结转固定资产账面价值。企业将出售、报废和毁损的固定资产转入清理时，应按固定资产账面价值借记“固定资产清理”账户，按已计提的折旧借记“累计折旧”账户，按已计提的减值准备借记“固定资产减值准备”账户，按固定资产原值贷记“固定资产”账户。

2. 支付清理费用。固定资产在清理过程中实际发生的清理费用，借记“固定资产清理”账户，贷记“银行存款”等账户。

3. 取得价款收入和增值税、收回残料。企业取得的出售固定资产的价款和增值税、报废和毁损固定资产的残料价值或变价收入等，应借记“银行存款”“原材料”等账户，贷记“固定资产清理”“应交税费”账户。

4. 计算或收到赔偿。企业计算或收到的应由保险公司或过失人赔偿的款项，应借记“银行存款”或“其他应收款”账户，贷记“固定资产清理”账户。

5. 结转清理净损益。企业正常出售、转让固定资产产生的净收益，应借记“固定资产清理”账户，贷记“资产处置损益”账户；产生的净损失，应借记“资产处置损益”账户，贷记“固定资产清理”账户。企业生产经营期间由自然灾害等非正常原因造成的固定资产净损失，应借记“营业外支出——非常损失”账户，贷记“固定资产清理”账户。企业正常报废丧失使用功能固定资产造成的净损失，应借记“营业外支出——非流动资产报废”账户，贷记“固定资产清理”账户，若为净收益，应借记“固定资产清理”账户，贷记“营业外收入——非流动资产报废”账户。

【例7－14】 甲房地产公司出售作为固定资产核算的办公楼一栋，原价3 000万元，已计提折旧400万元，用银行存款支付清理费用10万元，取得价款

2 800万元,增值税为140万元,已存入银行,不考虑其他税费。则:

(1)结转固定资产账面价值:

借:固定资产清理	26 000 000	
累计折旧	4 000 000	
贷:固定资产		30 000 000

(2)支付清理费用:

借:固定资产清理	100 000	
贷:银行存款		100 000

(3)收到价款和增值税:

借:银行存款	29 400 000	
贷:固定资产清理		28 000 000
应交税费——应交增值税(销项税额)		1 400 000

(4)结转固定资产清理净收益:

借:固定资产清理	1 900 000	
贷:资产处置损益		1 900 000

此例若为办公楼因自然灾害等非正常原因造成的净损益或办公楼丧失使用功能正常报废造成的净损益,则应从"固定资产清理"账户结转到"营业外收入"或"营业外支出"账户,不得作为资产处置损益。

(三)投资转出固定资产和以非货币性资产交换换出固定资产的会计处理

在不涉及企业合并的前提下,投资转出固定资产作为长期股权投资,属于非货币性资产交换换出固定资产。

房地产企业通过非货币性资产交换换出固定资产,取得长期股权投资或者其他资产,其换入资产入账价值和换出资产损益的计算原则请详见本书第四章"存货"。

在非货币性资产交换按公允价值计量的情况下,企业换出固定资产公允价值与账面价值的差额应计入当期资产处置损益,应以换入资产公允价值加应支付的相关税费作为换入资产的成本。

在非货币性资产交换按账面价值计量的情况下,应以换出资产账面价值加应支付的相关税费加支付的补价或减收到的补价作为换入资产的成本。无论是否支付补价,均不确认损益。

投资转出固定资产和以非货币性资产交换换出固定资产,应按固定资产账面价值借记"固定资产清理"账户,按已计提的折旧借记"累计折旧"账户,按已计提的减值准备借记"固定资产减值准备"账户,按固定资产原值贷记"固定资产"账户;按投资转出固定资产应支付的相关税费,借记“固定资产清理”账户,贷记“银行存款”“应交税费”等账户;按确定的长期股权投资或取得其他资产的成本,借记“长期股权投资”“原材料”等账户,贷记“固定资产清理”账户;按换出固定资产公允价值与其账面价值的差额,借记或贷记“资产处置损益”账户。

【例7-15】 乙房地产公司(以下简称“乙公司”)以一批施工设备换入A公司钢材,设备的原价为600万元,已计提的折旧为100万元,公允价值为550万元,增值税为6万元,用银行存款支付钢材的运费1万元、增值税0.1万元。A公司钢材的账面价值为460万元,公允价值(即价款)为500万元,增值税为80万元。乙公司支付给A公司补价24万元。乙公司的会计处理如下:

(1)判断是否属于非货币性资产交换:

补价占全部交易额的比例 = 24 ÷ (550 + 6 + 24) × 100% = 4.1%

小于25%,属于非货币性资产交换。

(2)判断是否具有商业性质:

换出施工设备的未来现金流量在风险、时间和金额方面与换入钢材显著不同,预计未来现计流量的现值也不同,交易具有商业性质,换入和换出资产公允价值均能可靠地计量,换入资产可以按公允价值计量。

(3)计算换入资产入账价值:

换入钢材入账价值 = 500 + 1 = 501(万元)

(4)编制会计分录:

借:固定资产清理	5 000 000	
累计折旧	1 000 000	
贷:固定资产		6 000 000
借:原材料	5 010 000	
应交税费——应交增值税(进项税额)	800 000	
贷:固定资产清理		5 500 000
应交税费——应交增值税(销项税额)		60 000
银行存款		250 000
借:固定资产清理	500 000	
贷:资产处置损益		500 000

(四)债务重组转出固定资产用以偿还债务的会计处理

企业作为债务人以固定资产清偿债务时,应分清债务重组利得与资产转让损益的界限,并于债务重组当期予以确认。债务重组利得是指重组债务的公允价值超过抵债非现金资产的公允价值之间的差额,应计入营业外收入。资产转让损益,是指抵债的非现金资产的公允价值与其账面价值之间的差额。非现金资产为固定资产的，应视同固定资产处置。

【例7-16】 乙房地产公司（以下简称"乙公司"）与其债权人达成债务重组协议，债权人同意乙公司用固定资产清偿债务。乙公司应付账款公允价值为200万元，用以偿债的固定资产原值为220万元，已计提的折旧为80万元，公允价值为150万元，增值税为3万元，用银行存款支付相关税费0.8万元。则：

债务重组利得 = 200 - 150 - 3 - 0.8 = 46.2（万元）

资产转让收益 = 150 - (220 - 80) = 10（万元）

借：固定资产清理	1 400 000	
累计折旧	800 000	
贷：固定资产		2 200 000
借：应付账款	2 000 000	
贷：固定资产清理		1 500 000
应交税费——应交增值税（销项税额）		30 000
银行存款		8 000
营业外收入——债务重组利得		462 000
借：固定资产清理	100 000	
贷：资产处置损益		100 000

若乙公司固定资产公允价值为120万元，增值税为2.4万元，则：

债务重组利得 = 200 - 120 - 2.4 - 0.8 = 76.8（万元）

资产转让收益 = 120 - (220 - 80) = -20（万元）

则：

借：固定资产清理	1 400 000	
累计折旧	800 000	
贷：固定资产		2 200 000
借：应付账款	2 000 000	
贷：固定资产清理		1 200 000
应交税费——应交增值税（销项税额）		24 000
银行存款		8 000
营业外收入——债务重组利得		768 000
借：资产处置损益	200 000	
贷：固定资产清理		200 000

（五）持有待售固定资产

同时满足下列条件的固定资产应当划分为持有待售资产：①根据类似交易中出售此类资产的惯例，在当前状况下即可立即出售；②出售极可能发生，即企业已经就一项出售固定资产计划作出决议且获得确定的购买承诺，预计出售将在一年内完成。有关规定要求企业相关权力机构或者监管部门批准后方可出售的，应当已经获得批准。确定的购买承诺，是指企业与其他方签订的具有法律约束力的购买协议，该协议包含交易价格、时间和足够严厉的违约惩罚等重要条款，使协议出现重大调整或者撤销的可能性极小。

企业对于持有待售的固定资产，应当以首次划分为持有待售时按照相关会计准则规定计量的账面价值与其公允价值减去出售费用的净额孰低进行初始计量。账面价值是指该项固定资产原值减去累计折旧和已计提的减值准备后的金额。如果其账面价值低于其公允价值减去出售费用的净额，则企业不需要对其账面价值进行调整；如果账面价值高于其公允价值减去出售费用的净额，则企业应将该项固定资产的账面价值减记至公允价值减去出售费用的净额，减记的金额确认为资产减值损失，计入当期损益，同时计提持有待售资产减值准备。持有待售资产的公允价值应当按照《企业会计准则第39号——公允价值计量》的有关规定予以确定。出售费用是指企业发生的可以直接归属于出售资产的增量费用，是出售直接引起的且企业出售所必需的各种税费，但不包括财务费用和所得税费用。在编制资产负债表时，企业可将持有待售的固定资产与其他持有待售资产合并列示在“持有待售资产”项目中。

【例7-17】 某项固定资产原值为80万元，已提折旧为30万元，固定资产净值为50万元，未计提减值准备。现准备将其出售，满足持有待售资产条件，划分为持有待售资产。作两项假设：①假设该固定资产公允价值为60万元，出售费用为5万元；②假设该固定资产的公允价值为53万元，出售费用为5万元。则：该设备账面价值为50万元(80-30)。

(1)持有待售资产公允价值减去出售费用的净额为55万元(60-5)，原账面价值50万元小于55万元，不需对账面价值进行调整。

(2)持有待售资产公允价值减去出售费用的净额为48万元(53-5)，原账面价值50万元大于48万元，应计提资产减值损失2万元，同时计提持有待售资产减值准备。

借：持有待售资产——固定资产　　500 000
　　累计折旧　　300 000
　　资产减值损失　　20 000
　贷：固定资产　　800 000
　　　持有待售资产减值准备　　20 000

持有待售固定资产不应再计提折旧。

持有待售固定资产因不再满足持有待售类别的划分条件而不再继续划分为

持有待售类别或持有待售固定资产时，应当按照以下两者孰低计量：①划分为持有待售类别前的账面价值，按照假定不划分为持有待售类别情况下本应确认的折旧或减值等进行调整后的金额；②可收回金额。由此产生的差额计入当期损益，可通过“资产减值损失”账户进行会计处理。

符合持有待售条件的无形资产等其他非流动资产，比照上述原则处理，这里所指其他非流动资产不包括递延所得税资产、《企业会计准则第22号——金融工具确认和计量》规范的金融资产、以公允价值计量的投资性房地产和生物资产。

(六)固定资产盘亏

为了保证固定资产核算的真实性和完整性，企业应定期或者至少每年年末对全部固定资产进行实地盘点，以确定期末固定资产的实际数量。对于盘盈、盘亏的固定资产，应编制“固定资产盘存报告单”，作为固定资产清查的原始凭证。对于盘亏的固定资产，应通过“待处理财产损溢——待处理固定资产损溢”账户及时调整账簿记录。

对于盘亏的固定资产，应按其账面价值借记“待处理财产损溢——待处理固定资产损溢”账户，按已计提的折旧借记“累计折旧”账户，按已计提的减值准备借记“固定资产减值准备”账户，按固定资产原值贷记“固定资产”账户。经批准后，再按可收回的保险赔偿或过失人赔偿借记“其他应收款”账户，将盘亏净损失借记“营业外支出——盘亏损失”账户，贷记“待处理财产损溢——待处理固定资产损溢”账户。

对于盘盈的固定资产，作为前期差错处理，通过“以前年度损益调整”账户核算。

二、固定资产减值

固定资产减值，是指固定资产的可收回金额低于其账面价值。固定资产可收回金额应当根据其公允价值减去处置费用后的净额与资产预计未来现金流量的现值两者之间的较高者确定。企业在对固定资产进行减值测试并计算了固定资产可收回金额后，如果固定资产的可收回金额低于其账面价值，应当将资产的账面价值减记至可收回金额，将减记的金额确认为固定资产减值损失，同时相应计提固定资产减值准备。固定资产减值准备一经确定，在以后会计期间不得转回。

(一)固定资产减值迹象和减值测试

企业在资产负债表日应当从两方面判断资产是否存在可能发生减值的迹象：

1. 企业外部信息。例如：出现了资产的市价在当期大幅度下跌，其跌幅明显高于因时间的推移或者正常使用而预计的下跌;企业经营所处的经济、技术或者法律环境以及资产所处的市场在当期或者将在近期发生重大变化,从而对企业产生不利影响;市场利率或者其他市场投资报酬率在当期已经提高,从而影响企业计算资产预计未来现金流量现值的折现率,导致资产可收回金额大幅度降低等。

2. 企业内部信息。例如:有证据表明固定资产已经陈旧过时或者其实体已经损坏;固定资产已经或者将被闲置、终止使用或者计划提前处置;企业内部报告的证据表明资产的经济绩效已经低于或者将低于预期。

企业应当结合上述信息并根据实际情况来认定固定资产可能发生减值的迹象。有确凿证据表明资产存在减值迹象的,应当在资产负债表日进行减值测试,估计固定资产的可收回金额。资产存在减值迹象是资产是否需要进行减值测试的必要前提。

如果有迹象表明一项资产可能发生减值,则企业应当以单项资产为基础估计其可收回金额。但是在企业难以对单项资产的可收回金额进行估计的情况下,应当先以该资产所属的资产组为基础确定资产组的可收回金额,确认资产组的减值损失,再将资产组减值损失在抵减商誉后的金额,按各项固定资产账面价值的比例分摊至除商誉以外的各项固定资产。

(二)会计处理举例

【例7-18】 2017年12月29日,某房地产公司购置的开发建造用固定资产原值101万元,净残值为1万元,预计使用年限为10年,按直线法计提折旧。2019年年末,该项固定资产发生减值迹象,进行减值测试结果,其可收回金额为41万元。有关会计处理如下:

(1)2018年和2019年计提固定资产折旧:

$$每年计提的折旧额=(101-1)\div 10=10(万元)$$

借:开发成本(或开发间接费用等)　　100 000

　贷:累计折旧　　100 000

(2)2019年年末计提固定资产减值准备:

$$计提的固定资产减值准备=101-10\times 2-41=40(万元)$$

借:资产减值损失——固定资产减值损失　　400 000

　贷:固定资产减值准备　　400 000

DI BA 第八章 ZHANG

无形资产和其他非流动资产

第一节 无形资产

一、无形资产的确认

(一)无形资产的含义和特征

无形资产是指企业拥有或者控制的没有实物形态的可辨认非货币性资产。无形资产与其他资产相比较,具有以下特征:

1. 无形资产不具有实物形态。无形资产通常表现为某种权利、某项技术或者某种获得超额利润的能力。与固定资产相比,无形资产是一种没有实物形态但具有价值的资产,在某些高科技领域,无形资产使企业获得的经济利益往往要高于固定资产,具有使企业获取超额收益的能力。不具有实物形态是无形资产区别于其他资产的显著标志。

某些无形资产以实物为载体。如计算机软件需要存储在磁盘中,但是磁盘仅仅是软件的载体,并不能改变软件本身没有实物形态的实质。计算机软件是属于固定资产还是属于无形资产,应根据具体情况判断。如果计算机控制的机械工具没有特定计算机软件就不能运行,则该软件就构成相关硬件不可缺少的组成部分,应将该软件确认为固定资产;如果计算机软件不是相关硬件不可缺少的组成部分,则该软件应确认为无形资产。无论是否存在实物载体,只要将一项资产归类为无形资产,则不具有实物形态仍然是无形资产的特征之一。

2. 无形资产具有可辨认性。无形资产必须能够区别于其他资产,从企业中分离或者划分出来,可以单独辨认,并能用于出售或转让等,如土地使用权、非专利技术等;即使某些权利难以从企业或其他权利和义务中转移或者分离,只要它产生于合同性权利或其他法定权利,也可以认为具有可以辨认性,如专利权、商标权、特许使用权等。

商誉是与企业整体联系在一起的,是不可辨认的、没有实物形态的非货币性资产。企业合并取得的商誉,仅代表企业未来现金流量大于每项资产产生未来现金流量的合计金额,其存在无法与企业整体区分开来,不具有可辨认性,不能确认为无形资产。

3. 无形资产属于非货币性资产。非货币性资产是指企业持有的货币资金和将以固定或可确定的金额收取的资产以外的其他资产。无形资产由于没有发达的交易市场,一般不容易转化为现金,在持有过程中为企业带来未来经济利益具有较大的不确定性,不属于以固定或可确定的金额收取的资产,属于非货币性资产。

无形资产只有同时满足以下条件时,才能予以确认:①与该资产有关的经济利益很可能流入企业;②该资产的成本能够可靠地计量。

在判断与无形资产有关的经济利益是否很可能流入企业时,企业的管理部门应当根据企业对该无形资产所产生的经济利益的控制程度、外界同类或类似新技术、新产品及产品市场等因素,在无形资产的预计使用年限内作出稳健的估计;企业应当合理地判断无形资产的成本是否能可靠地计量。

(二)无形资产的内容

无形资产一般包括专利权、非专利技术、商标权、土地使用权、著作权和特许权等。

1. 专利权。专利权是指国家专利主管机关依法授予发明创造专利申请人对其发明创造在法定期限内所享有的专有权利,包括发明权、实用新型专利权和外观设计专利权。

2. 非专利技术。非专利技术,也称专有技术,是指不为外界所知、在生产经营活动中已采用了的、不享有法律保护的各种技术和经验。非专利技术一般包括工业专有技术、商业贸易专有技术、管理专有技术等。非专利技术具有经济性、机密性和动态性等特点。

3. 商标权。商标权指专门在某类指定的商品或产品上使用特定的名称或图案的权利。商标权包括独占使用权和禁止权两个方面。独占使用权指商标权享有人在商标的注册范围内独家使用其商标的权利;禁止权指商标权享有人排除和禁止他人对商标独占使用权进行侵犯的权利。根据我国商标法的规定,经商标局核准注册的商标为注册商标,商标注册人享有商标专用权,受法律保护。

4. 土地使用权。土地使用权,指国家准许企业在一定期间对国有土地享有开发、利用、经营的权利。根据我国土地管理法的规定,我国土地实行公有制,任何单位和个人不得侵占、买卖或者以其他形式非法转让。企业取得土地使用权的方式大致有行政划拨取得、外购取得、投资者投入等几种。

5. 著作权。著作权又称版权,指作者对其创作的文学、科学和艺术作品依法享有的某些特殊权利。

6. 特许权。特许权又称经营特许权、专营权,指企业在某一地区经营或销售某种特定商品的权利或是一家企业接受另一家企业使用其商标、商号、技术秘密等的权利。在前一种情况下,一般由政府机构授权,准许企业使用或在一定地区享有经营某种业务的特权,如水、电、烟草专卖权等;在后一种情况下,企业间依照签订的合同,有期限或无期限地使用另一家企业的某些权利,如连锁分店使用总店的名称等。

二、无形资产的初始计量

企业取得的无形资产应按实际成本计量,即以取得无形资产并使之达到预定用途而发生的全部支出,作为无形资产的成本。无形资产取得方式的不同,其实际成本的构成也不尽相同。

(一)外购的无形资产

外购无形资产的成本包括购买价款、相关税费以及直接归属于使该项资产达到预定用途所发生的其他支出。其中,直接归属于使该项资产达到预定用途所发生的其他支出包括使无形资产达到预定用途所发生的专业服务费用、测试无形资产是否能够正常发挥作用的费用等,但不包括为引入新产品进行宣传发生的广告费、管理费用及其他间接费用,也不包括在无形资产已经达到预定用途以后发生的费用。

企业外购的房屋建筑物实际支付的价款中包括土地使用权的,应当对支付的价款按照合理的方法(如公允价值的比率)在土地使用权和地上房屋建筑物之间进行分配,确定土地使用权的成本;确实无法在土地使用权和地上房屋建筑物之间进行合理分配的,应当全部确认为固定资产成本,不再确认土地使用权成本。

采用分期付款方式购买无形资产的,购买无形资产的价款超过正常信用条件延期支付(如付款期在3年以上),实际上具有了融资性质,在这种情况下,无形资产的成本为购买价款的现值。

【例8-1】 2017年1月1日,甲房地产公司(以下简称“甲公司”)采用分期付款方式从乙公司购买一项专利权。合同规定,该项专利权价款900万元,分3

年付清，每年年末付款300万元。银行同期贷款利率为8%。假定不考虑其他有关税费。则：

$$无形资产成本 = 300 \times (1+8\%)^{-1} + 300 \times (1+8\%)^{-2} + 300 \times (1+8\%)^{-3} = 773.13(万元)$$

$$未确认融资费用 = 900 - 773.13 = 126.87(万元)$$

$$第一年确认的融资费用 = 773.13 \times 8\% = 61.85(万元)$$

$$第二年确认的融资费用 = (773.13 - 300 + 61.85) \times 8\% = 42.80(万元)$$

$$第三年确认的融资费用 = 126.87 - 61.85 - 42.8 = 22.22(元)$$

甲公司的会计分录为：

(1)2017年1月1日：

借：无形资产——专利权	7 731 300	
未确认融资费用	1 268 700	
贷：长期应付款		9 000 000

(2)2017年年末：

借：长期应付款	3 000 000	
贷：银行存款		3 000 000
借：财务费用	618 500	
贷：未确认融资费用		618 500

(3)2018年年末：

借：长期应付款	3 000 000	
贷：银行存款		3 000 000
借：财务费用	428 000	
贷：未确认融资费用		428 000

(4)2019年年末：

借：长期应付款	3 000 000	
贷：银行存款		3 000 000
借：财务费用	222 200	
贷：未确认融资费用		222 200

(二)投资者投入的无形资产

投资者投入的无形资产的成本，应当按照投资合同或协议约定的价值确定，在投资合同或协议约定价值不公允的情况下，应按无形资产的公允价值入账。

(三)通过非货币性资产交换和债务重组取得的无形资产

通过非货币性资产交换和债务重组取得的无形资产，其成本的确定及具体处理请参见本书第四章“存货”的初始计量。

(四)企业合并中取得的无形资产

非同一控制下的企业合并中,购买方取得的无形资产应以其在购买日的公允价值计量,而且合并中确认的无形资产不仅包括被购买方原已确认的无形资产,还包括被购买方原未确认的、公允价值能够可靠计量的无形资产,购买方应在购买日将其独立于商誉确认为一项无形资产。

同一控制下的企业合并中,合并方取得的无形资产应按照被合并方在合并日的账面价值计量,并且不会产生新的无形资产。

(五)自行研究开发的无形资产

1. 两个阶段。企业自行研究开发的无形资产,可以划分为研究和开发两个阶段。

(1)研究阶段。在研究阶段,因其研究是否能在未来形成成果,即通过开发后是否会形成无形资产均有很大的不确定性,企业也无法证明其研究活动一定能够形成带来未来经济利益的无形资产,因此,研究阶段的有关支出在发生时应当予以费用化,计入当期损益。

(2)开发阶段。在开发阶段,由于其相对于研究阶段更进一步,且很大程度上形成一项新产品或新技术的基本条件已经具备,此时,如果企业能够证明满足无形资产的定义及相关确认条件,则所发生的开发支出可予以资本化,确认为无形资产的成本。

开发阶段有关支出资本化的条件。开发阶段的支出同时满足下列条件的,才能确认为无形资产:①完成该无形资产以使其能够使用或出售在技术上具有可行性。②具有完成该无形资产并具有使用或出售的意图。③无形资产产生经济利益的方式,包括能够证明运用该无形资产生产的产品存在市场或无形资产自身存在市场;无形资产将在内部使用的,应当证明其有用性。④有足够的技术、财务资源和其他资源支持,以完成该无形资产的开发,并有能力使用或出售该无形资产,这个条件主要包括:为完成该项无形资产开发具有技术上的可靠性;财务资源和其他资源的支持;能够证明企业在开发过程中所需的技术、财务和其他资源,以及企业获得这些资源的相关计划等;有能力使用或出售该无形资产以取得收益。⑤归属于该无形资产开发阶段的支出能够可靠地计量。

2. 支出核算。企业对于研究开发活动发生的支出应单独核算,如发生的研究开发人员的工资、材料费等,在企业同时从事多项研究开发活动的情况下,所发生的支出同时用于支持多项研究开发活动的,应按照一定的标准在各项研究开发活动之间进行分配,无法明确分配的,应予费用化计入当期损益,不计入开发活动的成本。

（1）内部开发无形资产的成本计量。内部开发形成的无形资产，其成本由可直接归属于该资产的创造、生产并使该资产能够以管理层预定的方式运作的所有必要支出组成。可直接归属于该资产的成本包括：开发该无形资产时耗费的材料、劳务成本、注册费，在开发该无形资产过程中使用的其他专利权和特许权的摊销，按照规定可以资本化的利息支出，以及为使该无形资产达到预定用途前所发生的其他费用。可直接归属于该资产的成本不包括：①在开发无形资产过程中发生的除上述可直接归属于无形资产开发活动的其他销售费用、管理费用等间接费用；②无形资产达到预定用途前发生的可辨认的无效和初始运作损失；③为运行该无形资产发生的培训支出等不构成无形资产的开发成本；④对于同一项无形资产在开发过程中达到资本化条件之前已经费用化计入损益的支出。

（2）内部研究开发费用的会计处理。企业自行研究开发无形资产发生的研发支出，未满足资本化条件的，借记“研发支出——费用化支出”账户，满足资本化条件的，借记“研发支出——资本化支出”账户，贷记“原材料”“银行存款”“应付职工薪酬”等账户。

企业购买正在进行中的研究开发项目，应按确定的金额，借记“研发支出——资本化支出”账户，贷记“银行存款”等账户。以后发生的研发支出，应当比照自行研究开发支出进行处理。

研究开发项目达到预定用途形成无形资产的，应按“研发支出——资本化支出”账户的余额，借记“无形资产”账户，贷记“研发支出——资本化支出”账户。

【例8－2】 甲房地产公司自行研究开发一项新的专利技术，在研究开发过程中发生材料费200万元、人工薪酬50万元，以及其他费用150万元，总计400万元，其中，符合资本化条件的支出为300万元，期末，该专利技术已经达到预定用途。则：

（1）借：研发支出——费用化支出	1 000 000	
——资本化支出	3 000 000	
贷：原材料		2 000 000
应付职工薪酬		500 000
银行存款		1 500 000
（2）借：管理费用	1 000 000	
无形资产	3 000 000	
贷：研发支出——费用化支出		1 000 000
——资本化支出		3 000 000

三、无形资产的后续计量

为了进行无形资产的后续计量，可以按无形资产为企业带来未来经济利益的期限是否可以预见，划分为使用寿命有限的无形资产和使用寿命不确定的无形资产。

（一）使用寿命有限的无形资产后续计量

企业应当于取得无形资产时分析判断其使用寿命。无形资产的使用寿命如为有限的，应当估计该使用寿命的年限或者构成使用寿命的产量等；无法预见无形资产为企业带来未来经济利益期限的，应当视为使用寿命不确定的无形资产。

在无形资产使用期间内，对于使用寿命有限的无形资产，应以成本减去累计摊销额和累计减值损失后的余额计量。要确定无形资产在使用过程中的累计摊销额，基础是估计其使用寿命，只有使用寿命有限的无形资产才需要在估计的使用寿命内采用系统合理的方法进行摊销，对于使用寿命不确定的无形资产则不需要摊销。

使用寿命有限无形资产的应摊销金额是指无形资产的成本扣除残值后的金额。

无形资产的残值一般为零，除非有第三方承诺在无形资产使用寿命结束时愿意以一定的价格购买该项无形资产，或者存在活跃的市场，通过市场可以得到无形资产使用寿命结束时的残值信息，可以预计无形资产的残值。估计无形资产的残值应以资产处置时的可收回金额为基础，此时的可收回金额是指在预计出售日，出售一项使用寿命已满且处于类似使用状况下同类无形资产预计的处置价格扣除相关税费后的净额。残值确定以后，在持有无形资产的期间，至少应于每年年末进行复核，预计其残值与原估计金额不同的，应按照会计估计变更进行处理。如果无形资产的残值重新估计以后高于其账面价值，无形资产不再摊销，直至残值降至低于账面价值时再恢复摊销。

无形资产的摊销期自其达到预定用途开始至终止确认时止，即当月增加的无形资产当月开始摊销，当月减少的无形资产当月不再摊销。在无形资产的使用寿命内系统地分摊其应摊销金额的方法有直线法、产量法等。某项无形资产摊销方法的选择，应依据从资产中获取的预期未来经济利益的预计消耗方式。例如，受技术陈旧因素影响较大的专利权和专有技术等无形资产，可采用类似固定资产加速折旧的方法进行摊销；有特定产量限制的特许经营权或专利权，应采用产量法进行摊销。摊销方法一经选定，一般不予变更。

无形资产的摊销额一般应计入管理费用，但如果某项无形资产是专门用于生产某种产品的，那么，无形资产的摊销费用应构成产品成本的一部分。

企业规定选择无形资产摊销方法时，应根据与无形资产有关的经济利益的预期消耗方式做出决定。由于收入可能受到投入、生产过程和销售等因素的影响，这些因素与无形资产有关经济利益的预期消耗方式无关，因此，企业通常不应以包括使用无形资产在内的经济活动所产生的收入为基础进行摊销，但是下列极其有限的情况除外：①企业根据合同约定确定无形资产使用时间、使用无形资产生产产品的数量或因使用无形资产而应取得固定的收入总额的，当合同条款规定为因使用无形资产而应取得的固定的收入总额时，取得的收入可以成为摊销的合理基础；②有确凿的证据表明收入的金额和无形资产经济利益的消耗是高度相关的。

持有待售的无形资产不予以摊销，比照持有待售固定资产进行初始计量和后续计量。

【例8－3】 乙房地产公司从外单位购入一项商标权，用银行存款支付价款400万元，该商标权的使用寿命为10年，不考虑残值的因素，采用直线法按年计提摊销。则：

借：无形资产——商标权	4 000 000	
贷：银行存款		4 000 000
借：管理费用	400 000	
贷：累计摊销		400 000

（二）使用寿命不确定的无形资产后续计量

有确凿证据表明无法合理估计使用寿命的无形资产，才能作为使用寿命不确定的无形资产。对于使用寿命不确定的无形资产，在持有期间内不需要摊销，如果期末重新复核后仍为不确定，则应当在每个会计期间进行减值测试。如果未来可收回金额低于账面价值，则应确认减值损失，计提减值准备，借记“资产减值损失”账户，贷记“无形资产减值准备”账户。

（三）土地使用权的处理

企业取得的土地使用权在作为无形资产初始确认后，在将土地使用权用于自行开发建造厂房等地上房屋建筑物时，土地使用权的账面价值不与地上房屋建筑物合并计算其成本，而仍作为无形资产进行核算，土地使用权与地上建筑物分别进行摊销和提取折旧。

房地产企业将取得的土地使用权用于开发建造对外出售的房屋建筑物，相关的土地使用权应当计入所建造的房屋建筑物成本，借记“开发成本”账户，贷记

“无形资产——土地使用权”账户。

企业改变土地使用权的用途，将其用于出租或增值目的时，应将其转为投资性房地产。

四、无形资产处置、减值和报废

(一)无形资产处置

无形资产处置，是指无形资产出售、对外出租、对外捐赠，或者不能为企业带来经济利益时应予以终止确认并转销。

企业出售无形资产，表明企业放弃无形资产的所有权，应终止确认并转销无形资产的账面价值，并将所得价款与该无形资产的账面价值之间的差额计入当期损益。如为处置利得计入营业外收入，如为处置损失计入营业外支出。

无形资产预期不能为企业带来经济利益的，应终止确认并予以报废转销。按其累计摊销额借记“累计摊销”账户；按其已计提的减值准备借记“无形资产减值准备”账户；按其账面余额贷记“无形资产”账户；按借贷方差额借记“营业外支出——非流动资产处置损失”账户。

企业出租无形资产，即转让无形资产使用权，仅仅是将部分使用权让渡给他人，出让方仍保留对该项资产的所有权，因而拥有使用、收益和处置的权利。受让方只能取得无形资产的使用权，在合同规定的范围内合理使用而无权转让。因此，在转让无形资产使用权时，出让方不应转销无形资产的账面价值，只是将转让取得的租金收入计入其他业务收入，摊销的出租无形资产成本和发生的与转让有关的各种费用支出，计入其他业务成本。

【例8-4】 2017年1月1日，甲房地产公司(以下简称“甲公司”)以银行存款240万元购入专利权，该专利权预计使用寿命为6年，采用直线摊销。2018年年末，因市场变化导致该项专利权减值，公允价值减去处置费用的净额为50万元，预计未来现金流量现值为40万元。2020年1月，将该项专利权出售，不含增值税价款60万元、增值税3.6万元，已存入银行。甲公司有关会计处理如下：

(1)2017年1月1日购入专利权：

借：无形资产	2 400 000	
贷：银行存款		2 400 000

(2)2017年和2018年专利权摊销：

$$每年摊销额 = 240 \div 6 = 40(万元)$$

借：管理费用	400 000	
贷：累计摊销		400 000

(3)2018 年 12 月 31 日计提无形资产减值准备：

$$计提的减值准备 = [240 - (240 \div 6) \times 2] - 50 = 110(万元)$$

借：资产减值损失　　1 100 000

　贷：无形资产减值准备　　1 100 000

(4)2019 年专利权摊销：

$$每年摊销额 = 50 \div (6 - 2) = 12.5(万元)$$

借：管理费用　　125 000

　贷：累计摊销　　125 000

(5)2020 年 1 月出售专利权：

$$转让无形资产净收益 = 60 - (240 - 40 \times 2 - 12.5 - 110) = 22.5(万元)$$

借：银行存款　　636 000

　　累计摊销　　925 000

　　无形资产减值准备　　1 100 000

　贷：无形资产　　2 400 000

　　　应交税费——应交增值税(销项税额)　　36 000

　　　资产处置损益　　225 000

在本例中，如果专利权售价 30 万元，则应确认无形资产转让损失 7.5 万元，记入“营业外支出——非流动资产处置损失”账户。

【例 8-5】　沿用例 8-4 的资料，假设 2020 年 1 月 1 日，将专利权出租给乙公司一年，取得不含增值税租金收入 55 万元，增值税为 3.3 万元，无形资产摊销 12.5 万元，支付公证费 0.4 万元。款项已经通过银行存款收付。不考虑其他税费。本题增值税纳税义务已经发生。

借：银行存款　　583 000

　贷：其他业务收入　　550 000

　　　应交税费——应交增值税(销项税额)　　33 000

借：其他业务成本　　129 000

　贷：累计摊销　　125 000

　　　银行存款　　4 000

(二)无形资产减值和报废

无形资产减值，可以参照第七章“固定资产”。企业应定期或至少于年末对无形资产进行减值测试，当发现减值迹象时，则应估计可收回金额，并将无形资产账面价值高于其可收回金额的差额，确认为无形资产的减值损失，计提无形资产减值准备，借记“资产减值损失”账户，贷记“无形资产减值准备”账户。已计提的无形资产减值准备,不得转回。

当无形资产预期不能为企业带来未来经济利益时,应将其报废并予以转销,借记“累计摊销”账户,贷记“无形资产”账户,已计提减值准备的还应借记“无形资产减值准备”账户,将其净损失借记“营业外支出”账户。

第二节 其他非流动资产

其他非流动资产是指除可供出售金融资产、持有至到期投资、长期股权投资、投资性房地产、固定资产、在建工程、无形资产以外的非流动资产,包括长期应收款、开发支出、商誉、长期待摊费用、递延所得税资产和临时设施等。

长期应收款是指以融资租赁方式出租固定资产、具有融资性质的商品销售和提供劳务所发生的应收款项;开发支出是指正在进行无形资产研究开发项目满足资本化条件的支出,可以直接根据“研发支出——资本化支出”账户的余额确认,不予赘述;递延所得税资产是指可抵扣暂时性差异产生的对所得税的影响金额,将在本书第十二章结合所得税费用的核算予以阐述。本节仅阐述长期应收款、商誉、长期待摊费用和临时设施。

一、长期应收款

长期应收款包括融资租赁产生的应收款、采用递延方式具有融资性质的销售商品和提供劳务等产生的应收款项。鉴于房地产销售主要采用预售方式,一般不采用递延方式,这里仅阐述应收融资租赁款的核算。

修订后的《企业会计准则第21号——租赁》规定,对于融资租赁方式出租固定资产,在租赁期开始日,出租人应当对融资租赁确认应收融资租赁款,并终止确认融资租赁资产。出租人对应收融资租赁款进行初始计量时,应当以租赁投资净额作为应收融资租赁款的入账价值。租赁投资净额为未担保余值和租赁期开始日尚未收到的租赁收款额按照租赁内含利率折现的现值之和。租赁收款额,是指出租人因让渡在租赁期内使用租赁资产的权利而应向承租人收取的款项,包括:①承租人需支付的固定付款额及实质固定付款额,存在租赁激励的,扣除租赁激励相关金额;②取决于指数或比率的可变租赁付款额,该款项在初始计量时根据租赁期开始日的指数或比率确定;③购买选择权的行权价格,前提是合理确定承租人将行使该选择权;④承租人行使终止租赁选择权需支付的款项,前提是租赁期反映出承租人将行使终止租赁选择权;⑤由承租人、与承租人有关的一方以及有经济能力履行担保义务的独立第三方向出租人提供的担保余值。

【例8-6】 甲房地产公司所属的设备租赁公司，将一套施工机械出租给乙施工企业。租赁期限3年，每年年末支付租金30万元。租赁资产的账面价值为70万元，公允价值为80万元，支付初始直接费1万元。租赁期满，租赁资产的公允价值为9万元，承租人享有优先购买选择权，购买价款为0.01万元。

因优先购买价款100元远远低于行使选择权时租赁资产的公允价值9万元，判断该项租赁属于融资租赁。

$$租赁收款额 = 30 \times 3 + 0.01 = 90.01(万元)$$

假设采用插值法计算的内含利率为6.14%，则：

$$应收融资租赁款 = 30 \times (P/F, 6.14, 3) + 0.01 \div (1 + 6.14\%)^3 = 80(万元)$$

$$未实现的融资收益 = 90.01 - 80 = 10.01(万元)$$

$$资产转让损益 = 80 - 70 = 10(万元)$$

$$第一年确认的融资收入 = 80 \times 6.14\% = 4.912(万元)$$

$$第二年确认的融资收入 = [80 - (30 - 4.912)] \times 6.14\% = 3.3716(万元)$$

$$第三年确认的融资收入 = 10.01 - 4.912 - 3.3716 = 1.7264(万元)$$

会计分录如下：

(1)租赁期开始日：

借：应收融资租赁款——租赁收款额	900 100	
贷：融资租赁资产		700 000
银行存款		10 000
应收融资租赁款——未确认融资收益		90 100
资产转让损益		100 000

(2)第一年年末：

借：银行存款	300 000	
贷：应收融资租赁款——租赁收款额		300 000
借：应收融资租赁款——未确认融资收益	49 120	
贷：其他业务收入		49 120

(3)第二年年末：

借：银行存款	300 000	
贷：应收融资租赁款——租赁收款额		300 000
借：应收融资租赁款——未确认融资收益	33 716	
贷：其他业务收入		33 716

(4)第三年年末：

借：银行存款	300 000	
贷：应收融资租赁款——租赁收款额		300 000

借:应收融资租赁款——未确认融资收益　　17 264
　贷:其他业务收入　　17 264
借:银行存款　　100
　贷:应收融资租赁款——租赁收款额　　100

二、商誉

(一)商誉的确认和初始计量

1. 商誉的确认。商誉,也称合并商誉。我国《企业会计准则第20号——企业合并》规定:同一控制下的企业合并采用权益结合法进行会计处理,不论合并方支付的合并对价,还是取得的被合并方的资产、负债及净资产,均以账面价值计量,合并方支付的合并对价账面价值与取得的被合并方净资产账面价值的差额,应当调整资本公积,资本公积不足以冲减的,冲减留存收益。

非同一控制下的企业合并采用购买法进行会计处理,不论购买方支付的合并对价,还是取得的被购买方的资产、负债及净资产,均以公允价值计量,购买方的合并成本大于所取得的被购买方净资产公允价值份额的差额应确认为商誉;如果购买方的合并成本小于所取得的被购买方净资产公允价值份额,则其差额应当确认为营业外收入,计入当期损益,不得作为商誉的抵减项目。合并成本是指购买方在购买日为取得对被购买方的控制权而付出的资产、发生或承担的负债以及发行的权益性证券的公允价值之和。

可见,商誉是在非同一控制下企业合并中形成的。购买方的合并成本大于所取得的被购买方净资产公允价值份额的差额应确认为商誉。

2. 商誉的初始计量。企业合并按其法律形式可以分为吸收合并、新设合并和控股合并。

在吸收合并和新设合并方式下,被购买方丧失法人资格,购买方应将其取得的被购买方的资产、负债按照公允价值记入本企业相关账户,同时确认、计量和记录企业合并形成的商誉或损益,并编制购买日合并后的个别财务报表。购买方在购买日合并后的个别财务报表及以后各资产负债表日的个别财务报表中,应单独列示商誉。

在控股合并方式下,实现企业合并后,购买方和被购买方就组成了企业集团。购买方作为享有控制权的母公司,对被购买方实施控制;而被购买方作为被母公司控制的子公司,仍然保留法人资格。企业集团的母公司和子公司都需要编制个别财务报表,同时,为了反映企业集团整体的财务状况、经营成果和现金流量,母公司还需要以个别财务报表为基础编制合并财务报表。因此,控股合并形成的商誉，不在母公司账簿和个别财务报表上记录和报告，而是在合并财务报表工作底稿中通过编制抵销分录予以确认和计量，并将其反映在购买日及以后各资产负债表日的合并财务报表中。

【例8－7】 2019年1月1日，甲房地产公司（以下简称"甲公司"）吸收合并乙房地产公司（以下简称"乙公司"），甲公司用银行存款支付价款5 000万元，支付与合并直接相关的费用6万元。乙公司可辨认资产公允价值为9 000万元，其中银行存款1 200万元、应收账款1 600万元、原材料800万元、库存商品1 400万元、固定资产4 000万元；负债的公允价值为4 600万元，其中，短期借款500万元、应付账款1 100万元、长期借款3 000万元。不考虑所得税影响，则甲公司的会计处理如下：

商誉＝5 000－（9 000－4 600）＝600（万元）

借：管理费用	60 000	
贷：银行存款		60 000
借：银行存款	12 000 000	
应收账款	16 000 000	
原材料	8 000 000	
库存商品	14 000 000	
固定资产	40 000 000	
商誉	6 000 000	
贷：短期借款		5 000 000
应付账款		11 000 000
长期借款		30 000 000
银行存款		50 000 000

（二）商誉的减值

初始确认后的商誉价值，在持有期间不予以摊销。至少应当在每年年度终了进行减值测试。

企业合并所形成的商誉难以与其相关的资产分离，属于不可辨认的资产，难以独立产生现金流量。因此，商誉应当结合与其相关的资产组或资产组组合进行减值测试。为了进行包括商誉在内的资产组或资产组组合的减值测试，应当自购买日起按照合理的方法将商誉的账面价值分摊至相关的资产组，难以分摊至资产组的，应当将其分摊至相关的资产组组合。

对于已分摊商誉的资产组或资产组组合，不论是否存在可能发生减值的迹象，每年年末都应当通过比较包含商誉在内的资产组或资产组组合的账面价值与可收回金额，进行减值测试。

可收回金额应当根据其公允价值减去处置费用后的净额与其预计未来现金流量的现值两者之间较高者确定。通常需要同时估计包含商誉在内的资产组或资产组组合的公允价值减去处置费用的净额和预计未来现金流量的现值，只要其中一项超过了包含商誉在内的资产组或资产组组合的账面价值，就表明资产组或资产组组合没有发生减值。

如果资产组或资产组组合可收回金额低于其账面价值，应当确认相应的减值损失。

减值损失金额应当先抵减分摊至资产组或资产组组合中商誉的账面价值，再根据资产组或资产组组合中除商誉之外的其他各项资产的账面价值所占的比重，按比例抵减其他各项资产的账面价值。

以上资产账面价值的抵减，应作为各项资产（包括商誉）的减值损失处理，计入当期损益，并形成相应资产减值准备。抵减后的各项资产账面价值不得低于以下三者之中的较高者：①该资产的公允价值减去处置费用后的净额；②该资产预计未来现金流量的现值；③零。因此而导致的未能分摊的减值损失，应当按照相关资产组或资产组组合中其他各项资产的账面价值所占的比重，再次进行分配。

【例8－8】 2014年12月31日，甲公司支付银行存款1 240万元吸收合并乙公司，乙公司在购买日各项资产的公允价值为2 000万元，各项负债的公允价值为800万元，净资产公允价值为1 200万元，企业合并形成的商誉为40万元（1 240－1 200）。甲公司取得的与商誉相关的资产组由A、B、C三台设备构成，其取得成本分别为40万元、60万元和100万元。使用年限均为10年，以年限平均法计提折旧，预计净残值为零。A、B、C三台设备均无法单独产生现金流量。至2018年12月31日前，每年年末对由A、B、C三台设备构成的资产组进行减值测试都未出现过减值迹象。

2019年12月31日，包含商誉在内的该资产组发生减值迹象。A、B、C三台设备的账面价值分别为20万元、30万元和50万元，账面价值合计为100万元；A设备公允价值减去处置费用后的净额为15万元，B、C设备无法合理估计公允价值和处置费用。该资产组未来现金流量的现值为60万元。

购买日按照设备账面价值的比例，分摊到A、B、C设备的商誉分别为8万元、12万元和20万元。2019年12月31日，包含商誉在内的资产组账面价值为140万元。则：

不包含商誉的资产组减值损失＝1 000 000－600 000＝400 000（元）

包含商誉的资产组减值损失＝1 400 000－600 000＝800 000（元）

减值损失的分摊见表8－1。

编制以下会计分录：

借：资产减值损失——商誉　　400 000
——A 设备　　50 000
——B 设备　　131 250
——C 设备　　218 750
贷：商誉减值准备　　400 000
固定资产减值准备——A 设备　　50 000
——B 设备　　131 250
——C 设备　　218 750

表 8－1　减值损失的分摊　　单位:元

项　目	商誉	设备 A	设备 B	设备 C	合　计
商誉和不含商誉的设备账面价值	400 000	200 000	300 000	500 000	1 400 000
包含商誉的设备账面价值	－400 000	280 000	420 000	700 000	1 400 000
可收回金额					600 000
减值损失					800 000
抵减商誉的账面价值		－80 000	－120 000	－200 000	－400 000
抵减商誉后的减值损失					400 000
减值损失的分摊比例(%)		20	30	50	
分摊的减值损失		－50 000	－120 000	－200 000	－370 000
分摊后账面价值	0	150 000	180 000	300 000	
尚未分摊的减值损失					30 000
二次分摊减值损失的比例(%)			37.5	62.5	
二次分摊的减值损失			－11 250	－18 750	－30 000
确认的减值损失总额	400 000	50 000	131 250	218 750	800 000
二次分摊后的账面价值	0	150 000	168 750	281 250	600 000

控股合并形成商誉的减值，无须编制商誉减值的会计分录，应在合并工作底稿中以抵销分录列示，从而抵减合并资产负债表确认的商誉价值，并增加合并利润表的资产减值损失，减少合并营业利润。

三、长期待摊费用

长期待摊费用是指企业已经发生但应由本期和以后各期负担的、摊销期限在一年以上的各项费用,如经营租赁方式租入固定资产发生的改良支出。长期待摊费用不具有实物形态,本身没有交换价值,不能够转让或者抵偿债务,但是,它却具有计入未来实物资产成本或者未来期间费用的价值。因此,应作为一项非流动资产予以确认。

按企业会计准则规定,企业在筹建期间发生的开办费在实际发生时计入管理费用;作为固定资产后续支出的固定资产大修理费用,在发生时直接计入当期损益;融资租入固定资产改良支出,应计入固定资产账面价值;股份有限公司委托其他单位发行股票支付的股票发行费,在股票溢价收入中扣除。故上述费用不再作为长期待摊费用核算。

企业对经营租赁方式租入固定资产进行技术改造,以使产品的质量实质性提高,使产品的成本实质性降低所发生的各项费用称为经营租赁方式租入固定资产发生改良支出。因其收益期限较长,金额较大,费用发生时应先记入"长期待摊费用"账户的借方,再在剩余租赁期间按照经济利益的实现方式予以摊销,记入有关的成本费用账户,借记"开发成本""开发间接费用""管理费用""销售费用"等账户,贷记"长期待摊费用"账户。

四、临时设施

临时设施,是指房地产企业为保证开发经营活动的正常进行而在开发现场建造的生产和生活用的各种临时性简易设施,包括开发现场的办公室、休息室、仓库、临时道路、围墙、给排水管道、临时宿舍及食堂等。

由于临时设施价值较高、使用期限较长、可以多次装拆组合用于多个开发项目,因此,房地产企业的临时设施可以比照固定资产初始计量、后续计量和处置的会计处理,在"固定资产""累计折旧""固定资产清理"账户核算。也可以根据企业实际情况需要,单独设置"临时设施""临时设施摊销""临时设施清理"账户核算。

(一)临时设施的购建

房地产企业购入的临时设施,应按实际支出借记"临时设施"账户,贷记"银行存款"账户。房地产企业自行搭建的临时设施,应先通过"在建工程"账户核算,待达到预定可使用状态时,再将其建造成本转入"临时设施"账户的借方。

（二）临时设施的摊销

临时设施的价值应在开发建造期间按月摊销，由于临时设施是为开发建造现场服务的，因此其摊销额应计入开发间接费用。摊销方法可以比照固定资产折旧的年限平均法或工作量法。按月计提的摊销额在借记“开发成本”“开发间接费用”等账户的同时，贷记“临时设施摊销”账户。

（三）临时设施的清理

企业在某个开发项目开发建造完成后，应将临时设施出售、拆除或报废，称为临时设施清理。临时设施清理应按以下步骤进行：

第一步，转销临时设施账面价值。将临时设施账面净值借记“临时设施清理”账户，按已计提的摊销额借记“临时设施摊销”账户，按其账面原值贷记“临时设施”账户。

第二步，记录变价收入或残料收入。将发生的变价收入和残料收入借记“银行存款”“原材料”账户，贷记“临时设施清理”账户。

第三步，记录发生的清理费用。将发生的清理费用借记“临时设施清理”账户，贷记“银行存款”等账户。

第四步，结转临时设施清理的净损益。在结平“临时设施清理”账户的同时，将发生的净损失借记“营业外支出”账户，将取得的净利得贷记“营业外收入”账户。

对于那些价值不是很高、使用期限相对较短、不能多次装拆组合、仅为某个开发建造项目服务的临时设施，也可以在发生时一次计入受益开发项目的“开发间接费”成本项目，计入开发成本，但应加强实物管理。财政部颁发的、2014 年 1 月 1 日起施行的《企业产品成本核算制度》规定的房地产企业成本项目中，将临时设施费记入“前期工程费”成本项目，作为直接费用记入开发产品成本，值得商榷。

DI JIU ZHANG 第九章 负 债

第一节 流动负债

一、流动负债的分类与计量

流动负债是指在一年或超过一年的一个营业周期内，以流动资产或举借其他负债偿还的债务，包括短期借款、交易性金融负债、应付票据、应付账款、预收账款、应付职工薪酬、应交税费、应付利息、应付股利等。

（一）流动负债的分类

1. 按照形成方式分类。流动负债按照其形成方式，可以分为融资活动形成的流动负债、与客户往来结算形成的流动负债、与职工往来结算形成的流动负债和与国家职能部门结算形成的流动负债。

融资活动形成的流动负债，是指企业为筹集日常经营活动中所需资金，从银行或其他金融机构借入的本金及应负担的利息和应支付给投资者的现金股利或利润等，包括短期借款、应付利息、应付股利。

与客户往来结算形成的流动负债，是指企业在日常供销活动中形成的应收及预收款项，包括应付账款、应付票据、预收账款。

与职工往来结算形成的流动负债，是指企业按照劳动合同的规定应支付给职工的劳动报酬和应为职工支付的各项社会保险、住房公积金等，如应付职工薪酬。

与国家职能部门结算形成的流动负债，是指企业按照规定应向国家缴纳的各种税金及附加，包括应交增值税、应交消费税、应交房产税、应交土地增值税、应交城市维护建设税、应交教育费附加、应交所得税等，统称为应交税费。

2. 按照偿付金额是否确定分类。流动负债按照偿付金额是否确定，可以分为偿付金额确定的流动负债和偿付金额需要估计的流动负债。

偿付金额确定的流动负债，是指有确定的债权人、偿付日期和偿付金额的流动负债，包括短期借款、应付票据、应付账款、预收账款、应付职工薪酬、应交税费、应付利息、应付股利等。

偿付金额需要估计的流动负债，是指由于不确定性因素的存在，没有确切的债权人，偿付日期、偿付金额需要估计的流动负债，如未决诉讼、未决仲裁、产品质量担保等事项所确认的预计负债。

3. 按照偿付手段分类。流动负债按照偿付手段，可以分为货币性流动负债和非货币性流动负债。

货币性流动负债，是指需要用货币性资产偿还的流动负债；非货币性流动负债，是指不需要用货币性资产偿还的流动负债。上述列举的流动负债绝大多数属于货币性流动负债，只有以下项目属于非货币性流动负债：

（1）预收账款，通常情况下，房地产企业采用预收款方式销售商品房形成的预收购房款，需要以商品房的交付来偿还。房地产企业代委托单位开发建造建设项目收取的预收开发建设资金，需要以已完开发项目的交付偿还。除非发生合同或协议中止执行，才需要以货币性资产偿还。

（2）预计负债，多数情况下，预计负债需要以货币性资产偿还，但是，产品质量担保确认的预计负债多以修理劳务偿还。

4. 按照是否按公允价值进行后续计量分类。流动负债按照是否按公允价值进行后续计量，可以分为按公允价值计量且其变动计入当期损益的金融负债、其他金融负债和非金融负债。

金融负债主要包括短期借款、应付票据、应付债券和长期借款等。其中，短期借款、应付票据、短期应付债券属于流动负债；长期应付债券和长期借款属于非流动负债。

金融负债在初始确认时，可以划分为按公允价值计量且其变动计入当期损益的金融负债和其他金融负债。按公允价值计量且其变动计入当期损益的金融负债，是指按照公允价值进行初始计量和后续计量的金融负债，又可以进一步划分为交易性金融负债和直接指定为按公允价值计量且其变动计入当期损益的金融负债；其他金融负债是指按照公允价值和相关交易费用进行初始计量，按照摊余成本进行后续计量的金融负债。应付账款、预收账款、应付职工薪酬、应交税费、应付利息和应付股利属于非金融负债。

（二）流动负债的计量

1. 流动负债的初始计量。流动负债属于企业在未来一年内偿还的债务，从理论上说,应当按未来应付金额的现值进行初始计量。但是,出于重要性的考虑,一般可以按照交易日有关原始凭证标明的金额计量。其原因是:①交易日有关凭证上标明的金额,体现交易日流动负债的公允价值;②流动负债偿还期限较短,未来应付金额与其现值之间的差额很小,根据重要性可以忽略不计;③对于单独计算利息的流动负债而言,其交易日原始凭证标明的金额,即未来应付金额的现值。

2. 流动负债的后续计量。在存续期内,流动负债一般按照本金计量,应付利息单独在"应付利息"账户核算;但是,按公允价值计量且其变动计入当期损益的金融负债,按照公允价值进行后续计量,且将公允价值变动在"交易性金融负债——公允价值变动"账户单独核算。

二、短期借款

短期借款是指企业向银行或其他金融机构借入的期限在一年以下(含一年)的各项借款。

短期借款有到期偿还本金和按期支付利息的义务。短期借款利息作为财务费用,有两种处理方法:①按期(季、半年、年)支付或到期一次还本支付的利息,且数额较大的,采用预提方法,按月预提计入财务费用;②按月支付的利息,在实际支付时计入财务费用。

为了核算短期借款的借入及偿还情况,需设置"短期借款"账户,并按债权人及借款种类进行明细核算。

【例9-1】 某房地产企业7月1日取得短期借款50万元,年利率9%,期限6个月,到期一次还本付息。其会计分录如下:

(1)当企业取得短期借款时:

借:银行借款　　500 000

　贷:短期借款　　500 000

(2)每月末预提借款利息时:

借:财务费用——利息支出　　3 750

　贷:应付利息　　3 750

(3)12月31日到期还本付息时:

借:应付利息　　22 500

　短期借款　　500 000

　贷:银行存款　　522 500

三、交易性金融负债

满足下列条件之一的金融负债,应当划分为交易性金融负债:①承担金融负债的目的是为了近期出售或回购;②属于集中管理的可辨认金融工具组合的一部分,且有客观证据表明企业近期采用短期获利方式对该组合进行管理;③属于衍生工具,如金融远期、商品期货、金融期货、金融期权以及金融互换等。交易性金融负债应按公允价值进行初始计量和后续计量,相关交易费用应当计入当期损益。交易性金融负债公允价值变动形成的利得或损失,除与套期保值有关外,应当计入当期损益。

直接指定为按公允价值计量且其变动计入当期损益的金融负债的确认与计量与交易性金融负债相同。

房地产企业应当设置"交易性金融负债"账户,核算交易性金融负债的增减变动情况,并在该账户下设置"本金"和"公允价值变动"两个明细账,分别核算初始计量的公允价值和存续期内的公允价值变动。

【例9-2】 2018年1月1日,甲房地产公司(以下简称"甲公司")从证券公司借入其持有的A公司债券并卖出。该债券面值为100万元,价款为200万元,支付交易费用2万元,期限为3年,票面利率为6%,每年年末付息一次。双方约定,甲公司于2019年4月1日归还相同数量的同种债券,并按债券价款的3%支付利息。甲公司将其划分为交易性金融负债。2018年6月30日,该债券不含利息的公允价值为210万元;2018年12月31日,该债券不含利息的公允价值为180万元;2019年1月20日甲公司支付上年利息;2019年4月1日,甲公司以170万元将该债券回购后归还证券公司。不考虑其他因素,手续费及保证金核算略,甲公司的会计处理如下:

(1)2018年1月1日,借入并卖出债券:

借:银行存款 1 980 000

　投资收益 20 000

　贷:交易性金融负债——本金 2 000 000

(2)2018年6月30日,公允价值变动:

借:公允价值变动损益 100 000

　贷:交易性金融负债——公允价值变动 100 000

(3)2018年12月31日,公允价值变动和计息:

借:交易性金融负债——公允价值变动 300 000

　贷:公允价值变动损益 300 000

借:投资收益 (2 000 000×3%×4/12)20 000

　贷:应付利息 20 000

(4)2019 年 1 月 20 日,支付利息:

借:应付利息　　20 000

　贷:银行存款　　20 000

(5)2019 年 4 月 1 日,回购债券并支付利息:

借:交易性金融负债——本金　　2 000 000

　公允价值变动损益　　200 000

　贷:交易性金融负债——公允价值变动　　200 000

　　银行存款　　1 700 000

　　投资收益　　300 000

借:投资收益　　(2 000 000 ×3% ×3/12)15 000

　贷:银行存款　　15 000

四、应付票据

应付票据是采用商业汇票结算方式,因购买材料、商品和接受劳务供应而开出承兑的商业汇票。应付票据按承兑人不同,可分为银行承兑汇票和商业承兑汇票两种;按是否付息,又可分为带息票据和不带息票据。我国商业票据的付款期限最长不超过 6 个月。

带息票据到期时的应付金额为票据面值与利息之和。带息商业汇票的利息应作为财务费用处理,票据的应付利息可以采用以下两种处理方法:①按期预提,在期末,至少于 12 月 31 日对未到期的应付票据预提利息,计入财务费用;②票据到期支付票款时,尚未计提的利息一次计入财务费用。

不带息票据到期应付金额为票据的面值。

房地产企业应设置“应付票据”账户,企业因购货等交易或事项而签发、承兑汇票时,按票面金额记入本账户贷方;支付票款时记入本账户借方;贷方余额表示尚未到期支付的票款。为了反映应付票据承兑、支付的详细情况,企业应设置“应付票据备查簿”,记录每张应付票据的种类、签发日期、票面金额、到期日、合同编号等。

【例 9－3】　某房地产企业因购入钢材于 4 月 1 日签发面值为 30 000 元,为期 6 个月的银行承兑汇票一张,向开户银行申请办理承兑手续(手续费率为 0.1%),用以购买材料(材料按计划成本核算)。其账务处理如下:

(1)当向银行申请银行承兑汇票,按 0.1% 的手续费率支付手续费:

借:财务费用　　30

　贷:银行存款　　30

(2)用票据购买材料:

借:材料采购 30 000

贷:应付票据 30 000

(3)票据到期付款:

借:应付票据 30 000

贷:银行存款 30 000

如果企业到期无力支付票款,根据银行转来的贷款通知:

借:应付票据 30 000

贷:短期借款 30 000

【例9-4】 上例中若为带息票据,票面年利率为8%,则:

票据到期值 = 30 000 + 30 000 × 8% × 6 ÷ 12 = 31 200(元)

会计分录(3)应为:

借:应付票据 30 000

财务费用 1 200

贷:银行存款 31 200

当票据到期企业无款支付时,则:

借:应付票据 30 000

财务费用 1 200

贷:短期借款 31 200

当采用商业承兑汇票,到期企业无款支付时,则借记"应付票据"账户,贷记"应付账款"账户。

【例9-5】 沿用上例,若为带息票据,且该企业为上市公司,按规定6月30日中期报告时要求预提利息,则:

(1)6月30日预提利息:

借:财务费用 600

贷:应付利息 600

(2)10月1日到期付款时:

借:财务费用 600

应付利息 600

应付票据 30 000

贷:银行存款 31 200

五、应付账款

应付账款是指房地产企业因购买材料、商品或接受劳务供应而应付给供应单位的款项，以及因出包工程而应付给承包单位的工程价款等。

应付账款的入账时间，一般应以与所购物资所有权有关的风险和报酬已经转移或劳务已经接受为标志。在物资和发票账单同时到达的情况下，应付账款一般在物资验收入库后入账；会计期末未完成验收入库的，应先按合理估计的金额入账，验收入库后若发现错、漏、破损等问题，再予以调整。在物资和发票账单未同时到达的情况下，如果会计期末物资已验收入库，发票账单尚未到达，应将物资和应付账款估计入账，下月初再予以冲回，待发票账单到达再作会计处理。

应付账款应在物资所有权发生转移或接受劳务已发生时，按未来应付金额入账，而不按未来应付金额的现值入账。带有现金折扣的应付账款，应按发票上记载的应付金额总额记账。企业在付款时实际享有的现金折扣应视为理财收益，记入当期"财务费用"账户贷方。房地产企业应设置"应付账款"账户，核算应付账款的发生和偿还情况。当企业因购买材料、商品以及接受劳务供应等而发生债务时，记入本账户的贷方；当企业以各种形式清偿债务时，记入本账户的借方；贷方余额表示应付未付的款项。为了详细反映应付账款的增减变动，应按供应单位或承包单位的类别和单位名称设置明细账，进行明细核算。

【例9-6】 某房地产企业以出包方式开发建造一栋商品房，承包单位转来经审核的"工程价款结算单"，所列该项目应付工程款80万元，应扣回预付工程款和备料款10万元，同时，余额已用银行存款支付。其会计分录如下：

(1)借：开发成本	800 000	
贷：应付账款		800 000
(2)借：应付账款	100 000	
贷：预付账款		100 000
(3)借：应付账款	700 000	
贷：银行存款		700 000

需要说明的是，房地产企业在与某个单位往来结算时，如果已为该单位设置有预付账款明细账，也可以将应付账款在"预付账款"账户中核算。

六、合同负债

合同负债是房地产企业按照合同或协议规定向购房单位或个人预收的购房款，以及代委托单位开发建设项目，按双方合同规定向委托单位预收的开发建设资金。

房地产企业需设置"合同负债"账户核算预收款项的增减变动情况。当房地产企业按照合同或者协议向购房单位或个人预收购房定金，向委托单位预收开发建设资金时,记入本账户的贷方;当房地产企业以预收的开发资金抵减应收的开发产品销售价款或代建工程结算价款,以及退还多收的购房定金、代建工程价款时,记入本账户的借方;贷方余额反映预收的尚未结算的购房定金和代建工程款等。为了详细反映预收账款的增减变动情况,应按照预收账款的种类及债权人设置明细账户进行明细核算。

【例9-7】 甲房地产公司(以下简称"甲公司")接受某单位的委托开发建造住宅楼,按双方签订的合同规定预收代建工程建设资金450万元。该项工程竣工验收交付委托单位,出具"工程价款结算账单",实际应收工程价款500万元,增值税为20万元,委托单位补付工程款,甲公司收到转账支票结清代建工程款。其会计分录如下:

(1)借:银行存款	4 500 000	
贷:合同负债		4 500 000
(2)借:合同负债	5 200 000	
贷:主营业务收入		5 000 000
应交税费——应交增值税(销项税额)		200 000
(3)借:银行存款	700 000	
贷:合同负债		700 000

七、应付职工薪酬

(一)应付职工薪酬的含义和构成

职工薪酬是指企业为获得职工提供的服务或解除劳动关系而给予的各种形式的报酬或补偿。企业提供给职工配偶、子女、受赡养人、已故员工遗属及其他受益人等的福利,也属于职工薪酬。支付职工薪酬是企业的现时义务,会导致企业未来经济利益流出,在金额可以可靠地计量时,企业应当确认一项流动负债,即应付职工薪酬。

职工范围包括:①与企业订立劳动合同的所有人员,含全职、兼职和临时工;②虽未与企业订立合同,但由企业正式任命的人员,如部分董事会成员、监事会成员;③虽未与企业订立劳动合同或未由其正式任命,但向企业所提供服务与职工所提供服务类似的人员,也属于职工的范畴,包括通过与劳务中介公司签订用工合同而向企业提供服务的人员。

职工薪酬主要包括短期薪酬、离职后福利、辞退福利和其他长期职工福利。

1. 短期薪酬。短期薪酬是指企业预期在职工提供相关服务的年度报告期间结束后12个月内将全部予以支付的职工薪酬,因解除与职工的劳动关系给予的补偿除外。因解除与职工的劳动关系给予的补偿属于辞退福利的范畴。

短期薪酬主要包括:①职工工资、奖金、津贴和补贴,是指企业按照构成工资总额的计时工资、计件工资、支付给职工的超额劳动报酬等的劳动报酬,为了补偿职工特殊或额外的劳动消耗和因其他特殊原因支付给职工的津贴,以及为了保证职工工资水平不受物价影响支付给职工的物价补贴等。其中,企业按照短期奖金计划向职工发放的奖金属于短期薪酬,按照长期奖金计划向职工发放的奖金属于其他长期职工福利。②职工福利费,是指企业向职工提供的生活困难补助、丧葬补助费、抚恤费、职工异地安家费、防暑降温费等职工福利支出。③医疗保险费、工伤保险费和生育保险费等社会保险费,是指企业按照国家规定的基准和比例计算,向社会保险经办机构缴存的医疗保险费、工伤保险费和生育保险费。④住房公积金,是指企业按照国家规定的基准和比例计算,向住房公积金管理机构缴存的住房公积金。⑤工会经费和职工教育经费,是指企业为了改善职工文化生活、为职工学习先进技术和提高文化水平及业务素质,用于开展工会活动和职工教育及职业技能培训等相关支出。⑥短期带薪缺勤,是指职工缺勤而企业仍向其支付报酬的安排,包括年休假、病假、婚假、产假、丧假、探亲假等。长期带薪缺勤属于其他长期职工福利。⑦短期利润分享计划,是指因职工提供服务而与职工达成的基于利润或其他经营成果提供薪酬的协议。长期利润分享计划属于其他长期职工福利。⑧其他短期薪酬,是指除上述薪酬以外的其他为获得职工提供的服务而给予的短期薪酬,如非货币性福利、以现金结算的股份支付等。

非货币性福利是指企业以自己的产品或外购商品作为福利发放给职工,包括:①企业提供给职工无偿使用自己拥有的资产或租赁资产,如提供给企业高级管理人员使用的住房;②免费为职工提供诸如医疗保健的服务;③向职工提供企业支付了一定补贴的商品或服务等,如以低于成本的价格向职工出售住房等。

以现金结算的股份支付是指企业提供给职工以现金形式结算但以权益工具公允价值为基础确定的现金股票增值权等。

2. 离职后福利。离职后福利是指企业为获得职工提供的服务而在职工退休或与企业解除劳动关系后,提供的各种形式的报酬和福利,属于短期薪酬和辞退福利的除外。失业保险和养老保险属于离职后福利。

离职后福利计划是指企业与职工就离职后福利达成的协议,或者企业为向职工提供离职后福利制定的规章或办法等。离职后福利计划按照企业承担的风险和义务情况,可以分为设定提存计划和设定受益计划。其中,设定提存计划是指企业向独立的基金缴存固定费用后,不再承担进一步支付义务的离职后福利计划。设定受益计划,是指除设定提存计划以外的离职后福利计划。

3. 辞退福利。辞退福利是指企业在职工劳动合同到期之前解除与职工的劳动关系,或者为鼓励职工自愿接受裁减而给予职工的补偿。

辞退福利主要包括:①在职工劳动合同尚未到期前,不论职工本人是否愿意,企业决定解除与职工的劳动关系而给予的补偿;②在职工劳动合同尚未到期前,为鼓励职工自愿接受裁减而给予的补偿,职工有权利选择继续在职或接受补偿离职。

辞退福利通常采取解除劳动关系时一次性支付补偿的方式,也采取在职工不再为企业带来经济利益后,将职工工资支付到辞退后未来某一期间的方式。

企业应当根据辞退福利的定义和包括的内容,区分辞退福利与正常退休的养老金。辞退福利是在职工与企业签订的劳动合同到期前,企业根据法律与职工本人或职工代表(如工会)签订的协议,或者基于商业惯例,承诺当其提前终止对职工的雇佣关系时支付的补偿。引发补偿的事项是辞退,因此,企业应当在辞退职工时进行辞退福利的确认和计量。职工在正常退休时获得的养老金,是其与企业签订的劳动合同到期时或者职工达到了国家规定的退休年龄时获得的退休后生活补偿金额,引发补偿的事项是职工在职时提供的服务,而不是退休本身,因此,企业应当在职工提供服务的会计期间进行养老金的确认和计量。

另外,职工虽然没有与企业解除劳动合同,但未来不再为企业提供服务,不能为企业带来经济利益,企业承诺提供实质上具有辞退福利性质的经济补偿的,如发生“内退”的情况,在其正式退休日期之前应当比照辞退福利处理,在其正式退休日期之后应当按照离职后福利处理。

4. 其他长期职工福利。其他长期职工福利,是指除短期薪酬、离职后福利、辞退福利之外所有的职工薪酬,包括长期带薪缺勤、长期残疾福利、长期利润分享计划等。

总之,从薪酬的涵盖时间和支付形式来看,职工薪酬包括企业在职工在职期间和离职后给予的所有货币性薪酬和非货币性福利;从薪酬的支付对象来看,职工薪酬包括提供给职工本人和其配偶、子女或其他被赡养人的福利,比如,支付给因公伤亡职工的配偶、子女或其他被赡养人的抚恤金。

职工薪酬总额不包括以下项目:①根据国务院发布的有关规定颁发的创造发明奖、自然科学奖、科学技术进步奖和支付的合理化建议和技术改进奖以及支付运动员、教练员的奖金;②劳动保护的各项支出,如工作服、手套等劳保用品、清凉饮料等;③出差伙食补助费、误餐补助、调动工作的旅费和安家费;④计划生育独生子女补贴等。

（二）应付职工薪酬的确认和计量

企业应当在职工为其提供服务的会计期间，将应付的职工薪酬确认为负债，除因解除与职工的劳动关系给予的补偿计入管理费用外，应当根据职工提供服务的受益对象，分别计入相关的费用或资产成本。

企业应设置“应付职工薪酬”账户核算应付给职工的各种薪酬的分配和结算。本账户可以设置“工资”“职工福利”“医疗保险费”“住房公积金”“工会经费”“职工教育经费”“非货币性福利”“利润分享计划”“辞退福利”“设定提存计划”“设定受益计划义务”“股份支付”等明细账，分别核算各项职工薪酬。该账户贷方登记经计算的本月应付职工薪酬总额，借方登记本月向职工、保险机构、企业相关部门支付或缴纳的各种职工薪酬。本账户期末贷方余额，反映企业应付未付的职工薪酬。其中，就“工资”明细账而言，如果企业本月实际发放的工资是按上月考勤记录计算的，则实发工资与本月应付工资的差额，即本账户的贷方或借方余额。如果本月实发工资与应付工资相差不大，也可以以实发工资作为应付工资进行分配，这样本明细账户期末无余额。

1. 短期薪酬的确认和计量。企业应当在职工为其提供服务的会计期间，将实际发生的短期薪酬确认为负债，并计入当期损益或计入相关资产成本。

（1）一般短期薪酬的确认和计量。企业发生的职工工资、津贴和补贴等短期薪酬，应当根据职工提供服务情况和工资标准等计算应计入职工薪酬的工资总额，并按照受益对象计入当期损益或相关资产成本，借记“开发成本”“开发间接费用”“管理费用”等账户，贷记“应付职工薪酬”账户。

企业为职工缴纳的医疗保险费、工伤保险费、生育保险费等社会保险费和住房公积金，以及按规定提取的工会经费和职工教育经费，应当在职工为其提供服务的会计期间，根据规定的计提基础和计提比例计算确定相应的职工薪酬金额，并确认相关负债，按照受益对象计入当期损益或相关资产成本，借记“开发成本”“开发间接费用”“管理费用”等账户，贷记“应付职工薪酬”。

企业发生的职工福利费，应当在实际发生时根据实际发生额计入当期损益或相关资产成本。企业向职工提供非货币性福利的，应当按照公允价值计量。如果企业以自产的产品作为非货币性福利提供给职工，应当按照该产品的公允价值和相关税费确定职工薪酬金额，并计入当期损益或相关资产成本，相关收入的确认、销售成本的结转以及相关税费的处理，与企业正常商品销售的会计处理相同。如果企业以外购的商品作为非货币性福利提供给职工，应当按照该商品的公允价值和相关税费确定职工薪酬金额，并计入当期损益或相关资产成本。如果企业将其拥有的房屋等资产无偿提供给职工使用或租赁住房等资产提供给职工无偿使用，应当根据受益对象，并根据住房每期应计提的折旧或应付租金确定职工薪酬金额，并计入当期损益或相关资产成本，难以认定受益对象的，直接计入当期损益。如果向职工提供企业支付了补贴的商品或服务，应当将出售商品或服务的价款与成本的差额（即相当于企业补贴的金额），分别按不同情况或者作为长期待摊费用，或者计入当期损益，并确定各期职工薪酬金额。

房地产企业发生的上述职工薪酬的分配，具体地说有下述几种情况：①直接生产人员和直接提供劳务人员发生的职工薪酬，应由所生产的产品、所提供劳务负担，计入开发产品成本或劳务成本。但非正常消耗的直接生产人员和直接提供劳务人员的职工薪酬，应当在发生时确认为当期损益。②开发生产管理人员的职工薪酬应计入开发间接费用。③自行建造固定资产和自行研究开发无形资产人员的职工薪酬，应由在建工程、无形资产或开发支出负担，计入在建工程成本或研发支出，最终按照资本化条件的规定计入固定资产、无形资产成本或管理费用。④公司总部管理人员、董事会成员、监事会成员等人员相关的职工薪酬，因难以确定直接对应的受益对象，均应当在发生时计入管理费用。

【例9-8】 2019年10月，甲房地产公司（以下简称“甲公司”）当月应付工资100万元，其中：生产部门直接开发生产人员工资50万元；开发生产部门管理人员工资10万元；公司管理部门人员工资20万元；公司专设产品销售机构人员工资4万元；自行建造办公设施人员工资10万元；内部开发专利人员工资6万元。按规定，公司分别按照职工工资总额的10%、12.5%、2%和10%计提医疗保险费、养老保险费、失业保险费和住房公积金。2019年10月应承担的职工福利费金额为职工工资总额的4%。公司分别按照职工工资总额的2%和1.5%计提工会经费和职工教育经费。假定专利已处于开发阶段并符合资本化条件。不考虑其他因素。甲公司的会计处理如下：

应计入开发成本的职工薪酬金额 $=50\times(1+10\%+12.5\%+2\%+10\%+4\%+2\%+1.5\%)$

$=71$（万元）

应计入开发间接费用的职工薪酬金额 $=10\times(1+10\%+12.5\%+2\%+10\%+4\%+2\%+1.5\%)$

$=14.2$（万元）

应计入管理费用的职工薪酬金额 $=20\times(1+10\%+12.5\%+2\%+10\%+4\%+2\%+1.5\%)$

$=28.4$（万元）

应计入销售费用的职工薪酬金额 $=4\times(1+10\%+12.5\%+2\%+10\%+4\%+2\%+1.5\%)$

$=5.68$（万元）

应计入在建工程成本的职工薪酬金额 $=10\times(1+10\%+12.5\%+2\%+10\%+4\%+2\%+1.5\%)$

$=14.2$(万元)

应计入无形资产成本的职工薪酬金额 $=6\times(1+10\%+12.5\%+2\%+10\%+4\%+2\%+1.5\%)$

$=8.52$(万元)

借:开发成本	710 000	
开发间接费用	142 000	
管理费用	284 000	
销售费用	56 800	
在建工程	142 000	
研发支出——资本化支出	85 200	
贷:应付职工薪酬——工资		1 000 000
——职工福利		40 000
——医疗保险费		100 000
——住房公积金		100 000
——工会经费		20 000
——职工教育经费		15 000
——设定提存计划		145 000

这里需要说明的是,养老保险和失业保险不属于短期职工薪酬,而属于离职后福利,但离职后福利计划采用设定提存方式,则可以与短期职工薪酬一并计提,计入相关的费用或资产成本。

【例9-9】 甲房地产公司(以下简称"甲公司")共有职工100名,2019年10月,甲公司以银行存款购买每台不含增值税价格为2 000元的电视机100台,作为春节福利发放给公司每名职工,增值税税率为16%。假设在100名职工中开发生产的职工70名、开发现场管理人员10名、总部管理人员20名。

(1)甲公司决定发放非货币性福利时:

借:开发成本	162 400	
开发间接费用	23 200	
管理费用	46 400	
贷:应付职工薪酬——非货币性福利		232 000

(2)甲公司购买电视时:

借:应付职工薪酬——非货币性福利	232 000	
贷:银行存款		232 000

【例9-10】 沿用例9-9的资料,假设2019年10月,甲公司将自行开发建

造的全新商品房以优惠价格向职工出售,每套不含增值税价款为80万元、增值税为5万元,向职工出售的价格为每套50万元,每套成本40万元。售房协议规定,职工在取得住房后必须在公司服务10年。假定该100名职工均在2019年度先后购买了公司出售的商品房。对职工的补贴按受益期限分摊计入成本费用。本题增值税纳税义务已经发生。甲公司的会计分录如下:

(1)甲公司决定出售商品房,并办理商品房移交手续时:

借:应收账款	53 125 000	
长期待摊费用	31 875 000	
贷:主营业务收入		80 000 000
应交税费——应交增值税(销项税额)		5 000 000
借:主营业务成本	40 000 000	
贷:开发产品		40 000 000

(2)收到职工商品房价款时:

借:银行存款	53 125 000	
贷:应收账款		53 125 000

(3)年末摊销对职工的补贴时:

借:开发成本	2 231 250	
开发间接费用	318 750	
管理费用	637 500	
贷:应付职工薪酬——非货币性福利		3 187 500
借:应付职工薪酬——非货币性职工福利	3 187 500	
贷:长期待摊费用		3 187 500

(2)短期带薪缺勤的确认和计量。带薪缺勤应当根据其性质及其职工享有的权利,分为累积带薪缺勤和非累积带薪缺勤两类。如果带薪缺勤属于长期带薪缺勤,企业应当作为其他长期职工福利处理。

a. 累积带薪缺勤。累积带薪缺勤是指带薪权利可以结转下期的带薪缺勤,本期尚未用完的带薪缺勤权利可以在未来期间使用。企业应当在职工提供了服务从而增加了其未来享有的带薪缺勤权利时,确认与累积带薪缺勤相关的职工薪酬,并以累积未行使权利而增加的预期支付金额计量。

有些累积带薪缺勤允许职工离开企业时,对于未行使的权利有权获得现金支付。职工在离开企业时能够获得现金支付的,企业应当确认企业必须支付的、职工全部累积未使用权利的金额。企业应当以资产负债表日因累积未使用权利而产生的预期支付的追加金额,作为累积带薪缺勤费用进行预计。

【例9-11】 甲房地产公司(以下简称"甲公司")有500名职工,从2018年

1月1日起，该公司实行累积带薪缺勤制度，每名职工每年可享受5个工作日带薪年休假，未使用的年休假只能向后结转一个日历年度，超过一年未使用的权利作废；职工休年休假时，首先使用当年可享受的权利，不足部分再从上年结转的带薪年休假中扣除；职工离开公司时，对未使用的累积带薪年休假无权获得现金支付。

2018年12月31日，每名职工当年平均未使用带薪年休假为2天。甲公司预计2019年有450名职工将享受不超过5天的带薪年休假，剩余50名职工每人将平均享受6天半年休假，假定这50名职工全部为总部管理人员，甲公司平均每名职工每个工作日工资为400元。

(1)根据上述资料，甲公司职工2018年已休带薪年休假的，其相应的薪酬已经计入甲公司每月确定的薪酬金额中。同时，甲公司还需要预计职工2018年享有但尚未使用的、预期将在下一年度使用的累积带薪缺勤，并计入当期损益或者相关资产成本。则：

2018年12月31日甲公司预计职工累积未使用的带薪年休假权利而导致预期将支付年休假工资金额 = 50 × 1.5 × 400 = 30 000(元)

借：管理费用　　30 000

　贷：应付职工薪酬——累积带薪缺勤　　30 000

(2)2019年12月31日，假设上述50名总部管理人员中有42人享受了6天半带薪休假，另外8人只享受5天带薪休假。则：

借：应付职工薪酬——累积带薪缺勤　　25 200

　贷：银行存款　　25 200

借：应付职工薪酬——累积带薪缺勤　　4 800

　贷：管理费用　　4 800

从例9-11可以看出，如果未使用的带薪缺勤权利只能结转一年，超过一年未使用的权利将作废，则应在下年度终了将未使用的权利冲回，同时冲减相关的费用或资产成本，即需要编制上述第三个会计分录；如果未使用的带薪缺勤权利可以无限期结转，且可以在职工离开时以现金支付，则无须将未使用的权利冲回，也无须调整相关的费用或资产成本，即不需要编制上述第三个会计分录。

b. 非累积带薪缺勤。非累积带薪缺勤是指带薪权利不能结转下期的带薪缺勤，本期尚未用完的带薪缺勤权利将予以取消，并且职工离开企业时也无权获得现金支付。我国企业职工休婚假、产假、丧假、探亲假、病假期间的工资通常属于非累积带薪缺勤。由于职工提供服务本身不能增加其能够享受的福利金额，企业在职工未缺勤时不应当计提相关费用和负债。企业应当在职工实际发生缺勤的会计期间确认与非累积带薪缺勤相关的职工薪酬。企业确认职工享有的与非累积带薪缺勤权利相关的薪酬，视同职工出勤确认的当期损益或相关资产成本。通常情况下，与非累积带薪缺勤相关的职工薪酬已经包括在企业每期向职工发放的工资等薪酬中，因此，无须单独再作相应的会计处理。

(3)短期利润分享计划(或奖金计划)的确认和计量。企业制订有短期利润分享计划的，如当职工完成规定业绩指标，或者在企业工作了特定期限后，能够享有按照企业净利润的一定比例计算的薪酬，企业应当进行有关会计处理。

短期利润分享计划同时满足下列条件的，企业应当确认相关的应付职工薪酬，并计入当期损益或相关资产成本：①企业因过去事项导致现在具有支付职工薪酬的法定义务或推定义务；②因利润分享计划所产生的应付职工薪酬义务能够可靠估计。

属于下列三种情形之一的，视为义务金额能够可靠估计：①在财务报告批准报出之前企业已确定应支付的薪酬金额；②该利润分享计划的正式条款中包括确定薪酬金额的方式；③过去的惯例为企业确定推定义务金额提供了明显证据。

企业在计量利润分享计划产生的应付职工薪酬时，应当反映职工因离职而没有得到利润分享计划支付的可能性。

如果企业预期在职工为其提供相关服务的年度报告期间结束后 12 个月内，不需要全部支付利润分享计划产生的应付职工薪酬，该利润分享计划作为其他长期职工福利。

企业根据经营业绩或职工贡献等情况提取的奖金，属于奖金计划，应当比照短期利润分享计划进行处理。

【例 9－12】 乙房地产公司(以下简称"乙公司")于 2019 年年初制订和实施了一项短期利润分享计划，以对公司管理人员进行激励。该计划规定，公司全年的净利润指标为 2 000 万元，如果在公司管理人员的努力下完成的净利润超过 2 000 万元，公司管理层将可以分享超过 2 000 万元净利润部分的 10% 作为额外报酬。假设 2019 年乙公司全年实际完成净利润 2 600 万元。不考虑离职等其他因素，则：

2019 年乙公司管理人员可以分享的利润 =(2 600 － 2 000)×10% ＝60(万元)

乙公司 2019 年 12 月 31 日的会计分录如下：

借：管理费用　　600 000

　贷：应付职工薪酬——利润分享计划　　600 000

2. 离职后福利的确认和计量。离职后福利是指企业为获得职工提供的服务而在职工退休或与企业解除劳动关系后，提供的各种形式的报酬和福利，属于短期薪酬和辞退福利的除外。离职后福利包括退休福利(如养老金和一次性的退休支付)及其他离职后福利(如离职后人寿保险和离职后医疗保障)。职工正常退休时获得的养老金等离职后福利，是职工与企业签订的劳动合同到期或者职工达到国家规定的退休年龄时获得的离职后生活补偿金额。企业给予补偿的事项是职工在职时提供的服务而不是退休本身,因此,企业应当在职工提供服务的会计期间对离职后福利进行确认和计量。

离职后福利计划,是指企业与职工就离职后福利达成的协议,或者企业为向职工提供离职后福利制定的规章或办法等。企业应当按照企业承担的风险和义务情况,将离职后福利计划分类为设定提存计划和设定受益计划两种类型。

(1)设定提存计划的确认和计量。设定提存计划是指企业向单独主体(如基金等)缴存固定费用后,不再承担进一步支付义务的离职后福利计划。

对于设定提存计划,企业应当将在资产负债表日为换取职工在会计期间提供的服务而应向单独主体缴存的提存金,确认为应付职工薪酬,并计入当期损益或相关资产成本。会计处理见例9-8。

(2)设定受益计划的确认和计量。设定受益计划,是指除设定提存计划以外的离职后福利计划。设定提存计划和设定受益计划的区分,取决于离职后福利计划的主要条款和条件所包含的经济实质。在设定提存计划下,企业的义务以企业应向独立主体缴存的提存金金额为限,职工未来所能取得的离职后福利金额取决于向独立主体支付的提存金金额,以及提存金所产生的投资回报,从而精算风险和投资风险实质上要由职工来承担。在设定受益计划下,企业的义务是为现在及以前的职工提供约定的福利,并且精算风险和投资风险实质上由企业来承担。

当企业负有下列义务时,该计划就是一项设定受益计划:①计划的福利公式不仅与提存金金额相关,且要求企业在资产不足以满足该公式的福利时提供进一步的提存金;②通过计划间接地或直接地对提存金的特定回报作出担保。因此,设定受益计划所确认的费用并不一定是本期应付的提存金金额。企业存在一项或多项设定受益计划的,对于每一项计划应当分别进行会计处理。

企业对设定收益计划的会计处理步骤如下:

a. 计量设定收益计划所产生的对离职后职工的义务,并确定相关义务的归属期间,进而确定设定受益计划义务的现值和当期服务成本。

企业应当根据预期累计福利单位法,采用无偏且相互一致的精算假设对有关人口统计变量和财务变量等作出估计,计量设定受益计划所产生的义务,并确定相关义务的归属期间。企业应当根据资产负债表日与设定受益计划义务期限和币种相匹配的国债或活跃市场上的高质量公司债券的市场收益率确定折现率,将设定受益计划所产生的义务予以折现,以确定设定受益计划义务的现值和当期服务成本。

设定受益计划义务的现值是指企业在不扣除任何计划资产的情况下,为履行获得当期和以前期间职工服务产生的最终义务,所需支付的预期未来金额的现值。设定受益计划的最终义务受到许多变量的影响，如职工离职率、死亡率、职工缴付的提存金等。企业在折现时，即使预期有部分义务在报告期间结束后的12个月内结算，企业仍应对整项义务进行折现。企业应当就至报告期末的任何重大交易及环境的其他重大变化（包括市场价格和利率的变化）进行调整，在每年年末进行复核。

企业应当通过预期累计福利单位法确定其设定受益计划义务的现值、当期服务成本和过去服务成本。根据预期累计福利单位法，职工每提供一个期间的服务，就会增加一个单位的福利权利，企业应当对每一单位的福利权利进行单独计量，并将所有单位的福利权利累计形成最终义务。企业应当将福利归属于提供设定受益计划的义务发生的期间。这一期间是指从职工提供服务以获取企业在未来报告期间预计支付的设定受益计划福利开始，至职工的继续服务不会导致这一福利金额显著增加之日为止。

企业在确定设定受益计划义务的现值、当期服务成本以及过去服务成本时，应当根据计划的福利公式将设定受益计划产生的福利义务归属于职工提供服务的期间，并计入当期损益或相关资产成本。

当职工后续年度的服务将导致其享有的设定受益计划福利水平显著高于以前年度时，企业应当按照直线法将累计设定受益计划义务分摊确认于职工提供服务而导致企业第一次产生设定受益计划福利义务至职工提供服务不再导致该福利义务显著增加的期间。在确定后续年度服务是否将导致职工享有的设定受益福利水平显著高于以前年度时，不应考虑仅因未来工资水平提高而导致设定受益计划义务显著增加的情况。

精算假设是指企业对影响离职后福利最终义务的各种变量的最佳估计。精算假设应当是客观公正和相互可比的，无偏且相互一致的。精算假设包括人口统计假设和财务假设。人口统计假设包括死亡率、职工的离职率、伤残率、提前退休率等。财务假设包括折现率、福利水平和未来薪酬等。其中，折现率应当根据资产负债表日与设定受益计划义务期限和币种相匹配的国债或活跃市场上的高质量公司债券的市场收益率确定。

经验调整是设定受益计划义务的实际数与估计数之间的差异。在某些情况下，设定受益计划对于未来福利水平调整未作出明确规定的，企业是将有关福利水平的增加确认为精算假设与实际经验的差异（产生精算利得或损失）还是计划的修改（产生过去服务成本），需要运用职业判断。通常情况下，如果设定受益计划未明确规定未来福利水平的调整，过去的调整也并不频繁，同时如果精算假设中并无福利水平增长的假设，企业应将福利水平变化的影响归属于过去服务成本。

b. 确定设定受益计划净负债或净资产。设定受益计划存在资产的，企业应当将设定受益计划义务的现值减去设定受益计划资产公允价值所形成的赤字或盈余确认为一项设定受益计划净负债或净资产。

设定受益计划存在盈余的，企业应当根据设定受益计划的盈余和资产上限两项的孰低者计量设定受益计划净资产。其中，资产上限是指企业可从设定受益计划退款或减少未来向独立主体缴存提存金而获得的经济利益的现值。

计划资产包括长期职工福利基金持有的资产、符合条件的保险单等，但不包括企业应付但未付给独立主体的提存金、由企业发行并由独立主体持有的任何不可转换的金融工具。

c. 确定应当计入当期损益的金额。报告期末，企业应当在损益中确认的设定受益计划产生的职工薪酬成本包括服务成本、设定受益净负债或净资产的利息净额。其中，服务成本包括当期服务成本、过去服务成本和结算利得或损失。设定受益净负债或净资产的利息净额包括计划资产的利息收益、设定受益计划义务的利息费用以及资产上限影响的利息。除非其他相关会计准则要求或允许职工福利成本计入资产成本，企业应当将服务成本和设定受益净负债或净资产的利息净额计入当期损益。

A. 当期服务成本。当期服务成本是指因职工当期提供服务所导致的设定受益计划义务现值的增加额。在例 9 - 13 中，甲公司应当计入当期损益的当期服务成本，服务第一年为 37.31 万元，服务第二年为 41.04 万元。

B. 过去服务成本。过去服务成本是指设定受益计划修改所导致的与以前期间职工服务相关的设定受益计划义务现值的增加或减少。当企业设立或取消一项设定受益计划或是改变现有设定受益计划下的应付福利时，设定受益计划就发生了修改。

过去服务成本可以是正的，如设立或改变设定受益计划从而导致设定受益计划义务的现值增加，也可以是负的，如取消或改变设定受益计划从而导致设定受益计划义务的现值减少。如果企业减少了设定受益计划的应付福利，但同时增加了在该计划下针对相同职工的其他应付福利，企业应当将变动的净额作为单项变动处理。

过去服务成本不包括下列各项：以前假定的薪酬增长金额与实际发生金额之间的差额，对支付以前年度服务产生的福利义务的影响；企业对支付养老金增长金额具有推定义务的，对于可自行决定养老金增加金额的高估和低估；财务报表中已确认的精算利得或计划资产回报导致的福利变化的估计；在没有新的福利或福利未发生变化的情况下，职工达到既定要求之后导致既定福利（即并不取决于未来雇佣的福利）的增加。

C. 结算利得和损失。企业应当在设定受益计划结算时，确认一项结算利得或损失。设定受益计划结算是指企业为了消除设定受益计划所产生的部分或所有未来义务进行的交易，而不是根据计划条款和所包含的精算假设向职工支付福利。

设定受益计划结算利得或损失 = 在结算日确定的受益计划义务现值 – 结算价格

其中，结算价格包括转移的计划资产的公允价值和企业直接发生的与结算相关的支付。

D. 设定受益计划净负债或净资产的利息净额。设定受益计划净负债或净资产的利息净额，是指设定受益净负债或净资产在职工提供服务期间由于时间变化而产生的变动，包括计划资产的利息收益、设定受益计划义务的利息费用以及资产上限影响的利息。

企业应当用设定受益计划净负债或净资产乘以适当的折现率来确定设定受益计划净负债或净资产的利息净额。企业应当在会计期间开始时确定设定受益计划净负债或净资产的折现率，并考虑该期间由于福利提存和福利支付所导致的设定受益计划净负债或净资产的变动，但不应当考虑设定受益计划净负债或净资产在本会计期间的任何其他变动（如精算利得和损失）。

企业应当用计划资产公允价值乘以折现率来确定计划资产的利息收益，并以其作为计划资产回报的组成部分。企业应当将计划资产的利息收益和计划资产回报之间的差额包括在设定受益计划净负债或净资产的重新计量中。

企业计算设定受益计划净负债或净资产的利息净额时，应当考虑资产上限的影响。企业应当通过将资产上限的影响乘以折现率来确定资产上限影响的利息，作为资产上限影响总变动的一部分。企业应当在会计期间开始时确定资产上限的影响和折现率。企业应当将资产上限影响的利息金额与资产上限影响总变动之间的差额包括在设定受益计划净负债或净资产的重新计量中。

d. 确定应当计入其他综合收益的金额。企业应当将重新计量设定受益计划净负债或净资产所产生的变动计入其他综合收益，并且在后续会计期间不允许转回至损益，但企业可以在权益范围内转移这些在其他综合收益中确认的金额。

重新计量设定受益计划净负债或净资产所产生的变动包括下列部分：

A. 精算利得或损失，即由于精算假设和经验调整导致之前所计量的设定受益计划义务现值的增加或减少。企业未能预计的过高或过低的职工离职率、提前退休率、死亡率、过高或过低的薪酬、福利的增长以及折现率变化等因素，将导致设定受益计划产生精算利得和损失。精算利得或损失不包括因设立、修改或结算设定受益计划所导致的设定受益计划义务的现值变动，或者设定受益计划下应付福利的变动。这些变动产生了过去服务成本或结算利得或损失。

B. 计划资产回报，扣除包括在设定受益净负债或净资产的利息净额中的金额。计划资产的回报，指计划资产产生的利息、股利和其他收入，以及计划资产已实现和未实现的利得或损失。企业在确定计划资产回报时，应当扣除管理该计划资产的成本以及计划本身的应付税款，但计量设定受益义务时所采用的精算假设所包括的税款除外。管理该计划资产以外的其他管理费用不需从计划资产回报中扣减。

C. 资产上限影响的变动，扣除包括在设定受益计划净负债或净资产的利息净额中的金额。

【例9－13】 丙房地产公司（以下简称“丙公司”）在2019年1月1日设立了一项设定受益计划，并于当日开始实施。该设定受益计划规定：①丙公司向所有在职员工提供统筹外补充退休金，这些职工在退休后每年可以额外获得6万元退休金，直至去世；②职工获得该额外退休金基于自该计划开始日起为公司提供的服务，而且应当自该设定受益计划开始日起一直为公司服务至退休。

假定符合计划的职工为100人，当前平均年龄为40岁，退休年龄为60岁，还可以为公司服务20年。假定在退休前无人离职，退休后平均剩余寿命为15年。假定适用的折现率为10%。假定不考虑未来通货膨胀影响等其他因素。

计算设定受益计划义务及其现值见表9－1。计算职工服务期间每期服务成本见表9－2。

丙公司的会计分录如下：

服务第1年年末：

借：管理费用（或相关资产成本） 373 100

贷：应付职工薪酬——设定受益计划义务 373 100

表9－1 计算设定受益计划义务及其现值 单位：万元

	退休后第1年	退休后第2年	退休后第3年	退休后第4年	……	退休后第14年	退休后第15年
(1)当年支付	600	600	600	600	……	600	600
(2)折现率(%)	10	10	10	10	……	10	10
(3)复利现值系数	0.909 1	0.826 4	0.751 3	0.683 0	……	0.263 3	0.239 4
(4)退休时点现值=(1)×(3)	545	496	451	410	……	158	144
(5)退休时点现值合计	4 564				……		

表 9-2 计算职工服务期间每期服务成本 单位:万元

服务年份	服务第 1 年	服务第 2 年	……	服务第 19 年	服务第 20 年
福利归属			……		
——以前年度	0	228.20	……	4 107.15	4 335.33
——当年	4 564 ÷ 20 = 228.20	228.20	……	228.20	228.20
——以前年度 + 当年	228.20	456.40	……	4 335.35	4 563.50
期初义务	0	37.31	……	3 394.34	3 941.21
利息	0	3.73	……	339.44	394.12
当期服务成本	$228.2 \div (1+10\%)^{19} = 37.31$	$228.2 \div (1+10\%)^{18} = 41.04$	……	$228.2 \div (1+10\%) = 207.45$	228.10
期末义务	37.31	80.08	……	3 941.21	4 564

服务第 2 年年末:

借:管理费用(或相关资产成本) 410 400

贷:应付职工薪酬——设定受益计划义务 410 400

借:财务费用(或相关资产成本) 37 300

贷:应付职工薪酬——设定受益计划义务 37 300

服务第 3 年至第 20 年年末,以此类推。

【例 9-14】 沿用例 9-13 的资料,假设丙公司在该计划开始后职工提供服务的第 3 年年末重新计量该设定受益计划的净负债。丙公司发现,由于预期寿命等精算假设和经验调整导致该设定受益计划义务的现值增加,形成精算损失 8 万元。

借:其他综合收益——设定受益计划净负债或净资产重新计量——精算损失 80 000

贷:应付职工薪酬——设定受益计划义务 80 000

【例 9-15】 沿用例 9-13 的资料,假设将设定受益计划义务提存资金设立基金,并进行投资,第 2 年获得的投资收益为 3.5 万元。则:

借:应付职工薪酬——设定受益计划义务 35 000

贷:管理费用 35 000

3. 辞退福利的确认和计量。辞退福利是指企业在职工劳动合同到期之前解除与职工的劳动关系,或者为鼓励职工自愿接受裁减而给予职工的补偿。由于导致义务产生的事项是终止雇佣而不是获得职工的服务,企业应当将辞退福利作为单独一类职工薪酬进行会计处理。

企业在确定提供的经济补偿是否为辞退福利时，应当区分辞退福利和正常退休养老金。辞退福利是在职工与企业签订的劳动合同到期前，企业根据法律与职工本人或职工代表（如工会）签订的协议，或者基于商业惯例，承诺当其提前终止对职工的雇佣关系时支付的补偿，引发补偿的事项是辞退。

职工虽然没有与企业解除劳动合同，但未来不再为企业提供服务，不能为企业带来经济利益，企业承诺提供实质上具有辞退福利性质的经济补偿的，如发生“内退”的情况，在其正式退休日期之前应当比照辞退福利处理，在其正式退休日期之后应当按照离职后福利处理。

企业向职工提供辞退福利的，应当在企业不能单方面撤回因解除劳动关系计划或裁减建议所提供的辞退福利时、企业确认涉及支付辞退福利的重组相关的成本或费用时两者孰早日，确认辞退福利产生的职工薪酬负债，并计入当期损益。

企业有详细、正式的重组计划并且该重组计划已对外公告时，表明已经承担了重组义务。重组计划包括重组涉及的业务、主要地点、需要补偿的职工人数及其岗位性质、预计重组支出、计划实施时间等。

实施职工内部退休计划的，企业应当比照辞退福利处理。企业应当按照内退计划规定，将自职工停止提供服务日至正常退休日期间，企业拟支付的内退职工工资和缴纳的社会保险费等，确认为应付职工薪酬，一次性计入当期损益，不能在职工内退后各期分期确认因支付内退职工工资和为其缴纳社会保险费等产生的义务。

企业应当按照辞退计划条款的规定，合理预计并确认辞退福利产生的职工薪酬负债，并具体考虑下列情况：对于职工没有选择权的辞退计划，企业应当根据计划条款规定拟解除劳动关系的职工数量、每一职位的辞退补偿等确认职工薪酬负债；对于自愿接受裁减建议的辞退计划，由于接受裁减的职工数量不确定，企业应当根据《企业会计准则第 13 号——或有事项》的规定，预计将会接受裁减建议的职工数量，根据预计的职工数量和每一职位的辞退补偿等确认职工薪酬负债；对于辞退福利，预期在其确认的年度报告期间期末后 12 个月内完全支付的，企业应当适用短期薪酬的相关规定；对于辞退福利，预期在年度报告期间期末后 12 个月内不能完全支付的，企业应当适用其他长期职工福利的相关规定，即实质性辞退工作在一年内实施完毕但补偿款项超过一年支付的辞退计划，企业应当选择恰当的折现率，以折现后的金额计量应计入当期损益的辞退福利金额。

【例 9 – 16】 2019 年 10 月，甲房地产公司（以下简称“甲公司”）管理层制订了一项辞退计划，计划规定，从 2020 年 1 月 1 日起，甲公司将以职工自愿方式辞退职工。辞退计划的详细内容，包括拟辞退的职工所在部门和数量、各级别职工能够获得的补偿以及计划大体实施的时间等，均已与职工沟通，并达成一致意见。辞退计划已于2019年12月20日经董事会正式批准，将于下一个年度内实施完毕。该项辞退计划的详细内容见表9－3。

表9－3　辞退计划　　单位：万元

所属部门	职　　位	辞退数量（人）	工龄（年）	每人补偿金额
营销部	主任及副主任	10	1～10	10
			10～20	20
			20～30	30
	高级营销员	20	1～10	8
			10～20	18
			20～30	28
	一般营销员	40	1～10	5
			10～20	15
			20～30	25
合　　计		70		

2019年12月31日，企业预计各级别职工拟接受辞退职工数量的最佳估计数（最可能发生数）及其应支付的补偿见表9－4。

表9－4　辞退职工数量及补偿金额　　单位：万元

所属部门	职　　位	辞退数量	工龄（年）	接受数量	每人补偿金额	补偿金额
营销部	主任及副主任	10	1～10	4	10	40
			10～20	3	20	60
			20～30	1	30	30
	高级营销员	20	1～10	9	8	72
			10～20	4	18	72
			20～30	2	28	56
	一般营销员	40	1～10	20	5	100
			10～20	10	15	150
			20～30	5	25	125
合　　计		70		58		705

根据表9－4，愿意接受辞退职工的最可能数量为58名，预计补偿总额为655万元，满足预计负债确认条件，甲公司在2019年12月31日应作以下会计分录：

借：管理费用　　7 050 000

　贷：应付职工薪酬——辞退福利　　7 050 000

实质性辞退工作在年内完成，但付款期限超过一年的，应当选择与预计支付期限相同的国债利率作为折现率，以折现后的金额计入当期损益，需要支付的总价款金额（即辞退福利）与其现值之间的差额作为未确认融资费用，在以后会计期间分期支付辞退福利时采用实际利率法分摊。

4. 其他长期职工福利的确认和计量。其他长期职工福利是指除短期薪酬、离职后福利和辞退福利以外的其他所有职工福利。其他长期职工福利包括长期带薪缺勤、其他长期服务福利、长期残疾福利、长期利润分享计划和长期奖金计划等。

企业向职工提供的其他长期职工福利，符合设定提存计划条件的，应当按照设定提存计划的有关规定进行会计处理。企业向职工提供的其他长期职工福利，符合设定受益计划条件的，企业应当按照设定受益计划的有关规定，确认和计量其他长期职工福利净负债或净资产。在报告期末，企业应当将其他长期职工福利产生的职工薪酬成本确认为下列组成部分：服务成本；其他长期职工福利净负债或净资产的利息净额；重新计量其他长期职工福利净负债或净资产所产生的变动。

为了简化相关会计处理，上述项目的总净额应计入当期损益或相关资产成本。

长期残疾福利水平取决于职工提供服务期间长短的，企业应在职工提供服务的期间确认应付长期残疾福利义务，计量时应当考虑长期残疾福利支付的可能性和预期支付的期限；与职工提供服务期间长短无关的，企业应当在导致职工长期残疾事件发生的当期确认应付长期残疾福利义务。

5. 以现金结算的股份支付。以现金结算的股份支付，是指企业为获取职工服务承担以股份或其他权益工具为基础计算确定的支付现金或其他资产义务的交易。企业应当在等待期内的每个资产负债表日，以对可行权情况的最佳估计为基础，按照企业承担负债的公允价值，将当期取得的服务计入相关资产成本或当期费用，同时计入负债，并在结算前的每个资产负债表日和结算日对负债的公允价值重新计量，将其变动计入损益。对授予后立即可行权的现金结算的股份支付，企业应当在授予日按照企业承担负债的公允价值将其计入相关资产成本或费用，同时计入负债，并在结算前的每个资产负债表日和结算日对负债的公允价值重新计量，将其变动计入损益。

【例9－17】 2015 年年初，某房地产公司为 100 名中层以上职员每人授予 100 份现金股票增值权，这些职员从 2015 年 1 月 1 日起在该公司连续服务 3 年，即可按照当时股价增长幅度获得现金，该增值权应在 2019 年 12 月 31 日之前行使。该公司估计，该增值权在负债结算之前的每一资产负债表日以及结算日的公允价值和可行权后的每份增值权现金支出额见表 9－5。

表 9－5 公允价值和支付现金　　单位：元

年份	公允价值	支付现金
2015	10	
2016	12	
2017	15	14
2018	18	16
2019		20

第一年有 10 名职员离开公司，估计 3 年中还将有 6 名职员离开公司；第二年又有 5 名职员离开公司，估计还将有 5 名职员离开公司；第三年又有 8 名职员离开公司。第三年年末，有 40 人行使股份增值权取得了现金；第四年年末，有 20 人行使了股份增值权；第五年年末，剩余 17 人也行使了股份增值权。

$$2015\text{ 年的费用}=(100-10-6)\times 100\times 10\times \frac{1}{3}=28\ 000(\text{元})$$

$$2016\text{ 年的费用}=(100-10-5-5)\times 100\times 12\times \frac{2}{3}-28\ 000=36\ 000(\text{元})$$

$$2017\text{ 年的费用}=(100-10-5-8-40)\times 100\times 15+40\times 100\times 14-64\ 000=47\ 500(\text{元})$$

$$2018\text{ 年计入公允价值变动损益的金额}=(100-23-40-20)\times 100\times 18+20\times 100\times 16-55\ 500=7\ 100(\text{元})$$

$$2019\text{ 年计入公允价值变动损益的金额}=17\times 100\times 20-17\times 100\times 18=3\ 400(\text{元})$$

（1）2015 年 12 月 31 日：

借：管理费用　　28 000

　贷：应付职工薪酬——股份支付　　28 000

（2）2016 年 12 月 31 日：

借：管理费用　　36 000

　贷：应付职工薪酬——股份支付　　36 000

(3)2017 年 12 月 31 日：

借：管理费用	47 500	
贷：应付职工薪酬——股份支付		47 500
借：应付职工薪酬——股份支付	56 000	
贷：银行存款		56 000

(4)2018 年 12 月 31 日：

借：公允价值变动损益	7 100	
贷：应付职工薪酬——股份支付		7 100
借：应付职工薪酬——股份支付	32 000	
贷：银行存款		32 000

(5)2019 年 12 月 31 日：

借：公允价值变动损益	3 400	
贷：应付职工薪酬——股份支付		3 400
借：应付职工薪酬——股份支付	34 000	
贷：银行存款		34 000

(三)货币性职工薪酬的结算

企业的应付货币性职工薪酬，应及时与职工、劳动保障机构、企业有关机构办理结算。

【例9－18】 沿用例9－8的资料，甲公司11月1日至20日，将10月应付职工薪酬结算完毕。其中，工资100万元，根据编制工资结算表和工资结算汇总表与职工个人通过银行办理结算，10月份的工资结算汇总表上显示有：①发放福利费20 000元、交通费10 000元；②代扣个人所得税15 000元、代扣水电费35 000元。社会保险费已向劳动保障机构划拨款项；住房公积金已向公积金管理机构划拨款项；工会经费、职工教育经费和职工福利费由财会部门会同相关部门控制使用，本月以银行存款支付工会经费5 000元、职工教育经费4 000元和职工福利费20 000元。

(1)与职工结算工资时：

借：应付职工薪酬——工资	950 000	
——职工福利	20 000	
管理费用	10 000	
贷：银行存款		980 000
借：应付职工薪酬——工资	50 000	
贷：其他应收款		35 000

应交税费——应交个人所得税 15 000

(2)向社会保障机构和住房公积金管理机构划拨款项:

借:应付职工薪酬——医疗保险费 100 000

——设定提存计划 145 000

——住房公积金 100 000

贷:银行存款 345 000

(3)支付工会经费、职工教育经费和职工福利费:

借:应付职工薪酬——职工福利 20 000

——工会经费 5 000

——职工教育经费 4 000

贷:银行存款 29 000

八、应交税费

(一)应交税费概述

房地产企业应交纳的税费主要包括增值税、土地增值税、城市维护建设税、教育费附加、房产税、车船税、土地使用税、印花税和所得税等。房地产企业应设置“应交税费”账户核算各种税费的计算和实际交纳情况。为了详细核算各种应交税费的情况,在该账户下应分别设置“应交增值税”“应交土地增值税”“应交城市维护建设税”“应交土地使用税”“应交教育费附加”“应交所得税”等若干明细账户。但应注意,房地产企业应交纳的印花税、耕地占用税,以及其他不需预计应交金额的税费,不通过“应交税费”账户核算。

房地产企业应按税法规定正确计算各项应交税费,计算出的应交税费,在贷记“应交税费”账户的同时,分别按不同情况在以下账户列支:

对于应由房地产企业经营收入负担的土地增值税、城市维护建设税和教育费附加,应在月份终了,按规定的税种和税率计算出应交纳的税费,借记“税金及附加”账户,贷记“应交税费”账户。其中,城市维护建设税和教育费附加以企业本期应交消费税和应交增值税额作为计算依据,按规定的比率计算。

对于房地产企业应交纳的房产税、车船税及土地使用税,月份终了,企业按规定的税种、税率和课税对象计算的金额,借记“税金及附加”账户,贷记“应交税费”账户。

房地产企业在进行固定资产购建工程时,按规定交纳的耕地占用税,借记“在建工程”账户,贷记“银行存款”账户。

房地产企业按应纳税所得额和规定的税率计算的应缴纳的所得税,借记“所得税费用”账户,贷记“应交税费——应交所得税”账户,同时,由于暂时性差异影响的所得税还应借记或贷记“递延所得税资产”或“递延所得税负债”账户。

房地产企业按规定的时间实际交纳税金时,借记“应交税费”账户,贷记“银行存款”账户。

应交土地增值税、应交所得税将在本书第十二章详细介绍,这里重点说明营改增后房地产企业应交增值税的会计处理。

(二)应交增值税

2016 年 4 月 30 日,我国废止营业税的征收。从 2016 年 5 月 1 日起全面推行营业税改为增值税的试点,房地产企业由营业税纳税人改为增值税纳税人。

1. 增值税的纳税人和扣缴义务人。在中华人民共和国境内销售货物、提供劳务、销售服务、无形资产或者不动产的单位和个人,为增值税纳税人。纳税人分为一般纳税人和小规模纳税人。

应税行为的年应征增值税销售额(以下称“应税销售额”)超过财政部和国家税务总局规定标准的纳税人为一般纳税人,未超过规定标准的纳税人为小规模纳税人。年应税销售额超过规定标准但不经常发生应税行为的单位和个体工商户可选择按照小规模纳税人纳税。

2. 增值税税率和征收率。

(1)提供交通运输、邮政、基础电信、建筑、不动产租赁服务,销售不动产,转让土地使用权,税率为 11% ,2018 年 5 月起税率改为 10% ,2019 年 4 月起再下调至 9%(本版例题为 10%)。

(2)提供有形动产租赁服务,税率为 17% ,2018 年 5 月起税率改为 16% ,2019 年 4 月起再下调至 13%(本版例题为 16%)。

(3)境内单位和个人发生的跨境应税行为,税率为零。具体范围由财政部和国家税务总局另行规定。

(4)纳税人发生应税行为,除第(1)项、第(2)项、第(3)项规定外,税率为 6% 。

小规模纳税人增值税征收率为 5% 。

增值税的计税方法,包括一般计税方法和简易计税方法。一般纳税人发生应税行为适用一般计税方法计税。一般纳税人发生财政部和国家税务总局规定的特定应税行为,可以选择适用简易计税方法计税,但一经选择,36 个月内不得变更。小规模纳税人发生应税行为适用简易计税方法计税。

3. 一般计税方法的增值税会计处理。

(1)账户设置。核定为增值税一般纳税人、采用一般计税方法的房地产企业，应交的增值税在“应交税费”账户下设置“应交增值税”明细账进行会计处理，在该明细账下应分别设置“销项税额”“销项税额抵减”“进项税额”“已交税金”“进项税额转出”“转出未交增值税”“转出多交增值税”等专栏。“销项税额”专栏记录企业销售货物或提供应税劳务应收取的增值税额；“销项税额抵减”专栏记录一般纳税人按照现行增值税制度规定因扣减销售额而减少的销项税额；“进项税额”专栏记录企业购入货物或接受应税劳务而支付的、准予从销项税额中抵扣的增值税；“已交税金”专栏记录企业当月交纳本月增值税额；“进项税额转出”专栏记录企业购进货物、在产品、产成品等发生非正常损失以及其他原因而不应从销项税额中抵扣，按规定转出的进项税额；“转出未交增值税”专栏记录企业月终转出应交未交的增值税，借记本账户，贷记“应交税费——未交增值税”账户；“转出多交增值税”专栏记录企业月终转出多交的增值税，借记“应交税费——未交增值税”账户，贷记本账户。可见，本账户如有月末借方余额，则为当期期末留待以后期间从销项税额中抵扣的进项税额。以后期间，企业交纳本月的增值税，应借记“应交税费——应交增值税（已交税金）”账户，交纳以前期间的应交未交增值税，应借记“应交税费——未交增值税”账户。由此可见，企业的应交增值税是在“应交税费”总账下的“应交增值税”和“未交增值税”两个明细账核算的，以避免出现企业用以前月份欠交增值税抵扣以后月份未抵扣增值税的情况。

增值税一般纳税人还应在“应交税费”账户下设置以下明细账：

a.“未交增值税”明细账，核算一般纳税人月度终了从“应交增值税”或“预交增值税”明细科目转入当月应交未交、多交或预交的增值税额，以及当月交纳以前期间未交的增值税额。

b.“预交增值税”明细账，核算一般纳税人转让不动产、提供不动产经营租赁服务、提供建筑服务、采用预收款方式销售自行开发的房地产项目等，以及其他按现行增值税制度规定应预交的增值税额。月末，企业应将“预交增值税”明细账余额转入“未交增值税”明细账户，借记“应交税费——未交增值税”账户，贷记“应交税费——预交增值税”账户。房地产开发企业采用预收款方式销售房地产，在收到预收购房款时预交的增值税，应直至纳税义务发生时方可从“应交税费——预交增值税”账户结转到“应交税费——未交增值税”账户。

c.“待抵扣进项税额”明细账，核算一般纳税人已取得增值税扣税凭证并经税务机关认证，按照现行增值税制度规定准予以后期间从销项税额中抵扣的进项税额。其包括：一般纳税人 2016 年 5 月 1 日后取得并按固定资产核算的不动产或者 2016 年 5 月 1 日后取得的不动产在建工程，按现行增值税制度规定准予以后期间从销项税额中抵扣的进项税额；实行纳税辅导期管理的一般纳税人取得的尚未交叉稽核比对的增值税扣税凭证上注明或计算的进项税额。

d. “待认证进项税额”明细账，核算一般纳税人由于未经税务机关认证而不得从当期销项税额中抵扣的进项税额。其包括：一般纳税人已取得增值税扣税凭证、按照现行增值税制度规定准予从销项税额中抵扣，但尚未经税务机关认证的进项税额；一般纳税人已申请稽核但尚未取得稽核相符结果的海关缴款书进项税额。

e. “待转销项税额”明细账，核算一般纳税人销售货物、加工修理修配劳务、服务、无形资产或不动产，已确认相关收入（或利得）但尚未发生增值税纳税义务而需于以后期间确认为销项税额的增值税额。

上述账户之间的结转关系如下：

a. 采购等业务进项税额允许抵扣的。一般纳税人购进货物、加工修理修配劳务、服务、无形资产或不动产，按应计入相关成本费用或资产的金额，借记“在途物资”或“原材料”、“库存商品”、“开发成本”、“无形资产”、“固定资产”、“管理费用”等账户，按当月已认证的可抵扣增值税额，借记“应交税费——应交增值税（进项税额）”账户，按当月未认证的可抵扣增值税额，借记“应交税费——待认证进项税额”账户，按应付或实际支付的金额，贷记“应付账款”“应付票据”“银行存款”等账户。未认证的可抵扣的增值税经税务机关认证后，再借记“应交税费——应交增值税（进项税额）”账户，贷记“应交税费——待认证进项税额”账户。

b. 采购等业务进项税额不得抵扣的。一般纳税人购进货物、加工修理修配劳务、服务、无形资产或不动产，用于简易计税方法计税项目、免征增值税项目、集体福利或个人消费等，其进项税额按照现行增值税制度规定不得从销项税额中抵扣的，取得增值税专用发票时，应借记相关成本费用或资产账户，借记“应交税费——待认证进项税额”账户，贷记“银行存款”“应付账款”等账户，经税务机关认证后，应借记相关成本费用或资产账户，贷记“应交税费——待认证进项税额”账户。

c. 购进不动产或不动产在建工程按规定进项税额分年抵扣的账务处理。一般纳税人自2016年5月1日后取得并按固定资产核算的不动产或者2016年5月1日后取得的不动产在建工程，其进项税额按现行增值税制度规定自取得之日起分2年从销项税额中抵扣的，应当按取得成本，借记“固定资产”“在建工程”等账户；按当期可抵扣的增值税额，借记“应交税费——应交增值税（进项税额）”账户；按以后期间可抵扣的增值税额，借记“应交税费——待抵扣进项税额”账户；按应付或实际支付的金额，贷记“应付账款”“应付票据”“银行存款”等账户。尚未抵扣的进项税额待以后期间允许抵扣时，按允许抵扣的金额，借记“应交税费——应交增值税(进项税额)”账户,贷记“应交税费——待抵扣进项税额”账户。

d. 企业销售货物、加工修理修配劳务、服务、无形资产或不动产,应当按应收或已收的金额,借记“应收账款”“应收票据”“银行存款”等账户,按取得的收入金额,贷记“主营业务收入”“其他业务收入”“固定资产清理”“工程结算”等账户,按照增值税制度确认增值税纳税义务发生时点早于按照国家统一的会计制度确认收入或利得的时点的,应按现行增值税制度规定计算的销项税额贷记“应交税费——应交增值税(销项税额)”账户;按照国家统一的会计制度确认收入或利得的时点早于按照增值税制度确认增值税纳税义务发生时点的,应将相关销项税额贷记“应交税费——待转销项税额”账户,待实际发生纳税义务时再借记“应交税费——待转销项税额”账户,贷记“应交税费——应交增值税(销项税额)”账户。

(2)应纳税额的计算。一般计税方法的应纳税额,是指当期销项税额抵扣当期进项税额后的余额。其计算公式如下:

当期应纳税额 = 当期销项税额 - 当期进项税额

当期销项税额小于当期进项税额不足抵扣时,其不足部分可以结转下期继续抵扣。

(3)销项税额。销项税额是指纳税人发生应税行为按照销售额和增值税税率计算并收取的增值税额。其计算公式如下:

销项税额 = 销售额 × 税率

房地产企业一般纳税人的增值税税率为 10% 。

一般计税方法的销售额不包括销项税额,纳税人采用销售额和销项税额合并定价方法的,按照下列公式计算销项税额:

销项税额 = 含税销售额 ÷ (1 + 10) × 10%

房地产企业中的一般纳税人销售自行开发的房地产项目,适用一般计税方法计税,按照取得的全部价款和价外费用,扣除当期销售房地产项目对应的土地价款后的余额计算销售额。销售额的计算公式如下:

销售额 = (全部价款和价外费用 - 当期允许扣除的土地价款) ÷ (1 + 10%)

公式中当期允许扣除的土地价款按照以下公式计算:

当期允许扣除的土地价款 = (当期销售房地产项目建筑面积 ÷ 房地产项目可供销售建筑面积) × 支付的土地价款

当期销售房地产项目建筑面积,是指当期进行纳税申报的增值税销售额对应的建筑面积。

房地产项目可供销售建筑面积,是指房地产项目可以出售的总建筑面积,不包括销售房地产项目时未单独作价结算的配套公共设施的建筑面积。

【例9-19】 2018年10月,甲房地产企业销售40万平方米商品房,含增值税的价款和价外费用为220万元,扣除预收款30万元后,其余款已存入银行,已发生增值税纳税义务。该房地产项目可供销售建筑面积为80万平方米,支付的土地价款为160万元。

当期允许扣除的土地价款 = 160 × (40 ÷ 80) = 80(万元)

当期销项税额 = (220 - 80) ÷ (1 + 10%) × 10% = 12.727 3(万元)

借:合同负债	300 000	
银行存款	2 027 273	
贷:主营业务收入		2 200 000
应交税费——应交增值税(销项税额)		127 273

(4)进项税额。进项税额是指纳税人购进货物、加工修理修配劳务、服务、无形资产或者不动产,支付或者负担的增值税额。

下列进项税额准予从销项税额中抵扣:①从销售方取得的增值税专用发票上注明的增值税;②从海关取得的海关进口增值税专用缴款书上注明的增值税额;③购进农产品,除取得增值税专用发票或者海关进口增值税专用缴款书外,按照农产品收购发票或者销售发票上注明的农产品买价和13%的扣除率计算的进项税额;④从境外单位或者个人购进服务、无形资产或者不动产,自税务机关或者扣缴义务人取得的解缴税款的完税凭证上注明的增值税额。

下列项目的进项税额不得从销项税额中抵扣:①用于简易计税方法计税项目、免征增值税项目、集体福利或者个人消费的购进货物、加工修理修配劳务、服务、无形资产和不动产。其中涉及的固定资产、无形资产、不动产,仅指专用于上述项目的固定资产、无形资产(不包括其他权益性无形资产)、不动产。纳税人的交际应酬消费属于个人消费。②非正常损失的购进货物,以及相关的加工修理修配劳务和交通运输服务。③非正常损失的在产品、产成品所耗用的购进货物(不包括固定资产)、加工修理修配劳务和交通运输服务。④非正常损失的不动产,以及该不动产所耗用的购进货物、设计服务和建筑服务。⑤非正常损失的不动产在建工程所耗用的购进货物、设计服务和建筑服务。纳税人新建、改建、扩建、修缮、装饰不动产,均属于不动产在建工程。⑥购进的旅客运输服务、贷款服务、餐饮服务、居民日常服务和娱乐服务。⑦财政部和国家税务总局规定的其他情形。第④项、第⑤项中所称货物,是指构成不动产实体的材料和设备,包括建筑装饰材料和给排水、采暖、卫生、通风、照明、通信、煤气、消防、中央空调、电梯、电气、智能化楼宇设备及配套设施。

非正常损失,是指因管理不善造成货物被盗、丢失、霉烂变质,以及因违反法律法规造成货物或者不动产被依法没收、销毁、拆除的情形。非正常损失不包括因不可抗拒原因造成的非常损失。

【例9-20】 2018年11月，甲房地产企业购入一辆项目管理用汽车，价款为60万元，增值税为9.6万元；与承包施工企业结算工程价款111万元，增值税为11万元。增值税已经税务机关认证，上述款项已用银行存款支付。

借：固定资产　　600 000
　　应交税费——应交增值税（进项税额）　　96 000
　贷：银行存款　　696 000
借：开发成本　　1 110 000
　　应交税费——应交增值税（进项税额）　　110 000
　贷：银行存款　　1 220 000

【例9-21】 2018年12月，甲房地产企业因管理不善造成一批照明设备毁损，其购入时的价款为8万元，支付增值税1.28万元，残料估价0.02万元且已验收入库，经审核批准将净损失计入管理费用。

借：待处理财产损溢　　92 800
　贷：库存设备　　80 000
　　应交税费——应交增值税（进项税额转出）　　12 800

【例9-22】 2018年10月，甲房地产企业购入一批电暖气，准备下月作为福利发放给管理人员，价款为10万元，增值税为1.6万元，款项已用银行存款，设备已验收入库。增值税已经税务机关认证。

借：库存设备　　116 000
　贷：银行存款　　116 000

11月份作以下会计分录：

借：管理费用　　116 000
　贷：应付职工薪酬　　116 000
借：应付职工薪酬　　116 000
　贷：库存设备　　116 000

（5）已交增值税、转出多交增值税和未交增值税。房地产企业交纳本月增值税应借记“应交税费——应交增值税（已交税金）”账户。月份终了，计算出当月应交而未交的增值税，应借记“应交税费——应交增值税（转出未交增值税）”账户，贷记“应交税费——未交增值税”账户；月份终了，计算出当多交的增值税，应借记“应交税费——未交增值税”账户，贷记“应交税费——应交增值税（转出多交增值税）”账户。

【例9-23】 2019年10月1日，甲房地产企业“应交税费——应交增值税”借方余额为5万元，为尚待本月抵扣的增值税进项税额；“应交税费——未交增值税”账户贷方余额3万元，为上月未交增值税。2019年10月，甲房地产企业发生并经税务机关认证的增值税销项税额36万元、进项税额25万元，进项税额转出2万元，用银行存款交纳上月未交增值税3万元、本月增值税10万元。销项税额、进项税额和进项税额转出的会计分录参见例9－19至例9－21，其他相关会计分录如下：

(1)交纳上月未交增值税：

借：应交税费——未交增值税	30 000	
贷：银行存款		30 000

(2)交纳本月增值税：

借：应交税费——应交增值税(已交税金)	100 000	
贷：银行存款		100 000

(3)月终结转本月多交增值税：

本月应交增值税＝36－5－(25－2)＝8(万元)

本月多交增值税＝10－8＝2(万元)

借：应交税费——未交增值税	20 000	
贷：应交税费——应交增值税(转出多交增值税)		20 000

通过上述会计处理，10月末“应交税费——应交增值税”账户借方余额为零，表明没有从以后月份销项税额中抵扣的前期增值税进项税额；“应交税费——未交增值税”账户借方余额2万元，为10月份多交增值税，在以后月份与未交增值税相抵冲。

(6)预交增值税。采取预收款方式销售自行开发的房地产项目，应在收到预收款时按照3%的预征率预交增值税。应预交税款的计算公式如下：

应预交税款＝预收款÷(1＋10%)×3%

一般纳税企业预交增值税记录在“应交税费——预交增值税”账户，在开发项目销售后，再结转到“应交税费——未交增值税”账户。

4. 简易计税方法的增值税会计处理。小规模纳税企业适用简易计税方法，其特点是：小规模纳税企业销售货物或提供劳务只能开具增值税普通发票，不能开具增值税专用发票，其他企业从小规模纳税人购入货物或接受劳务支付的增值税，如果不能从税务部门换取增值税专用发票，不能作为进项税额抵扣而应计入购入货物或接受劳务的成本；小规模纳税企业购入货物或接受劳务无论是否取得增值税专用发票，其支付的增值税均不能计入进项税额，不能从销项税额中抵扣，应计入购入货物或接受劳务的成本；采用简易计税方法计算应交增值税，增值税的征收率为5%；小规模纳税企业的“应交税费——应交增值税”账户采用三栏式账簿，不需设置若干专栏。

房地产企业中的小规模纳税人应交增值税的计算公式如下：

$$应交增值税 = 含税销售额 \div (1 + 征收率) \times 征收率$$

采取预收款方式销售自行开发的房地产项目，应在收到预收款时按照3%的预征率预交增值税。

$$应预交税款 = 预收款 \div (1 + 5\%) \times 3\%$$

【例9－24】 乙房地产企业核定为小规模纳税人，采用简易计税方法，2018年8月发生以下交易或事项：①购入开发项目用卫生设备，价款为30万元，增值税为4.8万元，款项已用银行存款支付，设备已验收入库，设备采用实际成本核算，进货费用月末按实际分配率分配；②用银行存款支付承包单位不含税工程价款111万元、增值税11万元；③销售商品房一批，不含税价款为210万元，增值税为10万元，结转预收款108万元，余款已存入银行；④扣除预交增值税3万元，用银行存款上交本月应交增值税。

(1)借：库存设备	348 000	
贷：银行存款		348 000
(2)借：开发成本	1 220 000	
贷：银行存款		1 220 000
(3)借：银行存款	1 120 000	
合同负债	1 080 000	
贷：主营业务收入		2 100 000
应交税费——应交增值税		100 000
(4)借：应交税费——应交增值税	70 000	
贷：银行存款		70 000

5. 兼营不同计税方法的计税项目。适用一般计税方法的纳税人，兼营简易计税方法计税项目、免征增值税项目，能够划分的不得抵扣进项税额，应将其计入相关资产的采购成本，将可以抵扣的进项税额在销项税额中抵扣；无法划分不得抵扣的进项税额，按照下列公式计算不得抵扣的进项税额：

$$不得抵扣的进项税额 = 当期无法划分的全部进项税额 \times (当期简易计税方法计税项目销售额 + 免征增值税项目销售额) \div 当期全部销售额$$

已抵扣进项税额的固定资产、无形资产或者不动产，发生非正常损失的，按照下列公式计算不得抵扣的进项税额：

$$不得抵扣的进项税额 = 固定资产、无形资产或者不动产净值 \times 适用税率$$

一般纳税人销售自行开发的房地产项目，兼有一般计税方法计税、简易计税方法计税、免征增值税的房地产项目而无法划分不得抵扣的进项税额的，应以《建筑工程施工许可证》注明的"建设规模"为依据进行划分。

不得抵扣的进项税额 = 当期无法划分的全部进项税额 ×（简易计税、免税房地产项目建设规模 ÷ 房地产项目总建设规模）

在计算简易计税方法和免税房地产项目对应的“不得抵扣的进项税额”时，应以建筑面积为计算单位，而不能以套、层、单元、栋作为计算依据。

【例 9 - 25】 2017 年 8 月 5 日，乙房地产企业自行开发 A 房地产项目，预计 2019 年 2 月竣工，建设规模 4 万平方米。2018 年 5 月 20 日，乙房地产企业又自行开发 B 房地产项目，预计 2020 年 3 月竣工，建设规模 6 万平方米。2018 年 9 月，乙房地产企业购入卫生设备一批价款 1 000 万元、增值税 160 万元，用于 A、B 两个开发项目。A 房地产项目属于自行开发的房地产老项目，选择简易计税方法；B 房地产项目属于营改增后自行开发的房地产新项目，应选择一般计税方法。

不得抵扣的进项税额 = 160 × [4 ÷ (4 + 6)] = 64（万元）

当期可以抵扣的进项税额 = 160 × [6 ÷ (4 + 6)] = 96（万元）

借：库存设备——A 项目用设备	4 640 000	
——B 项目用设备	6 000 000	
应交税费——应交增值税（进项税额）	960 000	
贷：银行存款		11 600 000

九、应付利息、应付股利和其他应付款

应付利息是指房地产企业按合同约定应支付的短期借款、应付票据、短期应付债券等的利息，以及分期付款到期还本的长期借款和长期应付债券的利息等。企业一般应按摊余成本和实际利率计算确认利息费用和应付利息。

应付股利（或应付利润）是房地产企业应付给所有者的现金股利（或利润）。应付股利或应付利润在尚未实际支付给各投资者之前，构成企业的一项流动负债。企业应根据股东大会或类似权力机构审议批准的利润分配方案，按应支付的现金股利或利润进行会计处理。

其他应付款是指除应付票据、应付账款、预收账款、应付职工薪酬、应交税费、应付利息、应付股利（或应付利润）以外的偿还期限在一年以内的各种应付、暂收的款项，如应付经营性租入固定资产租金、应付包装物租金、存入保证金，以及应付的各种赔款、罚款等。

房地产企业应设置“应付利息”、“应付股利”（或“应付利润”）和“其他应付款”账户，核算应付利息、应付股利（或应付利润）和其他应付款的形成和实际支付等情况。

第二节　非流动负债

一、非流动负债的种类与借款费用资本化

（一）非流动负债的种类

非流动负债是指除流动负债以外的负债。与流动负债相比较，非流动负债有以下特点：①偿还期限较长，在一年或一个营业周期以上；②金额较大；③所筹集的资金一般用于非流动资产的购建或者建造合同，如购建固定资产、无形资产、投资性房地产，以及需要经过相当长时间的生产才能达到可销售状态的存货等。

非流动负债主要包括长期借款、应付债券、长期应付款、专项应付款、预计负债和递延所得税负债等。递延所得税负债将在本书第十二章中述及。

（二）借款费用资本化

1. 借款的范围及符合资本化条件的资产。借款包括专门借款和一般借款。专门借款是指为购建或者生产符合资本化条件的资产而专门借入的款项；一般借款是指除专门借款之外的，其用途通常没有特指用于符合资本化条件的资产的购建或者生产的借款。

符合资本化条件的资产是指需要经过相当长时间（一年以上，含一年）的购建或者生产活动才能达到预定可使用或者可销售状态的固定资产、投资性房地产和存货等资产。建造合同成本、确认为无形资产的开发支出等在符合条件的情况下，也可以认定为符合资本化条件的资产。符合资本化条件的存货，主要包括房地产开发企业开发的用于对外出售的房地产开发产品、企业制造的用于对外出售的大型机器设备等。

2. 借款费用的范围。借款费用是企业因借入资金所付出的代价，包括借款利息、折价或者溢价的摊销、辅助费用以及因外币借款而发生的汇兑差额等。借款利息是指企业向银行或者其他金融机构等借入资金发生的利息、发行公司债券发生的利息，以及为购建或者生产符合资本化条件的资产而发生的带息债务所承担的利息等；折价或者溢价主要是指发行公司债券等所发生的折价或者溢价，发行债券中的折价或者溢价，其实质是对债券票面利息的调整；辅助费用是指企业在借款过程中发生的手续费、佣金、印刷费等；因外币借款而发生的汇兑差额，是指由于汇率变动引起的外币借款本金及其利息折算为记账本位币的差额。

企业发生的借款费用，可直接归属于符合资本化条件的资产的购建或者生产的，应当予以资本化，计入相关资产成本；其他借款费用，应当在发生时根据其发生额计入当期损益。

3. 资本化期间的确定。只有发生在资本化期间内的有关借款费用，才允许资本化，资本化期间的确定是借款费用确认和计量的重要前提。借款费用资本化期间，是指从借款费用开始资本化时点到停止资本化时点的期间，但不包括借款费用暂停资本化的期间。

(1)开始资本化的时点。借款费用允许开始资本化必须同时满足三个条件，即资产支出已经发生、借款费用已经发生、为使资产达到预定可使用或者可销售状态所必要的购建或者生产活动已经开始。这三个条件中，只要有一个条件没有满足，相关借款费用就不能开始资本化。

(2)借款费用暂停资本化的期间。符合资本化条件的资产在购建或者生产过程中发生非正常中断且中断时间连续超过 3 个月的，应当暂停借款费用的资本化。

非正常中断，通常是由于管理决策失误或者其他不可预见因素等所导致的中断。比如，企业因与施工方发生了质量纠纷、工程或生产用料没有及时供应、资金周转发生了困难、施工或生产发生了安全事故、发生了与资产购建或生产有关的劳动纠纷等原因，导致资产购建或者生产活动发生中断。

正常中断通常仅限于因购建或者生产符合资本化条件的资产达到预定可使用或者可销售状态所必要的程序、事先可预见的不可抗力因素导致的中断。比如，某些工程建造到一定阶段必须暂停下来进行质量或者安全检查，或者由于雨季或冰冻季节等可预见的不可抗力，导致施工出现停顿。

在实务中，企业应当遵循“实质重于形式”等原则来判断借款费用暂停资本化的时间，如果相关资产购建或生产的中断时间较长而且满足其他规定条件，相关借款费用应当暂停资本化。

(3)借款费用停止资本化的时点。购建或者生产符合资本化条件的资产达到预定可使用或者可销售状态时，借款费用应当停止资本化。如果所购建或者生产的资产分别建造、分别完工，企业应当区别情况界定借款费用停止资本化的时点。如所购建或者生产的符合资本化条件的资产的各部分分别完工，且每部分在其他部分继续建造或者生产过程中可供使用或者可对外销售，且为使该部分资产达到预定可使用或可销售状态所必要的购建或者生产活动实质上已经完成，则应当停止与该部分资产相关的借款费用的资本化；如果企业购建或者生产的符合资本化条件资产的各部分分别完工，但必须等到整体完工后才可使用或者对外销售，则应当在该资产整体完工时停止借款费用的资本化。

4. 借款利息资本化金额的确定。

(1)为购建或者生产符合资本化条件的资产而借入专门借款的,应当根据专门借款当期实际发生的利息费用,减去将尚未运用的借款资金存入银行取得的利息收入或进行暂时性投资取得的投资收益后的金额确定。

(2)为购建或者生产符合资本化条件的资产而占用了一般借款的,企业应当根据累计资产支出超过专门借款部分的资产支出加权平均数乘以所占用一般借款的资本化率,计算确定一般借款应予资本化的利息金额。资本化率应当根据一般借款加权平均利率计算确定。也就是说,一般借款的借款利息资本化金额的确定应当与资产支出挂钩。

(3)每一会计期间的利息资本化金额,不应当超过当期相关借款实际发生的利息金额。

【例9-26】 2018年1月1日,甲房地产公司(以下简称"甲公司")正式动工开发建造某商品房项目,工期预计为2年,采用出包方式施工,工程进度款分别于2018年1月1日、2018年7月1日、2019年1月1日支付,工程尾款以2019年1月1日预收房款支付。

甲公司为开发建造该商品房项目,于2018年1月1日借入专门借款4 000万元,借款期限为3年,年利率为6%;2018年7月1日又借入专门借款8 000万元,借款期限为5年,年利率为7%。借款利息按年支付。假设名义利率与实际利率相同。

闲置借款资金均用于固定收益债券短期投资,该短期投资月收益率为0.6%。

商品房于2019年12月31日完工,达到预定可使用状态。有关资产支出情况见表9-6。

表9-6 有关资产支出情况 单位:万元

时间	每期资产支出金额	累计资产支出金额	闲置借款资金用于短期投资金额
2018年1月1日	3 000	3 000	1 000
2018年7月1日	3 000	6 000	6 000
2019年1月1日	3 000	9 000	3 000
2019年7月1日	3 000	12 000	—
总计	12 000	—	10 000

(1)确定借款费用资本化期间:2018年1月1日至2019年12月31日。

(2)计算资本化期间内专门借款实际发生的利息：

$$\text{2018年专门借款实际发生的利息}=4\ 000\times6\%+8\ 000\times7\%\times6\div12=520(\text{万元})$$

$$\text{2019年专门借款实际发生的利息}=4\ 000\times6\%+8\ 000\times7\%=800(\text{万元})$$

(3)计算在资本化期间内利用闲置的专门借款资金进行短期投资的收益：

$$\text{2018年短期投资收益}=1\ 000\times0.6\%\times6+6\ 000\times0.6\%\times6=252(\text{万元})$$

$$\text{2019年短期投资收益}=3\ 000\times0.6\%\times6=108(\text{万元})$$

(4)计算利息资本化金额：

$$\text{2018年专门借款利息资本化金额}=520-252=268(\text{万元})$$

$$\text{2019年专门借款利息资本化金额}=800-108=692(\text{万元})$$

(5)借款费用资本化会计分录如下：

2018 年 12 月 31 日：

借:开发间接费用	2 680 000	
应收利息(或银行存款)	2 520 000	
贷:应付利息		5 200 000

2019 年 12 月 31 日：

借:开发间接费用	6 920 000	
应收利息(或银行存款)	1 080 000	
贷:应付利息		8 000 000

偿还本息的会计分录略。

【例 9-27】 沿用例 9-26 的资料，假定甲公司为开发建造商品房 2018 年 1 月 1 日借入专门借款 4 000 万元，借款期限为 3 年，年利率为 6%。除此之外，没有其他专门借款。

在商品房开发建造过程中占用了两笔一般借款：①2017 年 12 月 1 日借入长期借款 4 000 万元，期限为 3 年，年利率为 6%，按年支付利息；②2018 年 1 月 1 日发行公司债券 8 000 万元，期限为 5 年，年利率为 8%，按年支付利息。

(1)计算专门借款利息资本化金额：

$$\text{2018年专门借款利息资本化金额}=4\ 000\times6\%-1\ 000\times0.6\%\times6=204(\text{万元})$$

$$\text{2019年专门借款利息资本化金额}=4\ 000\times6\%=240(\text{万元})$$

（2）计算一般借款利息资本化金额：

$$\begin{matrix}2018\text{年占用一般借款的}\\\text{资产支出加权平均数}\end{matrix}=2\ 000\times6\div12=1\ 000(\text{万元})$$

$$\text{一般借款利息资本化率(年)}=(4\ 000\times6\%+8\ 000\times8\%)\div(4\ 000+8\ 000)=7.33\%$$

$$\begin{matrix}2018\text{年一般借款利息}\\\text{的资本化金额}\end{matrix}=1\ 000\times7.33\%=73.30(\text{万元})$$

$$\begin{matrix}2019\text{年占用一般借款的}\\\text{资产支出加权平均数}\end{matrix}=5\ 000\times12\div12+3\ 000\times6\div12=6\ 500(\text{万元})$$

$$\begin{matrix}2019\text{年一般借款利息}\\\text{的资本化金额}\end{matrix}=6\ 500\times7.33\%=476.45(\text{万元})$$

（3）计算利息资本化金额：

2018 年利息资本化金额 = 204 + 73.3 = 277.30（万元）

2019 年利息资本化金额 = 240 + 476.45 = 716.45（万元）

（4）计算资本化期间实际发生的借款利息：

2018 年实际借款利息 = 4 000 × 6% + 4 000 × 6% + 8 000 × 8% = 1 120（万元）

2019 年实际借款利息 = 1 120（万元）

（5）借款费用资本化会计分录如下：

2018 年 12 月 31 日：

借：开发间接费用	2 773 000	
财务费用	8 067 000	
应收利息（或银行存款）	360 000	
贷：应付利息		11 200 000

2019 年 12 月 31 日：

借：开发间接费用	7 164 500	
财务费用	4 035 500	
贷：应付利息		11 200 000

5. 借款辅助费用资本化金额的确定。辅助费用是企业为了安排借款而发生的必要费用，包括借款手续费、佣金等。对于企业发生的专门借款辅助费用，在所购建或者生产的符合资本化条件的资产达到预定可使用或者可销售状态之前发生的，应当在发生时根据其发生额予以资本化；在所购建或者生产的符合资本化条件的资产达到预定可使用或者可销售状态之后所发生的，应当在发生时根据其发生额计入当期损益。

为购建或者生产符合资本化条件的资产而发生的专门借款或者一般借款，通常都属于除以公允价值计量且其变动计入当期损益的金融负债之外的其他金融负债。这些金融负债所发生的辅助费用需要计入借款的初始确认金额，即抵减相关借款的初始金额，从而导致相关借款实际利率的上升，因而需要对各期利息费用作相应调整。为此，在确定借款辅助费用资本化金额时可以结合借款利息资本化金额一起计算。

6.外币专门借款汇兑差额资本化金额的确定。当企业为购建或者生产符合资本化条件的资产所借入的专门借款为外币借款时，在借款费用资本化期间内，外币专门借款本金及其利息的汇兑差额，应当予以资本化，计入符合资本化条件的资产的成本。而除外币专门借款之外的其他外币借款本金及其利息所产生的汇兑差额应当作为财务费用，计入当期损益。

【例9－28】 甲公司于2018年1月1日为建造某固定资产工程项目专门以面值发行公司债券1 000万美元，年利率为8%，期限为3年，假定不考虑与发行债券有关的辅助费用。合同约定，发行债券后每年1月1日支付利息，到期还本。

该固定资产工程于2018年1月1日开始实体建造，2019年6月30日完工，达到预定可使用状态，在此期间发生的资产支出如下：

2018年1月1日，支出200万美元；

2018年7月1日，支出500万美元；

2019年1月1日，支出300万美元。

甲公司的记账本位币为人民币，外币业务采用外币业务发生时当日的市场汇率折算。相关汇率如下：

2018年1月1日，市场汇率为1美元＝7.70元人民币；

2018年12月31日，市场汇率为1美元＝7.75元人民币；

2019年1月1日，市场汇率为1美元＝7.77元人民币；

2019年6月30日，市场汇率为1美元＝7.80元人民币。

计算外币借款汇兑差额资本化金额如下：

(1)计算2018年汇兑差额资本化金额：

债券应付利息为620万元(1 000×8% ×7.75)，则：

借：在建工程　　　　6 200 000

　贷：应付利息　　　　6 200 000

外币债券本金及利息汇兑差额为50万元[1 000×(7.75－7.70)＋80×(7.75－7.75)]，则：

借：在建工程　　　　500 000

　贷：应付债券　　　　500 000

(2)2019年1月1日实际支付利息时：

计入在建工程的本金汇兑差额＝80×7.77－620＝1.6(万元)

应当继续予以资本化,计入在建工程成本:

借:应付利息　6 200 000
　在建工程　16 000
　贷:银行存款　6 216 000

(3)计算 2019 年 6 月 30 日时的汇兑差额资本化金额:

债券应付利息 312 万元(1 000 ×8% ×1/2 ×7.80),则:

借:在建工程　3 120 000
　贷:应付利息　3 120 000

外币债券本金及利息汇兑差额为 50 万元[1 000 ×(7.80 －7.75) +40 ×(7.80 －7.80)],则:

借:在建工程　500 000
　贷:应付债券　500 000

二、长期借款

长期借款是指企业向银行或其他金融机构借入的期限在一年以上(不含一年)的各项借款。长期借款应当按照公允价值进行初始计量,发生的手续费、佣金等交易费用构成实际利息的组成部分,不得计入当期损益。长期借款的存续期内,应当采用实际利率法,按摊余成本后续计量。如果有客观证据表明按实际利率和名义利率计算的各期利息费用相差很小,也可以采用名义利率,按摊余成本进行后续计量。

房地产企业向金融机构借入的长期借款主要用于购建固定资产、无形资产、投资性房地产,以及需要经过相当长时间的开发建造才能达到可销售状态的开发产品。长期借款所发生的借款费用,应按照上述借款费用资本化的原则和方法进行会计处理。需要指出的是,房地产企业为筹集开发建设资金举借长期借款或发行公司债券的利息,按规定可以记入"开发间接费用"账户,计入开发成本。

企业应设置"长期借款"账户核算企业各种长期借款的借入及偿还情况。当企业借入长期借款时,按实际收到的金额,借记"银行存款"账户;按本金的金额,贷记"长期借款——本金"账户;按借贷方的差额,借记"长期借款——利息调整"账户。

在资产负债表日,企业应当按照长期借款摊余成本和实际利率计算发生的利息费用,借记"在建工程""财务费用""开发间接费用"等账户;按照借款本金和合同利率计算的应付未付利息,贷记"应付利息"账户;按借贷方的差额,贷记"长期借款——利息调整"账户。该账户贷方余额表示尚未偿还的各种长期借款。该账户应按贷款单位设置明细账,并按借款种类进行核算。

【例9-29】 2018年1月1日,甲房地产企业向银行借入长期借款500万元,进行固定资产购建,借款年利率为8%,借款期限为3年,每年年底支付借款利息,2019年年末偿还本金200万元,余下本金3年期满后一次付清。2018年12月31日前共发生料、工、费425万元;2019年3月底以前又发生费用25万元。项目于2019年3月底达到预定可使用状态,交付使用,并办理了竣工决算手续。假设根据实际利率和名义利率计算的各期利息费用相差很小,采用名义利率摊余成本进行后续计量。

根据上述资料,编制会计分录如下:

(1)2018年借入长期借款:

借:银行存款　　5 000 000

　贷:长期借款——本金　　5 000 000

(2)2018年发生的费用:

借:在建工程　　4 250 000

　贷:银行存款(原材料等)　　4 250 000

(3)2018年借款利息为400 000元(5 000 000×8%),则:

借:在建工程　　400 000

　贷:应付利息　　400 000

(4)2018年年末支付借款利息:

借:应付利息　　400 000

　贷:银行存款　　400 000

(5)2019年发生的费用:

借:在建工程　　250 000

　贷:银行存款(原材料等)　　250 000

(6)2019年3月31日计息和固定资产达到预定可使用状态:

借:在建工程　　100 000

　贷:应付利息　　100 000

借:固定资产　　5 000 000

　贷:在建工程　　5 000 000

(7)2019年年末计算4月至12月借款利息为300 000元(5 000 000×8%×9÷12),则:

借:财务费用　　300 000

　贷:应付利息　　300 000

(8)2019 年年末支付当年借款利息和偿还部分本金：

借：应付利息　　400 000

　长期借款——本金　　2 000 000

　贷：银行存款　　2 400 000

(9)2020 年年末计算本年借款利息为 240 000 元(3 000 000 × 8%)，则：

借：财务费用　　240 000

　贷：应付利息　　240 000

(10)2020 年年末支付当年利息和偿还剩余本金：

借：长期借款——本金　　3 000 000

　应付利息　　240 000

　贷：银行存款　　3 240 000

对例 9－29 的说明：

第一，本题借款费用资本化金额和计入当期损益金额，按照借款费用资本化的原则和方法计算求得。

第二，本题若为到期一次还本付息的长期借款，其借款利息也可以通过“长期借款——应计利息”账户核算。

第三，如果该项长期借款发生辅助费用或者存在溢、折价，则应在“长期借款——利息调整”账户核算。其具体核算方法请参照应付债券的会计处理。

第四，如果按规定采用实际利率，按摊余成本进行后续计量，请参照应付债券的计量。

三、应付债券

(一)应付债券的确认

发行公司债券是房地产企业通过举债方式筹集长期资金的一种重要方式。公司债券是依照法定程序发行的、承诺在未来某一定日期、按事先规定的利率还本付息的一种有价证券，属于金融工具。企业发行的期限超过一年以上的公司债券，构成非流动负债；企业发行的期限短于一年的公司债券构成流动负债，应在流动负债下以“短期应付债券”列示。

应付债券按不同的标准可以进行以下分类：按是否记名，划分为记名债券和无记名债券；按偿还本息方式不同，划分为一次还本付息债券、分期还本付息债券和分期付息到期还本债券；按有无担保，划分为抵押债券和信用债券；按可否转换为股票，划分为普通债券和可转换债券；按发行价格，划分为平价发行债券、折价发行债券和溢价发行债券；等等。

（二）应付债券的计量

债券的发行价格受同期市场利率的影响较大，一般情况下，债券的票面利率高于市场利率，可按超过债券票面价值的价格发行，称为溢价发行，溢价表明企业以后各期多付利息而事先得到的补偿；如果债券的票面利率低于市场利率，可按低于债券票面价值的价格发行，称为折价发行，折价表明企业以后各期少付利息而预先给投资者的补偿；如果债券的票面利率与市场利率一致，可按票面价值发行，称为按面值发行。溢价或折价是发行债券企业在债券存续期内对利息费用的一种调整。

应付债券应当按照公允价值进行初始计量。发生的手续费、佣金等交易费用构成实际利息的组成部分，作为利息费用的调整，不得计入当期损益。

应付债券的存续期内，应当采用实际利率法，按摊余成本进行后续计量。如果有客观证据表明按实际利率和名义利率计算的各期利息费用相差很小，也可以采用名义利率，按摊余成本进行后续计量。

（三）一般公司债券的会计处理

针对企业发行的长期债券，应设置"应付债券"账户，核算企业为筹集长期资金而实际发行的债券本金、利息调整和应付利息。在应付债券账户下应设置"面值""利息调整""应计利息"等明细账户，进行明细核算。无论是按面值发行，还是溢价或折价发行，均按实际收到的、扣除交易费用后的款项，借记"银行存款"账户；按债券的面值，贷记"应付债券——面值"账户；按实际收到的、扣除交易费用后的价款与面值的差额，即包括债券的溢价或折价和交易费用的利息调整额，借记或贷记"应付债券——利息调整"账户。

在资产负债表日，对于一次还本付息的债券，按照借款费用资本化的原则，将按摊余成本和实际利率计算确定债券的利息费用，借记"在建工程""开发间接费用""财务费用""研发支出"等账户；按票面利率计算确定的应付未付利息，贷记"应付债券——应计利息"账户；按借贷方的差额（即利息调整的摊销额），借记或贷记"应付债券——利息调整"账户。支付债券本息时，借记"应付债券——面值""应付债券——应计利息"账户，贷记"银行存款"账户。

在资产负债表日，对于分期付息、一次还本的债券，按票面利率计算确定的应付未付利息，应贷记"应付利息"账户，不再通过"应付债券——应计利息"账户核算。

实际利率与账面利率差异较小的，也可以采用票面利率计算确定利息费用。

【例9－30】 2017年1月1日，甲房地产公司发行3年期、债券面值2 000万元、票面利率5%的公司债券，发行价格为2 160万元，支付交易费用等20万元，款项已存入银行。债券按年计息，下年的2月25日支付上年利息。发行债券所筹集的资金用于固定资产购建。2018年12月31日，固定资产达到预定可使用状态，其间未将所筹集的资金用于短期性投资。2020年1月10日，偿还本金和支付2019年利息。则：

发行时应付债券的公允价值 = 2 160 - 20 = 2 140(万元)

每年的票面利息 = 2 000 × 5% = 100(万元)

应付债券利息调整额 = 2 160 - 20 - 2 000 = 140(万元)

计算实际利率：

$$100 \div (1+r) + 100 \div (1+r)^2 + (2\,000+100) \div (1+r)^3 = 2\,140(\text{万元})$$

采用插值法计算可得 $r = 2.55\%$，编制的摊余成本和利息收入计算表见表9-7。

表9-7　摊余成本和利息收入计算表　　单位：万元

时　间	期初摊余成本	实际利息费用（2.55%）	票面利息费用（现金流入）	利息调整摊销额	期末摊余成本
2017.01.01					2 140.00
2017.12.31	2 140.00	54.57	100	45.43	2 094.57
2018.12.31	2 094.57	53.41	100	46.59	2 047.98
2019.12.31	2 047.98	52.02	100	47.98	2 000.00

表9-7中的2019年实际利息收入52.02元，是为了将利息调整全部摊销完，而将票面利息收入减利息调整摊销额挤出来的。有关会计分录如下：

(1)2017年1月1日，发行债券：

借：银行存款　　21 400 000

　贷：应付债券——面值　　20 000 000

　　　　　　——利息调整　　1 400 000

(2)2017年12月31日，计息和摊销利息调整：

借：在建工程　　545 700

　　应付债券——利息调整　　454 300

　贷：应付利息　　1 000 000

(3)2018年2月25日，支付利息：

借：应付利息　　1 000 000

　贷：银行存款　　1 000 000

(4)2018年12月31日，计息和摊销利息调整：

借：在建工程　　534 100

应付债券——利息调整 465 900

贷:应付利息 1 000 000

(5)2019 年 2 月 25 日,支付利息:

借:应付利息 1 000 000

贷:银行存款 1 000 000

(6)2019 年 12 月 31 日,计息和摊销利息调整:

借:财务费用 520 200

应付债券——利息调整 479 800

贷:应付利息 1 000 000

(7)2020 年 1 月 10 日,支付利息和偿还本金:

借:应付债券——面值 20 000 000

应付利息 1 000 000

贷:银行存款 21 000 000

从例 9 - 30 可以看出,如果公司债券溢价发行,且溢价大于交易费用,则会形成"应付债券——利息调整"账户的贷方发生额,通过以后年度利息调整的摊销,会调减当年利息费用;如果公司债券折价发行,则会形成"应付债券——利息调整"账户的借方发生额,通过以后年度利息调整的摊销,会调增当年利息费用。

(四)可转换公司债券的会计处理

可转换公司债券是指发行人依照法定程序发行,在一定期间内依据约定的条件可以转换成股份的公司债券。由于可转换公司债券既具有债券性质,又具有股票性质,因此,债券持有者可享受债权人的权利,或股东的权利,风险较小,因而一般可转换公司债券的利率较低,企业可以通过发行可转换公司债券,以较低的筹资成本取得长期使用的资金。在我国,上市公司和重点国有企业符合一定条件的,报经批准可以发行可转换公司债券。我国发行可转换公司债券采取记名式无纸化方式,债券最短期限为 3 年,最长期限为 5 年。

1. 可转换公司债券的初始计量。企业发行的可转换公司债券,在初始确认时,应将包含的负债成分和权益成分进行分拆,将负债成分确认为应付债券,将权益成分确认为资本公积。

在进行分拆时,应当先确定负债成分的公允价值并以此作为其初始确认金额,负债成分的公允价值应按未来现金流量的现值确定。然后,再按照该金融工具整体的发行价格扣除负债成分初始确认金额后的金额确定权益成分的初始确认金额。发行该非衍生金融工具发生的交易费用,应当在负债成分和权益成分之间按照各自的相对公允价值进行分摊。

在会计核算中,企业发行的可转换公司债券的负债成分作为长期负债,在“应付债券”账户中设置“可转换公司债券”明细账户进行核算。在“应付债券——可转换公司债券”账户下再设置“面值”、“利息调整”和“应计利息”三级明细账。企业还应设置“其他权益工具”账户,用来核算可转换公司债券的权益成分。企业发行可转换公司债券按实际收到的款项,借记“银行存款”账户;按可转换公司债券的负债成分的面值,贷记“应付债券——可转换公司债券(面值)”账户;按权益成分的公允价值,贷记“其他权益工具”账户;按借贷方的差额,借记或贷记“应付债券——可转换公司债券(利息调整)”账户。

2. 可转换公司债券的后续计量。可转换债券转换为股份前,其负债成分的会计核算与一般公司债券相同,在其转换为股份时,按债券的账面价值结转,不确认转换损益。企业应按可转换公司债券的面值,借记“应付债券——可转换公司债券(面值)”账户;按未摊销的利息调整,借记(或贷记)“应付债券——可转换公司债券(利息调整)”账户;按已计提的利息,借记“应付利息”或“应付债券——可转换公司债券(应计利息)”账户;按权益成分的公允价值,借记“其他权益工具”账户;按股票面值和转换的股数计算的股票面值总额,贷记“股本”账户。债券面额不足转换 1 股股份的部分,企业应当以现金偿还,按实际用现金支付的数额,贷记“库存现金”等账户,借贷方的差额,贷记“资本公积——股本溢价”账户。

企业发行附有赎回选择权的可转换公司债券,其在赎回日可能支付的利息补偿金,即债券约定赎回期届满日应支付的利息减去应付债券票面利息的差额,应当在债券发行日至债券约定赎回期届满日期间计提应付利息,计提的应付利息,按照借款费用资本化原则,分别计入相关资产成本或财务费用。

【例 9 - 31】 甲房地产公司(以下简称“甲公司”)经批准于 2018 年 1 月 1 日发行 3 年期 18 000 万元可转换债券,债券票面利率为 6% ,按面值发行(不考虑发行费用),到期一次还本付息。债券发行一年后可转换为股份,每 100 元转普通股 4 股,股票面值 1 元。甲公司发行债券时,与之类似的但没有转换权的债券的市场利率为 8% 。该项债券划分为以摊余成本计量的金融负债,用以筹集流动资金。2019 年 12 月 31 日,公司股票每股市价涨至 50 元,债券持有者将债券全部转换为股份。甲公司应作以下会计处理:

(1)2018 年 1 月 1 日,对混合工具进行分拆,对负债成分进行初始计量,并确认所有者权益公允价值:

$$本金的现值 = 18\,000 \div (1 + 8\%)^3 = 14\,289(万元)$$

$$每年的利息 = 18\,000 \times 6\% = 1\,080(万元)$$

$$利息的现值 = 1\,080 \div (1 + 8\%) + 1\,080 \div (1 + 8\%)^2 + 1\,080 \div (1 + 8\%)^3 = 2\,783(万元)$$

负债成分的公允价值 = 14 289 + 2 783 = 17 072(万元)

所有者权益的公允价值 = 18 000 - 17 072 = 928(万元)

借:银行存款　　180 000 000

　应付债券——可转换公司债券(利息调整)　　9 280 000

　贷:应付债券——可转换公司债券(面值)　　180 000 000

　　其他权益工具　　9 280 000

(2)2018 年 12 月 31 日,计提利息:

利息费用 = 17 072 × 8% = 1 365.76(万元)

借:财务费用　　13 657 600

　贷:应付债券——可转换公司债券(应计利息)　　10 800 000

　　　　　　——可转换公司债券(利息调整)　　2 857 600

(3)2019 年 12 月 31 日,计提利息:

利息费用 = (17 072 + 285.76) × 8% = 1 388.620 8(万元)

借:财务费用　　13 886 208

　贷:应付债券——可转换公司债券(应计利息)　　10 800 000

　　　　　　——可转换公司债券(利息调整)　　3 086 208

(4)2019 年 12 月 31 日,转换为股份:

转换的股份数 = (18 000 + 1 080 + 1 080) ÷ 100 × 4

= 806.4(万股)

借:应付债券——可转换公司债券(面值)　　180 000 000

　　　　　——可转换公司债券(应计利息)　　21 600 000

　其他权益工具　　9 280 000

　贷:应付债券——可转换公司债券(利息调整)　　3 336 192

　　股本　　8 064 000

　　资本公积——股本溢价　　199 479 808

四、长期应付款

长期应付款是指企业除长期借款、应付债券以外的其他各种非流动负债,包括应付融资租入固定资产租赁费、以分期付款方式购入固定资产发生的应付款项(包括应付补偿贸易引进设备款)等。

为了核算各种长期应付款的增减变动情况,企业应设置“长期应付款”账户。企业发生的各种长期应付款及利息和外币折合差额记入该账户贷方;偿还长期应付款及利息时,记入该账户借方;贷方余额反映尚未偿还的各种长期应付款。为了详细反映各种长期应付款的借入和偿还情况,在该账户下需按长期应付款的种类设置明细账，进行明细核算。

1. 以分期付款方式购入固定资产发生的应付款项。企业购入有关资产超过正常信用条件延期付款所形成的长期应付款核算，请见本书固定资产和无形资产的初始计量，这里仅介绍应付补偿贸易引进设备款的核算。

企业采用补偿贸易方式引进设备时，在进口设备后不立即支付货款，而用进口设备所制造的产品偿付进口设备的费用。因此，引进设备款构成企业的一项非流动负债。

企业引进设备时，按设备价款及随同转入的工具、零配件的价款以及国外运杂费，将外币折合为人民币，借记“在建工程”“材料采购”等账户，贷记“长期应付款——应付引进设备款”账户；企业引进设备，发生的进口关税、国内运杂费及安装费、调试费等，借记“在建工程”等账户，贷记“银行存款”等账户；引进设备应付的利息等，应计入固定资产价值的，借记“在建工程”账户；应计入当期损益的，借记“财务费用”账户，贷记“长期应付款——应付引进设备款”账户；引进设备达到预定可使用状态时，按其全部价值借记“固定资产”账户，贷记“在建工程”账户；按合同规定，用产品归还设备价款时，视同产品销售处理，先借记“应收账款”账户，贷记“主营业务收入”账户，再借记“长期应付款——应付引进设备款”账户，贷记“应收账款”账户。

应付补偿贸易引进设备款，也可以比照以分期付款方式购入固定资产发生的应付款项进行核算，按应付购买价款的现值计量资产初始成本，按应支付的金额计量长期应付款，将两者的差额，作为未确认融资费用，并在以后存续期内按实际利率法摊销。

2. 租赁负债。请见本书第七章“固定资产”的有关内容。

第三节　预计负债

会计核算经常面临不确定性因素，有些事项的最终结果取决于未来事项是否发生。按照权责发生制要求，当期发生的业务而产生的义务，应在资产负债表日对其发生的可能性及其金额的大小作出判断，以决定是否在当期确认为应承担的义务。企业可能发生的这种不确定性状况，称为或有事项。

或有事项是指过去交易或事项形成的，其结果须由某些未来事项的发生或不发生才能决定的不确定事项。常见的或有事项有：①未决诉讼或未决仲裁；②债务担保；③产品质量（含安全）保证；④亏损合同；⑤重组义务；⑥环境污染整治、承诺等。

一、预计负债的确认

(一)预计负债确认的条件

对或有事项的确认,应先区别或有事项是使企业承担了义务,还是使企业形成了潜在资产。对于企业因或有事项而承担的义务,应分析其性质,根据不同情况分别进行确认或披露;而对于企业因或有事项而形成的潜在资产,不应加以确认,且一般也不予披露,除非其很可能导致未来经济利益流入企业。

在具体对与或有事项有关的义务加以确认时,应当同时考虑以下三点:①该义务是企业承担的现时义务;②履行该义务很可能导致经济利益流出企业;③该项义务的金额能够可靠地计量。如果与或有事项有关的义务同时符合以上三个条件,则企业应将其确认为预计负债。如果与或有事项有关的义务不能同时符合以上三个条件,则不应将其确认为一项负债,而只能将其作为或有负债予以披露。

确认标准中的"现时义务",包括法定义务和推定义务。法定义务是指因合同、法规或其他司法解释等产生的义务;推定义务是指因企业的特定行为产生的义务,如企业向社会公告,宣称企业对生产经营可能产生的环境污染进行治理。

在理解或有事项的确认标准时,把握"可能性"的层次是至关重要的。"可能性"可以划分为"基本确定"、"很可能"、"可能"和"极小可能"四个层次。"基本确定"意味着发生的概率大于95%,但小于或等于99%;"很可能"意味着发生的概率大于50%,但小于或等于95%;"可能"意味着发生的概率大于5%,但小于或等于50%;"极小可能"意味着发生的概率大于0,但小于或等于5%。

(二)与预计负债确认相关的事项

或有事项的结果可能会产生负债、资产、预计负债、或有负债或者或有资产。随着某些未来事项的发生或者不发生,或有负债可能转化为企业的预计负债或负债,或者消失;或有资产也有可能形成企业的资产或者消失。

企业在将或有事项产生的义务确认为预计负债的过程中应注意以下几点:

1. 或有负债只能在财务报表附注中披露,不能确认为负债。或有负债,是指不同时具备确认预计负债三个条件的或有事项产生的义务,具体表现为:①过去的交易或者事项形成的潜在义务,其存在须通过未来不确定事项的发生或不发生予以证实;②过去的交易或者事项形成的现时义务,履行该义务不是很可能导致经济利益流出企业或该义务的金额不能可靠计量。或有负债只能在财务报表附注中披露,不能确认为负债。对于极小可能导致经济利益流出企业的或有负债,既不需要确认，也不需要披露。

例如，2017 年 6 月，甲房地产公司（以下简称“甲公司”）为乙公司从银行贷款人民币 4 000 万元提供全额担保，期限 2 年。2019 年 12 月 31 日，乙公司贷款逾期未还，银行已起诉乙公司和甲公司，法院尚未作出判决。甲公司判断很可能需履行连带责任，但损失金额是多少，目前还难以预计。根据或有事项准则的规定，这项债务担保不符合预计负债的确认条件，形成甲公司的或有负债。甲公司应当在 2019 年 12 月 31 日的财务报表附注中披露相关债务担保的被担保单位、担保金额及财务影响等。

2. 或有资产既不确认为资产，通常也不在财务报表附注中披露。或有资产，是指过去的交易或者事项形成的潜在资产，其存在须通过未来不确定事项的发生或不发生予以证实。或有资产作为一种潜在资产，其结果具有较大的不确定性，只有随着经济情况的变化，通过某些未来不确定事项的发生或不发生才能证实其是否会形成企业真正的资产。按照会计信息质量的谨慎性要求，不应确认为企业的资产，通常也不在财务报表附注中披露。

例如，2019 年 8 月，甲房地产公司（以下简称“甲公司”）向法院起诉乙施工企业要求赔偿因施工质量造成的损失 1 000 万元。截至 2019 年 12 月 31 日，法院尚未对该案件进行公开审理，甲公司是否胜诉难以判断。对于甲企业而言，将来可能胜诉而获得的赔偿属于一项或有资产。甲公司在 2019 年 12 月 31 日的财务报表中既不确认为资产，也不在财务报表附注中披露。如果甲公司有足够的证据判断很可能胜诉，其经济利益很可能流入企业，则应当披露其形成的原因、预计产生的财务影响。

3. 或有负债转化为预计负债。随着时间推移和事项的进展，或有负债对应的潜在义务可能转化为现时义务，原本不是很可能导致经济利益流出的现时义务也可能被证实将很可能导致企业流出经济利益，并且现时义务的金额也能够可靠计量。这时或有负债就转化为企业的预计负债，符合预计负债的确认条件，应当予以确认。

例如，甲公司为乙公司提供的贷款担保，如果在资产负债表日后期间法院作出裁决，甲公司应代乙公司偿还贷款 3 000 万元，乙公司自行偿还贷款 1 000 万元。但甲公司和乙公司不服判决，提出反诉。因贷款实际取得时间较合同延迟，要求银行展延期限，并赔偿贷款延迟造成的经济损失1 000万元。至资产负债表日后期间截止日，法院仍未作出二审判决，但甲公司判断很可能履行担保义务，代乙公司偿还贷款 2 000 万元。这时，甲公司该项或有负债就转化为预计负债，应作为资产负债表日后调整事项，确认为一项预计负债。

二、预计负债的计量

预计负债的计量主要涉及两个问题:一是最佳估计数的确定;二是预期可获得补偿的处理。

(一)最佳估计数的确定

预计负债应当按照履行相关现时义务所需支出的最佳估计数进行初始计量。最佳估计数的确定应当区别以下两种情况:

1. 所需支出存在一个连续范畴,且该范围内各种结果发生的可能性相同,则最佳估计数应当按照该范围内的中间值,即上下限金额的平均数确定。例如:A公司因违约而涉及一桩未决诉讼案,根据法律顾问判断,A 公司很可能败诉而导致经济利益流出,赔偿金额可能在 40 万元至 60 万元之间,则 A 公司应在当年 12 月 31 日确认 50 万元的负债。

2. 所需支出不存在一个连续范围,或者虽然存在一个连续范围但该范围内各种结果发生的可能性不相同。在这种情况下,最佳估计数按照以下方法确定:①或有事项只涉及单个项目,则按最可能发生的金额确定。如 A 公司对某项未决诉讼预计最有可能发生的赔偿金额为 80 万元,则确认负债 80 万元;又如,甲房地产公司对某项债务担保协议,预计承担还款金额 100 万元的可能性为 70%,承担还款金额 50 万元的可能性为 30%,则应确认预计负债 100 万元。②或有事项涉及多个项目时,按各种可能结果及相关概率计算确定。如对售出商品提供的担保,B 公司经营收入 2.4 亿元,在售出后一年内提供免费修理。据以往经验,发生较小质量问题时,修理费用为经营收入的 1%;而发生较大质量问题时,修理费用为经营收入的 2%。据预测,在已售商品中,将有 20% 因发生质量问题而返修,有 15% 将发生较小质量问题,有 5% 将发生较大质量问题,年末,企业应确认的负债金额为:

$$2.4 \times 1\% \times 15\% + 2.4 \times 2\% \times 5\% = 0.006(\text{亿元})$$

(二)预期可获得的补偿

企业清偿预计负债所需支出全部或部分预期由第三方补偿的,补偿金额只有在基本确定能够收到时才能作为资产单独确认。确认的补偿金额不应当超过预计负债的账面价值。

企业预期从第三方获得的补偿,是一种潜在资产,其最终是否真的会转化为企业真正的资产(即企业是否能够收到这项补偿)具有较大的不确定性,企业只能在基本确定能够收到补偿时才能对其进行确认。根据资产和负债不能随意抵销的原则,预期可获得的补偿在基本确定能够收到时应当确认为一项资产,而不能作为预计负债金额的扣减。

例如，甲房地产公司（以下简称“甲公司”）因或有事项确认了一项预计负债80万元，同时，基本确定能从乙公司获得50万元的赔偿。在这种情况下，甲公司应分别确认一项预计负债80万元和一项资产50万元。

（三）预计负债的计量应当考虑货币的时间价值和未来事项

预计负债的金额通常等于未来应支付的金额。但是，如果预计负债确认的时点与实际清偿时点的时间跨度较长（3年以上），且金额较大，货币时间价值的影响重大，那么在确定预计负债金额时，就应当将未来现金流出进行折现后确定最佳估计数。

未来的技术进步、相关法规的出台等，可能影响履行现时义务所需要的金额。如果有足够的证据表明未来事项将发生，就应当对很可能增加或减少的预计负债金额作出合理预测。如商品房售后质量保证费用的预计，会受到未来法定保修时间变动和修复技术的变化而降低或提高，如果有足够的证据表明未来事项将发生，在确定产品质量担保时应当予以考虑。

（四）对预计负债账面价值的复核

企业应当在资产负债表日对预计负债的账面价值进行复核。有确凿证据表明该账面价值不能真实反映当前最佳估计数的，应当按照当前最佳估计数对该账面价值进行调整。

三、预计负债确认、计量的运用

（一）未决诉讼或未决仲裁

未决诉讼是指法院尚未作出裁决的诉讼案件。在法院对诉讼案件尚未作出裁决之前，对于被告而言，形成或有负债或预计负债；对于原告而言，形成或有资产。未决仲裁是指在仲裁机构未公布仲裁结果的争议事项，同样也涉及或有负债、预计负债和或有资产。

【例9-32】 2019年10月8日，甲房地产公司（以下简称“甲公司”）因已售商品房质量、实际面积不符合合同规定被业主起诉，业主要求赔偿200万元。2019年12月31日，法院尚未作出裁决。甲公司咨询了法律顾问后，判断甲公司很可能败诉，预计需要支付诉讼费、赔偿金在180万元至200万元之间，其中诉讼费为2万元。

甲公司确认的预计负债 = (180 + 200) ÷ 2 = 190（万元）

甲公司的会计分录如下：

借：管理费用	20 000
营业外支出	1 880 000

贷:预计负债——未决诉讼　　1 900 000

未来实际发生的诉讼损失金额与已计提的预计负债之间的差额,直接计入或冲减当期营业外支出。

本例中,如果业主为乙公司,则乙公司不能确认或有资产,如果乙公司判断很可能胜诉,且很可能获得赔偿180万元,才能在2019年12月31日的财务报表附注中披露或有资产180万元。

本例中,如果甲公司无法合理确定诉讼损失,则不能确认预计负债,只能披露或有负债,并在该项损失发生的当期,直接计入当期营业外支出;如果在资产负债表日后期间符合了确认预计负债的条件,则应作以下会计分录,并相应调整报告年度财务报表:

借:以前年度损益调整——管理费用　　20 000
　　——营业外支出　　1 880 000
　贷:预计负债——未决诉讼　　1 900 000

如果以后年度发现在前期资产负债表日估计的损失金额与当时的事实严重不符,应当按照前期重大差错予以更正。

(二)债务担保

企业为其他单位提供债务担保,作为提供担保方,在被担保方无法履行合同的情况下,需要承担连带责任。这种连带责任符合预计负债确认条件时,应当确认为预计负债。

【例9－33】 2019年11月1日,由于A公司与B公司签订了互相担保协议,而成为相关诉讼的第二被告。至2019年12月31日,诉讼尚未判决。但是,由于B公司经营困难,A公司很可能承担还款连带责任,据预计,A公司承担的还款金额98万元的可能性为70%,50万元的可能性为30%,预计还应支付诉讼费2万元。A公司应在2019年12月31日确认一项100万元负债,并在附注中作相关披露,会计分录如下:

借:管理费用　　20 000
　营业外支出　　980 000
　贷:预计负债——债务担保　　1 000 000

【例9－34】 沿用例9－33的资料,若在该项诉讼赔偿案中,A公司判断从B公司得到补偿基本可以确定,最有可能获得补偿的金额为40万元,则还应再作以下会计分录:

借:其他应收款　　400 000
　贷:营业外支出　　400 000

(三)产品质量保证

产品质量保证是指商品销售或劳务提供后,对客户提供的服务承诺。如在合同约定的期间内,如果产品或劳务在正常使用过程中出现质量问题或与之相关的其他属于正常范围的问题,企业承诺的退货、更换、保修等责任。因产品质量保证引起的义务,在符合确认条件时,应该确认为预计负债。

【例9－35】 2018年12月31日,甲房地产公司商品房销售收入45 000万元,按价款1%计提售后维修费用。2019年第一季度实际发生的金额维修费用为120万元。有关会计分录如下:

(1)确认产品质量担保预计负债:

借:销售费用　　4 500 000

　贷:预计负债——产品质量保证　　4 500 000

(2)发生产品质量保证费用:

借:预计负债——产品质量保证　　1 200 000

　贷:银行存款、原材料等　　1 200 000

在以下情况下,应对产品质量保证预计负债进行调整:①确认的产品质量保证预计负债与实际发生额相差较大,应及时调整计提比例;②为特定已售商品房确认的产品质量保证预计负债,应在该项商品房保修期结束时,将该项预计负债的余额全额冲销,并调整期初留存收益。

(四)亏损合同

房地产企业与其他企业签订的商品销售合同、劳务合同、租赁合同等,均属于待执行合同。待执行合同,是指合同各方尚未履行任何合同义务,或部分履行了同等义务的合同。待执行合同不属于或有事项准则规范的内容。但是,待执行合同变为亏损合同的,应当作为或有事项准则规范的或有事项。待执行合同变为亏损合同,同时该亏损合同产生的义务满足预计负债的确认条件,应当确认为预计负债。亏损合同是指在履行合同义务过程中,不可避免会发生的成本超过预期经济利益的合同。预计负债的计量应当反映退出该合同的最低净成本,即履行该合同的成本与未能履行该合同而发生的补偿或处罚两者之中的较低者。企业与其他企业签订的商品销售合同、劳动合同、租赁合同等, 均可能变为亏损合同。

亏损合同作为或有事项,将其产生的义务确认为预计负债并对其金额计量时,应当遵循以下两点:

1. 判断亏损合同产生的义务是否符合预计负债确认条件的关键是合同能否撤销。如果与亏损合同相关的义务不需支付任何补偿即可撤销,企业通常就不存在现时义务,不应确认预计负债;如果与亏损合同相关的义务不可撤销,企业就存在了现时义务,同时满足该义务很可能导致经济利益流出企业和金额能够可靠地计量的,通常应当确认预计负债。

2. 计量的预计负债金额,应扣除标的物的减值损失。待执行合同变为亏损合同时,合同存在标的资产的,应当对标的资产进行减值测试并按规定确认减值损失,如果预计亏损超过该减值损失,应将超过部分确认为预计负债;合同不存在标的资产的,亏损合同相关义务满足预计负债确认条件时,应当确认为预计负债。

【例9-36】 2018年1月1日,甲房地产公司(以下简称"甲公司")与乙公司签订了一项公共配套设施委托建造合同,约定价格24 000万元,在2020年2月1日建成移交。若不能如期建成移交,甲公司需要支付7 200万元违约金。由于这批产品为定制产品,签订合同时产品尚未开始生产。甲公司在筹建该项目阶段,原材料价格突然上涨,预计该项公共配套设施建造成本将升至30 000万元。如果甲公司继续履行合同,将损失6 000万元;如果撤销合同,则需要支付7 200万元的违约金。这项合同变成一项亏损合同,甲公司应当按照履行合同所需成本与违约金两者中的较低者确认一项预计负债。有关会计分录如下:

(1)2018年12月31日,确认预计负债:

借:营业外支出	60 000 000	
贷:预计负债		60 000 000

(2)待项目建造完成后,将已确认的预计负债冲减项目成本:

借:预计负债	60 000 000	
贷:开发产品——配套设施		60 000 000

(五)重组义务

房地产企业为了谋求现有资产效能的最大化,对企业内部资源进行调整和组合,包括出售或终止企业的部分业务;对企业的组织结构进行较大调整;关闭企业的部分营业场所,或将营业活动由一个国家或地区迁移到其他国家或地区等,称为企业重组。可见,企业重组是指企业制定和控制的,将显著改变企业组织形式、经营范围或经营方式的计划实施行为,与企业合并、债务重组有本质区别。因为企业合并是在不同企业之间的资本重组和规模扩张;债务重组是债权人对债务人作出让步。

企业将重组产生的义务确认为预计负债时,应注意以下两点:

1. 同时存在下列情况的,表明企业承担了重组义务:①有详细、正式的重组计划,包括重组涉及的业务、主要地点、需要补偿的职工人数、预计重组支出、计划实施时间等;②该重组计划已对外公告。

2. 需要判断重组义务是否同时满足预计负债确认条件,即判断其承担的重组义务是否是现时义务、履行重组义务是否很可能导致经济利益流出企业、重组义务的金额是否能够可靠计量。只有同时满足这三个确认条件,才能将重组义务确认为预计负债。

例如,甲房地产公司决定关闭一个分公司。如果有关决定尚未传达到受影响的各方,也未采取任何措施实施该项决定,该公司就没有开始承担重组义务,不应确认预计负债;如果有关决定已经传达到受影响的各方并使各方对企业将关闭分公司形成合理预期,通常表明企业开始承担重组义务,同时满足该义务很可能导致经济利益流出企业和金额能够可靠地计量的,应当确认预计负债。确认的预计负债金额应当按照与重组有关的直接支出确定。直接支出是指企业重组必须承担的直接支出,包括对辞退职工的补偿等,不包括留用职工岗前培训、市场推广、新系统和营销网络投入等支出,也不考虑处置相关资产可能形成的利得或损失。

负债核算所涉及的债务重组,请见本书第三章中应收债权的重组中的债务人的会计处理。

DI SHI ZHANG 第十章 所有者权益

第一节 所有者权益的性质与分类

一、所有者权益的含义与特征

所有者权益是指企业资产扣除负债后，由所有者享有的剩余权益。公司的所有者权益又称为股东权益。企业的债权人和所有者都是企业资产的提供者，负债和所有者权益反映的是两者对企业的资产享有要求权。但是，负债和所有者权益的性质、享有的权利和承担的风险存在着明显的区别。

（一）性质不同

虽然负债和所有者权益反映的都是对企业资产的要求权，但是，负债反映的是债权人对企业资产的要求权，企业应以其全部资产对债权人履行法定的偿还义务。企业所有者权益反映的是所有者对企业剩余资产的要求权，所有者对企业的投资，除了按法定程序减资或破产清算外，企业不承担偿付或返还的义务。即使企业按照法律程序破产清算，也要优先履行对债权人的偿付义务，剩余的破产资产才能用于返还所有者的投资，如果企业没有剩余资产，则不再返还所有者投资，即所有者承担了企业发生的经营损失。

（二）享有的权利不同

债权人是以还本付息为条件向企业暂时让渡了资产的使用权，并不承担企业的经营风险，因此，即使企业经营业绩极佳，债权人也只能要求企业按照合同和法律规定如期还本付息，无权享有企业的超额利润；债权人也无权参与企业的财务与经营政策的制定、执行与调整。而所有者是以其投资提供给企业无限期使用，并承担企业的经营风险，哪怕血本无归，都与企业同舟共济，因此，所有者有权参与企业的财务与经营政策的制定、执行与调整，按其在企业所有者权益中的份额，享有企业重大经营决策的表决权和税后利润的分配权，如果企业经营业绩好，可以获得远远高于债权人利息的丰厚的利润或股利回报。

（三）承担的风险不同

如前所述，不论企业是否盈利，盈利多少，债权人都能按照合同规定的利率获得利息收入，其承担的风险少，除非企业破产清算，资不抵债。所有者的投资收益，与企业的盈利水平息息相关，如果企业盈利水平低，分得的利润或股利就会低于债权人的利息水平，如果企业连年亏损，所有者将会颗粒无收，以致血本无归，投资风险较大。

（四）确认条件和计量不同

所有者权益体现的是所有者在企业中的剩余权益，因此，所有者权益的确认主要依赖于其他会计要素，尤其是资产和负债的确认；所有者权益金额的确定也主要取决于资产和负债的计量。例如，企业接受投资者投入的资产，在该资产符合企业资产确认条件时，就相应地符合了所有者权益的确认条件；当该资产的价值能够可靠计量时，所有者权益的金额也就可以确定。

二、所有者权益的分类

所有者权益的来源包括所有者投入的资本、直接计入所有者权益的利得和损失、留存收益等。由于投入资本在资产负债表上以“实收资本（或股本）”和“资本公积——资本溢价（或股本溢价）”分别列示，又由于直接计入所有者权益的利得和损失，记入资产负债表的“其他综合收益”项目，因此，所有者权益可以分为实收资本（或股本）、其他权益工具、资本公积、其他综合收益和留存收益五类。其中，留存收益又包括盈余公积和未分配利润两部分，因而，也可以说所有者权益由实收资本（或股本）、其他权益工具、资本公积、其他综合收益、盈余公积和未分配利润六项构成。

投入资本是指所有者实际投入企业经营活动的各种财产物资的价值，即企业实际收到的所有者投入的资本。所有者投入的资本是指所有者投入企业的资本部分，它既包括构成企业注册资本或者股本部分的金额，也包括投入资本超过注册资本或者股本部分的金额，即资本溢价或者股本溢价，这部分投入资本在我国企业会计准则体系中被计入了资本公积，并在资产负债表中的资本公积项目下反映。

实收资本（或股本），是指所有者根据企业章程规定，在工商管理机构登记的注册资本，是向企业实际缴纳的资本总额。实收资本（或股本）是投入资本的主体，所有者按实收资本（或股本）的比例享有对企业财务与经营政策的决策权、企业高级管理人员的选择权、税后利润的分配权和企业亏损的分担义务。企业筹集的实收资本（或股本），必须聘请中国注册会计师验资并出具验资报告，作为企业发给所有者出资证明的依据。在企业持续经营期间，投资者可依据规定转让实收资本（或股本），但不允许以任何方式抽走实收资本（或股本）。

三、金融负债与权益工具的区分

企业发行优先股、永续债、认股权、可转换公司债券等金融工具，应当按照金融工具的合同及其所反映的经济实质而非法律形式，结合金融资产、金融负债和权益工具的定义，进行初始确认。

（一）金融负债与权益工具的定义

金融负债，是指企业符合下列条件之一的负债：①向其他方交付现金或其他金融资产的合同义务；②在潜在不利条件下，与其他方交换金融资产或金融负债的合同义务；③将来须用或可用企业自身权益工具进行结算的非衍生工具合同，且企业根据该合同将交付可变数量的自身权益工具；④将来须用或可用企业自身权益工具进行结算的衍生工具合同，但以固定数量的自身权益工具交换固定金额的现金或其他金融资产的衍生工具合同除外。

权益工具，是指能证明拥有某个企业在扣除所有负债后的资产中剩余权益的合同。同时满足下列条件的，发行方应当将发行的金融工具分类为权益工具：①该金融工具不包括交付现金或其他金融资产给其他方，或在潜在不利条件下与其他方交换金融资产或金融负债的合同义务；②将来须用或可用企业自身权益工具结算该金融工具的，如该金融工具为非衍生工具，不包括交付可变数量的自身权益工具进行结算的合同义务；如为衍生工具，企业只能通过以固定数量的自身权益工具交换固定金额的现金或其他金融资产结算该金融工具。

（二）金融负债与权益工具区分的基本原则

1. 是否存在无条件地避免交付现金或其他金融资产的合同义务。如果企业不能无条件地避免以交付现金或其他金融资产来履行一项合同义务，则该合同义务符合金融负债的定义。有些金融工具虽然没有明确地包含交付现金或其他金融资产义务的条款和条件，但有可能通过其他条款和条件间接地形成合同义务。如果发行的金融工具将以现金或其他金融资产结算，那么该工具导致企业承担了交付现金或其他金融资产的义务。如果该工具要求企业在潜在不利条件下通过交换金融资产或金融负债结算（例如，该工具包含发行方签出的以现金或其他金融资产结算的期权），该工具同样导致企业承担了合同义务。在这种情况下，发行方对于发行的金融工具应当归类为金融负债。如果企业能够无条件地避免交付现金或其他金融资产,则应分类为权益工具。如果一项合同使发行方承担了以现金或其他金融资产回购自身权益工具的义务,发行方应在初始确认时将该项义务确认为一项金融负债。金融工具发行方发行优先股要求每年按固定的股息率支付优先股股息,也应当将该强制付息的合同义务确认为金融负债。如果发放股利由发行方根据相应的议事机制自主决定,则该项金融工具应分类为权益工具。又如,无固定还款期限、可自主决定是否支付利息的不可累计永续债,并未形成支付现金或其他金融资产的合同义务,应整体分类为权益工具。

2. 是否通过交付固定数量的自身权益工具。一项金融工具须用或可用企业自身权益工具进行结算,如果用于结算的自身权益工具,是作为现金或其他金融资产的替代品,则该工具是发行方的金融负债;如果是为了使该权益工具持有方享有在发行方扣除所有负债后的资产中的剩余权益,则该工具是发行方的权益工具。就企业自身权益工具的非衍生金融工具而言,如果发行方未来有义务交付可变数量的自身权益工具进行结算,则该非衍生工具是金融负债,否则该非衍生工具是权益工具。就企业自身权益工具的衍生金融工具而言,如果发行方只能通过以固定数量的自身权益工具交换固定金额的现金或其他金融资产进行结算,则该衍生工具是权益工具;如果发行方以固定数量的自身权益工具交换可变金额现金或其他金融资产,或以可变数量自身权益工具交换固定金额现金或其他金融资产,或以可变数量自身权益工具交换可变金额现金或其他金融资产,则该衍生工具应确认为衍生金融负债或衍生金融资产。

如果发行方发行的金融工具合同条款中约定,持有方有权将该工具回售给发行方以获取现金或其他金融资产,或者在未来某一不确定事项发生或者持有方死亡或退休时自动回售给发行方的,则为可回售工具。在这种情况下,符合金融负债定义但同时具有下列特征的可回售金融工具,应当分类为权益工具:①赋予持有方在企业清算时按比例份额获得该企业净资产的权利。②该工具所属的类别次于其他所有工具类别。该工具在归属于该类别前无须转换为另一种工具,且在清算时对企业资产没有优先于其他工具的要求权。③该类别的所有工具具有相同的特征,例如它们必须都具有可回售特征,并且用于计算回购或赎回价格的公式或其他方法都相同。④除了发行方应当以现金或其他金融资产回购或赎回该工具的合同义务外,该工具不满足金融负债定义中的任何其他特征。⑤该工具在存续期内的预计现金流量总额,应当实质上基于该工具存续期内企业的损益、已确认净资产的变动、已确认和未确认净资产的公允价值变动(不包括该工具的任何影响)。

某些金融工具的发行合同约定,发行方仅在清算时才有义务向另一方按比例交付其净资产,这种清算确定将会发生并且不受发行方的控制,或者发生与否取决于该工具的持有方。对于发行方仅在清算时才有义务向另一方按比例交付其净资产的金融工具,符合金融负债定义但同时具有下列特征的,应当分类为权益工具:①赋予持有方在企业清算时按比例份额获得该企业净资产的权利。②该工具所属的类别次于其他所有工具类别。该工具在归属于该类别前无须转换为另一种工具,且在清算时对企业资产没有优先于其他工具的要求权。③在次于其他所有类别的工具类别中,发行方对该类别中所有工具都应当在清算时承担按比例份额交付其净资产的同等合同义务。

第二节 实收资本(或股本)和其他权益工具

一、国有独资企业的实收资本

国有独资企业所有者投入企业的资本,全部作为实收资本入账,不论其是首次投资还是追加投资,都不会产生资本公积(资本溢价)。

企业为反映实际收到国家投入资本的情况,需要设置"实收资本"账户,贷方反映国家的出资额,以及企业按规定用资本公积、盈余公积转增资本的数额。企业收到国家投入的货币性资产,以实际收到或存入开户银行的数额,借记"银行存款"账户,贷记"实收资本"账户。收到国家投入的房屋、机器设备等实物,应当按照投资合同或协议约定的价值,借记"固定资产"账户,贷记"实收资本"账户。收到投资者投入的无形资产、材料物资等,应当按照投资合同或协议约定的价值,借记"无形资产""原材料"等账户,贷记"实收资本"账户。

国有独资企业的资本公积、盈余公积可以转增资本,其会计处理方法参见有限责任公司和股份有限公司的相应部分和资本公积、盈余公积转增资本的会计处理。

二、有限责任公司的实收资本

有限责任公司的注册资本为在公司登记机关登记的全体股东认缴的出资额。股东可以用货币出资,也可以用实物、知识产权、土地使用权等可用货币估价并可依法转让的非货币财产作价出资,但是,法律、行政法规规定不得作为出资的财产(如已经设立有担保物权的资产)除外。对作为出资的非货币性财产应当评估作价,核实财产,不得高估或者低估作价。股东应当按期足额缴纳公司章程中规定的各自所认缴的出资额。股东以货币出资的,应当将货币出资足额存入有限责任公司在银行开设的账户;以非货币财产出资的,应当依法办理其财产权的转移手续,并按照投资合同或协议约定的价值登记入账。股东不按照规定缴纳出资的,除应当向公司足额缴纳外，还应当向已按期足额缴纳出资的股东承担违约责任。股东认足公司章程规定的出资后，由全体股东指定的代表或者共同委托的代理人向公司登记机关报送公司登记申请书、公司章程等文件。申请设立登记有限责任公司成立后，发现作为设立公司出资的非货币财产的实际价额显著低于公司章程所定价额的，应当由交付该出资的股东补足其差额，公司设立时的其他股东承担连带责任。有限责任公司的股东以其所认缴的出资额对公司承担有限责任，公司以其全部资产对债务承担责任。

有限责任公司应设置"实收资本"账户核算股东投入的资本，并在"实收资本"账户下，按投资单位或姓名设置明细账。初建有限责任公司时，各投资者按照合同、协议或公司章程投入企业的资本，应全部记入"实收资本"账户，企业的实收资本应等于企业的注册资本。在企业增资扩股时，如有新的投资者介入，新介入的投资者缴纳的出资额大于其按约定比例计算的其在注册资本中所占的份额部分，不记入"实收资本"账户，而作为资本溢价记入"资本公积"账户。

【例 10－1】 A 房地产有限责任公司收到甲法人单位投入货币资金 60 万元，已送存银行；收到乙法人单位投入原材料一批，投资合同或协议约定的价值为 80 万元，材料已验收入库；收到丙投资者投入的专利权，投资合同或协议约定的价值为 14 万元；收到丁企业投入机器设备一台，投资合同或协议约定的价值为 250 万元。会计分录如下：

借：银行存款	600 000	
原材料	800 000	
无形资产	140 000	
固定资产	2 500 000	
贷：实收资本		4 040 000

【例 10－2】 A 公司按规定将资本公积 40 万元、盈余公积 60 万元转增资本。会计分录为：

借：资本公积	400 000	
盈余公积	600 000	
贷：实收资本		1 000 000

【例 10－3】 某房地产有限责任公司由甲、乙、丙三位股东各出资 120 万元而设立。设立时的实收资本为 360 万元，经过 4 年的经营，该企业的留存收益为 180 万元。这时又有丁投资者有意参加该企业，并表示愿意出资 200 万元，占该企业股份的 25%，假设该出资额用银行存款支付，则其会计分录为：

借：银行存款	2 000 000	
贷：实收资本		1 200 000

资本公积——资本溢价 800 000

三、股份有限公司的股本

(一)股份有限公司筹集的股本

股份有限公司的设立,可以采取发起设立或者募集设立的方式。发起设立,是指由发起人认购公司应发行的全部股份而设立公司。募集设立,是指由发起人认购公司应发行股份的一部分,其余股份向社会公开募集或者向特定对象募集而设立公司。股份有限公司的资本划分为股份,每一股的金额相等。股东以其所持有的股份对公司承担有限责任,公司以其全部资产对公司债务承担责任。

股份有限公司采取发起设立方式设立的,注册资本为在公司登记机关登记的全体发起人认购的股本总额。在发起人认购的股份缴足前,不得向他人募集股份。发起人应当书面认足公司章程规定其认购的股份,并按照公司章程规定缴纳出资。以非货币财产出资的,应当依法办理其财产权的转移手续。发起人不依照规定缴纳出资的,应当按照发起人协议承担违约责任。发起人认足公司章程规定的出资后,应当选举董事会和监事会,由董事会向公司登记机关报送公司章程以及法律、行政法规规定的其他文件,申请设立登记。

股份有限公司采取募集方式设立的,注册资本为在公司登记机关登记的实收股本总额。以募集设立方式设立股份有限公司的,发起人认购的股份不得少于公司股份总数的35%。发起人向社会公开募集股份,必须公告招股说明书,并制作认股书。由认股人填写认购股数、金额、住所,并签名、盖章。认股人按照所认购股数缴纳股款。股票发行价格可以按票面金额,也可以超过票面金额,但不得低于票面金额。股东持有的股份可以依法转让,但不能以任何形式抽回股本。

股份有限公司应设置“股本”账户核算股东投入的资本,并在“股本”账户下,按普通股股东单位或姓名设置明细账。企业发行普通股股票取得的收入可能会大于、小于或等于股本总额,分别称之为溢价发行、折价发行和面值发行。我国不允许企业折价发行股票。在采用溢价发行股票的情况下,企业应将相当于股票面值的部分作为股本,记入“股本”账户;将发行股票取得的收入超出面值的部分,扣除发行手续费、佣金等发行费用后的数额作为股本溢价,记入“资本公积”账户。

【例10-4】 某房地产股份有限公司委托一家证券公司代理发行普通股票300万股,每股面值1元,按每股3元的价格发行。公司与受托单位约定,按发行收入0.3%收取手续费,从发行收入中扣除。假如收到的股款已存入银行,则会计分录为：

借：银行存款　　8 973 000

　贷：股本　　3 000 000

　　资本公积——股本溢价　　5 973 000

（二）股份有限公司股本的其他变动

股份有限公司股本增加的其他渠道包括：以资本公积、盈余公积转增的资本；可转换公司债券转换为股份；债务重组将债务转为资本；发放股票股利；发行优先股；行使认股权证下发行的普通股；以权益结算的股份支付；回购发行在外的股票等。其中，以资本公积、盈余公积转增的资本请参阅本章第三、四节；可转换公司债券转换为股份见本书第九章第二节；债务重组将债务转为资本见本书第三章第六节；发放股票股利见本章第四节。

1. 发行优先股并附送认股权证。优先股股票是既具有公司债券性质，又具有普通股股票性质的混合性证券。一方面，优先股股票具有固定的股利率，优先股股东可以按照固定的股利率获得现金股利，一般不享有表决权，因之与公司债券类似；另一方面，优先股没有偿还期，参与优先股还能享有与普通股相当的股利分配，因之与普通股类似。

股份有限公司发行优先股的会计处理与普通股相同。但如果在发行优先股（或者公司债券）的同时附带发送认股权证，则会计处理就与发行普通股不尽相同了。

认股权证是指股份有限公司发行的、赋予持有人按照规定价格购买本公司普通股股票权利的优待券。认股权证可以单独发行，也可以在发行优先股或公司债券等除普通股以外的其他证券时附带发送。

认股权证的价值，取决于它所规定的普通股股票的购买价格。如果规定的购买价格低于普通股股票的市场价格，两者的差额即认股权证的价值；如果规定的购买价格高于普通股股票的市场价格，认股权证就没有价值。

【例 10－5】　2019 年 1 月 1 日，甲房地产股份有限公司（以下简称“甲公司”）发行 500 万张认股权证，每张价格 3 元，规定每张认股权证可在 2 年内以每股 4 元的价格购买面值为 1 元的普通股股票 1 股。发行时，每股普通股股票市场价格为 5 元。2019 年 12 月 5 日，普通股股票每股价格 10 元，认股权证持有人全部行使了认股权。不考虑相关税费。甲公司的会计分录如下：

（1）发行认股权证时：

借：银行存款　　15 000 000

　贷：其他权益工具　　15 000 000

（2）持有人行使认股权时：

借：银行存款　　20 000 000

　其他权益工具　　15 000 000

　贷：股本　　5 000 000

　　资本公积——股本溢价　　30 000 000

【例10－6】　2018年1月1日，乙房地产股份有限公司（以下简称“乙公司”）发行100万股、每股面值为1元、发行价格为3元的优先股股票。每股优先股股票附送认股权证1张。规定在2年内可以每股2元的价格购买面值为1元的普通股股票1股。每股普通股股票市场价格为2.8元。2019年4月，当普通股每股价格8元时，认股权证持有人全部行使认股权。不考虑相关税费。乙公司的会计分录如下：

（1）发行认股权证时：

借：银行存款　　3 000 000

　贷：其他权益工具——认股权证　　[（2.8－2）×1 000 000]800 000

　　　　　　——优先股　　1 000 000

　　　　　　——优先股股本溢价　　1 200 000

（2）持有人全部行使认股权时：

借：银行存款　　2 000 000

　其他权益工具　　800 000

　贷：股本　　1 000 000

　　资本公积——股本溢价　　1 800 000

2.以权益结算的股份支付。以权益结算的股份支付，是指企业为获取职工和其他方提供的服务而以股份或其他权益工具作为对价进行结算的交易，主要表现为授予职工股票期权等。企业向职工支付期权作为薪酬或奖励措施，是为了激励职工更好地为企业服务。在股份支付中，企业要么向职工支付其自身权益工具，要么向职工支付一笔现金，只有权益结算的股份支付才涉及股本的增加。

对于换取职工服务的股份支付，企业应当以股份支付所授予的权益工具的公允价值计量。企业应在等待期内的每个资产负债表日，以对可行权权益工具数量的最佳估计为基础，按照权益工具在授予日的公允价值，将当期取得的服务计入相关资产成本或当期费用，同时计入资本公积中的其他资本公积。

对于授予后立即可行权的换取职工提供服务的权益结算的股份支付（例如，授予限制性股票的股份支付），应在授予日按照权益工具的公允价值，将取得的服务计入相关资产成本或当期费用，同时计入资本公积中的股本溢价。除了立即可行权的股份支付外，无论是以权益结算的股份支付，还是以现金结算的股份支付，企业在授予日均不作会计处理。

对于权益结算的涉及职工的股份支付,企业应当在等待期内的每个资产负债表日,将取得职工或其他方提供的服务按照授予日权益工具的公允价值计入成本费用和资本公积(其他资本公积),不确认其后续公允价值变动。在等待期内每个资产负债表日,企业应当根据最新取得的可行权职工人数变动等后续信息作出最佳估计,修正预计可行权的权益工具数量。在可行权日,最终预计可行权权益工具的数量应当与实际可行权工具的数量一致。

根据上述权益工具的公允价值和预计可行权的权益工具数量,计算截至当期累计应确认的成本费用金额,再减去前期累计已确认金额,作为当期应确认的成本费用金额。

对于以权益结算的股份支付,在可行权日之后不再对已确认的成本费用和所有者权益总额进行调整。企业应在行权日根据行权情况,确认股本和股本溢价,同时结转等待期内确认的资本公积(其他资本公积)。

【例 10-7】 2016 年 12 月 10 日,丙房地产股份有限公司(以下简称“丙公司”)批准了一项股份支付协议,协议规定:2017 年 1 月 1 日,丙公司向其 100 名管理人员每人授予 1 000 股股票期权,这些职员从 2017 年 1 月 1 日起必须在丙公司连续服务 3 年,服务期满时能够以每股 5 元的价格购买 1 000 股丙公司的股票。丙公司估计该期权在授予日的公允价值为每股 12 元。

第一年有 10 名职员离开丙公司,估计 3 年中离开的职员比例将达到 20%;第二年又有 5 名职员离开丙公司,丙公司将估计的职员离开比例修正为 15%;第三年又有 8 名职员离开丙公司。2020 年 10 月 31 日,77 名职员同时全部行权。丙公司的股票面值为 1 元。

等待期内每个资产负债表日确认的费用和资本公积见表 10-1。

表 10-1 单位:元

年份	计　　算	当期费用	累计费用
2017	100×1 000×(1-20%)×12×1/3	320 000	320 000
2018	100×1 000×(1-15%)×12×2÷3-320 000	360 000	680 000
2019	77×1 000×12-680 000	244 000	924 000

会计分录如下:

(1)2017 年 1 月 1 日:

不作会计处理。

(2)2017 年 12 月 31 日：

借：管理费用　　320 000

　贷：资本公积——其他资本公积　　320 000

(3)2018 年 12 月 31 日：

借：管理费用　　360 000

　贷：资本公积——其他资本公积　　360 000

(4)2019 年 12 月 31 日：

借：管理费用　　244 000

　贷：资本公积——其他资本公积　　244 000

(5)2020 年 10 月 31 日：

借：银行存款　　385 000

　资本公积——其他资本公积　　924 000

　贷：股本　　77 000

　　资本公积——资本溢价　　1 232 000

3. 回购企业股票。企业一般不得收购本企业股份。但是，有下列情形之一的除外：①减少企业注册资本；②与持有本企业股份的其他企业合并；③将股份奖励给本企业职工；④股东因对股东大会作出的企业合并、分立决议持异议，要求企业收购其股份。

股份有限公司经批准减资，或为奖励职工，或为日后再发行而回购本公司股票，一方面形成库存股份，另一方面支付回购价款。

如果因减资而回购本企业股票，还必须在规定期限内注销股本。收回的股票注销时，实际成本大于股票面值的差额，应先冲减股本溢价，不足冲减的部分再依次冲减盈余公积和未分配利润；实际成本小于股票面值的差额作为增加股本溢价处理。

企业将回购的股票奖励职工时，如果向职工收取一定的价款，应将股票公允价值与价款的差额冲减资本公积。

企业日后将回购的股票再发行，如果实际收到的价款大于回购成本，其差额计入资本公积；如果实际收到的价款小于回购成本，其差额应先冲减库存股交易形成的股本溢价，不足冲减的部分再顺序冲减首次发行时形成的股本溢价和留存收益。

【例 10－8】 2018 年 12 月，丁房地产股份有限公司（以下简称“丁公司”）回购本公司股票 300 万股，该股票每股面值 1 元，发行价格 2 元，回购股票实际收到价款 750 万元。其中：100 万股经批准减资；80 万股用于奖励职工，每股按面值的 50% 向职工收取价款，当时每股市场价格为 2.8 元；120 万股在 2019 年 12 月 31 日再次发行，每股发行价格 3 元。不考虑相关税费。丁公司会计分录如下：

（1）回购股票：

借：库存股　7 500 000

　贷：银行存款　7 500 000

（2）注销减资的股票：

借：股本　1 000 000

　资本公积——股本溢价　1 000 000

　盈余公积　500 000

　贷：库存股　（7 500 000 ÷ 3）2 500 000

本例中，如果按照每股 0.8 元回购，则：

借：股本　1 000 000

　贷：库存股　800 000

　　资本公积——股本溢价　200 000

（3）将回购的股票奖励给职工：

借：银行存款　（800 000 × 1 × 50%）400 000

　资本公积——其他资本公积

　（800 000 × 2.8 − 400 000）1 840 000

　贷：库存股　（7 500 000 ÷ 3 000 000 × 800 000）2 000 000

　　资本公积——股本溢价　240 000

（4）将回购的股票再发行：

借：银行存款　3 600 000

　贷：库存股　（7 500 000 ÷ 3 000 000 × 1 200 000）3 000 000

　　资本公积——股本溢价　600 000

本例中，如果再次发行的每股发行价格 2.2 元，实际收到价款 264 万元，小于回购成本 300 万元。由于该项库存股交易原发行时形成的股本溢价为 120 万元，因此实际收到的价款小于回购成本的差额 36 万元，应冲减资本公积。

借：银行存款　2 640 000

　资本公积——股本溢价　360 000

　贷：库存股　（7 500 000 ÷ 3 000 000 × 1 200 000）3 000 000

四、其他权益工具

（一）金融工具会计处理的基本原则

企业发行的金融工具应当进行初始确认和计量，其后，于每个资产负债表日计提利息或分派股利，企业应当以所发行金融工具的分类为基础，确定该工具利息支出或股利分配等的会计处理。对于归类为权益工具的金融工具，无论其名称中是否包含“债”，其利息支出或股利分配都应当作为发行企业的利润分配，其回购、注销等作为权益的变动处理；对于归类为金融负债的金融工具，无论其名称中是否包含“股”，其利息支出或股利分配原则上按照借款费用进行处理，其回购或赎回产生的利得或损失等计入当期损益。

发行方发行金融工具，其发生的手续费、佣金等交易费用，分类为债务工具且以摊余成本计量的，应当计入所发行工具的初始计量金额；分类为权益工具的，应当从权益中扣除。

（二）账户设置

发行方对于归类为金融负债的金融工具在“应付债券”账户核算。“应付债券”账户明细账的设置及其举例见本书第九章第二节非流动负债。

对于需要拆分且形成衍生金融负债或衍生金融资产的，应将拆分的衍生金融负债或衍生金融资产按照其公允价值在“衍生工具”账户核算。对于发行的且嵌入了非紧密相关的衍生金融资产或衍生金融负债的金融工具，如果发行方选择将其整体指定为以公允价值计量且其变动计入当期损益，则应将发行的金融工具的整体在“交易性金融负债”等账户核算。

在所有者权益类账户中增设“其他权益工具”账户，核算企业发行的除普通股以外的归类为权益工具的各种金融工具。本账户应按发行金融工具的种类等进行明细核算。

（三）其他权益工具账务处理

发行方发行的金融工具归类为权益工具的，应按实际收到的金额，借记“银行存款”等账户，贷记“其他权益工具——优先股、永续债等”账户。

分类为权益工具的金融工具，在存续期间分派股利（含分类为权益工具的工具所产生的利息，下同）的，作为利润分配处理。发行方应根据经批准的股利分配方案，按应分配给金融工具持有者的股利金额，借记“利润分配——应付优先股股利、应付永续债利息等”账户，贷记“应付股利——优先股股利、永续债利息等”账户。

发行方发行的金融工具为复合金融工具的，应按实际收到的金额，借记“银行存款”等账户；按金融工具的面值，贷记“应付债券——优先股、永续债（面值）等”账户；按负债成分的公允价值与金融工具面值之间的差额，借记或贷记“应付债券——优先股、永续债等（利息调整）”账户；按实际收到的金额扣除负债成分的公允价值后的金额，贷记“其他权益工具——优先股、永续债等”账户。

发行复合金融工具发生的交易费用，应当在负债成分和权益成分之间按照各自占总发行价款的比例进行分摊。与多项交易相关的共同交易费用，应当在合理的基础上，采用与其他类似交易一致的方法，在各项交易之间进行分摊。

由于发行的金融工具原合同条款约定的条件或事项随着时间的推移或经济环境的改变而发生变化，导致原归类为权益工具的金融工具重分类为金融负债的，应当于重分类日，按该工具的账面价值，借记"其他权益工具——优先股、永续债等"账户；按该工具的面值，贷记"应付债券——优先股、永续债等(面值)"账户；按该工具的公允价值与面值之间的差额，借记或贷记"应付债券——优先股、永续债等(利息调整)"账户；按该工具的公允价值与账面价值的差额，贷记或借记"资本公积——资本溢价(或股本溢价)"账户，资本公积不够冲减的，依次冲减盈余公积和未分配利润。发行方以重分类日计算的实际利率作为应付债券后续计量利息调整等的基础。

因发行的金融工具原合同条款约定的条件或事项随着时间的推移或经济环境的改变而发生变化，导致原归类为金融负债的金融工具重分类为权益工具的，应于重分类日，按金融负债的面值，借记"应付债券——优先股、永续债等(面值)"账户；按利息调整余额，借记或贷记"应付债券——优先股、永续债等(利息调整)"账户；按金融负债的账面价值，贷记"其他权益工具——优先股、永续债等"账户。

发行方按合同条款约定赎回所发行的除普通股以外的分类为权益工具的金融工具，按赎回价格，借记"库存股——其他权益工具"账户，贷记"银行存款"等账户。注销所购回的金融工具，按该工具对应的其他权益工具的账面价值，借记"其他权益工具"账户；按该工具的赎回价格，贷记"库存股——其他权益工具"账户；按其差额，借记或贷记"资本公积——资本溢价(或股本溢价)"账户，资本公积不够冲减的，依次冲减盈余公积和未分配利润。

发行方按合同条款约定赎回所发行的分类为金融负债的金融工具，按该工具赎回日的账面价值，借记"应付债券"等账户；按赎回价格，贷记"银行存款"等账户；按其差额，借记或贷记"财务费用"账户。

发行方按合同条款约定将发行的除普通股以外的金融工具转换为普通股的，按该工具对应的金融负债或其他权益工具的账面价值，借记"应付债券""其他权益工具"等账户；按普通股的面值，贷记"实收资本(或股本)"账户；按其差额，贷记"资本公积——资本溢价(或股本溢价)"账户。转股时金融工具的账面价值不足转换为 1 股普通股而以现金或其他金融资产支付的，还需按支付的现金或其他金融资产的金额，贷记"银行存款"等账户。

第三节 资本公积和其他综合收益

一、资本公积

资本公积是指企业收到的投资者出资额超出其在注册资本或股本中所占份额的部分(即资本溢价或股本溢价),以及直接计入所有者权益的利得和损失等。企业应设置“资本公积”账户核算资本公积的增减变动,并在该总账下设置“资本溢价(或股本溢价)”“其他资本公积”明细账,进行明细核算。本章第二节已经说明了不同组织形式的企业在取得所有者投入资本时形成的资本溢价和股本溢价的会计处理,本节不再赘述,仅阐述同一控制下的企业合并形成的资本溢价或股本溢价,以及其他资本公积的构成及其会计处理。

(一)同一控制下的企业合并形成的资本溢价或股本溢价

同一控制下企业合并形成的长期股权投资,应在合并日按取得被投资方所有者权益账面价值的份额作为初始投资成本。合并方以支付现金、转让非现金资产或承担债务方式作为合并对价的,应当在合并日以取得被合并方所有者权益账面价值的份额作为长期股权投资的初始投资成本。长期股权投资的初始投资成本与支付的现金、转让的非现金资产及所承担债务账面价值之间的差额,应当调整资本公积(资本溢价或股本溢价);资本公积(资本溢价或股本溢价)的余额不足冲减的,调整留存收益。合并方以发行权益性证券作为合并对价的,应以发行股份的面值总额作为股本,长期股权投资的初始投资成本与所发行股份面值总额之间的差额,应当调整资本公积(资本溢价或股本溢价);资本公积(资本溢价或股本溢价)不足冲减的,调整留存收益。

需要注意的是,在按照合并日应享有被合并方账面所有者权益的份额确定长期股权投资的初始投资成本时,如果企业合并前合并方与被合并方采用的会计政策不同,在以被合并方账面所有者权益为基础确定形成的长期股权投资成本时,应首先统一合并方与被合并方的会计政策。在按照合并方的会计政策对被合并方资产、负债的账面价值进行调整的基础上,才能计算确定长期股权投资的初始投资成本。

同一控制下的吸收合并和新设合并,合并方在合并日取得的被合并方的各项资产、负债,以原账面价值作为入账价值,合并方支付的合并对价与取得的被合并方净资产账面价值的差额也调整为资本公积,资本公积不足以冲减的,调整留存收益。

【例 10 - 9】 2018 年 12 月 31 日,甲房地产公司(以下简称“甲公司”)向同一集团内丙公司的原股东增发 100 万股每股面值为 1 元，市价为 8 元的普通股，取得丙公司 100% 的股权，并能够对丙公司实施控制。合并后丙公司仍保持其独立法人资格。甲、丙两家公司在企业合并前采用的会计政策相同。合并日，丙公司所有者权益的总额为3 500万元，其中盈余公积 100 万元、未分配利润 900 万元。

合并日甲公司的会计分录如下：

借：长期股权投资	35 000 000
贷：股本	1 000 000
资本公积——股本溢价	34 000 000

甲公司在编制合并日合并资产负债表时，对于企业合并前丙公司实现的留存收益中归属于合并方的部分应自资本公积转入留存收益。在合并工作底稿中，应编制以下调整分录：

借：资本公积——股本溢价	10 000 000
贷：盈余公积	1 000 000
未分配利润	9 000 000

【例 10－10】　若例 10－9 中甲房地产公司（以下简称“甲公司”）向丙公司的原股东增发3 600万股每股面值为 1 元、市价为 4 元的普通股，取得丙公司 100% 股权。甲公司合并前账面股本溢价为 60 万元、盈余公积 100 万元，则甲公司的会计分录如下：

借：长期股权投资	35 000 000
资本公积——股本溢价	600 000
盈余公积	400 000
贷：股本	36 000 000

【例 10－11】　若例 10－9 中的合并为同一控制下的吸收合并，也会形成资本公积（股本溢价），假设丙公司资产总额 6 000 万元、负债总额 2 500 万元，则甲公司吸收合并丙公司的会计分录如下：

借：相关资产账户	60 000 000
贷：相关负债	25 000 000
股本	10 000 000
资本公积——股本溢价	25 000 000

同时：

借：资本公积——股本溢价	10 000 000
贷：盈余公积	1 000 000
利润分配——未分配利润	9 000 000

此外，企业将专项或特定用途的政府拨款用于工程项目，工程项目完工会形

成长期资产的部分，此时应将对应的专项应付款结转为资本公积（资本溢价），待转增资本时再予以转销。

（二）其他资本公积

其他资本公积是指除资本溢价（或股本溢价）项目以外所形成的资本公积，包括以权益结算的股份支付形成的资本公积、采用权益法核算长期股权投资形成的资本公积等。

长期股权投资采用权益法核算的，在持股比例不变情况下，被投资单位除净损益、其他综合收益和利润分配以外的所有者权益的其他变动，投资企业按持股比例计算应享有的份额。应增加长期股权投资账面价值，同时增加或减少资本公积（其他资本公积）。在处置采用权益法核算的长期股权投资时，应将原记入资本公积（其他资本公积）的相关金额转入投资收益。举例请见本书第五章第三节例5－18。

以权益结算的股份支付换取职工或其他方服务的，在等待期每个资产负债表日确认成本费用的同时确认其他资本公积，在行权日，应将按实际行权的权益工具数量计算确定的其他资本公积金额予以结转，确认实收资本（或股本）及资本溢价（或股本溢价）。举例请见本章例10－7。

（三）资本公积转增资本

企业形成的资本公积不得用于向所有者分配利润，一般也不能用于弥补亏损。由于其他资本公积中有的项目在日后相关交易或事项发生时，应按规定结转到“投资收益”“实收资本”等账户，因此，资本公积转增资本是指资本溢价或股本溢价转为实收资本或股本。资本公积转增资本时，留存的资本公积不得少于转增前公司注册资本的25%。经股东大会或类似权力机构决议，用资本公积转增资本（或股本）时，应冲减资本公积，同时增加实收资本（或股本）。企业还应按照转增前的各所有者占实收资本（或股本）的结构或比例，将增加的实收资本（或股本）记入各所有者的明细账。

二、其他综合收益

其他综合收益是指未在当期损益中确认的利得或损失，包括以后会计期间不能重分类进损益的其他综合收益和以后会计期间满足规定条件时将重分类进损益的其他综合收益两类。

（一）以后会计期间不能重分类进损益的其他综合收益

以后会计期间不能重分类进损益的其他综合收益主要包括以下项目：

1. 重新计量设定受益计划净负债或净资产导致的变动。有设定受益计划形式离职后福利的企业，应当将重新计量设定受益计划净负债或净资产导致的变动计入其他综合收益，并且在后续会计期间不允许转回至损益，在原设定受益计划终止时应当在权益范围内将原计入其他综合收益的部分全部结转至未分配利润。

2. 按照权益法核算的在被投资单位不能重分类进损益的其他综合收益变动中所享有的份额。投资方取得长期股权投资后，应当按照应享有或应分担的被投资单位其他综合收益的份额，确认其他综合收益，同时调整长期股权投资的账面价值。投资单位在确定应享有或应分担的被投资单位其他综合收益的份额时，该份额的性质取决于被投资单位的其他综合收益的性质，即如果被投资单位的其他综合收益属于“以后会计期间不能重分类进损益”类别，则投资方确认的份额也属于“以后会计期间不能重分类进损益”类别。在终止对被投资单位投资时，在权益范围内将原计入其他综合收益的部分全部结转至未分配利润。

3. 其他权益工具投资公允价值变动。其他权益工具投资公允价值变动损益计入其他综合收益。在处置该项投资时，应将其相应的其他综合收益转入所有者权益，而不能转入投资收益。

（二）以后会计期间满足规定条件时将重分类进损益的其他综合收益

以后会计期间满足规定条件时将重分类进损益的其他综合收益包括以下项目：

1. 其他债权投资公允价值变动。其他债权投资公允价值变动损益计入其他综合收益。在处置其他债权投资时，应将该项其他综合收益转入投资收益。举例请见本书第五章第二节例5－3。

2. 存货或自用房地产转换为投资性房地产。房地产企业将存货或自用房地产转换为采用公允价值模式计量的投资性房地产时，将公允价值大于账面价值的差额计入其他综合收益。在该项投资性房地产处置时，因转换计入其他综合收益的部分应转入当期损益。举例请见本书第六章例6－8、例6－9和例6－18。

3. 金融资产的重分类。将债权投资重分类为其他债权投资，并以公允价值进行后续计量，重分类日，该项投资的账面价值与其公允价值之间的差额，计入“其他综合收益”账户，在该项其他债权投资发生减值或终止确认时转出，计入当期损益。

按照金融工具确认和计量的规定，应以公允价值计量，但以前公允价值不能可靠计量的其他债权投资，在其公允价值能够可靠计量时该按公允价值计量。应将其账面价值与其公允价值之间的差额,记入"其他综合收益"账户,在其发生减值或终止确认时转出,计入当期损益。

将一项其他债权投资重分类为交易性金融资产,企业应将之前计入其他综合收益的累计利得或损失,从其他综合收益转入当期损益。

4. 采用权益法核算的长期股权投资。采用权益法核算的长期股权投资,应当按照应享有或应分担的被投资单位其他综合收益的份额,确认其他综合收益,同时调整长期股权投资的账面价值。如果被投资单位的其他综合收益属于"以后会计期间在满足规定条件时将重分类进损益"类别,则投资方确认的份额也属于"以后会计期间在满足规定条件时将重分类进损益"类别。在该项股权投资处置时,将原计入其他综合收益的金额记入当期损益。

5. 可供出售外币非货币性项目的汇兑差额。对于以公允价值计量的可供出售非货币性项目,如果期末的公允价值以外币反映,则应先将该外币的公允价值按照当日即期汇率折算为记账本位币金额,再与原记账本位币金额进行比较,其差额计入其他综合收益。若为汇兑损失,借记"其他综合收益"账户;若为汇兑收益,贷记"其他综合收益"账户。

6. 现金流量套期工具产生的利得或损失属于有效套期的部分。现金流量套期利得或损失中属于有效套期的部分,应当直接确认为其他综合收益。在符合套期保值准则规定的条件下,将原直接计入其他综合收益的套期工具利得或损失转出,计入当期损益。属于无效套期的部分,计入公允价值变动损益。

7. 外币财务报表折算差额。企业对境外经营的财务报表进行折算时,应当将外币财务报表折算差额在其他综合收益中列示;企业在处置境外经营时,应当将资产负债表中所有者权益项目下列示的、与该境外经营相关的外币报表折算差额,自所有者权益项目转入处置当期损益,部分处置境外经营的,应当按处置的比例计算处置部分的外币财务报表折算差额,转入处置当期损益。

投资单位对于采用外币作为记账本位币的子公司,在合并报表时,需要编制折算为本位币报表,产生的外币财务报表折算差额,在编制合并财务报表时,应在合并资产负债表中所有者权益项目下作为"其他综合收益"项目列示。投资单位可能通过出售、清算、返还股东或放弃全部或部分权益等方式处置其在境外经营中的利益。企业应在处置境外经营的当期,将已列入合并财务报表所有者权益的外币报表折算差额中与该境外经营相关部分,自其他综合收益项目转入处置当期损益。

【例 10 - 12】 2019 年 4 月,甲公司将其持有的账面余额为 300 万元(其中成本 200 万元、利息调整 80 万元、应计利息 20 万元)的债权投资对外出售 20%,价款 68 万元,已存入银行。剩余部分转换为其他债权投资 272 万元(68 ÷ 20% × 80%)。

甲公司的会计分录为：

（1）出售 20% 债权投资：

借：银行存款	680 000	
贷：债权投资——成本		400 000
——利息调整		160 000
——应计利息		40 000
投资收益		80 000

（2）将剩余投资转换为其他债权投资：

借：其他债权投资	2 720 000	
贷：债权投资——成本		1 600 000
——利息调整		640 000
——应计利息		160 000
其他综合收益		320 000

【例 10－13】 2019 年 1 月 1 日，甲公司预期在 2019 年 12 月 31 日将销售一批商品房 A，数量为 1 000 套。为规避该预期销售有关的现金流量变动风险，甲公司于 2019 年 1 月 1 日与某金融机构签订了一项衍生工具合同 B，且将其指定为对该预期商品销售的套期工具。衍生工具 B 的标的资产与被套期预期商品销售在数量、质次、价格变动和产地等方面相同，并且衍生工具 B 的结算日和预期商品销售日均为 2019 年 12 月 31 日。

2019 年 1 月 1 日，衍生工具 B 的公允价值为零，商品的预期销售价格为 110 000 万元。2019 年 12 月 31 日，衍生工具 B 的公允价值上涨了 2 500 万元，商品的预期销售价格下降了 2 500 万元。当日，甲公司将商品房 A 出售，并将衍生工具 B 结算。

甲公司预期该套期完全有效。假定不考虑衍生工具的时间价值、与商品销售相关的增值税及其他因素，甲公司的会计分录如下：

（1）2019 年 1 月 1 日，不作会计处理。

（2）2019 年 12 月 31 日：

借：套期工具——衍生工具 B	25 000 000	
贷：其他综合收益		25 000 000
借：应收账款（或银行存款）	1 075 000 000	
贷：主营业务收入		1 075 000 000
借：银行存款	25 000 000	
贷：套期工具——衍生工具 B		25 000 000
借：其他综合收益	25 000 000	
贷：主营业务收入		25 000 000

第四节　留存收益

一、留存收益的形成和构成

(一)留存收益的形成

《中华人民共和国公司法》规定:①公司分配当年税后利润时,应当提取利润的10%列入公司法定公积金。公司的法定公积金不足以弥补以前年度亏损的,在依照规定提取法定公积金之前,应当先用当年利润弥补亏损。②公司从税后利润中提取法定公积金后,经股东会或者股东大会决议,还可以从税后利润中提取任意公积金。③公司弥补亏损和提取公积金后所余税后利润,有限责任公司按照实缴的出资比例向所有者分配利润;股份有限公司按照股东持有的股份比例向股东分配利润,但股份有限公司章程规定不按持股比例分配的除外。股东会、股东大会或者董事会违反规定,在公司弥补亏损和提取法定公积金之前向股东分配利润的,股东必须将违反规定分配的利润退还公司。公司持有的本公司股份不得分配利润。

按照公司法的规定,企业当年实现的净利润,一般按照以下顺序进行分配:

1. 弥补以前年度亏损。企业发生的亏损,应当先用法定盈余公积弥补,法定盈余公积不足以弥补亏损的,可以在以后5年之内用税前利润弥补亏损。超过5年尚有未弥补的亏损,应当用税后利润弥补亏损。

2. 提取法定盈余公积金。企业应当按照当期税后利润的10%提取法定盈余公积金,公司法定公积金累计额为公司注册资本的50%以上的,可以不再提取。

3. 提取任意盈余公积金。任意盈余公积按照股东大会的决议提取。非公司制企业经类似权力机构批准,也可以提取任意盈余公积。

4. 向投资者分配利润或股利。企业应当根据股东大会或类似权力机构批准并实施的利润分配方案,向所有者分配利润或现金股利、股票股利。

可见,留存收益来源于税后利润,是企业从历年实现的利润中提取或形成的留存于企业内部的积累。

(二)留存收益的构成

在会计核算上,留存收益包括两大部分:一是盈余公积(包括法定公益金和任意盈余公积);二是未分配利润,即向投资者分配利润或股利后的剩余部分,它可供以后年度弥补亏损、分派利润(或股利)或转作其他用途。

二、盈余公积

盈余公积，是指企业按照规定从净利润中提取的各种积累资金。盈余公积可分为法定盈余公积和任意盈余公积。外商投资企业则表现为储备基金和企业发展基金。

盈余公积作为企业生产发展和后备方面的准备性公积金，可以用于弥补亏损、转增资本和扩大企业生产经营。

企业发生的亏损，可以用以后年度税前利润弥补亏损；企业发生的亏损 5 年内未足额弥补的部分，用税后利润弥补；经股东大会批准，用盈余公积弥补。企业用盈余公积转增资本，必须经过股东大会决议批准。盈余公积转增资本时，所留存的法定盈余公积金不得少于转增前公司注册资本的 25%。

盈余公积也可以用于企业扩大再生产，用于购买固定资产、无形资产和存货，使之表现为实物形态。

企业应设置"盈余公积"账户，核算企业盈余公积金的提取和使用，并在总账下分别设置"法定盈余公积""任意盈余公积"明细账。外商投资企业应设置"储备基金""企业发展基金"明细账。中外合作经营在合作期间归还投资者的投资，还应设置"利润归还投资"明细账。

三、未分配利润

未分配利润，是指企业经过一定时期的生产经营实现的利润，按有关规定扣除所得税费用、提取盈余公积以及向投资者分配利润后留待以后年度分配的结存利润。在数量上，未分配利润等于期初未分配利润加上本期实现的税后利润，减去提取了各种盈余公积和向投资者分派利润后的余额。

未分配利润是通过"利润分配——未分配利润"账户核算的。企业在开发经营过程中取得的收入和发生的成本费用，最终通过"本年利润"账户进行归集，计算出当年实现的利润或发生的亏损，年末，从"本年利润"账户转入"利润分配——未分配利润"账户；本期已分配的利润，也于年末从"利润分配"账户其他明细账转入"利润分配——未分配利润"账户。该账户的借方余额表示未弥补亏损，贷方余额表示历年积存的尚未分配的利润。

四、留存收益的核算

（一）利润分配的核算

为了反映企业利润分配的去向，在"利润分配"账户下还应设置"提取法定盈余公积”“提取任意盈余公积”“应付现金股利或利润”“转作股本的股利”“盈余公积补亏”“未分配利润”等明细账。企业年度终了，首先将本年度实现的利润自“本年利润”账户转入“利润分配——未分配利润”账户。如果企业当年实现盈利，则借记“本年利润”账户，贷记“利润分配——未分配利润”账户；如果企业当年发生亏损，则借记“利润分配——未分配利润”账户，贷记“本年利润”账户。然后，将“利润分配”账户下的其他明细账户的余额转入“未分配利润”明细账户，结转后，除“未分配利润”明细账余额反映企业的未分配利润或未弥补亏损外，其他明细账应无余额。

【例10－14】 乙房地产公司(以下简称“乙公司”)2018年年初未分配利润为3 000万元，2018年5月已登记入账的应付现金股利1 400万元，转作股本的股利1 200万元。2018年实现净利润6 000万元，本年提取法定盈余公积600万元、任意盈余公积300万元。2019年5月，董事会提出利润分配方案，分派现金股利2 000万元，分派股票股利1 000万元。乙公司利润分配方案已经股东大会批准并开始实施，且已办妥增资手续和股权登记。乙公司的会计分录如下：

(1)2018年12月31日：

借：本年利润	60 000 000	
贷：利润分配——未分配利润		60 000 000
借：利润分配——提取法定盈余公积	6 000 000	
——提取任意盈余公积	3 000 000	
贷：盈余公积——法定盈余公积		6 000 000
——任意盈余公积		3 000 000
借：利润分配——未分配利润	35 000 000	
贷：利润分配——提取法定盈余公积		6 000 000
——提取任意盈余公积		3 000 000
——应付现金股利		14 000 000
——转作股本的股利		12 000 000

2018年年末未分配利润为5 500万元。

(2)2019年5月：

借：利润分配——应付现金股利	20 000 000	
——转作股本的股利	10 000 000	
贷：应付股利		20 000 000
股本		10 000 000

可见，在实务中，企业提取盈余公积，作为实现利润当年的利润分配。股东大会批准分配的利润或现金股利在实施时，作为分配利润当年的利润分配。

对于股票股利，企业应在股东大会批准董事会提请批准的年度利润分配方案并且办理了增资手续、出具股权证书后，按照实际发放的股票股利的金额进行会计处理。

（二）盈余公积的核算

企业按规定提取盈余公积时，借记“利润分配——提取法定盈余公积或（提取任意盈余公积）”账户，贷记“盈余公积”账户；用盈余公积弥补亏损时，借记“盈余公积”账户，贷记“利润分配——盈余公积补亏”账户；用盈余公积转增资本时，借记“盈余公积”账户，贷记“实收资本”或“股本”账户；经股东会决议用盈余公积派送新股，按派送新股计算的金额，借记“盈余公积”账户，贷记“股本”账户。

【例 10－15】 丁房地产公司以前年度累计未弥补亏损 100 万元，按规定已超过了以税前利润弥补亏损的期间。“盈余公积”账户余额 2 000 万元。公司董事会决议并经股东大会批准，以盈余公积全额弥补以前年度亏损，用盈余公积 500 万元转增资本，并为维护股票声誉用盈余公积 600 万元派送新股。会计分录如下：

借：盈余公积	12 000 000	
贷：利润分配——盈余公积补亏		1 000 000
股本		11 000 000

（三）弥补亏损

企业如果发生亏损，可以用以后年度实现的利润弥补，但弥补期限不得超过 5 年，超过 5 年弥补期限的未弥补亏损，可用税后利润弥补。由于企业发生的年度亏损额年末应记入“利润分配——未分配利润”账户的借方，以后年度实现的利润应记入“利润分配——未分配利润”账户的贷方，借贷两方金额自然抵补，因而，企业在用以后年度实现的利润弥补亏损时，无论是税前弥补还是税后弥补，都不需进行专门的账务处理。

（四）以前年度损益调整

由于以前年度重大会计差错更正、资产负债表日后调整事项等原因，需要调整以前年度损益的，房地产企业应设置“以前年度损益调整”账户，并按《企业会计准则第 28 号——会计政策、会计估计变更和差错更正》和《企业会计准则第 29 号——资产负债表日后事项》的规定进行会计处理。

DI SHIYIZHANG 第十一章 成本费用

第一节　成本费用核算的基本要求

房地产的开发建设和经营，是房地产企业的基本经济活动。在开发经营过程中，企业一方面要建成并向社会提供可供使用的房屋、建设场地、基础设施和配套设施，另一方面还要发生人、财、物等物化劳动和活劳动耗费。企业在开发经营过程中发生的各种耗费，称为开发经营费用，而其中为某个特定开发项目所发生的费用，应将其对象化，计入各该开发项目的成本，称为开发成本。因此，房地产企业的成本费用核算由开发经营费用的归集、分配、结转和开发项目成本计算两部分组成，它是房地产企业会计核算的中心环节。正确地进行成本费用核算，对于控制企业的各项费用支出，降低开发成本，提高经济效益，增强企业市场竞争能力，有着重要意义。为了充分发挥成本费用核算的作用，在成本费用核算中必须遵循下述要求。

一、适应开发经营特点和管理要求，合理确定成本计算对象和成本计算方法

房地产企业的任何一项开发建设费用都是为特定的开发项目发生的，都有其物质承担者。成本计算对象，就是指开发建设费用的承担者。成本计算的过程，就是按照既定的成本计算对象归集和分配开发建设费用的过程。确定成本计算对象是进行成本计算的前提。区别不同的成本计算方法的标志，主要是不同的成本计算对象。企业应根据生产经营特点确定成本计算对象和成本计算方法。

房地产企业是按照城市总体规划、土地使用规划和城市建设规划的要求，在特定的固定地点进行房地产开发建设的。由于各种土地和房屋的具体用途不同，所以开发建设的具体内容也不相同。每一个开发项目都是按特定的设计图纸进

行开发建设的，因此具有单件性特点。它不可能像工业产品那样，按照同一图纸或方案大批、大量地生产。即使房屋的用途、结构、材料完全相同，也会因建造时间、地点等不同，而使其工作内容和费用相差甚远。每一块土地也会因其所在地区工程地质条件、水文地质条件和土地用途不同，而使其开发内容和费用有很大差别。房地产开发建设的单件性特点，决定了成本计算对象应是具有独立的设计文件、可以独立地组织施工的开发建设项目。

财政部颁发的于 2014 年 1 月 1 日起施行的《企业产品成本核算制度》规定，房地产企业一般按照开发项目、综合开发期数并兼顾产品类型等确定成本核算对象。

具体地说，房屋开发成本计算对象应为：①每一编制有独立的初步设计概算或施工图预算的单项工程；②同一开发地点、开竣工时间接近、结构类型相同的群体开发项目；③规模较大、工程较长的开发项目的一定区域或部位。

土地开发成本计算对象应为：①一般土地开发，以每一独立的开发项目即“地块”或“宗地”为成本计算对象；②面积较大、工期较长、分区域开发的土地，可以一定区域为成本计算对象。

房地产的开发建设需要不同的工种协作配合，虽然属于多步骤生产，但是各工种可在同一时间、同一地点进行平行交叉或立体交叉作业，各生产步骤之间并无明显的时间或地点界限。因此，不需要也不可能计算各步骤开发产品的成本。

企业在确定成本计算对象时，还应充分考虑企业的管理需要和管理水平。对于管理工作基础较好的企业，成本计算对象应更具体、详细，从而使费用的归集和分配更接近于实际耗费水平，防止由于把若干开发项目合并作为成本计算对象，竣工后再在各项开发产品间进行成本分配，而造成的开发产品成本和实际耗费水平的偏差。

房地产企业的生产经营活动，还具有开发建设周期长的特点，少则几个月，多则几年。在开发项目竣工前，开发项目所发生的各项费用均为在建开发项目成本；待开发项目竣工后，所归集的全部费用则为竣工开发项目成本。可见，开发成本的结转期以开发项目的建设周期为准，在建设周期内无须在竣工开发项目与在建开发项目之间分配费用。

以上述原则确定的成本计算对象和以成本结转期为标志的成本计算方法，称为分批法。

二、将开发经营费用按经济用途分类，确定成本项目

开发经营费用按是否计入开发产品成本可以分为开发成本和期间费用。开发成本即开发产品成本，它是指房地产企业在其产品开发建造过程中所发生的各项费用。

首先,开发成本按其经济用途,可分为四类:①土地开发成本,即房地产企业为开发建设场地所发生的各项费用;②房屋开发成本,即房地产企业为开发各种房屋所发生的各项费用;③配套设施开发成本,即房地产企业开发能有偿转让的大配套设施,以及不能有偿转让、需要分配计入开发产品成本的公共配套设施所发生的各项费用;④代建工程开发成本,即房地产企业接受其他单位委托,代为开发的除土地、房屋以外的其他工程所发生的各项费用。

其次,为了考核设计概算、施工图预算、施工预算和成本计划的执行情况,分析成本升降的原因,挖掘进一步降低成本的途径,还需要将计入各成本计算对象开发成本的费用按经济用途划分为六项:①土地征用及拆迁补偿费,是指为取得土地开发使用权而发生的各项费用,包括支付的土地出让金或土地转让金、大市政配套费、契税、耕地占用税、土地使用费、土地闲置费、农作物补偿费、危房补偿费、土地变更用途和超面积补交的地价及相关税费、拆迁补偿费用、安置及动迁费用、回迁房建造费用等。②前期工程费,是指项目开发前期发生的政府许可规费、招标代理费、水文地质及工程地质勘查费、测绘费、规划设计费、可行性研究费、咨询论证费、筹建费、场地通平(“三通一平”)费等前期费用。③建筑安装工程费,是指开发项目开发过程中发生的各项建筑工程费、安装工程费及精装修费等,包括企业以出包方式施工支付给承包单位的建筑安装工程价款,以及以自营方式施工发生的建筑安装工程的人工费、材料费、机械使用费等各项支出。④基础设施费,是指开发项目在开发过程中发生的开发项目内道路、供水、供电、供气、供暖、排污、排洪、消防、通信、照明、有线电视、宽带网络、智能化等社区管网工程费,以及环境卫生、园林绿化等园林、景观环境工程费用等。⑤公共配套设施费,是指开发项目内发生的、独立的、非营利性的且产权属于全体业主的,或无偿赠与地方政府、政府公共事业单位的公共配套设施费用等,如开发项目内消防、锅炉房、水塔、居委会、派出所、幼儿园、自行车棚等不能有偿转让的配套设施费用。⑥开发间接费,是指企业为直接组织和管理开发项目所发生的,且不能将其直接归属于成本核算对象的费用,如工程监理费、造价审核费、结算审核费、工程保险费以及相关管理人员和管理设施发生的职工薪酬、折旧费、办公费、水电费、劳动保护费、工程管理费,还包括可予资本化的借款费用、周转房摊销费以及项目营销设施建造费等,不包括为业主代扣代缴的公共维修基金等。

以上将应计入开发成本的费用按经济用途分类的项目,称为成本项目,它构成了开发项目的开发成本。

房地产企业应按成本计算对象开设成本明细账(或成本计算单),在成本明细账(或成本计算单)上按成本项目开设专栏,以反映成本构成情况。

关于房地产企业成本项目需要说明的是:①2014 年 1 月 1 日施行的《企业产品成本核算制度(试行)》规定的房地产企业成本项目中,将符合资本化条件的借款费用作为单独的成本项目“借款费用”列示,这对于借款费用金额较大的开发项目而言,无疑是必要和适宜的。而如果开发项目借款费用资本化金额较小,则可以并入“开发间接费”成本项目。关于借款费用资本化金额的计算请参见例 9 – 26 和例 9 – 27。②《房地产开发经营业务企业所得税处理办法》(国税发〔2009〕31 号)规定,开发间接费是指企业为直接组织和管理开发项目所发生的,且不能将其归属于特定成本对象的成本费用性支出,主要包括管理人员工资、职工福利费、折旧费、修理费、办公费、水电费、劳动保护费、工程管理费、周转房摊销以及项目营销设施建造费等(其中营销设施包括临时设施)。而《企业产品成本核算制度》将临时设施费计入“前期工程费”成本项目,在“开发间接费”成本项目中并未涉及开发现场管理人员薪酬和折旧费等。笔者认为临时设施费属于间接费用,不宜计入前期工程费,计入开发间接费较妥;而作为营销设施的售楼部和样板房发生的费用应计入销售费用,不应计入开发成本。如果售楼部和样板房占用的是在建或建成的商品房,则只能将装修费用、维护费用等计入销售费用,而将其建造成本计入开发产品成本,待售楼部和样板房对外销售时再转入主营业务成本。③周转房摊销费以及开发现场管理人员薪酬和折旧费等应计入开发间接费。

三、划清各种费用界限,正确计算开发项目成本

房地产企业的支出多种多样,其性质、归属期间、归属对象各不相同,为了正确计算各成本计算对象的开发成本,必须正确划分以下费用界限:

(一)正确划分应计入成本费用和不应计入成本费用的界限

企业的经济活动是多方面的,费用支出也是多种多样的,其性质和用途各不相同。首先,应划分资本性支出、收益性支出、投资性支出、偶发性支出(营业外支出)、偿债性支出和对所有者分配支出的界限,其中,投资性支出、偶发性支出(营业外支出)、偿债性支出和对所有者分配支出都与开发产品成本无关,不能计入成本费用。其次,应划分资本性支出和收益性支出的界限。资本性支出与几个会计年度的效益相关,如固定资产、无形资产和其他资产的购建支出等,发生时应计入各项资产的价值,以后期间通过计提折旧和摊销,才能将资产的价值逐渐地、分次地转移到成本费用中去;收益性支出仅与本会计年度的效益相关,如为获取营业收入而提供商品或劳务所发生的费用支出,与本年度收入相配比,以便确定当期损益。在以上各类费用支出中,应计入成本费用的支出仅指那些为获取营业收入

而提供商品或劳务而发生的费用支出。

2007年开始施行的《企业财务通则》规定,企业实行费用归口、分级管理和预算控制,应当建立必要的费用开支范围、标准和报销审批制度。房地产企业应当建立和健全成本管理制度,明确成本费用开支范围,对于哪些费用支出可以计入成本费用,哪些费用支出不能计入成本费用作出规定。根据《企业产品成本核算制度》和大中型房地产企业《房地产成本管理制度》的案例,房地产企业计入成本费用的支出可归纳如下:①土地征用及拆迁补偿费;②可行性研究、勘察设计、测绘、"三通一平"等支出;③自营建筑安装工程消耗的主要材料、结构件、周转材料、低值易耗品等的费用;④固定资产的折旧费、修理费、租赁费;⑤应计入成本费用的职工薪酬;⑥出包建筑安装工程支付的工程价款;⑦资产减值损失,财产和运输保险费,契约、合同公证费和鉴定费;⑧劳动保护费、社会保险费;⑨差旅费、办公费、邮电费、水电费、通信费、工会经费、职工教育经费;⑩房产税、车船税、土地使用税、印花税;⑪技术开发费、技术转让费、无形资产摊销费;⑫业务招待费、广告费、售后服务费;⑬借款费用等。

企业下列支出不得列入成本费用:为购置和建造固定资产、无形资产和其他资产的支出;对外投资的支出;被没收的财物,支付的滞纳金、罚款、违约金、赔偿金,以及企业赞助、捐赠支出;国家法律、法规规定以外的各种付费;有关法规规定不得列入成本费用的其他支出。

按照规定的成本费用开支范围计算开发成本和期间费用,不仅能如实地反映企业的实际耗费水平,便于控制和评价开发成本水平,而且还有利于计算企业的最终经营成本,正确处理企业与国家及投资者的分配关系。不遵守成本费用开支范围,少计成本费用或乱挤成本费用,人为地调节企业成本费用水平,势必虚增或少计利润,影响企业的成本费用补偿及国家财政收入和对投资者的分配。因此,划清应计入成本费用和不应计入成本费用的界限,遵守成本开支范围,是成本费用核算的重要要求。

(二)正确划分各月份的费用界限

为了提供各会计期间成本费用和损益方面的信息资料,对于应计入成本费用的各项费用支出,还应按照权责发生制的要求,划清应计入本月的成本费用和应由其他月份负担的成本费用的界限。为满足这个要求,会计核算上应做到:

1. 凡是本月发生的费用支出,应在本月内全部记账,不得延迟到以后月份记账。

2. 对于本月发生但应由本月和以后各月负担的费用,应作为待摊费用,通过

"待摊费用(或预付账款)"账户核算,根据费用的受益期限,分摊计入各受益月份的成本费用中去。

3. 应由本月负担而以后月份才支付的费用,应作为预提费用,通过"预提费用(或其他应付款)"账户核算,预先计入受益月份的成本费用,待付款月份再进行实际支付。

待摊费用和预提费用的摊提,应按照受益原则计入受益月份的成本费用,不得利用待摊预提的方法人为地调节各月份的成本费用水平。

可见,本月份应负担的成本费用由以下三部分组成:①本月发生的应由本月负担的成本费用;②以前月份发生的待摊费用的本月摊销额;③以后月份发生的但应预先计入本月成本费用的预提费用的本月预提额。

(三)正确划分开发成本和期间费用的界限

应计入本月成本费用的各项费用支出,有些是与企业开发建设以供销售的房地产有联系的费用,如土地征用及拆迁补偿费、前期工程费、基础设施费等,这些费用应计入开发项目成本;还有些费用与企业开发建设的房地产无直接联系,如销售费用、管理费用、财务费用、资产减值损失等,不宜计入开发项目成本,而应作为期间费用直接计入费用发生月份的损益。为了正确计算开发项目成本,必须划清开发成本与期间费用的界限。应计入开发成本的费用除上述直接费用外,还包括开发间接费用,它是指企业所属分公司或部门直接组织、管理开发项目所发生的各项费用,如房地产企业所属承担具体项目开发建设的分公司及施工现场管理部门发生的办公费、差旅费、水电费、折旧费、职工薪酬、工程监理费、造价审核费、结算审核费、工程保险费等。企业行政管理部门和专设销售机构所发生的管理和组织经营活动的各项费用,企业为筹集资金而发生的各项费用,均属于期间费用,不能作为开发间接费用计入开发项目成本。

(四)正确划分各类及各种开发项目的成本界限

对于应计入本月开发项目成本的各项费用,还应按其受益对象分别计入各类及各种开发项目成本。房地产企业的开发建设项目可分为四类:土地开发项目、房屋开发项目、配套设施开发项目和代建工程开发项目。在每一类开发项目中,又要按确定的成本计算对象开设成本明细账,用来归集和计算各独立开发项目的成本,这就需要划清各类及各种开发项目的成本界限。

对于发生的应计入开发成本的费用,凡是能直接分清应由某类及某个成本计算对象负担的,应直接计入该类及该个成本计算对象的成本;凡是应由几类或几个成本计算对象共同负担的,应采用合理的分配方法分配计入各类及各个成本计算对象的成本。划清各类及各个成本计算对象的成本界限,才能如实反映各个成本计算对象的实际耗费水平,控制和评价各开发项目设计概算、施工图预算及成本计划的执行情况。要防止人为地在不同开发项目之间任意转移费用,以掩盖某些开发项目的超支或节约。

四、做好各项基础工作

要正确地计算开发成本和期间费用,发挥成本费用核算的作用,还必须做好以下基础工作。

(一)建立和健全成本费用控制系统

成本费用核算涉及企业开发经营的各个方面,是一项综合性很强的工作。要如实反映开发项目成本和期间费用,并实现既定的成本费用目标,就不能满足于对已经发生的费用进行事后核算,还必须建立成本控制系统,强化成本预算约束,推行质量成本控制办法,实行成本定额管理、全员管理和全过程控制。

这个控制系统由以下几方面工作构成:

1. 在开发项目的立项阶段,应当提交“立项申请”和“可行性研究报告”,在可行性研究报告中应包括成本费用估算和控制目标及其措施,从源头上控制成本费用。

2. 在开发项目的规划设计阶段,应当编制和审核设计概算和施工图预算,以便控制开发建设总投资。

3. 在开发项目的建设阶段,对于自营开发项目应编制施工预算和成本费用计划。对于发生的各项费用支出,应以概算、预算和计划为依据,进行严格的审核。凡是不应计入成本费用且不合理的支出,应予以抵制。凡是超过预算或计划的费用支出,应当查明原因,确属不合理的支出,应当拒绝支付。

在开发项目的建设过程中,对于出包开发项目应做好已完工程实物量和价值量的现场签证,凡实行固定造价合同的工程,在施工过程中无须办理现场签证。确实需要设计变更的,应填制《设计变更审批表》并编制预算,经设计、监理、甲方审批后才能予以签证。同时,还应按合同规定及时进行工程点交和工程价款结算,按承发包合同规定控制工程造价。

在开发建造过程中,还应按规定的成本费用核算程序和方法进行成本费用的归集和分配,计算各开发项目的实际成本和期间费用,以便按照概算、预算和计划有效地控制成本费用。

4. 在开发项目的竣工阶段,只有做好自检、复检和验收后才能办理竣工决算和开发产品移交手续。对于自营开发项目,应做好项目成本费用的复核,并分析预算的执行情况，发现问题，总结经验。对于出包开发项目，应详细核对已完工程量、单位价格和取费标准，准确计算工程总造价，并编制工程财务决算书。

只有借助于这个成本费用控制系统，才能使成本核算工作得以顺利进行，收到实效。

此外，在建立成本费用控制系统时，还应实行成本核算责任制，将各项成本费用指标按其用途和发生地点分解到各职能部门、项目经理单位及施工队，由各责任单位编制成本费用预算，并控制各项费用支出，实行成本费用定额管理，推行全员管理。财会部门则需将实际发生的各项费用支出，按责任单位进行核算，以便考核各责任单位的预算、定额执行情况。

（二）建立和健全原始记录

成本费用核算应以实际发生的经济业务为依据，这就要求做到：凡是材料物资的领退、燃料和动力的消耗、工时（或工日）的消耗、固定资产折旧的计提、各项费用的支出、开发项目的竣工验收等，都必须认真如实地填制原始凭证或及时地取得原始凭证。原始凭证短缺不全或记录不正确，就不能如实地反映成本费用水平。为了保证成本费用核算原始资料的真实可靠，企业必须建立和健全原始凭证的登记、传递、审核和保管制度。

（三）建立和健全材料物资的计量、收发领退和盘点制度

为了保证原始记录的完整和真实，材料物资的收发领退、开发项目的验收交接都必须计量并办理凭证手续。对于库存的材料物资应定期进行盘点。对于一般的材料物资，可以采用点数、丈量、过磅、称斤等计量方法，确定实际数量；对于特殊的或贵重的材料物资，应采用特殊的或精密的仪器进行计量，确定实际数量。完备的材料收发领退和盘点制度，准确的计量，是正确计算成本费用必不可少的条件。

五、按照成本费用核算的一般程序归集、分配、计算和结转成本费用

由前述可知，房地产企业的成本费用核算过程就是分清各种开发经营费用界限，将本期发生的或应承担的费用，按其经济用途分别计入为各类开发项目设置的具体成本计算对象的相应成本项目和各项期间费用的相应费用项目的过程。为此，企业必须设置成本费用类账户，并按一定程序进行账务处理。

（一）成本费用类账户的设置

在《企业会计准则——应用指南》的会计科目表中，成本类科目包括“生产成本”“制造费用”“劳务成本”“工程施工”“机械作业”等，没有设置“待摊费

用”“预提费用”等跨期摊配类科目，发生的跨期摊配费用可在“预付账款”“预收账款”“其他应付款”等科目核算。房地产企业应根据上述会计科目设置相应账户核算成本费用。鉴于房地产开发建造的特点，为了归集和分配各项费用，核算开发成本和期间费用，房地产企业可以设置“开发成本”“开发间接费用”“待摊费用”“预提费用”“销售费用”“管理费用”“财务费用”等账户。

“开发成本”账户核算企业在土地、房屋、配套设施和代建工程开发过程中所发生的各项费用。企业对出租房进行装饰及增补室内设施而发生的出租房工程支出，也在本账户核算。本账户应按开发成本的种类，设置“土地开发”“房屋开发”“配套设施开发”“代建工程开发”等二级账户，分别核算各类开发项目发生的各项费用。在这些二级账户下还应按成本计算对象设置三级明细账，在账内按成本项目设置专栏，分别核算各成本计算对象发生的各项费用。

企业发生的土地征用及拆迁补偿费、前期工程费、基础设施费和建筑安装工程费属于直接费用，可在发生时直接计入有关成本计算对象的相应成本项目。应由各开发项目共同负担的间接费用，应先在“开发间接费用”账户归集，再按一定的分配标准分配计入有关开发项目成本。不能有偿转让的开发小区内公共配套设施发生的支出，应计入商品房等项目的成本，在配套设施完工时，按一定标准分配计入有关的房屋开发项目成本。如果配套设施和商品房建设不同步，也可在商品房竣工时将配套设施费预提计入竣工商品房成本，待配套设施竣工后再进行结算。

“开发间接费用”账户用于核算企业内部独立核算单位为开发产品而发生的各项间接费用。本账户应按照企业内部不同的单位、部门（分公司、经理部）设置明细账，账内按费用项目设置专栏，进行明细核算。企业发生的各项间接费用记入本账户的借方，分配计入有关成本计算对象的间接费用记入本账户的贷方，本账户期末无余额。

企业根据管理的需求，可以将“开发成本”和“开发间接费用”账户合并为“开发费用”账户；或将“开发成本”账户分为“土地开发”、“房屋开发”、“配套设施开发”和“代建工程开发”四个账户；附有施工队伍的企业，开发项目采用自营方式施工的，可以增设“工程施工”“机械使用费”“施工间接费用”等账户，将发生的各项施工费用先在“工程施工”“机械使用费”“施工间接费用”等账户归集。月末，按下列步骤结转自营施工费用：①将机械使用费分配转入“工程施工”总账及所属的成本计算对象明细账；②将施工间接费用分配转入“工程施工”总账及所属的成本计算对象明细账；③将“工程施工”总账及所属明细账的工程实际成本结转到“开发成本”总账及所属明细账。

“待摊费用”账户用于核算企业已经支出但应由本期和以后各期成本分别负担的，分摊期在一年以内的各项费用，如低值易耗品摊销费、固定资产租赁费、预付保险费等。企业发生的各项待摊费用，记入本账户的借方，分期摊销数记入本账户的贷方，其借方余额表示尚未摊销的待摊费用。本账户应按费用种类设置明细账，进行明细核算。

“预提费用”账户用于核算企业预提计入成本、费用但尚未实际支出的各项费用，如预提配套设施费等。预提的费用记入本账户的贷方，实际支出数记入本账户的借方，实际支出数与已预提数的差额应增加或冲减有关成本费用，本账户应按费用种类设置明细账。

“销售费用”账户用来核算企业为销售而发生的各项费用，如广告费、展览费、专设销售机构经费等。发生的销售费用记入本账户的借方，期末将本账户余额全部转入“本年利润”账户时，记入本账户的贷方，结转后本账户应无期末余额。

“管理费用”账户用于核算企业行政管理部门（总公司）为组织和管理房地产开发经营活动而发生的各项费用，包括员工薪酬、折旧费、修理费、办公费、水电费等。发生的各项管理费用记入本账户的借方，本账户期末余额全部转入“本年利润”账户，结转后本账户应无余额。

“财务费用”账户用于核算企业在房地产开发经营过程中，为进行资金筹集等理财活动而发生的各项费用，如不符合资本化条件的借款利息、汇兑损益等。企业发生的财务费用记入本账户的借方，期末应将本账户余额全额转入“本年利润”账户，结转后本账户应无余额。

“销售费用”“管理费用”“财务费用”等账户均可按费用项目或费用种类设置多栏式明细账，进行明细核算。

（二）成本费用核算的账务处理程序

开发项目采用不同方式进行施工，成本费用核算的账务处理程序也不尽相同。鉴于房地产企业属于高智能的管理组织，一般不辖有施工队伍，而采用出包方式进行开发项目的施工，因此，这里仅介绍出包方式下成本费用核算的账务处理程序。

企业发生的各项费用支出，凡是不应计入成本费用的，应分别记入有关账户，如“原材料”“库存设备”“在建工程”“其他业务成本”“营业外支出”等账户。对于那些应计入成本费用的各项费用支出，属于直接费用的，可以直接记入“开发成本”总账及有关的明细账；属于间接费用的，则应先记入“开发间接费用”总账及有关明细账，月末再分配计入各成本计算对象，记入“开发成本”总账及有关明细账;属于待摊费用、预提费用的,先记入“待摊费用”“预提费用”等账户,再按规定程序和方法结转,最终记入“开发成本”总账及有关明细账;属于期间费用的,则分别记入“销售费用”“管理费用”“财务费用”账户,期末转入“本年利润”账户。其账务处理程序见图 11 -1。

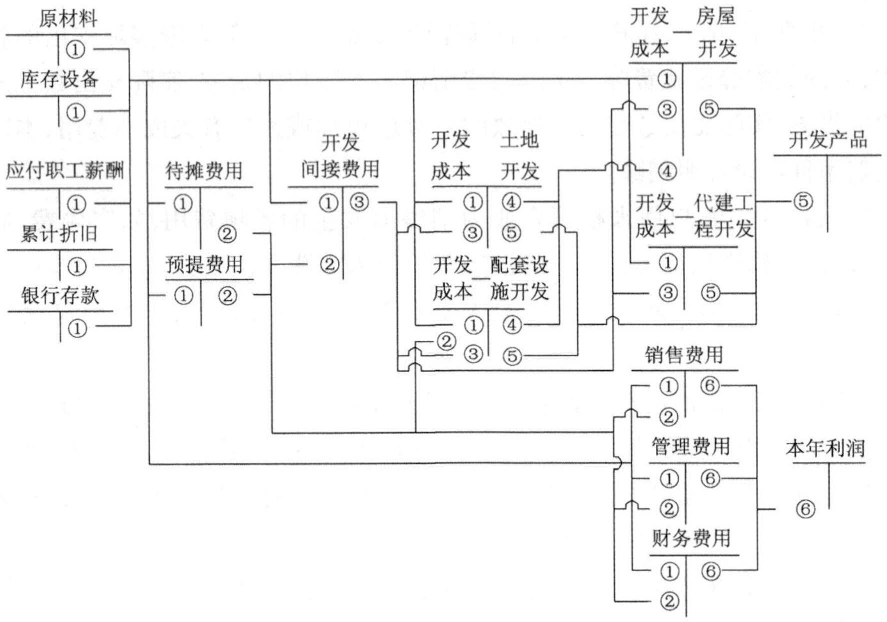

图 11 -1 成本费用核算的账务处理程序

由图 11 -1 可以看出,开发成本费用核算的具体步骤如下:

1. 将应计入成本费用的各项支出按发生地点和用途进行分配,包括材料设备费用、职工薪酬费用、固定资产折旧费用和用银行存款支付的其他各项费用,如土地征用及拆迁补偿费、前期工程费、水电费、办公费、差旅费等。

2. 待摊费用和预提费用的分配,包括预付保险费、低值易耗品摊销费、预提配套设施费等。

3. 开发间接费用的分配,将归集的开发间接费用分配计入各开发项目成本。

4. 结转已开发完成、近期投入使用的自用建设场地和不能有偿转让的配套设施的成本,将其计入房屋开发等项目的成本。

5. 结转已完开发产品成本,包括商品性建设场地、可以有偿转让的公共配套设施、商品房、代建工程。

6. 结转本期发生的期间费用,包括销售费用、管理费用和财务费用,将其计入当期损益。

第二节　成本费用的归集和分配

房地产企业对于发生的各项费用，一般应按以下步骤进行归集和分配：首先应分清是否计入成本费用，对于不应计入成本费用的固定资产购建支出、营业外支出等应记入各相关账户；其次，对于应计入成本费用的费用应进一步划清各月份的成本费用界限，以及开发成本和期间费用的界限；最后，对于应计入开发成本的费用还应分清各成本计算对象的界限，并进而确认应记入的成本项目。各成本计算对象之间分配费用应贯彻受益原则，哪个开发项目受益，其费用就计入哪个开发项目成本，各开发项目负担费用的多少应与其受益的大小成正比。直接费用应直接计入受益对象成本，间接费用应在归集后再按合理的分配标准分配计入各受益对象。

一、材料物资费用的分配

采用出包方式施工的房地产企业，应按承发包合同的规定负责开发项目所需设备和某些特殊材料的采购收发工作。企业行政管理部门和内部独立核算单位也会领用一些零星消耗性材料。企业发生的各项材料物资费用应根据领料单、设备出库单等凭证，按其用途分别记入有关账户。交付安装用于开发项目的设备，通常是按照开发项目分别领用的，其费用属于直接费用，应根据设备出库单直接记入“开发成本”账户及其所属明细账。拨付承包单位抵作预付备料款或预付工程款的材料费用，应记入“预付账款”账户，以便与承包单位结算。企业内部独立核算单位和行政管理部门领用的消耗性材料费用，应分别记入“开发间接费用”和“管理费用”等账户及相应的费用项目。举例如下：

【例 11－1】　某房地产企业本月发生的材料物资发出业务有：①房屋开发项目甲工程领用电梯交付安装，实际成本 250 000 元；②配套设施开发项目乙工程领用空调设备交付安装，实际成本 120 000 元；③拨付承包单位三建公司钢材一批，实际成本 50 000 元，抵作预付工程款；④企业所属第二分公司领用机物料 2 000 元，用于管理用设备的消耗；⑤企业行政管理部门领用汽车用油 1 000元。则：

借：开发成本——房屋开发——甲工程　　250 000

　　　　　　——配套设施开发——乙工程　　120 000

　贷：库存设备　　370 000

借：预付账款　　50 000

开发间接费用——第二分公司　　2 000

管理费用　　1 000

贷:原材料　　53 000

若材料按计划成本计价,还应于月末结转材料成本差异。

采用自营方式施工的房地产企业,各开发项目领用的构成工程实体的材料费用一般属于直接费用,可以根据领料单直接计入有关成本计算对象。但如果在同一施工场地,由同一施工队进行两个以上开发项目的施工,也会发生几个开发项目共同耗费材料的情况,例如砖、瓦、灰、砂、石的耗用,这部分材料费用则需按定额(预算定额)耗用量的比例,在各开发项目之间进行分配。相关计算公式如下:

分配率 = 材料实际耗用总量 ÷ 材料定额耗用总量

某开发项目应负担的某种材料费用 = 该开发项目定额耗用量 × 分配率 × 材料单价

【例 11 - 2】　房屋开发项目 A 工程和 B 工程共同耗用水泥 59.59 吨,定额耗用量为 A 工程 27 吨,B 工程 32 吨,单价 150 元/吨。则:

分配率 = 59.59 ÷ (27 + 32) = 1.01

A 工程材料费用 = 27 × 1.01 × 150 = 4 090.50(元)

B 工程材料费用 = 32 × 1.01 × 150 = 4 848(元)

借:开发成本——房屋开发——A 工程　　4 090.50

——房屋开发——B 工程　　4 848

贷:原材料　　8 938.50

也可以增设"工程施工"账户,作如下会计分录:

借:工程施工——A 工程　　4 090.50

——B 工程　　4 848

贷:原材料　　8 938.50

月末,再将"工程施工"账户余额转入"开发成本"总账及所属明细账,下同。

二、职工薪酬的分配

采用出包方式施工的房地产企业,需要支付企业行政管理人员薪酬、专设销售机构职工薪酬、企业内部独立核算单位管理人员的薪酬等。企业行政管理人员薪酬应记入"管理费用"账户,专设销售机构职工薪酬应记入"销售费用"账户,企业内部独立核算单位管理人员薪酬应记入"开发间接费用"账户。

【例 11 - 3】　某房地产企业本月应付职工薪酬 45 600 元,其中企业行政管理人员薪酬 17 100 元,专设销售机构职工薪酬 5 700 元,内部独立核算单位第一分公司管理人员薪酬 9 120 元，第二分公司管理人员薪酬 13 680 元。则：

借：销售费用　　5 700

　　管理费用　　17 100

　　开发间接费用——第一分公司　　9 120

　　　　　　　　——第二分公司　　13 680

　贷：应付职工薪酬　　45 600

采用自营方式施工的房地产企业，建筑安装工人薪酬一般属于直接费用，可以直接计入有关的成本计算对象。但是，如果在同一施工现场、同一施工队，同时进行两个以上的开发项目的施工，则建筑安装工人薪酬就需要按工时或工日的比例分配计入各开发项目。相关计算公式如下：

$$分配率 = 建安工人薪酬 \div 实用(或定额)工时(或工日)$$

$$某开发项目应负担的职工薪酬 = 该开发项目的工时(或工日) \times 分配率$$

【例 11－4】　房屋开发项目 A 工程和 B 工程共发生建筑安装工人薪酬 28 500元，A 工程实用工时 1 850 小时，B 工程实用工时 1 000 小时。则：

$$分配率 = \frac{285\ 00}{1\ 850 + 1\ 000} = 10$$

$$A 工程职工薪酬 = 1\ 850 \times 10 = 18\ 500(元)$$

$$B 工程职工薪酬 = 1\ 000 \times 10 = 10\ 000(元)$$

借：开发成本——房屋开发——A 工程　　18 500

　　　　　　——房屋开发——B 工程　　10 000

　贷：应付职工薪酬　　28 500

也可以增设“工程施工”账户，作如下会计分录：

借：工程施工——A 工程　　18 500

　　　　　　——B 工程　　10 000

　贷：应付职工薪酬　　28 500

三、固定资产折旧费的分配

采用出包方式施工的房地产企业需要对企业行政管理部门和内部独立核算单位使用的固定资产计提折旧。企业行政管理部门的固定资产折旧费记入“管理费用”账户，内部独立核算单位的固定资产折旧费记入“开发间接费用”账户。

【例 11－5】　某采用出包方式施工的房地产企业，本月固定资产折旧计算表中列示，企业行政管理部门折旧费 5 000 元，第一分公司折旧费 2 000 元，第二分

公司折旧费1 000元。则:

借:管理费用　　5 000

　开发间接费用——第一分公司　　2 000

　　　　　　　——第二分公司　　1 000

　贷:累计折旧　　8 000

采用自营方式施工的房地产企业,施工机械的折旧费应作为直接费用记入“开发成本”或“工程施工”账户。

【例11-6】 某采用自营方式施工的房地产企业,对各项施工机械计提折旧费6 000元。则:

借:开发成本　　6 000

　贷:累计折旧　　6 000

或

借:工程施工　　6 000

　贷:累计折旧　　6 000

需要说明的是,自营工程所使用的机械设备所发生的各项费用,如机上人员薪酬、机械设备折旧费、燃料及动力费等,应首先在“开发成本”或“工程施工”账户下设置机械使用费明细账,归集所发生的各项费用,期末,再将其按受益开发项目使用台班的比例分配计入各开发项目成本。其分配方法比照职工薪酬的分配进行。

四、借款费用、税金和其他费用的分配

(一)借款费用

房地产企业为筹集开发经营资金所发生的借款费用,应按照本书第九章第二节中所述借款费用资本化原则处理。符合资本化条件的借款费用,应当予以资本化,计入相关资产成本,记入“开发间接费用”或“在建工程”等账户;不符合资本化条件的借款费用,应当计入当期损益,记入“财务费用”账户。

(二)税金

房地产企业应交纳的房产税、车船税、土地使用税和购买印花税票发生的支出,应计入税金及附加,不能计入开发成本。

(三)其他费用

房地产企业的其他费用可以分为两大类。第一大类费用是应计入销售费用、管理费用和开发间接费用的邮电费、租赁费、办公费、差旅费、交通补助费和水电费等。这些费用发生时,按照用途和受益部门分别记入“销售费用”“管理费用”“开发间接费用”等账户。

【例 11－7】 某房地产企业支付邮电费、办公费等 17 000 元，其中行政管理部门 10 000 元，内部独立核算单位第一分公司 3 000 元，第二分公司 4 000 元。则：

借：管理费用　　10 000
　　开发间接费用——第一分公司　　3 000
　　　　　　　　——第二分公司　　4 000
　贷：银行存款　　17 000

第二大类费用是以银行存款结算的开发项目的直接费用。其归集和分配的方法如下：

第一，土地征用及拆迁补偿费的归集和分配。土地征用及拆迁补偿费包括为取得土地使用权而支付的土地出让金或土地转让金，交纳的耕地占用税，劳动力安置费及有关地上、地下附着物拆迁补偿费等。房地产企业为取得土地使用权而支付的土地出让金或土地转让金，应区别情况处理：房地产企业为建造自用的办公用房、职工住宅等而取得土地使用权的支出，应作为无形资产的支出，记入"无形资产"账户；从事开发项目开发经营而取得土地使用权的支出，应计入受益开发项目的成本，记入"开发成本"账户所属明细账的"土地征用及拆迁补偿费"成本项目。如果房地产企业取得土地使用权时，开发项目尚未正式立项，也应先将土地使用权记入"无形资产"账户，并按规定期限摊销，待开发商品房时，再将土地使用权的摊余价值转入开发成本。

房地产企业支付的劳动力安置费和拆迁补偿费等，应视土地用途分别记入"在建工程"和"开发成本"总账及所属明细账。为两个以上开发项目共用土地而支付的土地征用及拆迁补偿费，可在发生时先记入"开发成本"账户所属"土地开发"明细账，待土地开发完毕作为建设场地投入使用时，再按建设场地面积比例，分别记入"房屋开发""配套设施开发""代建工程开发"等明细账。

【例 11－8】 某房地产企业用银行存款支付土地征用及拆迁补偿费用 900 000 元，其中商品性土地开发丙工程 300 000 元，房屋开发甲工程150 000元，房屋开发 A 工程和 B 工程共 450 000 元，A 工程和 B 工程先在土地开发丁工程项目归集。则：

借：开发成本——土地开发——丙工程　　300 000
　　　　　　——房屋开发——甲工程　　150 000
　　　　　　——土地开发——丁工程　　450 000
　贷：银行存款　　900 000

第二，前期工程费的归集和分配。房地产企业在开发项目的开发经营过程中发生的规划设计费、可行性研究费、工程水文地质及工程地质勘察费、测绘费及

“三通一平”费等支出，能够分清成本计算对象的，应直接计入有关开发项目成本，记入“开发成本”账户所属明细账的“前期工程费”成本项目。应由两个以上成本计算对象负担的，可按一定标准分配计入各开发项目成本，记入“开发成本”账户所属各有关明细账的“前期工程费”成本项目。分配标准可按具体费用细目分别确定，如勘察费、测绘费、“三通一平”费等可按各开发项目的占地面积比例分配，而设计费、可行性研究费可按概算比例或建筑面积比例分配。也可将具体费用细目均按概算比例进行分配。

【例 11－9】 企业用银行存款支付工程及水文地质勘查费 9 000 元，其中商品性土地开发丙工程 3 000 元，房屋开发甲工程 1 500 元，房屋开发 A 工程和 B 工程共 4 500 元，A 工程概算勘察费 2 000 元，B 工程概算勘察费 3 000 元。则：

A 工程应负担勘察费 =4 500 ÷ (2 000 +3 000) ×2 000 =1 800(元)

B 工程应负担勘察费 =4 500 ÷ (2 000 +3 000) ×3 000 =2 700(元)

作以下会计分录：

借：开发成本——土地开发——丙工程	3 000	
——房屋开发——甲工程	1 500	
——房屋开发——A 工程	1 800	
——房屋开发——B 工程	2 700	
贷：银行存款		9 000

第三，建筑安装工程费的归集和分配。以出包方式支付给承包单位的建筑安装工程费一般均属于直接费用，可以直接计入有关开发项目成本，记入“开发成本”账户所属明细账的“建筑安装工程费”成本项目。建筑安装工程采用出包方式施工，房地产企业应按合同规定预付工程款和备料款。开发企业拨付给承包单位抵作预付工程款或备料款的材料，应按双方确认的结算价格记入“预付账款”账户，结算价格与实际成本（或计划成本）的差额，应计入有关开发项目成本，记入“开发成本”总账及所属明细账。承包单位应按合同规定的结算办法，定期提出“工程价款结算账单”与发包单位办理工程款结算。发包单位经审核，在扣除本次结算应扣回的预付工程款和预付备料款后，支付工程款净额。举例如下：

【例 11－10】 某房地产企业按合同规定，用银行存款预付承包单位工程款 80 000 元，备料款 60 000 元。则：

借：预付账款（或应付账款）	140 000	
贷：银行存款		140 000

【例 11－11】 某房地产企业拨付承包单位材料一批，实际成本201 000元，结

算价格 200 000 元，用于房屋开发甲工程。则：

借：预付账款（或应付账款）　　200 000
　开发成本——房屋开发——甲工程　　1 000
　贷：原材料　　201 000

材料若按计划成本计价，其计划成本与结算价格的差额以及月末结转的材料成本差异，也均记入“开发成本”账户。

【例 11－12】　承包单位转来“工程价款结算账单”，要求支付已完建安工程款 100 000 元，其中土地开发项目丙工程 40 000 元，房屋开发项目甲工程 60 000 元，本次结算应扣回预付工程款 12 000 元，扣回预付备料款 8 000 元。工程款净额已用银行存款支付。则：

借：开发成本——土地开发——丙工程　　40 000
　　　　　　——房屋开发——甲工程　　60 000
　贷：预付账款（或应付账款）　　100 000
借：预付账款（或应付账款）　　80 000
　贷：银行存款　　80 000

第四，基础设施费的归集和分配。房地产企业在房地产开发建设过程中为道路、供水、供电、供气、排污、排洪、通信（以上为红线内“七通”）、照明、环卫和绿化等工程发生的支出，一般可以直接计入有关开发项目成本，记入“开发成本”总账及所属明细账的“基础设施费”成本项目。如果在企业开发的建设场地上兴建两个以上的开发项目，则这些基础设施费应先在“开发成本”账户所属“土地开发”二级账下设置三级明细账进行归集，待土地开发完毕后，将土地开发成本中的“基础设施费”成本项目所归集的各项支出，按概算或建筑面积的比例分配记入有关开发项目的“基础设施费”成本项目。举例如下：

【例 11－13】　某房地产企业为房屋开发甲工程支付供水、供电、供气工程费 50 000 元，为土地开发丙工程支付供水、供电、道路工程费 100 000 元。则：

借：开发成本——房屋开发——甲工程　　50 000
　　　　　　——土地开发——丙工程　　100 000
　贷：银行存款　　150 000

【例 11－14】　某房地产企业在同一建设场地开发房屋 A 工程和 B 工程，支付供水、供气、供电等费用 30 000 元，先在土地开发丁工程项目归集。则：

借：开发成本——土地开发——丁工程　　30 000
　贷：银行存款　　30 000

土地开发丁工程项目竣工后，所进行的成本结转，请见本章中土地开发成本的有关内容。

第五,公共配套设施费的归集和分配。公共配套设施费可以分为两类:一类是需要计入商品房和商品性建设场地成本的配套设施;另一类是可以有偿转让的,应作为独立开发产品单独计算成本,不能分配计入商品房和商品性建设场地成本的配套设施。

对于第一类公共配套设施费,归集和分配的具体方法有两种:

一是如果配套设施和商品房或商品性建设场地同步建设,发生的公共配套设施费能分清由哪个开发项目负担的,可直接计入该开发项目成本,记入"开发成本"总账及所属明细账的"公共配套设施费"成本项目。

【例 11－15】 与房屋开发甲工程配套建设的自行车棚,本月发生应付工程款 5 000 元。则:

借:开发成本——房屋开发——甲工程	5 000	
贷:应付账款		5 000

二是如果公共配套设施与商品房非同步建设,或虽同步建设但应由两个以上成本计算对象负担,则发生的公共配套设施费,应先通过"开发成本"账户所属"配套设施开发"明细账进行归集,待配套设施完工,再分配计入有关开发项目成本,或冲减已预提计入商品房成本的配套设施费,详见本章中配套设施成本的计算和结转的有关内容。

对于第二类公共配套设施费,应在发生时直接记入"开发成本"账户所属"配套设施开发"明细账,待配套设施完工时,再将其成本金额转入"开发产品"账户。

【例 11－16】 开发小区的邮局开发项目,本期支付工程价款 20 000 元。则:

借:开发成本——配套设施开发——邮局	20 000	
贷:银行存款		20 000

上述前期工程中的"三通一平"工程、建筑安装工程、基础设施工程和公共配套设施工程,如果采用自营方式施工,其所发生的职工薪酬费用、材料费用、机械使用费、工程用水电费等其他直接费用,在按前述自营工程费用分配的会计分录登记账簿时,也应按成本计算对象和成本项目进行归集。如前面举例中某企业房屋开发项目 B 工程应负担的材料费用 4 848 元,应按其具体用途分清应计入前期工程费、建筑安装工程费、基础设施费,还是应计入公共配套设施费成本项目。这样,才能按成本项目反映开发项目的成本构成。

采用自营方式施工的工程,如果工期长、耗资巨大,为了加强自营工程成本核算,也可以增设"工程施工"、"机械作业"和"施工间接费用"三个账户,在"工程施工"账户下按成本计算对象设置明细账,并设置"材料费"、"人工费"、"机械使用费"、"其他直接费"和"施工间接费"五个成本项目,核算各类工程成本,月末再将各项工程实际成本结转到"开发成本"总账及所属明细账的有关成本项目。自营工程成本核算和结转的程序见图 11－2。

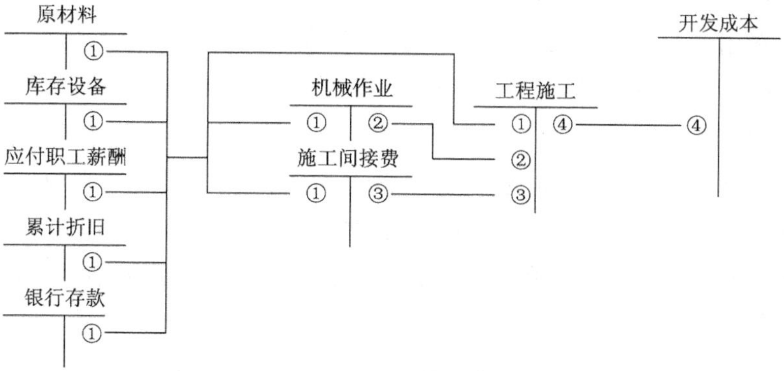

图 11－2　自营工程成本核算和结转的程序

说明：①分配各项施工生产费用。
②分配机械使用费。
③分配结转施工间接费。
④月末将工程实际成本结转到“开发成本”总账及所属明细账的相关成本项目。

五、待摊费用和预提费用的分配

（一）待摊费用的分配

待摊费用是指本期已经支付，但应由本期和以后各期成本费用负担的，分摊期在一年以内的各项费用，主要包括低值易耗品摊销、预付保险费、预付经营租入固定资产租金，以及一次购买印花税票和一次交纳印花税数额较大需分期摊销的数额。待摊费用的分摊期限，应按受益期限确定，在受益期限内平均摊入各月成本费用。受益期限在一年以上的各项费用，应作为递延费用，通过“长期待摊费用”账户核算，不作为待摊费用核算。

待摊费用的归集和分配是通过“待摊费用（预付账款）”账户核算的。发生的各项待摊费用记入本账户的借方，按月摊入成本费用时，记入本账户的贷方，本账户余额表示尚未摊销的费用数额。本账户应按费用项目设置明细账，进行明细核算。举例如下：

【例 11－17】　本月领用低值易耗品一批，实际成本 6 000 元，其中第一分公司 3 000 元，行政管理部门 3 000 元，分 6 个月摊销。则：

借：待摊费用（或预付账款）	6 000	
贷：低值易耗品		6 000
借：开发间接费用——第一分公司	500	
管理费用	500	

贷:待摊费用(或预付账款)　　1 000

(二)预提费用的分配

预提费用是指预提计入本期成本费用,但以后月份才支付的各项费用,主要包括预提配套设施费、预提经营租入固定资产租金等。预提费用的预提期限也应按受益期限确定。各月预提费用之和与实际支付数额的差额,如果属于各月少计提的数额,则应补提计入成本费用;如果属于各月多计提的数额,则应冲减成本费用。预提费用的预提和支付,是通过“预提费用(应付账款、其他应付款)”账户核算的。按月预提数额记入本账户的贷方;支付时,记入本账户的借方;贷方余额表示尚未支付的预提费用。举例如下:

【例 11-18】 某房地产企业以经营租赁方式租入管理用固定资产,期限 6 个月,租金数额 20 000 元,企业每月预提 3 000 元。则:

(1)每月预提租金时:

借:管理费用　　3 000

　贷:预提费用(或应付账款、其他应付款,下同)　　3 000

(2)支付租金时:

借:预提费用(或应付账款、其他应付款,下同)　　15 000

　管理费用　　5 000

　贷:银行存款　　20 000

【例 11-19】 某房地产企业开发的商品房 B 工程已建成待售,而配套设施尚未完成,预提配套设施费 60 000 元计入商品房成本。则:

借:开发成本——房屋开发——B 工程　　60 000

　贷:预提费用　　60 000

配套设施竣工时,实际支出数与预提数的差额调整见本章中配套设施成本的有关内容。

通过上述成本费用的归集和分配,应计入本月开发项目成本和期间费用的各项支出,均已记入了“开发成本”、“开发间接费用”、“销售费用”、“管理费用”和“财务费用”五个账户及其明细账。为了计算各开发项目的成本,就需将开发间接费用在各成本计算对象之间进行分配,进而根据不同类别开发项目的特点,计算和结转开发成本。

六、开发间接费用的分配

开发间接费用是指企业所属各分公司直接组织、管理开发项目发生的各项费用,包括职工薪酬、固定资产折旧费、办公费、水电费、劳动保护费、周转房摊销等。

通过上述成本费用的归集和分配,开发间接费用均已记入了“开发间接费用”账户及所属明细账。前面举例中某企业“开发间接费用——第二分公司”明细账的格式、内容、发生额见表 11 - 1。

表 11 - 1　开发间接费用明细账

单位名称:第二分公司　　　　　　　　　　　　　　　　　　　　单位:元

年		摘　要	职工薪酬	折旧费	机物料	办公费	水电费	劳动保护费	周转房摊销			合计	转出	余额
月	日													
5	30	领用机物料			2 000							2 000		
		职工薪酬	13 680									13 680		
		计提折旧费		1 000								1 000		
		支付办公费				1 500						1 500		
		支付水电费					500					500		
		支付劳动保护费						2 000				2 000		
		分配转出											20 680	0
		合　计	13 680	1 000	2 000	1 500	500	2 000				20 680	20 680	0

开发间接费用明细账所归集的费用,应于月末分配计入各开发项目成本。如果开发分公司本月只从事一个开发项目的建设,则可将开发间接费用总额直接结转到该开发项目的开发成本明细账;如果开发分公司本月从事两个以上开发项目的建设,则应按一定标准分配计入各开发项目的开发成本,并结转到相应的开发成本明细账,按采用的分配标准不同,开发间接费用分配可分为预算(或计划)间接费比例法和直接费比例法两种方法。

1. 预算(或计划)间接费比例法。这是将实际发生的开发间接费用,按各开发项目预算(或计划)开发间接费用的比例进行分配的一种分配方法。相关计算公式如下:

$$分配率 = \frac{本月实际发生的开发间接费用}{本月各开发项目预算(或计划)开发间接费用之和}$$

$$某开发项目应负担的开发间接费用 = \frac{该开发项目预算}{(或计划)开发间接费用} \times 分配率$$

【例 11 - 20】　按表 11 - 1,若第二分公司本月从事房屋开发项目 A 工程和 B 工程,预算(或计划)开发间接费用为:A 工程 10 000 元,B 工程 12 000

元。则：

$$分配率=20\ 680\div(10\ 000+12\ 000)=0.94$$

$$A工程应负担开发间接费用=10\ 000\times0.94=9\ 400(元)$$

$$B工程应负担开发间接费用=12\ 000\times0.94=11\ 280(元)$$

采用这种分配方法，要求房地产企业有较为健全的开发成本预算（或计划）管理制度，逐年按季、分月地编制开发项目成本预算（或计划）。

2. 直接费比例法。这是将实际发生的开发间接费用，按各开发项目直接费用的比例进行分配的一种分配方法。开发成本预算（或计划）管理制度不健全的企业，可按本月实际发生的直接费用的比例进行分配。相关计算公式如下：

$$分配率=\frac{本月实际发生的开发间接费用}{本月各开发项目直接费用之和}$$

$$\begin{matrix}某开发项目应负担的\\开发间接费用\end{matrix}=该开发项目直接费用\times分配率$$

【例 11－21】 沿用例 11－20 的资料，若本月 A 工程直接费用 108 500 元，B 工程直接费用 150 000 元。则：

$$分配率=\frac{20\ 680}{258\ 500}=0.08$$

$$A工程应负担的开发间接费用=108\ 500\times0.08=8\ 680(元)$$

$$B工程应负担的开发间接费用=150\ 000\times0.08=12\ 000(元)$$

在实际工作中，开发间接费用分配是通过编制开发间接费用分配表进行的，其格式见表 11－2。

表 11－2 开发间接费用分配表

××年 5 月

应借账户		分配标准（直接费用）（元）	分配率（%）	分配额（元）
总 账	明细账			
开发成本	房屋开发 A 工程	108 500		8 680
	房屋开发 B 工程	150 000		12 000
合 计		258 500	0.08	20 680

根据表 11－2 作以下会计分录：

借：开发成本——房屋开发——A 工程　　8 680

　　　　　　——房屋开发——B 工程　　12 000

　贷：开发间接费用　　20 680

第三节 土地开发成本的计算和结转

通过成本费用的归集和分配，应由本月开发项目成本负担的各项费用均已记入“开发成本”总账及所属二级和三级明细账，并按成本项目进行归集。从本节开始将结合土地开发、房屋开发、配套设施开发和代建工程四类开发项目的特点，分别介绍各类开发项目成本计算的特点和结转方法。

一、土地开发成本计算对象的确定原则

土地开发是土地开发和土地再开发的总称。土地开发是将“生地”变为“熟地”的过程，即将原始形态的土地经过开发建设使之变成具备一定建设条件的建设场地；土地的再开发是指对旧城区成片地进行更新改造，全部或部分地废除原有的土地功能，使之再生新的功能，以满足城市发展的需要。土地开发按其完工后的用途又可以划分为商品性建设场地开发和自用建设场地开发。前者在开发完成以后，将土地使用权和基础设施等作为商品有偿转让给其他单位或个人；后者在开发完成以后，将在这块建设场地上继续进行房屋和其他配套设施的开发。在确定土地开发成本计算对象时，对于这两类土地开发项目应分别处理：①企业开发的商品性建设场地属于房地产企业的商品产品，即最终产品，需要单独计算土地开发成本。②企业开发的自用建设场地属于房地产企业的中间产品，在计算土地开发成本时，应区别情况，采用不同的归集方法。如果在这块建设场地上仅进行一个房屋开发项目的建设，则不必单独计算土地开发成本，而将土地开发过程中发生的各项费用直接计入房屋开发成本的相应成本项目；如果在这块建设场地上将进行两个以上房屋和大型配套设施开发项目的建设，则应单独计算土地开发成本，待土地开发完成交付使用时，再按一定标准分配计入有关房屋和大型配套设施的开发成本；如果拟作为自用建设场地，但土地开发项目开工时尚无房屋开发建设的规划，也应单独计算土地开发成本。③企业开发的同一块建设场地，如果一部分属于商品性建设场地，另一部分属于自用建设场地，或者在进行土地开发时，未来土地的具体用途并不明确，则应视同商品性建设场地，单独计算土地开发成本。

对于需要单独计算土地开发成本的项目，则应按第一节所述土地开发成本计算对象确认的原则确定成本计算对象：①对于面积不大、开发工期较短的土地开发项目，可以每一块独立的开发项目作为成本计算对象；②对于面积较大，开发工期较长，分区域开发的土地开发项目，可以一定区域作为成本计算对象。

二、土地开发成本项目的确定原则

土地开发成本计算对象一经确定，就应按其设置土地开发成本明细账，在明细账上按成本项目设置专栏，归集土地开发项目的实际成本。

土地开发成本项目的确定，取决于土地开发项目的设计要求、开发程度和开发内容。其设计要求、开发程度和开发内容不同，土地开发实际发生的费用及成本构成也不尽相同。

在一般情况下，进行土地开发的主要内容包括：①通过国家出让土地使用权或原土地使用者转让土地使用权，企业以支付土地出让金或土地转让金的方式取得土地使用权，对于非营利性的公共设施工程用地，可以通过划拨，从国家无偿取得土地使用权；②支付土地征用及拆迁补偿费，对原有建筑物和障碍物进行拆除；③进行可行性研究、规划设计、水文地质和工程地质勘查及测绘、通水、通电、通路、清理平整建设场地等，统称为前期工程；④进行开发小区内的道路、供水、供电、供气、排污、排洪、通信照明工程，称之为“七通”，“七通”以及环卫、绿化工程统称为基础设施工程；⑤建设必要的公共配套设施，如水塔、停车场、消防设施，以及小区外的交通道路等。企业应当根据土地开发项目的具体内容和规定的成本项目，设置特定土地开发项目的具体成本项目。一般有以下几种情况：

第一，商品性建设场地的开发，包括上述全部开发内容，则应设置“土地征用及拆迁补偿费”、“前期工程费”、“建筑安装工程费”、“基础设施费”、“配套设施费”和“开发间接费”六个成本项目。

第二，需要单独核算土地开发成本的自用建设场地的开发，为防止开发项目重复负担某些费用，在计算土地开发成本时，可先不分摊公共配套设施费和开发间接费，故可以不设置“配套设施费”和“开发间接费”两个成本项目。

第三，不论商品性建设场地还是自用建设场地的开发，如果仅包含上述①②③④四项开发内容，可不必设置“建筑安装工程费”和“配套设施费”两个成本项目。

土地开发成本是土地开发项目的开发建造成本，房地产企业在组织经营管理过程中所发生的销售费用、管理费用和财务费用，应作为期间费用计入当期损益，而不得作为开发间接费用计入土地开发成本。以下所述房屋、配套设施和代建工程开发成本亦然。

三、土地开发成本的计算

房地产企业土地开发成本明细账设置后，在开发建设过程中发生的各项费用的归集和分配的核算，在本章第二节已做详细介绍，现将前面举例中某企业第三分公司土地开发丙工程项目成本计算明细账的格式及数额列示于表11－3。

表11－3　土地开发成本明细账

二级账户：土地开发　三级明细账：丙工程（地块）　　单位：万元

××年		摘　要	土地征用及拆迁补偿费	前期工程费	建筑安装工程费	基础设施费	公共配套设施费	开发间接费	合　计
月	日								
5	1	月初余额	2 270	372.7	636	1 590	500	139.3	5 508
	31	本月费用	30	0.3	4	10		7.7	52
		期末余额	2 300	373	640	1 600	500	147	5 560
		结转竣工建设场地成本	2 300	373	640	1 600	500	147	5 560

表11－3所列本月开发间接费7.7万元，假设是某企业第三分公司发生的应由土地开发丙工程负担的开发间接费。本月末，如果丙工程已竣工验收，则自开始建设至本月末止累计发生的开发费用，即为竣工丙工程项目的实际成本；如果丙工程尚未按设计要求开发完成，则自开始建设至本月末止累计发生的开发费用，就是在建丙工程项目的实际成本。

以上所列土地开发丙工程为商品性建设场地，其月初余额5 506万元为在建开发产品丙工程的自开发建设以来的累计成本，即上月末该项在建开发产品成本。由此可见，某开发成本明细账所归集的全部开发费用，在开发项目尚未开发完成之前，就是在建开发项目成本，当该开发项目开发完成竣工验收时，就是已完开发项目成本，即开发产品成本。在开发成本明细账上不需要于每个会计期末，在在建开发产品和已完开发产品之间分配费用。

四、已完土地开发成本的结转

已完土地开发成本应从“开发成本”总账及所属明细账转出，结转到有关账户。已完开发建设场地的用途不同，结转方法也不同。

企业为有偿转让而开发的商品性建设场地，开发完成即形成企业的最终产品——开发产品，应于竣工验收时，将其实际成本由“开发成本”账户结转到“开发产品”账户。

企业为建造商品房而开发的自用建设场地，开发完成后形成企业的中间产品。如果开发完成后近期便投入使用，应在竣工验收时，将其实际成本由“开发成本”账户所属“土地开发”二级账及相关的明细账，结转到“开发成本”账户所属

"房屋开发"二级账及相关明细账;如果自用建设场地开发完成后,近期不准备使用,应视同企业最终产品,在竣工验收时,将其实际成本由"开发成本"账户结转到"开发产品"账户。自用建设场地开发成本不论结转到"房屋开发"二级账及相关明细账,还是"开发产品"所属"自用土地"二级账及相关明细账,一般采用按成本项目分项平行结转法。所谓分项平行结转法,是指将土地开发成本按成本项目分别平行转入房屋开发成本和自用土地产品的对应成本项目,而不能仅结转土地开发成本总额。例如:原土地开发成本600万元,其中土地征用及拆迁补偿费200万元,前期工程费100万元,基础设施费300万元,结转到房屋开发成本时,也应分别转入相应的成本项目,不能仅结转600万元总额。

采用分项平行结转法,便于如实反映房屋开发成本的原始构成,有助于分析和考核房屋开发项目设计概算、施工图预算及年度开发计划的执行情况。企业开发的自用建设场地,在计算土地开发成本时,可以先不分摊公共配套设施费和开发间接费,待土地投入使用后,再将应分摊的上述费用直接计入房屋开发成本,以便简化核算手续。

在近期交付使用的自用建设场地上,如果开发建设两个以上的房屋项目,则土地开发成本还应按房屋建筑面积等标准进行分配。例如:已完自用建设场地实际成本12 000万元,用于开发建设房屋A工程和B工程,建筑面积分别为5 000平方米和7 000平方米,则:

$$\text{房屋开发 A 工程负担土地开发费}=\frac{12\ 000}{5\ 000+7\ 000}\times 5\ 000=5\ 000(\text{万元})$$

$$\text{房屋开发 B 工程负担土地开发费}=\frac{12\ 000}{5\ 000+7\ 000}\times 7\ 000=7\ 000(\text{万元})$$

已完土地开发成本的结转举例如下:

【例11-22】 某房地产企业本月商品性建设场地丙工程已开发完成,竣工验收,实际成本为5 560万元。则:

借:开发产品——土地	55 600 000	
贷:开发成本——土地开发——丙工程		55 600 000

【例11-23】 某房地产企业本月自用建设场地丁工程已开发完成,竣工验收,实际成本为12 000万元,近期投入使用,房屋开发A工程负担5 000万元,B工程负担7 000万元。则:

借:开发成本——房屋开发——A工程	50 000 000	
——房屋开发——B工程	70 000 000	
贷:开发成本——土地开发——丁工程		120 000 000

假设土地开发丁工程竣工验收后近期不准备投入使用,则应作以下会计

分录：

借：开发产品——自用土地　　120 000 000

　贷：开发成本——土地开发——丁工程　　120 000 000

这里需要说明，企业开发完成的自用建设场地按分项平行结转法结转其土地开发成本，虽然能如实反映开发成本的原始构成情况，但是不便于分析与房屋共同发挥效能的、具有不同功能的各种设施的实际支出的比例。为了分析具有不同功能的各种设施实际支出比例及其发展趋势，并以此指导未来土地开发和房屋开发的投入，自用建设场地已完开发成本也可以采用归类综合结转法进行结转。

归类综合结转法是指将土地开发成本按成本项目进行适当归类综合，将其合并为"土地征用及拆迁补偿费"和"基础设施费"两个项目，然后再分别转入房屋开发成本和自用土地开发产品的两个对应成本项目。前例中，原土地开发成本600 000元，其中土地征用及拆迁补偿费200 000元、前期工程费100 000元、基础设施费300 000元，可以归类合并为土地征用及拆迁补偿费200 000元、基础设施费400 000元，再结转到有关账户所属明细账的两个相对应的成本项目。这样，将来房屋开发成本中的"前期工程费"成本项目，就仅反映房屋开发过程中的规划设计费、可行性研究费、水文地质和工程地质勘查费等，其他成本项目亦然。

如果开发完成的建设场地已签订经营租赁合同，或者董事会等相关权力机构已正式作出土地开发完成后用于经营租赁的书面决议，也可以将其实际成本由"开发成本——土地开发"账户直接结转到"投资性房地产"账户。本章第四、五节将述及的房屋开发完成和配套设施开发完成用于经营租赁，符合投资性房地产确认条件的，也可以将其实际成本由"开发成本"账户直接结转到"投资性房地产"账户。

第四节　房屋开发成本的计算和结转

一、房屋开发成本计算对象的确定原则

房屋开发是房屋开发和房屋再开发的统称。房屋开发是指城市各种房屋建设从可行性研究、规划设计、建筑安装工程施工到房屋建成竣工验收的全过程。房屋再开发是指对旧城区成片地进行更新改造，拆除原有的房屋建筑物，按规划设计要求重新建造各种房屋。房屋开发是房地产企业的主要经济活动。

企业开发建设的房屋按用途可以分为三类：第一类是为销售而开发的商品房，开发完成以后将作为商品对外销售；第二类是为出租经营而开发建设的出租房，开发完成以后作为出租开发产品出租给单位或个人使用，并按月收取租金；第

三类是为安置拆迁居民而开发建设的周转房,开发完成以后用于安置拆迁居民周转使用。不论哪一类房屋,均要在开发完成的土地上进行开发建设,开发建设完成后均属于企业的最终产品,因此,均需要设置房屋开发明细账。房屋开发成本计算对象应结合房屋开发内容、地点、用途、结构、施工方式、施工进度等因素进行确定。

第一,一般开发项目应以每一独立编制有设计概算和施工图预算的单项工程,即每栋独立的房屋作为成本计算对象。

第二,对于同一开发地点、开竣工时间相近,结构类型相同,并由同一施工队伍施工的群体开发项目,可以合并作为一个成本计算对象,待开发完成后,再将其实际总成本按每栋独立房屋概、预算的比例进行分配,求得每栋房屋的开发成本。

第三,对于个别规模较大、工期较长的房屋开发项目,可以结合工程进度和责任制的要求,以房屋开发项目的各个部位作为成本计算对象,待开发完成后再将各部位的实际成本进行汇总,求得该栋房屋的开发成本。

第四,如果在开发的自用建设场地上继续进行房屋开发,且能分清每个房屋开发成本计算对象应负担的土地开发成本,则应将土地开发成本和房屋开发成本合并设置为房屋开发成本计算对象,不再单独计算土地开发成本。

第五,受其他单位委托代为开发建设的职工住宅,称为代建房,也应按上述原则确定成本计算对象。

二、房屋开发成本项目的确定原则

房屋开发成本计算对象一经确定,就应按其设置房屋开发成本明细账,在明细账上按成本项目设置专栏,归集和计算每一房屋开发项目的开发成本。

虽然各类房屋开发项目用途不同,结构各异,开发建设具体标准也不尽相同,但是开发建设程序和内容大体相同。一般说来,房屋开发主要包括以下工作内容:①土地征用及拆迁补偿工作;②可行性研究、勘察设计、“七通一平”等前期工程;③以出包方式或自营方式组织建筑安装工程施工;④基础设施和公共配套设施的开发建设。

虽然房屋开发和土地开发的工作内容基本相同,但是土地开发的重点是征地拆迁和基础设施的建设,而房屋开发的重点是房屋的建筑安装工程施工。因此,如果企业在自行开发的建设场地上只进行一个房屋开发项目的建设,则无须人为地将开发项目划分为土地开发和房屋开发,而分别计算土地开发成本和房屋开发成本,可将发生的全部开发费用计入房屋开发成本,并按规定的成本项目进行归集。只有在同一自用建设场地上开发建设两个以上房屋开发项目时,对于各房屋开发项目共同负担且需要分配的土地征用及拆迁补偿费、前期工程费、基础设施费等，才需要先通过“土地开发”二级账进行归集，待土地开发完毕投入使用时，再分配计入各房屋开发项目成本，从“土地开发”二级账及所属明细账结转到“房屋开发”二级账及有关明细账。

由于房屋是房地产企业的最终产品，因此，每个成本计算对象都应负担不能有偿转让的公共配套设施费和开发间接费。

综上所述，房屋开发成本项目应包括以下六项：①土地征用及拆迁补偿费；②前期工程费；③建筑安装工程费；④基础设施费；⑤配套设施费；⑥开发间接费。其中：建筑安装工程费是指列入房屋开发项目建筑安装工程预算的土石方工程、砖石工程、钢筋混凝土工程、钢结构工程、木结构工程、电气照明工程、卫生工程、地面工程、屋面工程、装饰工程、电梯工程、采暖工程等发生的费用，含材料费、人工费和设备购置费等；配套设施费是指按规定应计入房屋开发成本的不能有偿转让的锅炉房、水塔、居委会、派出所、幼儿园、托儿所、消防、自行车棚、停车场、公厕等费用；开发间接费是指应由房屋开发成本负担的分公司发生的组织管理开发项目建设而发生的各项费用。

三、房屋开发成本的计算

房地产企业发生的各项房屋开发费用，应在“开发成本”总账所属“房屋开发”二级账下根据成本计算对象设置的三级明细账按成本项目进行归集。其归集和分配的程序在本章第二节中已作介绍，现将前面举例中某企业房屋开发甲工程成本计算明细账的格式和金额列示于表 11－4。

表 11－4 房屋开发成本明细账

二级账户：房屋开发 三级明细账：甲工程 单位：万元

××年		摘 要	土地征用及拆迁补偿费	前期工程费	建筑安装工程费	基础设施费	公共配套设施费	开发间接费	合 计
月	日								
5	1	月初余额	1 485	14.85	3 078.9	495	49.5	10.568	5 133.818
	31	本月费用	15	0.15	25	5	0.5	1.432	47.082
					0.1				0.1
					6				6
		期末余额	1 500	15	3 110	500	50	12	5 187

在表 11－4 中，开发间接费 14 320 元，为前面举例中第一分公司发生的开发间接费。假设第一分公司本月只进行房屋开发甲工程的建设，故应全部由甲工程

负担。分配第一分公司开发间接费时应编制以下会计分录：

借：开发成本——房屋开发——甲工程　　14 320

　贷：开发间接费用——第一分公司　　14 320

表 11－4 中本月其他成本项目所列数字，均根据前面举例中甲工程本月发生费用的有关原始凭证、原始凭证汇总表、记账凭证等资料登记，会计分录请见有关例题。这里需要说明的是：

1. 房屋开发甲工程成本计算实例，仅适用于在企业开发的自用建设场地上进行一个房屋开发项目建设的情况。在这种情况下，除开发间接费用需要单独设置账户进行归集和分配外，其他各项费用均能在发生时直接计入房屋开发成本，记入"开发成本——房屋开发"所属明细账。

2. 房屋开发使用的建设场地，如果属于企业开发完成的商品性建设场地，或者属于企业以前各期开发完成的近期不用的自用建设场地的全部或一部分，则需将由房屋开发成本负担的土地开发费用，按"土地征用及拆迁补偿费""前期工程费""基础设施费"等成本项目，从"开发产品"账户所属"土地"或"自用土地"明细账结转到"开发成本"账户所属"房屋开发"二级账和三级明细账。作以下会计分录：

借：开发成本——房屋开发——C 工程　　40 000 000

　贷：开发产品——土地——戊　　40 000 000

如果在这块建设场地上开发两个以上的房屋项目，则应将土地开发成本按建筑面积比例分配计入房屋开发成本。例如：在戊块土地上开发 C、D 两个房屋项目，其建筑面积分别为 3 000 平方米和 1 000 平方米，则：

$$\begin{matrix}\text{C 房屋开发项目}\\\text{应负担的土地开发费用}\end{matrix}=\frac{40\ 000\ 000}{3\ 000+1\ 000}\times 3\ 000=30\ 000\ 000(\text{元})$$

$$\begin{matrix}\text{D 房屋开发项目}\\\text{应负担的土地开发费用}\end{matrix}=\frac{40\ 000\ 000}{3\ 000+1\ 000}\times 1\ 000=10\ 000\ 000(\text{元})$$

然后，再将各成本项目分配的结果计入房屋开发成本的相应成本项目，作以下会计分录：

借：开发成本——房屋开发——C 工程　　30 000 000

　　　　　——房屋开发——D 工程　　10 000 000

　贷：开发产品——土地——戊　　40 000 000

3. 房屋开发使用的建设场地，如果属于企业开发完成近期投入使用并需要单独计算土地开发成本的自用建设场地的一部分，则应将已完土地开发成本按房屋建筑面积比例进行分配，再将其分配结果按成本项目由"开发成本——土地开发"账户及所属明细账，结转到"开发成本——房屋开发"所属明细账的相应成本

项目,并作以下会计分录:

借:开发成本——房屋开发——A 工程 500 000

——房屋开发——B 工程 700 000

贷:开发成本——土地开发——丁工程 1 200 000

4. 房屋开发采用不同的施工方式施工,其发生的“三通一平”费用、基础设施费用、建筑安装工程费用和配套设施费用的核算方式也不同。在出包方式下,应根据承包单位转来的工程价款结算账单和工程量计算表,作以下会计分录:

借:开发成本——房屋开发——甲工程 60 000

贷:应付账款 60 000

登记明细账时,还应按工程性质和种类分别记入“前期工程费”“基础设施费”“建筑安装工程费”“公共配套设施费”等成本项目。

在自营方式下,如果不单独设置“工程施工”账户,则应根据“材料费用分配表”“职工薪酬费用分配表”等作以下会计分录:

借:开发成本——房屋开发——丙工程 550 000

贷:原材料 300 000

应付职工薪酬 200 000

累计折旧 50 000

同时应按费用具体用途记入房屋开发成本的有关成本项目。

在自营方式下,如果单独设置“工程施工”和“施工间接费用”两个账户,月末,应先将施工间接费用结转到“工程施工”账户,再将本月发生的全部施工费用结转到“开发成本”账户,并作以下会计分录:

借:开发成本——房屋开发——C 工程 800 000

贷:工程施工 800 000

5. 房屋开发应负担的公共配套设施费,应根据配套设施的建设情况和种类,采用不同的归集和分配方法。

(1)配套设施和商品房同步建设,且发生的公共配套设施费可以分清由哪个房屋开发项目负担,应在发生时直接计入有关房屋开发成本。例如,为某栋房屋建造的水塔、自行车棚等,支付工程款 30 000 元,则:

借:开发成本——房屋开发——××× 30 000

贷:银行存款 30 000

(2)配套设施和商品房同步建设,其公共配套设施费应由两个以上的房屋开发项目负担,应先通过“开发成本——配套设施开发”二级账及所属明细账归集,待配套设施开发完成后,再按建筑面积比例分配计入房屋开发成本。例如,为 C、D 两栋商品房建造的锅炉房的开发成本为 200 000 元,C、D 两栋商品房的建筑面积分别为3 000平方米和1 000平方米，则：

$$\text{C房屋开发项目负担的锅炉房开发费用}=\frac{200\ 000}{3\ 000+1\ 000}\times 3\ 000=150\ 000(\text{元})$$

$$\text{D房屋开发项目负担的锅炉房开发费用}=\frac{200\ 000}{3\ 000+1\ 000}\times 1\ 000=50\ 000(\text{元})$$

根据分配结果，将其计入房屋开发成本的"公共配套设施费"成本项目，作以下会计分录：

借：开发成本——房屋开发——C工程　　150 000

　　　　　　——房屋开发——D工程　　50 000

　贷：开发成本——配套设施开发——锅炉房　　200 000

(3)配套设施与商品房建设不同步，商品房已建成待售，而配套设施还正在建设过程中。在这种情况下，在结转已完房屋开发成本时，可按配套设施的预算成本(造价)和计划受益建筑面积，预提配套设施费计入已完房屋开发成本。例如，某项配套设施预算造价800 000元，正在开发建设过程中，C、D两栋房屋受益，C、D两栋房屋的建筑面积分别为3 000平方米和1 000平方米，现C栋房屋已竣工，则：

$$\text{C房屋开发成本应负担的该项配套设施费}=\frac{800\ 000}{3\ 000+1\ 000}\times 3\ 000=600\ 000(\text{元})$$

借：开发成本——房屋开发——C工程　　600 000

　贷：预提费用——配套设施费　　600 000

配套设施竣工时，实际发生的配套设施成本和预提费用的差额处理，请见本章第五节。

6. 房屋开发应负担的开发间接费，应视分公司同期开发的项目个数，直接或分配计入房屋开发成本。

如果本期分公司只从事一个房屋开发项目的建设，则期末可将"开发间接费用"账户归集的全部费用结转到该房屋开发项目明细账的"开发间接费"成本项目。

如果本期分公司从事若干土地开发和房屋开发项目的建设，则应按本章第二节所述开发间接费用分配的方法，在应负担开发间接费的商品性建设场地开发、房屋开发、可以有偿转让的配套设施开发、代建工程开发的各个成本计算对象之间进行分配。

开发间接费用分配的会计分录，请见本节和本章第二节的相关内容，这里不再赘述。

四、已完工房屋开发成本的结转

在房屋开发成本明细账上归集的自开始建设至本月末止的全部开发费用，如果开发项目尚未竣工验收，则为在建房屋开发项目的实际成本；如果已经完成全部开发过程，并已验收合乎设计标准，则为已完房屋开发项目实际成本，应将其及时从“开发成本”账户及所属明细账，结转到“开发产品”账户及其所属明细账“房屋”。

【例 11 - 24】　企业开发的房屋 C 工程已竣工验收，实际成本88 000 000元。则：

借：开发产品——房屋——C　　88 000 000

　贷：开发成本——房屋开发——C　　88 000 000

当已验收的房屋按预定用途销售、出租或投入使用时，再由“开发产品”账户分别结转到“主营业务成本”“投资性房地产”“周转房”等账户。

如果自行建造的房屋事先已签订了经营租赁合同，在达到预定可使用状态时开始起租，则可将其实际成本直接结转到“投资性房地产”账户，不再通过“开发产品”账户，参见第五章举例。

第五节　配套设施及代建工程开发成本的计算和结转

一、配套设施开发成本的计算和结转

（一）配套设施开发成本计算对象的确定原则

房地产企业在开发建设土地和商品房的过程中，还要兴建各种配套设施。配套设施可分为以下两类：第一类是开发项目内直接为商品房和商品性建设场地服务的非营业性配套设施，如开发小区内的变电站、热力站、供气站、锅炉房、水塔、停车场、自行车棚、消防设施、居委会、公厕等。第二类是城市建设规划中的大型配套项目，包括：①开发项目外为居民居住服务的给排水、供电、供气的增容增压、交通道路等；②开发小区内营业性公共配套设施，如商店、银行、邮局、健身房、体育馆、美容美发店等；③开发小区内非营业性设施，如中小学、文化站、医院等。

从理论上讲，第一类配套设施是附属于商品房和商品性建设场地，与商品房和商品性建设场地一并发挥效益的，其支出应当摊入商品房等的开发成本。

第二类配套设施中，第一部分属于市政建设项目，应作为独立的开发产品单独计算其成本；第二、三部分，不论是营业性设施，还是非营业性设施，建成以后都可以独立地发挥效益，因而也应当作为独立的开发产品单独计算其成本。第二类配套设施原则上不能计入商品房和商品性建设场地成本，但是，由于目前城市基础设施投资体制与城市建设综合开发不协调，因此，房地产企业只得将有些公共配套设施发生的费用摊入商品房等成本。这样，凡是不能有偿转让的、开发小区内的公共配套设施发生的费用都需摊入商品房和商品性建设场地成本。

不论属于哪一类配套设施，其开发费用是否计入商品房和商品性建设场地成本，原则上都应以每一独立编制有设计概算和施工图预算的公共配套设施项目为成本计算对象，开设成本明细账，计算其实际成本。但是，为了简化核算手续，一般按下述原则确定成本计算对象：

1. 第一类配套设施，如开发小区内的变电站、热力站、供气站、锅炉房、水塔、自行车棚等，如果与商品房和商品性建设场地同步建设，且仅为一个房屋或土地开发项目服务，则可将其发生的各项费用直接计入房屋或土地开发成本的“公共配套设施费”成本项目，不必作为独立的成本计算对象核算配套设施成本，也就是说不必在“开发成本”账户所属的“配套设施开发”二级账下设置明细账。因此，这种配套设施费用的核算，不属于配套设施成本计算的内容。

2. 第一类配套设施，如果与商品房和商品性建设场地非同步建设，或者虽然同步建设，但是其配套设施费需由两个以上的房屋或土地开发项目成本负担，在这种情况下，就需要将各项配套设施作为独立的成本计算对象，在“配套设施开发”二级账下设置明细账核算其实际成本，待房屋或土地开发项目竣工时，再按一定方法将配套设施成本分配计入房屋或土地开发项目成本的“公共配套设施费”成本项目。

3. 第二类配套设施，如开发小区外的供水、供电、供气、供热的增容、增压设施，以及交通道路设施，其发生的各项费用按规定不能计入开发产品成本，因此，应作为独立的成本计算对象，在“配套设施开发”二级账下设置明细账核算其实际成本。

4. 第二类配套设施，如开发项目内的商店、银行、邮局、中小学、文化站、健身房、体育馆、美容美发店等，因为都是可以独立发挥效益的完整的房屋建筑物，所以，不论其费用是否可以计入商品房和商品性建设场地成本，都应作为独立的成本计算对象，在“配套设施开发”二级账下设置明细账核算其实际成本。对于其中不能有偿转让的配套设施费用，应在商品房或商品性建设场地竣工时，再采用一定方法分配计入房屋或土地开发成本。

综上所述，对于需要单独计算配套设施成本的配套设施，应以编制有独立的设计概算和预算,建成后可以独立发挥效益的配套设施项目作为成本计算对象,设置配套设施成本明细账。

(二)配套设施开发成本项目的确定原则

配套设施成本计算对象一经确定,就应按其设置配套设施开发成本明细账,在明细账上按成本项目设置专栏,归集配套设施项目的实际成本。

配套设施成本项目与土地和房屋成本项目内容基本相同,需要说明的是:①应计入房屋和土地开发成本的配套设施,可不负担其他配套设施费,如锅炉房不负担水塔的费用,水塔也不负担锅炉房的费用。因此,这类配套设施开发明细账中,可不设置“公共配套设施费”成本项目;②为了简化核算手续,应计入房屋和土地开发成本的配套设施,可不分摊开发间接费用,即其配套设施开发明细账中可不设置“开发间接费”成本项目,这部分配套设施应负担的开发间接费用,可以直接摊入房屋和土地开发成本中;③开发小区外的大配套设施和开发项目内的可以有偿转让的大配套设施,应设置“公共配套设施费”和“开发间接费”成本项目,以核算完整的开发成本。

(三)配套设施开发成本的计算

配套设施开发成本的计算与土地开发和房屋开发的成本计算方法基本相同。不论采用出包方式还是采用自营方式施工,均可根据各项费用发生的原始凭证和记账凭证,将应由配套设施负担的开发费用记入有关成本计算对象的明细账的相应成本项目,其明细账格式可参照表 11－3 和表11－4。需要补充说明以下几点:

1. 由于土地开发是配套设施开发不可分割的一部分,因此,如果在自行开发的自用建设场地上开发建设配套设施,土地开发的各项费用凡是能分清由某项配套设施开发项目负担的,应直接计入该配套设施项目的相关成本项目;凡是应由两个以上开发项目共同负担的自用建设场地的土地开发费用,应先在“土地开发”明细账中进行核算,待土地开发完成交付使用时,再将土地开发费用分配计入有关的房屋和配套设施开发项目的成本;如果在企业开发完成的商品性建设场地或以前各期开发完成近期不投入使用的自用建设场地上开发建设配套设施,其土地开发费用应从“开发产品”账户结转到“开发成本”账户。

2. 前期工程费凡能直接计入配套设施开发项目的,应在发生时直接计入“前期工程费”成本项目,不能直接计入配套设施开发项目而应由两个以上开发项目负担的,应按适当比例于发生时分配计入。

3. 配套设施开发项目的建筑安装工程费、基础设施费和公共配套设施费,因施工方式不同，账务处理也不同，请见房屋开发举例。

4. 可以有偿转让的配套设施开发项目需要负担其他配套设施费和开发间接费。应负担的其他配套设施费可按建筑面积的比例分配或预提，应负担的开发间接费根据“开发间接费用分配表”记入明细账。不能有偿转让、需分配计入商品房和其他开发产品成本的配套设施，不分配其他配套设施费和开发间接费。

(四) 已完工配套设施开发成本的结转

凡是需要单独计算成本的配套设施，都在“开发成本——配套设施开发”所属明细账上归集了所发生的各项费用。配套设施项目自开始建设至本月末止的全部开发费用，在开发项目尚未完工时，为在建配套设施成本，在开发项目竣工并验收合格后，为已完配套设施成本，应视配套设施的不同用途分别进行结转。

1. 凡是准备作为商品有偿转让的配套设施，以及本企业将用于出租或作为第三产业经营用房的配套设施，应将其实际成本从“开发成本”总账及所属“配套设施开发”明细账，结转到“开发产品”总账及所属“配套设施”明细账。在办理销售或交付使用手续后，再从“开发产品”账户结转到有关账户。

【例 11－25】 某房地产企业承建的开发小区内的银行已竣工验收，准备有偿转让给工商银行，其实际成本为 600 000 元。则：

借：开发产品——配套设施——银行　　600 000

　贷：开发成本——配套设施开发——银行　　600 000

2. 不能有偿转让的开发小区内的非经营性配套设施和按规定应计入土地和商品房成本的其他配套设施，其实际成本的结转有以下两种情况：

(1) 配套设施与土地、商品房等同步进行建设，发生的公共配套设施费应由两个以上土地或房屋开发项目负担的，应在配套设施完工后，将其实际成本按有关项目建筑面积或预算造价、预算成本的比例，分配计入有关土地或房屋等项目成本，从“开发成本”总账所属“配套设施开发”明细账，结转到“开发成本”总账所属“土地开发”或“房屋开发”明细账。举例如下：

【例 11－26】 某房地产企业为 A、B 两栋房屋配套建设的锅炉房已竣工验收，实际成本 800 000 元，按建筑面积比例分配，A 栋 10 000 平方米，B 栋 30 000 平方米。则：

$$配套设施成本分配率 = \frac{800\ 000}{10\ 000 + 30\ 000} = 20$$

$$A 栋房屋开发成本负担额 = 20 \times 10\ 000 = 200\ 000(元)$$

$$B 栋房屋开发成本负担额 = 20 \times 30\ 000 = 600\ 000(元)$$

借:开发成本——房屋开发——A 工程　　200 000
　　　　——房屋开发——B 工程　　600 000
　贷:开发成本——配套设施开发——锅炉房　　800 000

(2)配套设施与商品房和商品性建设场地非同步建设,即土地和房屋已开发完成,准备转让或出售,而配套设施尚未完工的,由于土地和房屋开发项目竣工时已经预提了配套设施费,因此,当配套设施竣工时,应将其实际成本冲减预提的配套设施费。实际成本与预提数的差额,应视其金额大小和开发项目的建设进度进行处理:如果差额较小,则不再调整先行竣工的商品房和商品性建设场地成本,全部计入在建的土地及房屋开发项目的成本,实际成本大于预提数的差额追加在建开发项目成本,实际成本小于预提数的差额冲减在建开发项目成本;如果差额较大,则应调整已竣工土地及房屋开发项目的成本。现将配套设施费预提、冲减和差额调整的账务处理举例如下:

【例 11-27】 某房地产企业为已竣工验收的房屋开发 A 工程和 B 工程服务的配套设施"居委会"现已竣工,其实际成本 50 000 元,房屋开发 A 工程竣工时预提居委会工程费用 18 000 元,房屋开发 B 工程竣工时预提居委会工程费用30 000 元。则:

(1)A 栋房屋竣工时预提配套设施:

借:开发成本——房屋开发——A 工程　　18 000
　贷:预提费用——预提配套设施费——居委会　　18 000

(2)B 栋房屋竣工时预提配套设施:

借:开发成本——房屋开发——B 工程　　30 000
　贷:预提费用——预提配套设施费——居委会　　30 000

(3)居委会竣工,结转开发成本:

借:预提费用——预提配套设施费——居委会　　50 000
　贷:开发成本——配套设施开发——居委会　　50 000

(4)配套设施费的差额调整:

借:开发成本——土地开发——E 工程　　2 000
　贷:预提费用——预提配套设施费　　2 000

在本例中,土地开发 E 工程为分公司正在开发建设的土地开发项目。如果已预提配套设施费为 52 000 元,则会计分录(4)应作相反的会计分录。如果实际成本与预提数差额较大,则应调整房屋开发 A 工程和 B 工程的实际成本。

现将配套设施费预提、归集、结转的账务处理程序示于图 11-3。

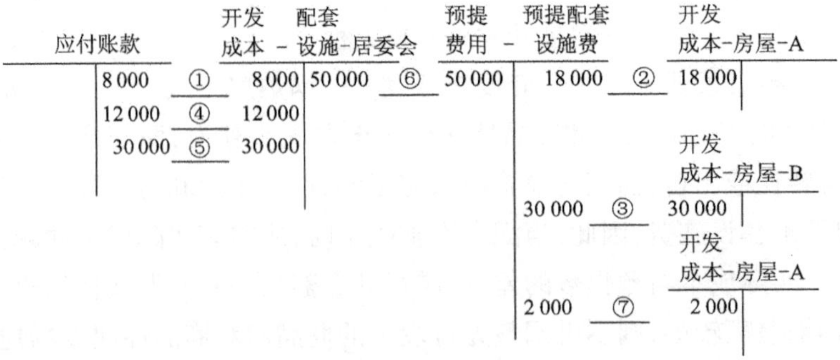

图 11－3　配套设施费预提、归集、结转的账务处理程序

说明：①④⑤居委会工程结算的出包工程价款。
②③房屋开发项目竣工，预提居委会费用。
⑥居委会工程竣工，结转居委会实际成本。
⑦配套设施居委会实际成本与预提费用的差额。

二、代建工程成本的计算和结转

代建工程是指房地产企业接受其他单位委托，代为开发建设的各项工程，包括建设场地、房屋、市政工程等。由于代建工程种类较多，各种代建工程的开发内容和开发特点不同，应采用不同的计算和结转方法。

房地产企业受托代为开发的建设场地和各种房屋，其开发内容和特点与自有土地和房屋开发相同。因此，可以在“开发成本——土地开发”和“开发成本——房屋开发”账户下分别按每个代建开发项目设置明细账，并按成本项目设置专栏，归集各代建开发项目的成本。其成本计算方法与土地开发和房屋开发项目相同。

房地产企业受托代为开发的除建设场地和房屋以外的其他工程，如市政管理部门委托开发的道路、供水、供电、排污、供气等设施，其所发生的费用应在“开发成本”账户下设置“代建工程开发”二级账，并按具体开发项目设置三级明细账归集，待代建工程竣工时，计算和结转代建工程成本。

代建工程开发成本项目也应比照土地和房屋开发项目设置，但一般市政工程不需设置“公共配套设施费”成本项目。

代建工程竣工时，有关明细账归集的全部开发费用，为竣工代建工程成本，应将其由“开发成本”账户结转到“开发产品”账户。待将代建工程移交给受托单位，并办妥工程价款结算手续后，再将其从“开发产品”账户结转到“主营业务成本”账户。

【例 11－28】　某房地产企业受市政管理部门委托，承建煤气管道改扩建工程，本月用银行存款支付的拆迁补偿费、前期工程费500 000元，应付基础设施和建筑安装工程费700 000元，分配的开发间接费100 000元，作以下会计分录：

借：开发成本——代建工程开发——煤气管道　　1 300 000
　贷：银行存款　　500 000
　　应付账款　　700 000
　　开发间接费用　　100 000

【例11－29】　在例11－28中代建工程已竣工验收，结转已完工程成本2 500 000元。则：

借：开发产品——代建工程　　2 500 000
　贷：开发成本——代建工程开发——煤气管道　　2 500 000

第六节　期间费用

期间费用是指与开发项目的开发建设无直接关系，不能计入某个特定开发项目成本的费用。这些费用在其发生的会计期间直接计入当期损益，包括销售费用、管理费用和财务费用。

一、销售费用

销售费用是指企业在销售产品或者提供劳务等过程中发生的各项费用，包括应由企业负担的运输费、装卸费、包装费、保险费、商品维修费、预计产品质量担保损失、展览费、广告费、差旅费、代销手续费等，以及为销售本企业商品产品而专设销售机构的职工薪酬、业务费、折旧费、固定资产修理费、物料消耗等经营费用。开发产品销售之前发生的改装修复费、看护费、采暖费等也应作为销售费用处理。

企业应设置"销售费用"账户，用来核算销售费用的发生和结转情况。借方登记发生的销售费用，贷方登记期末全额转入"本年利润"账户的销售费用，本账户期末无余额。举例如下：

(1)用银行存款3 000元支付广告宣传费：

借：销售费用　　3 000
　贷：银行存款　　3 000

(2)以出包方式对商品房进行改装修复，以备出售，承包单位转来工程价款结算账单，要求支付工程款2 500元。

借：销售费用　　2 500
　贷：应付账款　　2 500

(3)本月“销售费用”账户借方归集的销售费用共8 000元，于期末结转到“本年利润”账户。

借：本年利润　　8 000

　贷：销售费用　　8 000

二、管理费用

房地产企业的管理费用，是指企业（即总公司）行政管理部门为管理和组织生产经营活动而发生的各项费用，包括以下内容：

1. 筹建期间内发生的开办费。这是指在企业在筹建期间发生的不能计入固定资产等长期资产成本的各项费用，包括筹建人员薪酬、固定资产折旧费、修理费、低值易耗品摊销费、办公费、差旅费等。

2. 公司经费。这是指董事会以及公司总部行政管理部门在经营管理中或应由企业统一负担的各项费用，包括行政管理人员薪酬、差旅费、办公费、折旧费、开发建造部门和行政管理部门的固定资产修理费、物料消耗、低值易耗品摊销等。

3. 董事会费。这是指董事会发生的各项费用，包括董事会成员津贴、会议费和差旅费等。

4. 技术转让费和研究费用。技术转让费是指企业使用非专利技术而支付的费用；研究费用是指企业研究开发新产品、新技术、新工艺所发生的各项费用，如设计费、设备调试费、资料费、研究人员工资、研究用设备的折旧等。企业发生的不符合资本化条件、不能计入无形资产成本的开发费用，也应计入管理费用。

5. 无形资产摊销费、聘请中介机构费、咨询费（含顾问费）、审计费、诉讼费、排污费、绿化费、矿产资源补偿费和业务招待费等。税法规定，企业为业务经营的合理需要而支付的招待费用，应在国家规定的限额内据实列入管理费用。企业发生的与生产经营活动有关的业务招待费支出，按照发生额的60%扣除，但最高不得超过当年销售（营业）收入的0.5%，即企业发生的业务招待费得以税前扣除，既先要满足60%发生额的标准，又最高不得超过当年销售收入0.5%的规定。

企业发生的各项管理费用是通过“管理费用”账户核算的。发生的各项管理费用记入本账户的借方；期末，将本账户余额全部转入“本年利润”账户时，记入本账户的贷方；本账户期末应无余额。

管理费用归集的账务处理，请见本章“成本费用的归集和分配”举例。假设本月企业发生的管理费用共18 000元，月末结转的会计分录如下：

借：本年利润　　18 000

　贷：管理费用　　18 000

三、财务费用

财务费用是指企业为筹集资金而发生的各项费用,包括企业经营期间发生的不符合资本化条件的利息净支出、汇兑净损失、金融机构手续费,以及应收账款和应付账款现金折扣、应收票据贴现息等。

企业应设置"财务费用"账户用来核算财务费用的发生和结转情况,借方登记发生的各项财务费用,贷方登记期末全额转入"本年利润"的财务费用,本账户期末应无余额。

财务费用归集的核算,请见本章"成本费用的归集和分配" 以及外币业务核算举例。这里需要说明的是,企业为购建固定资产和开发产品发生的满足资本化条件、应予资本化的借款费用,应分别记入"在建工程"账户和"开发间接费用"账户,计入固定资产成本和开发产品成本,不得作为财务费用列支。

假设本月企业发生财务费用5 000 元,月末结转的会计分录如下:

借:本年利润　　5 000

　贷:财务费用　　5 000

以上所介绍的"销售费用""管理费用""财务费用"等账户,还应按费用项目设置多栏式明细账,以便反映各项费用预算或计划的执行情况。其格式可参照"开发间接费用"明细账。

DI SHIER ZHANG 第十二章 收入、利润和所得税费用

第一节　房地产业的市场经营活动

房地产业的市场经营活动包括房地产销售,房地产出租,商品房售后服务,经营商业、饮食服务业和文化娱乐业等。

一、房地产销售

房地产企业开发完成的商品性建设场地、商品房、配套设施和代建工程,主要通过房地产市场出售给单位和个人。房地产出售是房地产转让的主要形式。房地产转让是房地产权利人通过买卖、赠与、交换、作价入股、清偿债务或其他合法方式,将其房地产转让给他人的行为。房地产企业转让其房地产产权主要通过市场销售完成。

房地产销售与其他商品销售比较,有以下特点:

第一,房地产销售既是地上、地下各种房屋和设施的所有权的有偿转移,又是土地使用权的有偿转让。

在我国,城市土地所有权属于国家,土地本身不是商品,但作为建设场地的土地使用权却具有商品性质。由于房屋和地下、地上设施必须依地而建,并与土地形成不可分割的整体,因此,房地产企业必须通过支付土地出让金或转让金取得土地使用权,并将其计入开发产品成本,以便从房地产销售收入中得到补偿。房地产作为商品进行销售,表面上似乎仅是房屋和地下、地上设施的所有权的转移,但其实还隐含着土地使用权的有偿转让。从这个意义上讲,房地产商品是一种特殊的商品,是有形的房屋、设施和无形的土地使用权凝聚为一体的商品。土地是有限的、不能再生的自然资源,随着城市建设的发展对土地需要量的增加,房地产企业为取得土地使用权也将付出更大代价,这就不难理解,为什么即使在社会物

价水平相对稳定的情况下，房地产商品价格也会日益增长。

第二，房地产销售必须借助于房地产所有权的法律文件。房地产属于不动产，不可能在市场上进行钱货的直接交易，其所有权转移的标志是购买者获得具有法律效力的产权证书。

房地产销售必须办理房屋所有权和相应的土地使用权登记，并取得房地产权属证书。房地产销售的当事人应先签订书面转让合同，并在合同生效后的规定期限内，向县以上国土资源和房产管理局申请办理房地产权属转移登记，并以国土资源和房产管理局登记的日期作为房地产权属转移的日期。

房地产转让后，土地使用权的使用年限为：原土地使用权出让合同约定的使用年限减去原土地使用者已经使用年限后的剩余年限。按我国现行制度规定，开发民用建筑而获得的土地使用权最长为 70 年，工业用地的土地使用权为 50 年。土地使用权到期，若国家不改变土地用途，使用单位和个人应续交土地出让金，以保持其房地产产权。

第三，造价相同的房地产商品，因所处地段不同、用途不同等，而价格相差悬殊。由于房地产具有位置固定的特点，处于繁华商业区、交通便利的地区、综合服务设施齐全的地区，价格就会远远高于价值；而处于偏僻、交通不便的地区，价格则偏低。投入使用后，预计经济效益好的，价格就高；预计经济效益相对差的，价格就低。一般而言，商业用房价格远远高于住宅价格。

第四，房地产销售采用预售和建成后出售两种办法。对于建成的房屋和建设场地等，可以采用协议、招标、拍卖等多种方式销售，目前较多地采用预售的办法。

一是房地产企业以出让方式取得土地使用权进行房地产开发，必须按照土地使用权出让合同约定的土地用途和动工开发期限开发土地。除因不可抗力或者政府有关部门的行为，或者由于动工开发必需的前期工作造成动工开发延迟外，超过出让合同约定的开发日期满一年未动工开发的，则征收相当于土地使用权出让金 20% 以下的土地闲置费；满两年未动工开发的，则无偿收回土地使用权。

二是以出让方式取得土地使用权的，转让房地产时，应当符合以下条件：①按照出让合同的约定，已经支付全部土地使用权出让金，并取得土地使用权证书；②属于房屋在建工程转让的，按照出让合同约定进行投资开发，完成开发投资总额的 25% 以上；③房屋已经建成的，还应当持有房屋所有权证书；④属于成片开发土地的，必须形成工业用地或者其他建设用地条件。

三是以出让方式取得土地使用权的，转让房地产后，受让人改变原土地使用权出让合同约定的土地用途，必须取得原土地出让方和市县人民政府城市规划行政主管部门同意，签订土地使用权出让合同变更协议，或者重新签订土地使用权出让合同，相应调整土地使用权出让金。

四是以划拨方式取得土地使用权的，转让房地产时，应报经有批准权的人民政府审批。有批准权的人民政府准予转让的，应当由受让方办理土地使用权出让手续，并依照国家有关规定缴纳土地出让金。有权批准的人民政府按照国务院决定可以不办理土地使用权出让手续的，转让方应按照国务院规定将转让房地产所获收益中的土地收益上缴国家或作其他处理。

五是房地产转让时，土地使用权出让合同载明的权利、义务随之转移。

六是下列房地产不得转让：①司法机关和行政机关依法裁定、决定查封或者以其他形式限制房地产权利的；②依法收回土地使用权的；③共有房地产，未经其他共有人书面同意的；④房地产权有争议的；⑤未依法登记取得房地产权属证书的；⑥法律、行政法规禁止转让的其他房地产。

商品房预售，应当符合下列条件：①已交付全部土地出让金，取得土地使用权证书；②取得建设工程规划许可证件和施工许可证件；③按提供预售的商品房计算，投入开发建设资金达到工程建设总投资的25%以上；④已确定施工进度和竣工日期；⑤向县级以上国土资源和房屋管理局办理预售登记，取得预售许可证。

在我国，对商品房预售实行许可证制度，房地产企业具备上述商品房预售条件第①至第④条，就可申请办理“商品房预售许可证”，但应提交以下证件（复印件）及资料：①工商营业执照和企业资质等级证书；②建设项目的投资立项、规划、用地和施工等批准文件或证件；③工程施工合同；④上述预售条件①至④的证件材料；⑤商品房预售方案，预售方案应说明商品房的位置、装修标准、交付使用日期、预售总面积、交付使用后的物业管理等内容，并应当附有商品房预售总平面图；⑥需向境外预售商品房的，应当同时提交允许向境外销售的批准文件。

建成商品房出售采用分期付款方式的，也应签订分期付款合同，并与银行办理按揭手续。在分期付款销售方式下，首次付款一般不低于全部价款的20%～30%。向银行取得房地产贷款应由第三方作担保，或者以房地产产权作抵押。

二、房地产租赁

房地产租赁是指房地产所有权人作为出租人，将其开发完成的商品性建设场地、商品房和其他配套设施，在一定期限内出租给承租人使用，并向承租人收取租金的一种经营方式。从某种意义上说，房地产租赁，是房地产使用权的零星出售。

在房地产租赁中，出租人和承租人应签订书面租赁合同，约定租赁期限、租赁用途、租赁价格、修缮责任等条款，以及双方的其他权利和义务，并向房产管理部门登记备案。房地产的租金应以房地产出售价格为依据，同时考虑租赁期内的保养、维修、房地产税、保险费、市场利率和各种服务费用等计算确定，以合理的租售比率保证房地产租赁取得和销售同样的效益。

房地产租赁可以为房地产企业带来租金收入，同时也会随之发生各项费用，如出租产品摊销费、保养维修费、管理费、房地产税、土地使用税、保险费、投资利息和各种服务费。

房地产所有权人以营利为目的，将以划拨方式取得使用权的国有土地上建成的场地、房屋、配套设施出租的，应将租金中所含的土地收益上缴国家。

三、房地产抵押

房地产抵押是指抵押人将其合法的房地产以不转移占有的方式向抵押权人提供债务履行担保的行为。债务人不履行债务时，抵押权人有权依法以抵押的房地产拍卖所得的价款优先受偿。

经抵押权人同意，抵押房地产可以转移或出租。抵押权转让或抵押房地产转移后，必须重新签订抵押合同和重新办理抵押登记。因国家需要征用设定抵押权的房地产，抵押双方可以重新设定抵押物，也可就抵押房地产的实际价值，依法清理债权和债务，解除抵押合同。抵押人占管的房地产发生毁损、灭失的，应及时告知抵押权人，抵押的房地产因损失不足以履行债务担保的，抵押权人有权要求抵押人重新提供或增加担保以弥补不足，或直接向保险公司行使求偿权。

在以下情况发生时，抵押权人有权以出售、拍卖等方式，处分抵押的部分或全部房地产：①抵押人未按合同履行债务，又未能与抵押权人达成延迟履行协议的；②抵押人死亡或被依法宣告死亡，抵押人的继承人、受遗赠人、代管人拒不履行债务，或无继承人、受遗赠人代其履行债务的；③抵押人被依法宣告解散或破产的。抵押权人处分抵押房地产时，应事先书面通知抵押人和利害关系人、共有人及承租人，共有人和承租人有优先购买权。

处分抵押的房屋时，其房屋使用范围内的土地使用权以划拨方式取得的，划拨土地使用权应随房屋一同转移，其出售、拍卖所得款项，必须交纳相当于应补充交纳款项的土地出让金，其剩余款项，抵押权人才能优先受偿。一般而言，处分房地产所得款项，依下列顺序分配：①支付处分房地产的费用，如手续费等；②扣除抵押房地产应交纳的税款；③偿还抵押权人的债权本息及违约金；④剩余金额交还抵押人。

如果抵押人履行了全部债务，或者抵押人、抵押权人的某一方已就该抵押合同向人民法院提起诉讼，则抵押权人对房地产的处分终止。

四、商品房售后服务

房地产售后服务是房地产物业管理的重要内容，包括：对已出售、出租的房屋进行装修、装饰、维修、保养；对各种机电设备和公共设施进行管理、维修、保养；住宅小区的清洁、绿化、治安保卫、分送信报、传呼电话;搬家、出行车辆、代接送小孩上下学、照顾老人等特约服务等。

房地产企业商品房售后服务可由房地产企业所属的物业服务企业负责。物业服务企业若为实行独立核算、自负盈亏的经济实体,其服务收入和相应的各项费用支出,应分别作为物业服务企业的主营业务收入和主营业务成本进行核算;物业服务企业若为不实行独立核算的内部核算单位,则服务收入和相应的各项费用支出,应分别作为房地产企业的其他业务收入和其他业务成本核算。

五、经营商业、饮食服务业和文化娱乐场所

物业服务企业经营由物业产权人、使用人提供的房屋建筑物及公共配套设施,如经营停车场、游泳池、各类球场、健身房、卡拉 OK 歌舞厅、美容美发屋、彩扩中心、商店、游戏厅、饭店等,也应视物业服务企业是否实行独立核算,分别作为房地产企业的其他业务或实行独立核算的物业服务企业的主营业务或其他业务处理。

实行独立核算的物业服务企业,如果经营商业用房,对物业产权人、使用人提供的房屋建筑物及公共配套设施,不再增添新的设施,也不增加房屋的经济功能,则应作为物业经营业务中的主营业务;如果需要对这些商业用房(如健身房、卡拉 OK 歌舞厅、彩扩中心、商店、饭店等)再添加一部分经营设施,增加房屋的经济功能,则应将其经营收支作为物业经营业务中的其他业务处理。

第二节　营业收入的确认与计量

一、营业收入的内容和分类

房地产企业的营业收入,是指企业在开发经营活动中,从事房地产开发建设经营、房屋出租经营和销售材料设备等所取得的收入。各种营业收入按其在企业日常活动中的重要性,可以分为主营业务收入和其他业务收入两类。

主营业务收入是指企业为完成其经营目标从事的经营性活动实现的收入。房地产企业对外销售、转让、结算开发产品所取得的收入应作为主营业务收入,包括土地转让收入、商品房销售收入、配套设施销售收入和代建工程结算收入。房地产企业将其开发产品作为抵押标的物时,抵押权人按规定执行抵押权而处分抵押的土地使用权和房屋等,企业也应将其作为主营业务收入的实现。

其他业务收入是指与企业为完成其经营目标所从事的经营性活动相关的活动实现的收入。房地产企业从事主营业务以外的附营业务所取得的收入,包括商

品房售后服务收入、多种经营收入、材料销售收入，作为存货的设备销售收入、投资性房地产租金收入和固定资产及无形资产转让使用权收入等。

房地产企业所属实行独立核算的物业服务企业所取得的营业收入也可以分为主营业务收入和其他业务收入两类。

物业服务企业的主营业务收入是指企业在物业管理活动中，为物业产权人、使用人提供维修、管理和服务所取得的收入，一般包括三项：①物业管理收入，是指物业服务企业利用自身的专业技术，为物业产权人、使用人提供的维修、管理活动服务而取得的收入，又可具体划分为公共性服务费收入、公众代办性服务费收入和特约服务收入；②物业经营收入，是指物业服务企业经营业主委员会或者物业产权人、使用人提供的房屋建筑物及其附属设施取得的收入，如房屋出租收入和经营停车场、游泳池、各类球场等共用设施收入；③物业大修收入，是指物业服务企业接受业主委员会或者物业产权人、使用人的委托，对房屋共用部位、共用设施设备进行大修等工程施工活动所取得的工程结算收入。

这里需要补充说明的是：①物业管理收入中的公共性服务费收入，是指从事公共卫生清洁、公共设施维护保养、保安、绿化等服务的收入；②物业管理收入中的公众代办性服务费收入，是指代办水电费、煤气费、有线电视费、电话费、采暖费等有偿服务收入；③物业管理收入中的特约服务收入，是指为业主或用户提供的特约或委托服务，包括车辆保管、家电维修、居室清洁、找医送药、看护病人、接送子女上学等有偿服务收入；④物业经营收入，从严格意义上讲，是代业主销售、租赁开发产品、经营停车场等而取得的相当可观的佣金收入。例如：物业管理企业代房地产开发公司销售房产，一般按售房收入的2% ~4%收取佣金，或视销售价格的高低，确定不同的提成比例；又如，物业服务企业代业主出租房产，可按年租金收入的3% ~5%从业主那里取得佣金。

物业服务企业的其他业务收入，是指从事主营业务以外的其他业务活动所取得的收入，主要包括房屋中介代销手续费收入、转让无形资产使用权收入、材料物资销售收入、废品回收收入和商业用房经营收入。其中，房屋中介代销手续费收入经常取得或者占全部收入比重较大，也可以作为主营业务收入。商业用房经营收入，是指利用业主委员会或者物业产权人、使用人提供的商业用房，根据经营需要，对其重新进行改造，添加一部分经营设施，增加房屋的经济功能，从事健身房、卡拉OK歌舞厅、彩扩中心、商店等的经营，或者利用小区建设的配套设施开办幼儿园、储蓄所、餐饮业等多种经营活动所取得的收入。由于商业用房经营收入不仅仅是房屋本身所带来的一种收益，而且是以房屋作为载体从事某种经营性活动所带来的一种收益，因此，不能将其与房屋出租收入混为一谈作为主营业务收入，而只能作为附营业务收入，即其他业务收入。多种经营收入应作为房地产企业和物业服务企业的其他业务收入。

房地产企业应分别设置“主营业务收入”“主营业务成本”“其他业务收入”“其他业务成本”“合同履约成本”“税金及附加”等账户核算企业的营业收入、营业成本和税金及附加等。

“主营业务收入”账户，用于核算企业对外销售、转让、结算开发产品所取得的收入。实现的收入记入本账户的贷方；期末应将本账户的余额全部转入“本年利润”账户，结转后，本账户应无余额；本账户应按主营业务收入的类别设置“土地转让收入”“商品房销售收入”“配套设施销售收入”“代建工程结算收入”等明细账。

“主营业务成本”账户，用于核算企业对外销售、转让、结算开发产品等应结转的成本。结转已对外销售、转让、结算的开发产品实际成本，记入本账户的借方；期末应将本账户余额全部转入“本年利润”账户，结转后，本账户应无余额；本账户应按主营业务成本的类别设置“土地转让成本”“商品房销售成本”“配套设施销售成本”“代建工程结算成本”等明细账。

“其他业务收入”账户，用来核算除主营业务以外的其他业务收入，如商品房售后服务收入、多种经营收入、材料销售收入、转让无形资产使用权收入、投资性房地产租金收入等。企业取得的各项收入记入本账户的贷方；期末，将该账户余额全部转入“本年利润”账户时，记入本账户的贷方；期末本账户无余额。

“其他业务成本”账户，用来核算与其他业务收入相关的成本、费用。企业发生的其他业务成本，记入本账户的借方；期末，将该账户余额全部转入“本年利润”账户时，记入本账户的贷方；期末本账户无余额。

“合同履约成本”账户，用来核算企业为履行当前或预期取得的合同所发生的一项资产的成本。企业因履行合同而产生的毛利不在本账户核算。企业发生合同履约成本时，记入本账户的借方；对合同履约成本进行摊销时，借记“主营业务成本”“其他业务成本”等账户，贷记本账户；本账户期末借方余额，反映企业尚未结转的合同履约成本。

“合同履约成本减值准备”账户，用来核算与合同履约成本有关的资产的减值准备。与合同履约成本有关的资产发生减值的，按应减记的金额，借记“资产减值损失”账户，贷记本账户；转回已计提的资产减值准备时，作相反的会计分录；本账户期末贷方余额，反映企业已计提但尚未转销的合同履约成本减值准备。

“合同取得成本”账户，用来核算企业取得合同发生的、预计能够收回的增量成本。企业发生合同取得成本时，记入本账户的借方；对合同取得成本进行摊销时，按照其相关性借记“销售费用”等账户，贷记本账户；本账户期末借方余额，反映企业尚未结转的合同取得成本。

“合同取得成本减值准备”账户，用来核算与合同取得成本有关的资产的减值准备。

“应收退货成本”账户，用来核算销售商品时预期将退回商品的账面价值，扣除收回该商品预计发生的成本（包括退回商品的价值减损）后的余额。企业发生附有销售退回条款的销售的，应在客户取得相关商品控制权时，按照已收或应收合同价款，借记“银行存款”“应收账款”“合同资产”等账户，按照因向客户转让商品而预期有权收取的对价金额（不包含预期因销售退回将退还的金额），贷记“主营业务收入”“其他业务收入”等账户，按照预期因销售退回而将退还的金额，贷记“预计负债——应付退货款”等账户；结转相关成本时，按照预期将退回商品转让时的账面价值，扣除收回该商品预计发生的成本（包括退回商品的价值减损）后的余额，借记本账户，按照已转让商品转让时的账面价值，贷记“库存商品”等账户，按其差额借记“主营业务成本”“其他业务成本”等账户。本账户期末借方余额，反映企业预期将退回商品转让时的账面价值扣除收回该商品预计发生的成本（包括退回商品的价值减损）后的余额，在资产负债表中按其流动性计入“其他流动资产”或“其他非流动资产”项目。

“合同资产”账户，本账户核算企业已向客户转让商品而有权收取对价的权利。企业在客户实际支付合同对价或在该对价到期应付之前，已经向客户转让了商品的，应当按因已转让商品而有权收取的对价金额，借记本账户，贷记“主营业务收入”“其他业务收入”等账户；企业取得无条件收款权时，借记“应收账款”等账户，贷记本账户。

“合同资产减值准备”账户用来核算合同资产的减值准备。

“合同负债”账户，用来核算企业已收或应收客户对价而应向客户转让商品的义务。企业在向客户转让商品之前，客户已经支付了合同对价或企业已经取得了无条件收取合同对价权利的，企业应当在客户实际支付款项与到期应支付款项孰早时点，按照该已收或应收的金额，借记“银行存款”“应收账款”等账户，贷记本账户；企业向客户转让相关商品时，借记本账户，贷记“主营业务收入”“其他业务收入”等账户。企业因转让商品收到的预收款时，不再使用“预收账款”及“递延收益”。本账户期末贷方余额，反映企业在向客户转让商品之前，已经收到的合同对价或已经取得的无条件收取合同对价权利的金额。

“税金及附加”账户，用于核算应由当月经营业务收入负担的房产税、土地使用税、车船税、印花税、土地增值税、城市维护建设税和教育费附加等。月末按规定计算出应由当月经营业务收入负担的税金及附加，记入本账户的借方；期末，应将本账户余额全部转入“本年利润”账户，结转后本账户应无余额。

二、销售商品收入

房地产企业销售商品就是销售开发的产品，即销售或有偿转让商品性建设场地，出售开发完成的商品房，这是房地产企业主营业务的最重要的组成部分。

（一）销售商品收入的确认

房地产企业应当按照2018年起施行的新修订的《企业会计准则第14号——收入》规定的销售商品收入确认的相关原则和方法，确认销售商品收入。

企业应当在履行了合同中的履约义务，即在客户取得相关商品控制权时确认收入。取得相关商品控制权，是指能够主导该商品的使用并从中获得几乎全部的经济利益，也包括有能力阻止其他方主导该商品的使用并从中获得经济利益。

当企业与客户之间的合同同时满足下列条件时，企业应当在客户取得相关商品控制权时确认收入：①合同各方已批准该合同并承诺将履行各自义务；②该合同明确了合同各方与所转让商品相关的权利和义务；③该合同有明确的与所转让商品相关的支付条款；④该合同具有商业实质，即履行该合同将改变企业未来现金流量的风险、时间分布或金额；⑤企业因向客户转让商品而有权取得的对价很可能收回。

在合同开始日不同时符合上述五个条件的合同，企业应当对其进行持续评估，并在其满足上述规定后进行会计处理。对于不符合上述规定的合同，企业只有在不再负有向客户转让商品的剩余义务，且已向客户收取的对价无须退回时，才能将已收取的对价确认为收入；否则，应当将已收取的对价作为负债进行会计处理。没有商业实质的非货币性资产交换，不确认收入。

房地产企业销售其开发建造的土地、房屋和建筑物，一般都属于在某一时点履行的履约义务。对于在某一时点履行的履约义务，企业应当在客户取得相关商品控制权时点确认收入。在判断客户是否已取得商品控制权时，企业应当考虑下列迹象：①企业就该商品享有现时收款权利，即客户就该商品负有现时付款义务；②企业已将该商品的法定所有权转移给客户，即客户已拥有该商品的法定所有权；③企业已将该商品实物转移给客户，即客户已占有该商品的实物；④企业已将该商品所有权上的主要风险和报酬转移给客户，即客户已取得该商品所有权上的主要风险和报酬；⑤客户已接受该商品；⑥其他表明客户已取得商品控制权的迹象。

如果合同履行过程中存在以下情况，则表明客户并未取得相关商品的控制权：①企业销售的商品在质量、品种、规格等方面不符合合同规定的要求，又未根据正当的保证条款予以弥补，因而仍负有责任，待满足购货方要求并在购货方承诺付款时,才能确认销售商品收入;②委托房地产中介服务机构或实行独立核算的物业管理机构采用支付手续费方式代销开发产品,企业应当评估受托方在企业向其转让商品时是否已获得对该商品的控制权,如果没有,则企业不应在此时确认收入,通常应当在受托方售出商品时确认销售商品收入,受托方应当在商品销售后,按合同或协议约定的方法计算确定的手续费确认收入;③房地产企业在销售开发产品时签订了必须回购协议,或签订了选择性回购协议且回购可能性较大,表明销货方仍对售出的开发产品实施控制,购货方并未取得对该商品的控制权,因此,这种销售回购本质上不是销售行为,而是一项融资协议,这种交易不能确认销售商品收入。

(二)销售商品收入的计量

企业应当按照各单项履行义务的交易价格计量销售商品收入。交易价格是指企业因向客户转让商品而预期有权收取的对价金额。企业代第三方收取的款项(如增值税)以及企业预期将退还给客户的款项,应当作为负债进行会计处理,不计入交易价格。合同标价并不一定代表交易价格,企业应当根据合同条款,并结合以往的习惯做法确定交易价格。在确定交易价格时,企业应当考虑可变对价、合同中存在的重大融资成分、非现金对价以及应付客户对价等因素的影响,并应当假定将按照现有合同的约定向客户转移商品,且该合同不会被取消、续约或变更。

企业与客户的合同中约定的对价金额可能是固定的,也可能会因折扣、价格折让、返利、退款、奖励积分、激励措施、业绩奖金、索赔等因素而变化。此外,企业有权收取的对价金额,将根据一项或多项或有事项的发生有所不同的情况,也可能属于可变对价的情形。例如,企业售出商品但允许客户退货时,由于企业有权收取的对价金额将取决于客户是否退货,因此该合同的交易价格是可变的。企业在判断交易价格是否为可变对价时,应当考虑各种相关因素(如企业已公开宣布的政策、特定声明、以往的习惯做法、销售战略以及客户所处的环境等),以确定其是否会接受一个低于合同标价的金额,即企业向客户提供一定的价格折让。对于公告的商业折扣,应从商品交易价格中予以扣除,按扣除商业折扣的实际价款确认销售商品收入金额。在确认销售商品收入金额时,不考虑各种预计可能发生的现金折扣、销售折让。现金折扣应在实际发生时计入发生当期的财务费用,销售折让在实际发生时作为当期销售商品收入的减项。

合同中存在重大融资成分的,企业应当按照假定客户在取得商品控制权时即以现金支付的应付金额确定交易价格。该交易价格与合同对价之间的差额,应当在合同期间内采用实际利率法摊销。

（三）销售商品收入的账务处理

1. 销售商品涉及现金折扣的处理。

【例 12－1】 2019 年 10 月，甲房地产公司（以下简称“甲公司”）销售自行开发建造的商品房，合同约定的不含增值税价款为 40 000 万元，增值税为 3 000 万元，成本为 28 000 万元，如果在 3 个月付清价款，可以享受 5% 的现金折扣。60% 的购货方在 3 个月内付清全部价款，40% 的购货方在年底前付清价款。本题增值税纳税义务已经发生。甲公司的会计分录如下：

（1）借：应收账款	430 000 000	
贷：主营业务收入		400 000 000
应交税费——应交增值税（销项税额）		30 000 000
（2）借：主营业务成本	280 000 000	
贷：开发产品		280 000 000
（3）借：银行存款	246 000 000	
财务费用	12 000 000	
贷：应收账款		258 000 000
（4）借：银行存款	172 000 000	
贷：应收账款		172 000 000

2. 销售退回的处理。由于购销双方都能接受的质量、品种不合格等原因造成已售出的开发产品发生退货，应分别按以下情况进行处理：

（1）一般销货退回。

a. 本年度销售、转让的开发产品，或以前年度销售、转让的开发产品，在年度终了前退货，应按协议的退款额以及相关成本，冲减退回月份的主营业务收入和主营业务成本。

b. 本年度或以前年度销售、转让的开发产品，在资产负债表日后期间退货，应冲减报告年度的主营业务收入和主营业务成本，作为资产负债表日后调整事项，通过“以前年度损益调整”账户进行相关会计处理。

【例 12－2】 沿用例 12－1 的资料，2019 年 12 月，甲公司当年 10 月销售的享有 5% 现金折扣的已售商品房的 10%，因配套设施不齐全，难以正常使用，购买方要求退货，双方已办妥退货手续。本题增值税纳税义务已经发生。甲公司的会计分录如下：

（1）借：主营业务收入	（400 000 000 × 60% × 10%）24 000 000	
应交税费——应交增值税（销项税额）	1 800 000	
贷：银行存款		24 600 000

财务费用　　　　　　（400 000 000×60%×10%×5%）1 200 000

（2）借：开发产品　　　　　　　（280 000 000×60%×10%）16 800 000

　贷：主营业务成本　　　　　　　　　　　　　　　　16 800 000

例 12－2 说明：①若为折让，则按折让金额编制会计分录（1），不编制会计分录（2）；②若为以前年度销售退回，也视同本年度销售退回处理；③若为资产负债表日后期间发生的销货退回，应通过"以前年度损益调整"账户冲减报告年度主营业务收入、主营业务成本，如果发生在报告年度所得税汇算清缴之前，还应冲减报告年度所得税费用，如果发生在报告年度所得税汇算清缴之后，则作为本年度纳税调整事项，并相应调整报告年度留存收益。

（2）附有销货退回条款的销售。附有销售退回条款的销售，是指客户依照有关合同有权退货的销售方式。合同中有关退货权的条款可能会在合同中明确约定，也有可能是隐含的。隐含的退货权可能来自企业在销售过程中向客户作出的声明或承诺，也有可能来自法律法规的要求或企业以往的习惯做法等。

企业应当在客户取得相关商品控制权时，按照因向客户转让商品而预期有权收取的对价金额（不包含预期因销售退回将退还的金额）确认收入，按照预期因销售退回将退还的金额确认负债；同时，按照预期将退回商品转让时的账面价值，扣除收回该商品预计发生的成本（包括退回商品的价值减损）后的余额，确认一项资产，按照所转让商品转让时的账面价值，扣除上述资产成本的净额结转成本。每一资产负债表日，企业应当重新估计未来销售退回情况，并对上述资产和负债进行重新计量。如有变化，应当作为会计估计变更进行会计处理。

【例 12－3】 2018 年 9 月 20 日，甲房地产公司（以下简称"甲公司"）向乙公司销售商品房 100 套，单位销售价格为 600 万元，单位成本为 400 万元，开出的增值税专用发票上注明的销售价格为 60 000 万元，增值税为 2 000 万元。已办妥产权手续，根据协议约定，乙公司应于 2018 年 12 月 20 日之前支付货款，在 2019 年 4 月 30 日之前有权退还商品房。交易发生时，甲公司根据过去的经验，估计退房率约为 10%；2018 年 12 月 31 日，甲公司对退货率进行了重新评估，认为将有 20% 的商品房会被退回。2019 年 4 月 10 日，乙公司退回 20 套商品房。假定商品房交接时控制权已转移给乙公司。甲公司的会计分录如下：

（1）2018 年 9 月 20 日交付商品房时：

借：应收账款　　　　　　　　　　　　　　　　620 000 000

　贷：主营业务收入　　　　　　　　　　　　　　540 000 000

　　预计负债——应付退货款　　　　　　　　　　60 000 000

　　应交税费——应交增值税（销项税额）　　　　20 000 000

借:主营业务成本	360 000 000
应收退货成本	40 000 000
贷:库存商品	400 000 000

(2)2018 年 12 月 20 日收到货款时:

借:银行存款	620 000 000
贷:应收账款	620 000 000

(3)2018 年 12 月 31 日调整退货率时:

借:主营业务收入	60 000 000
贷:预计负债——应付退货款	60 000 000
借:应收退货成本	40 000 000
贷:主营业务成本	40 000 000

(4)2019 年 4 月 10 日,乙公司实际退回 15 套商品房,退货款项已经支付时:

借:库存商品	60 000 000
应交税费——应交增值税(销项税额)	3 000 000
预计负债——应付退货款	120 000 000
贷:应收退货成本	60 000 000
主营业务收入	30 000 000
银行存款	93 000 000
借:主营业务成本	20 000 000
贷:应收退货成本	20 000 000

附有销售退回条款的销售,在客户要求退货时,如果企业有权向客户收取一定金额的退货费,则企业在估计预期有权收取的对价金额时,应当将该退货费包括在内。

3. 代销商品的处理。代销商品有两种方式:视同买断方式和收取手续费方式。采用视同买断方式代销开发产品,与委托方直接销售商品给受托方没有实质性区别,委托方按照协议或合同约定的价款向受托方收取货款,确认销售商品收入;受托方按照自行确定的实际售价确认销售商品收入,实际售价与合同或协议价之间的差额归受托方所有。这种方式下委托方和受托方的账务处理均可比照例 12－1。采用收取手续费方式代销开发产品,委托方应在收到受托方代销清单时确认销售商品收入,受托方应在商品销售后,按合同或协议的约定计算手续费收入,不确认销售商品收入。

【例 12－4】 2019 年 11 月,甲房地产公司(以下简称“甲公司”)委托中介机构乙公司销售商品房 100 套,每套成本为 60 万元,不含增值税售价为 100 万元,增值税为 8 万元,甲公司按售价的 4% 支付手续费,手续费的增值税税率为 6% 。

乙公司当年销售 80 套商品房。甲公司收到乙公司代销清单,手续费及增值税已支付。本题增值税纳税义务已经发生。

委托方甲公司的会计分录如下:

(1)办妥委托手续时:

借:发出商品	60 000 000	
贷:开发产品		60 000 000

(2)收到代销清单时:

借:应收账款——乙公司	86 400 000	
贷:主营业务收入		80 000 000
应交税费——应交增值税(销项税额)		6 400 000
借:主营业务成本	48 000 000	
贷:发出商品		48 000 000
借:销售费用	3 200 000	
应交税费——应交增值税(进项税额)	192 000	
贷:应收账款		3 392 000

(3)收到乙公司支付的货款时:

借:银行存款	83 008 000	
贷:应收账款——乙公司		83 008 000

受托方乙公司的会计分录如下:

(1)收到商品时:

借:受托代销商品	100 000 000	
贷:受托代销商品款		100 000 000

(2)对外销售时:

借:银行存款	86 400 000	
贷:受托代销商品		80 000 000
应交税费——应交增值税(销项税额)		6 400 000

(3)收到甲公司发票账单时:

借:受托代销商品款	80 000 000	
应交税费——应交增值税(进项税额)	6 400 000	
贷:应付账款——甲公司		86 400 000

(4)支付货款并确认手续费收入时:

借:应付账款——甲公司	86 400 000	
贷:银行存款		83 008 000
主营业务收入(或其他业务收入)		3 200 000

应交税费——应交增值税(销项税额)　　192 000

4. 预收款销售商品的处理。采用预收款方式销售开发产品,在收到预收款时不确认销售商品收入,只有在符合收入确认条件时,才能确认销售商品收入。合同中存在重大融资成分的,企业在确定该重大融资成分的金额时,应使用将合同对价的名义金额折现为商品现销价格的折现率。该折现率一经确定,不得因后续市场利率或客户信用风险等情况的变化而变更。企业确定的交易价格与合同承诺的对价金额之间的差额,应当在合同期间内采用实际利率法摊销。

【例 12-5】 2018 年 8 月 1 日,甲房地产公司(以下简称"甲公司")采用预收款方法销售开发产品 200 套,协议规定每套不含增值税销售价格为 180 万元,收到预收货款 40%,甲公司在一年后交付开发产品,该合同存在重大融资成分,按内含利率 5% 计算的融资费用为 728.75 万元,作为合同交易价格的调整,预交增值税 389.2 万元,剩余价款在办理过户手续后一次性结清。2019 年 7 月 31 日,该项目建成,满足收入确认条件,每套成本 120 万元,收到剩余货款,确认销项税额 2 500 万元,并办妥过户手续。本题增值税纳税义务已经发生,甲公司增值税税率为 10%。甲公司相关会计分录如下:

2018 年 12 月 31 日摊销的未确认融资费用 = 14 400 × 5% × 5 ÷ 12 = 300(万元)

2019 年 7 月 31 日摊销的未确认融资费用 = (14 400 + 300) × 5% × 7 ÷ 12 = 428.75(万元)

(1)2018 年 8 月 1 日,预收货款和预交增值税:

借:银行存款	144 000 000	
未确认融资费用	7 287 500	
贷:合同负债		151 287 500
借:应交税费——预交增值税	3 892 000	
贷:银行存款		3 892 000

(2)2018 年 12 月 31 日,摊销未确认融资费用:

借:财务费用	3 000 000	
贷:未确认融资费用		3 000 000

(3)2019 年 7 月 31 日,收到剩余货款并确认销售商品收入:

借:财务费用	4 287 500	
贷:未确认融资费用		4 287 500
借:银行存款	233 712 500	
合同负债	151 287 500	
贷:主营业务收入		360 000 000
应交税费——应交增值税(销项税额)		25 000 000

借:主营业务成本　　240 000 000

　贷:开发产品　　240 000 000

借:应交税费——未交增值税　　3 892 000

　贷:应交税费——预交增值税　　3 892 000

需要说明的是,本例中如果这项预收款销售不包含重大融资成分,则无须对合同交易价格进行调整,就不必核算融资费用。

5. 分期收款销售商品的处理。企业采用分期收款方式销售开发产品,在开发商品交付购货方后,延期(通常为超过3年)收取货款,具有融资性质,企业应当按照应收合同或协议价款的公允价值确定销售商品收入。应收合同或协议的公允价值通常应当按照其未来现金流量的现值计算确定。

【例12-6】 2018年1月1日,甲房地产公司(以下简称“甲公司”)采用分期收款方式向丁公司销售一项公共配套设施。合同协议约定价款9 000万元,分3年付清,每年年末付款3 000万元。公共配套设施成本5 000万元,银行同期贷款利率为8%。假定不考虑其他有关税费。则:

$$销售商品收入 = 3\ 000 \times (1+8\%)^{-1} + 3\ 000 \times (1+8\%)^{-2} + 3\ 000 \times (1+8\%)^{-3} = 7\ 731.3(万元)$$

$$未确认融资收益 = 9\ 000 - 7\ 731.3 = 1\ 268.7(万元)$$

$$第一年确认的融资收入 = 7\ 731.3 \times 8\% = 618.5(万元)$$

$$第二年确认的融资收入 = (7\ 731.3 - 3\ 000 + 618.5) \times 8\% = 428(万元)$$

$$第三年确认的融资收入 = 1\ 268.7 - 618.5 - 428 = 222.2(万元)$$

甲公司的会计分录为:

(1)2018年1月1日:

借:合同资产　　90 000 000

　贷:主营业务收入　　77 313 000

　　未确认融资收益　　12 687 000

借:主营业务成本　　50 000 000

　贷:开发产品　　50 000 000

(2)2018年年末:

借:银行存款　　30 000 000

　贷:合同资产　　30 000 000

借:未确认融资收益　　6 185 000

　贷:财务费用　　6 185 000

(3)2019年年末:

借:银行存款　　30 000 000

贷:合同资产 3 000 000

借:未确认融资收益 4 280 000

贷:财务费用 4 280 000

(4)2020 年年末:

借:银行存款 30 000 000

贷:合同资产 30 000 000

借:未确认融资收益 2 222 000

贷:财务费用 2 222 000

6. 售后回购的处理。售后回购是指企业销售商品的同时承诺或有权选择日后再将该商品购回的销售方式。被购回的商品包括原销售给客户的商品、与该商品几乎相同的商品,或者以该商品作为组成部分的其他商品。企业因存在与客户的远期安排而负有回购义务或企业享有回购权利的,尽管客户可能已经持有了该商品的实物,但是在销售时点客户并没有取得该商品的控制权,因此不能确认销售商品收入。企业应根据下列情况分别进行相应的会计处理:一是回购价格低于原售价的,应当视为租赁交易,按照《企业会计准则第 21 号——租赁》的相关规定进行会计处理;二是回购价格不低于原售价的,应当视为融资交易,在收到客户款项时确认金融负债,而不是终止确认该资产,并将该款项和回购价格的差额在回购期间内分期摊销,确认为利息费用等。

【例 12-7】 2018 年 8 月 1 日,甲房地产公司(以下简称"甲公司")向丙公司销售商品性建设场地,价款 20 000 万元,取得成本 8 000 万元,已办妥过户手续。协议约定,于 2019 年 8 月 1 日,甲公司按 24 800 万元回购。甲公司的会计分录如下:

(1)办妥过户手续时:

借:银行存款 200 000 000

贷:合同负债 200 000 000

借:发出商品 80 000 000

贷:开发产品 80 000 000

(2)回购价与原售价差额 4 800 万元,采用直线法在回购期 12 个月计提财务费用,每月利息费用为 400 万元。

借:财务费用 4 000 000

贷:合同负债 4 000 000

(3)回购开发产品时:

借:合同负债 248 000 000

贷:银行存款 248 000 000

借:开发产品　　　　80 000 000

　贷:发出商品　　　　80 000 000

7. 以旧换新的处理。房地产企业在销售新商品房的同时,收购购货方持有的原有住房,称为以旧换新销售。在这种销售方式下,应分别确认销售开发产品取得的销售收入和外购商品房的采购成本。

企业将开发产品用于捐赠、赞助、职工福利、奖励、对外投资、分配给股东或投资人、抵偿债务、换取其他企事业单位和个人的具有商业实质的非货币性资产等行为,应视同销售,在开发产品控制权转移时,确认销售商品收入的实现。其收入的计量,应以企业在类似环境下向类似客户单独销售商品的价格作为最佳依据。单独售价无法直接观察的,可采用以下方法合理估计:①市场调整法,是企业根据某商品或类似商品的市场售价考虑本企业的成本和毛利等进行适当调整后,确定其单独售价的方法;②成本加成法,是企业根据某商品的预计成本加上其合理毛利后的价格,确定其单独售价的方法;③余值法,是企业根据合同交易价格减去合同中其他商品可观察的单独售价后的余值,确定某商品单独售价的方法。

三、提供劳务收入

房地产企业及其所属的物业服务企业和实行独立核算的物业服务企业,为物业产权人、使用人提供装修、维护保养、设施设备修理、清洁卫生、治安保卫、绿化等方面的劳务服务,获得提供劳务收入,该收入是企业营业收入的又一重要组成部分。

2018 年起开始施行的新修订的《企业会计准则第 14 号——收入》涉及企业提供劳务收入的确认和计量规定如下:

(一)提供劳务收入的确认

企业提供劳务收入的确认分为以下两种情况:

1. 在某一时点履行的履约义务。企业应当在完成劳务履约义务并享有现实收款权利,且客户已接受该劳务时确认劳务收入。

2. 在某一时段内履行的履约义务。满足下列条件之一的,属于在某一时段内履行履约义务:①客户在企业履约的同时即取得并消耗企业履约所带来的经济利益;②客户能够控制企业履约过程中在建的商品;③企业履约过程中所产出的商品具有不可替代用途,且该企业在整个合同期间内有权就累计至今已完成的履约部分收取款项。

具有不可替代用途,是指因合同限制或实际可行性限制,企业不能轻易地将商品用于其他用途。有权就累计至今已完成的履约部分收取款项,是指在由于客户或其他方原因终止合同的情况下,企业有权就累计至今已完成的履约部分收取能够补偿其已发生成本和合理利润的款项，并且该权利具有法律约束力。

对于在某一时段内履行的履约义务，企业应当在该段时间内按照履约进度确认收入。企业应当采用产出法或投入法确定恰当的履约进度。其中，产出法是根据已转移给客户的商品对于客户的价值确定履约进度，投入法是根据企业为履行履约义务的投入确定履约进度。当履约进度不能合理确定时，企业已经发生的成本预计能够得到补偿的，应当按照已经发生的成本金额确认收入，直到履约进度能够合理确定为止。

（二）提供劳务收入的计量

1. 提供劳务交易的结果能够可靠估计。企业在同一会计年度内开始并完成的劳务，应在劳务完成时确认收入，其金额为履约义务的交易价格，即合同条款确认的交易金额。这种方法称为完成合同法。具体核算方法可参照销售商品收入的确认与计量。

企业提供劳务的开始和完成分属不同的会计年度，且在资产负债表日对该项劳务交易的结果能够作出可靠估计的，应按履约进度确认收入，即按照完工百分比法确认收入。完工百分比法，是指按照劳务的完工程度确认收入和费用的方法。

同时满足以下条件，则表明提供劳务交易的结果能够可靠地估计：①收入的金额能够可靠地计量，是指提供劳务收入的总额能够合理地估计；②相关的经济利益很可能流入企业，是指提供劳务收入总额收回的可能性大于不能收回的可能性；③交易的完工进度能够可靠地确定，是指劳务交易的完工进度能够合理地估计；④交易中已发生和将发生的成本能够可靠地计量，是指交易中已经发生和将要发生的成本能够合理地估计。

企业确定提供劳务交易的完工进度（履约进度），可以采用下列方法：①投入法，即按已发生的成本占估计总成本的比例确定劳务的完工进度；②产出法，即按已经提供的劳务占应提供劳务总量的比例确定劳务的完工程度。

在采用完工百分比法确认收入和相关的费用时，应按下列公式计算：

本年确认的收入＝劳务总收入×至本年年末劳务的完成进度－以前期间已确认的收入

本年确认的费用＝劳务总成本×至本年年末劳务的完成进度－以前期间已确认的费用

【例12－8】 甲房地产公司（以下简称“甲公司”）所属实行独立核算的物业服务企业接受一项维修合同，工期4个月，2018年10月1日签约，不含增值税的合同总收入400 000元，至年底已预收价款270 000元，预交增值税5 400元，实际发生的成本为210 000元，估计还将发生的成本为90 000元。本题增值税纳税义务已经发生。甲公司增值税税率为10%。相关会计处理如下：

$$2018\text{年劳务完工程度}=\frac{210\ 000}{210\ 000+90\ 000}\times 100\%=70\%$$

2018 年确认的劳务收入 = 400 000 × 70% = 280 000(元)

2018 年结转的劳务成本 = (210 000 + 90 000) × 70% = 210 000(元)

(1)2018 年实际发生劳务成本时的会计分录:

借:合同履约成本	210 000	
贷:应付职工薪酬等		210 000

(2)2018 年预收劳务款、预交增值税时的会计分录:

借:银行存款	270 000	
贷:合同负债		270 000
借:应交税费——预交增值税	5 400	
贷:银行存款		5 400

(3)2018 年 12 月 31 日确认劳务收入并结转劳务成本的会计分录:

借:合同结算——收入结转	280 000	
贷:主营业务收入		280 000
借:主营业务成本	210 000	
贷:合同履约成本		210 000
借:应收账款	38 000	
合同负债	270 000	
贷:合同结算——价款结算		280 000
应交税费——应交增值税(销项税额)		28 000

2. 提供劳务交易的结果不能可靠估计。企业在资产负债表日提供劳务交易结果不能够可靠估计的,亦即不能满足前述四个条件中的任何一个时,企业不能按履约进度采用完工百分比法确认提供劳务收入。这时,企业应正确预计已经发生的合同成本能否得到补偿,采用成本补偿法,并分别按照下述方法进行会计处理:①如果已经发生的劳务成本预计能够得到补偿,应按能够得到补偿的劳务成本金额确认提供劳务收入,并结转已经发生的劳务成本;②已经发生的劳务成本预计全部不能得到补偿的,应将已经发生的劳务成本计入当期损益,不确认提供劳务收入。

【例 12-9】 2018 年 12 月 25 日,甲房地产公司(以下简称“甲公司”)接受乙公司委托,为其维修写字楼,维修期为 9 个月,2019 年 1 月 1 日开工。协议约定,乙公司应向甲公司支付的不含增值税维修费总额为 600 万元,分三次在 2019 年 1 月 1 日、4 月 1 日和 7 月 1 日等额支付。

2019 年 1 月 1 日,乙公司预付第一次维修费。至 2019 年 3 月末,甲公司发生劳务成本 150 万元(假定均为职工薪酬)。2019 年 3 月 31 日,甲公司得知乙公司经营发生困难,后两次维修费能否收回难以确定。本题增值税纳税义务已经发

生。甲公司增值税税率为10%。甲公司的会计分录如下:

(1)2019年1月1日:

借:银行存款	2 000 000	
贷:合同负债		2 000 000

(2)实际发生维修支出:

借:合同履约成本	1 500 000	
贷:应付职工薪酬		1 500 000

(3)2019年3月31日:

借:合同结算——收入结转	1 500 000	
贷:其他业务收入		1 500 000
借:其他业务成本	1 500 000	
贷:合同履约成本		1 500 000
借:合同负债	1 650 000	
贷:合同结算——价款结算		1 500 000
应交税费——应交增值税(销项税额)		150 000

(三)合同成本

1. 合同履约成本。合同履约成本是指与履行合同直接相关的成本,包括直接人工(支付给直接为客户提供所承诺服务的人员的工资、奖金等)、直接材料(为履行合同耗用的原材料、辅助材料、构配件、零件、半成品的成本和周转材料的摊销及租赁费用等)、开发间接费用(组织和管理相关生产、施工、服务等活动发生的费用,包括管理人员的职工薪酬、劳动保护费、固定资产折旧费及修理费、物料消耗、取暖费、水电费、办公费、差旅费、财产保险费、工程保修费、排污费、临时设施摊销费等)、明确由客户承担的成本以及仅因该合同而发生的其他成本(支付给分包商的成本、机械使用费、设计和技术援助费用、施工现场二次搬运费、生产工具和用具使用费、检验试验费、工程定位复测费、工程点交费用、场地清理费等)。如果企业预期合同履约成本通过未来提供劳务收取的对价得到补偿,就应将履约成本确认为一项资产。

2. 合同取得成本。合同取得成本是指企业为取得合同发生的增量成本。增量成本是指企业不取得合同就不会发生的成本,如向销售人员支付的佣金、企业因现有合同续约或发生合同变更需要支付的额外佣金、为现有合同续约支付给员工的提成等。预期合同取得成本能够收回的,应当作为合同取得成本确认为一项资产。为简化实务操作,该资产摊销期限不超过一年的,可以在发生时计入当期损益。企业采用该简化处理方法的,应当对所有类似合同一致采用。企业为取得合同发生的、除预期能够收回的增量成本之外的其他支出,例如,无论是否取得合同均会发生的为投标发生的差旅费、投标费、聘请外部律师进行尽职调查支付的相关费用、向销售部门经理支付的年度奖金、为准备投标资料发生的相关费用等，应当在发生时计入当期损益，除非这些支出明确由客户承担。

为取得合同需要支付的佣金在履行合同的过程中分期支付且客户违约时企业无须支付剩余佣金的，如果该合同在合同开始日即满足收入确认的五项条件，该佣金预期能够从客户支付的对价中获得补偿，且取得合同后，收取佣金的一方不再为企业提供任何相关服务，则企业应当将应支付的佣金全额作为合同取得成本确认为一项资产。后续期间，如果客户的履约情况发生变化，企业应当评估该合同是否仍然满足收入确认的五项条件以及确认为资产的合同取得成本是否发生减值，并进行相应的会计处理。

四、同时销售商品和提供劳务交易

房地产企业在销售开发产品的同时，按照合同或协议规定，还需要提供装修劳务。在这种情况下，如果销售开发产品部分和提供劳务部分能够区分且能够单独计量，企业应当分别核算销售商品收入和提供劳务收入；如果销售开发产品部分和提供劳务部分不能够区分，或虽能区分但不能够单独计量，企业应当将销售开发产品部分和提供劳务部分全部作为销售商品收入进行核算。

【例 12 - 10】 甲房地产公司（以下简称“甲公司”）与丁公司签订合同，向丁公司销售毛坯商品房的同时还负责内部装修。毛坯房不含增值税价款为 9 000 万元、增值税为 660 万元，不含增值税装修费为 2 000 万元、增值税为 220 万元。毛坯房成本为 6 000 万元，装修费用为 1 200 万元，其中，职工薪酬为 500 万元，材料费为 700 万元。假定商品房已装修完成并经验收合格，毛坯房价款已存入银行，并已办妥过户手续，装修款项尚未收到。本题增值税纳税义务已经发生。甲公司的会计分录如下：

（1）销售毛坯房时：

借：银行存款	96 600 000	
贷：主营业务收入		90 000 000
应交税费——应交增值税（销项税额）		6 600 000
借：主营业务成本	60 000 000	
贷：开发产品		60 000 000

（2）发生装修费用时：

借：合同履约成本	12 000 000	
贷：应付职工薪酬		5 000 000
原材料		7 000 000

(3)确认装修收入并结转装修成本时：

借：应收账款	22 200 000	
贷：其他业务收入		20 000 000
应交税费——应交增值税(销项税额)		2 200 000
借：其他业务成本	12 000 000	
贷：合同履约成本		12 000 000

在本例中，如果合同或协议规定，甲公司向丁公司预售的毛坯商品房还必须负责内部装修，达到入住状态才能办理过户手续。不含增值税价款总额为11 000万元。毛坯房价款和装修价款无法区分，并假设款项已存入银行。甲公司的会计分录如下：

(1)发生装修费用时：

借：合同履约成本	12 000 000	
贷：应付职工薪酬		5 000 000
原材料		7 000 000

(2)确认销售商品收入并结转销售商品成本时：

借：银行存款	118 800 000	
贷：主营业务收入		110 000 000
应交税费——应交增值税(销项税额)		8 800 000
借：主营业务成本	72 000 000	
贷：开发产品		60 000 000
合同履约成本		12 000 000

五、收入确认和计量的特殊问题

(一)将交易价格分摊至各单项履约义务

当一份合同中包含两项或多项履约义务时，需要将交易价格分摊至各单项履约义务，以使企业分摊至各单项履约义务(或可明确区分的商品)的交易价格能够反映其因向客户转让已承诺的相关商品而预期有权收取的对价金额。合同中包含两项或多项履约义务的，企业应当在合同开始日，按照各单项履约义务所承诺商品的单独售价的相对比例，将交易价格分摊至各单项履约义务。

【例12－11】 甲房地产公司(以下简称“甲公司”)与客户签订合同，向其销售结构、装修和面积不同的A、B、C三栋开发产品，不含增值税的合同价款总额为10 000万元。A、B、C开发产品不含增值税的单独售价分别为3 000万元、3 500万元和4 500万元，合计11 000万元。甲公司的会计处理如下：

A开发产品应当分摊的交易价格＝(1 000÷11 000×3 000)＝272.727 3(万元)

B 开发产品应当分摊的交易价格 =（1 000 ÷ 11 000 × 3 500）= 318. 181 8（万元）

C 开发产品应当分摊的交易价格 =（1 000 ÷ 11 000 × 4 500）= 409. 090 9（万元）

A 开发产品预期有权收取的对价金额 = 3 000 － 272. 727 3 = 2 727. 272 7（万元）

B 开发产品预期有权收取的对价金额 = 3 500 － 318. 181 8 = 3 181. 818 2（万元）

C 开发产品预期有权收取的对价金额 = 4 500 － 409. 090 9 = 4 090. 909 1（万元）

本例中应当分摊的交易价格 1 000 万元，是客户购买 A、B、C 一组开发产品中所包含的各单项商品的单独售价之和高于合同交易价格的差额，表明客户因购买该组开发产品而取得了合同折扣。合同折扣是指合同中各单项履约义务所承诺商品的单独售价之和高于合同交易价格的金额。企业应当在各单项履约义务之间按比例分摊合同折扣。有确凿证据表明合同折扣仅与合同中一项或多项（而非全部）履约义务相关的，企业应当将该合同折扣分摊至相关的一项或多项履约义务中。因此，本例既是交易价格的分摊，也是合同折扣的分摊。

（二）可变对价

合同标价并不一定代表交易价格，企业应当根据合同条款，并结合以往的习惯做法确定交易价格。在确定交易价格时，企业应当考虑可变对价。如果企业获得对价的权利以某一未来事件的发生或不发生为条件，则形成可变对价。可变对价通常包括折扣、价格折让、返利、退款、奖励、退货等。可变对价的确认必须同时满足两个条件，即“是否极有可能发生转回”和“是否属于重大转回”。如果发生转回的金额重大，但不是“极可能”转回或者是“基本确定”不会转回，此时可变对价可以确认收入；如果“极可能”发生转回，但是转回的金额不重大，也可以就可变对价确认收入。

【例 12 － 12】　甲房地产公司（以下简称“甲公司”）与乙公司签订固定造价合同，为乙公司建造一栋职工图书馆，合同价款为 800 万元。合同约定的工程完工日期为 2019 年 10 月 31 日，如果甲公司提前一个月完工，可以获得 50 万元的提前竣工奖，提前不足一个月的，提前一天奖励 1 万元；相反，如果甲公司推迟完工，则每推迟一天，就罚款 2 万元。合同还约定，该项工程完工之后若能获得鲁班工程奖，乙公司还将奖励甲公司 30 万元。本例中，产生可变对价的事项有两项：一项为能否提前一个月或几天完工；另一项为能否获得鲁班工程奖。甲公司可以按照期望值或最有可能发生的金额确定可变对价的最佳估计数，并判断是否计入交易价格。

可变对价可能与整个合同相关，也可能与合同中的某一项或多项（非全部）履约义务相关。在第二种情况下，企业应当按照分摊交易价格的一般原则将其分摊至合同中的各单项履约义务。

第三节　营业成本的确认与计量

一、营业成本的内容和分类

房地产企业在确认营业收入的同时，必须结转相应的营业成本。营业成本也相应划分为主营业务成本和其他业务成本。

主营业务成本是指房地产企业对外销售、转让、结算开发产品应结转的开发成本，主要包括土地转让成本、商品房销售成本、配套设施销售成本、代建工程结算成本。将房地产作为抵押标的物时，抵押权人按规定处分抵押的土地使用权和房屋时，企业在确认主营业务收入的同时，也应结转主营业务成本。

其他业务成本是指房地产企业从事主营业务以外的其他业务应结转的成本。主要包括商品房售后服务成本、材料物资销售成本、让渡资产使用权成本等。

房地产企业所属实行独立核算的物业管理企业，因其所取得的营业收入而相应结转的营业成本，也可以分为主营业务成本和其他业务成本。

物业管理企业的主营业务成本是指企业在从事物业管理活动中，为物业产权人、使用人提供维修、管理和服务而发生的成本费用，如公共服务性支出、公众代办服务性支出、经营房屋出租及停车场、游泳池等发生的支出、物业大修理支出等。

物业管理企业的其他业务成本是指企业从事主营业务以外的其他业务活动所发生的成本费用，包括房屋中介代销和中介出租所发生的各项支出，转让无形资产所有权的无形资产摊余价值，转让无形资产使用权发生的费用，材料销售成本和经营商业用房发生的各项支出等。

二、开发产品销售成本的确认与计量

根据收入和费用配比原则的要求，房地产企业在确认有偿转让商品性建设场地收入和销售商品房、配套设施收入的同时，应结转这些开发产品的开发成本。上述开发产品的成本，都已在其开发完成、竣工验收时，从“开发成本”总账所属明细账结转到“开发产品”总账及所属明细账。由于各项开发产品用途、结构、建筑面积、装饰、价款均有很大差异，因此，在开发产品有偿转让或销售时应按个别计价法结转开发产品成本。

如果整栋房屋分套出售，在计算每套房屋价格和结转每套房屋成本时，应按各套房屋自身建筑面积的比例合理分摊公用建筑面积。各套房屋的自身建筑面积，包括各套房屋分户门以内的起居室、卧室、书房、计算机房、厨房、卫生间、储藏室、过道和阳台等面积。各栋房屋的公用建筑面积,包括各套房屋公共使用的门厅、楼梯、电梯厅、公共通道、垃圾管道以及突出屋面的有维护结构的楼梯间、水箱间、电梯机房等面积。分套出售房屋时,计算售价和结转成本应按各套房屋自身建筑面积和应分摊的公用建筑面积总和确认和计量。相关计算公式如下:

$$\text{某套出售房屋建筑面积}=\text{该套房屋自身建筑面积}\times(1+\text{公用建筑面积分配率})$$

$$\text{公用建筑面积分配率}=\frac{\text{该栋房屋公用建筑面积}}{\text{该栋房屋各套自身建筑面积之和}}\times 100\%$$

【例12－13】 某栋商品房建筑面积共10 000平方米,其中,各套房屋自身建筑面积之和为8 000平方米,公用建筑面积为2 000平方米,某套出售房屋自身建筑面积为100平方米,则:

$$\text{公用建筑面积分配率}=\frac{2\ 000}{8\ 000}\times 100\%=25\%$$

$$\text{该套出售房屋建筑面积}=100\times(1+25\%)=125(\text{平方米})$$

若该栋房屋总成本为2 800万元,则:

$$\text{该套房屋开发成本}=\frac{2\ 800}{10\ 000}\times 125=35(\text{万元})$$

三、提供劳务成本的确认与计量

房地产企业为物业产权人、使用人提供物业管理服务、物业大修理服务、经营停车场及游泳池等都会发生相应的费用支出。不实行独立核算的物业管理公司所发生的提供劳务的各项费用支出又可划分为公共服务性支出、公众代办性服务支出、特约服务支出、物业大修理支出和物业经营支出等项目,在发生时按实际发生额确认计量,作为其他业务成本;对于实行独立核算的物业管理公司而言,应将上述提供劳务的费用支出,按实际发生额确认计量,作为主营业务成本。

这里需要说明的是,房地产企业提供物业管理服务时,如果很难分清公共服务性支出、公众代办性服务支出和特约性服务支出,也可将其实际发生的费用合并确认与计量,作为物业管理支出。

有些劳务收入,如物业大修理收入、商品房装修收入,不是按月确认的,而是在劳务完成时确认的,在这种情况下,对于跨月份或跨年度的劳务,应设置“劳务成本”账户,按月归集劳务发生的各项费用,待劳务完工验收合格后,再将其实际总成本从“劳务成本”账户结转到“主营业务成本”或“其他业务成本”账户。

四、出租开发产品成本的确认与计量

房地产企业出租经营建设场地和房屋,在取得租金收入的同时,也应相应地结转成本。出租开发产品的成本表现为出租开发产品的价值摊销额，其摊销方法已在本书第六章“投资性房地产”中说明。期末在确认租金收入的同时，将其出租开发产品的摊销额确认为相配比的成本即可。

按公允价值计量的投资性房地产不计提价值摊销额，但需核算公允价值变动损益。详见本书第六章。

五、其他营业成本的确认与计量

房地产企业从事商店、卡拉OK厅、美容美发厅等多种经营，在汇总财务报表或合并财务报表时，将相应的收入和成本列示于房地产企业和实行独立核算的物业管理公司的其他业务收入项目和其他业务成本项目。

对于房地产企业销售材料物资、让渡固定资产、无形资产使用权的成本，应区别情况确认和计量：①销售材料物资的成本，按个别计价法、先进先出法、加权平均法计算确定；②固定资产出租成本，按计提的折旧费、应负担的修理费等计算确定；③转让无形资产使用权成本，表现为转让过程中发生的公证费、手续费、无形资产摊销额等。

关于营业成本结转的会计分录，请参见本章第二节例题。

第四节　税金及附加

房地产企业转让、销售、出租开发产品，提供售后物业服务、销售材料物资、转让无形资产、出租机械设备和经营投资性房地产，应按国家规定计算交纳土地增值税、增值税、城市维护建设税和教育费附加等。

一、土地增值税

土地增值税是对有偿转让国有土地使用权、地上建筑物及其附着物产权，取得增值收入的单位和个人征收的一种税。其征收目的是：①增强国家对房地产开发和房地产交易市场的调控力度；②合理调整土地增值收益，维护国家权益和正当开发者的合法权益，抑制炒买炒卖土地投机获取暴利的行为；③规范国家参与土地增值收益的分配方式，增加国家财政收入。

（一）土地增值税的征收范围

房地产企业发生以下四种行为，均需交纳土地增值税：

1. 出售国有土地使用权。这种情况是指土地使用者向国家交纳了土地出让金，有偿取得土地使用权并进行“三通一平”等土地开发后，将空地直接出售，属于国有土地使用权的有偿转让。

2. 出售开发产品。这种情况是指取得国有土地使用权后进行房屋开发建造，然后出售房屋，土地使用权随之有偿转让给其他单位或个人。

3. 存量房地产买卖。这种情况是指已建成并投入使用的房地产的产权所有人，将房地产产权和土地使用权一并有偿转让。

4. 房地产交换。这种情况是指一方以房地产与另一方的资产进行非货币性交换，土地使用权也一并转让。

房地产企业上述四种行为都属于转让国有土地使用权、地上建筑物及其附着物产权，取得土地使用权转让收入、房屋建筑物销售收入，因此，均应纳入土地增值税的征收范围。但是，在第三种情况中，凡属于企业固定资产的房地产的出售行为，其应交纳的土地增值税应作为处置固定资产的税金，通过"固定资产清理"账户核算，不属于房地产企业营业税金的核算内容。

国家作为土地所有者向单位或个人出让土地使用权，不属于土地增值税的征收范围。

房地产企业通过国内非营利组织将房屋产权、土地使用权无偿赠与教育、民政和其他社会福利、公益事业，将房屋产权、土地使用权无偿赠与直系亲属或承担直接赡养义务人，将房屋产权、土地使用权租赁给承租人使用，企业合并中转让房地产，以房地产进行投资、联营，合作建房，在抵押期间的房地产抵押，为客户代建房屋，房地产评估增值，房地产继承等行为，均不属于土地增值税的征收范围。

（二）土地增值税的计算

土地增值税的应纳税额，是根据转让房地产取得的应税收入额减除国家规定的各项扣除项目金额后的余额，按四级超率累进税率计算的：

1. 应税收入的确定。应税收入总额包括以下三项：

（1）货币收入，指纳税人转让房地产而取得的库存现金、银行存款、支票、银行本票、银行汇票、商业汇票、国库券、金融债券、企业债券、股票等。

（2）实物收入，指纳税人转让房地产而取得的各种实物形态的收入，如钢材、水泥、设备等材料物资，房屋、土地等不动产等。对于实物收入价值，应进行财产评估，以评估确认价值计量。

（3）其他收入，是指纳税人转让房地产而取得的专利权、专有技术使用权、土地使用权等，其价值也应通过评估取得。

2. 扣除项目的确定。准予从转让收入额减除的扣除项目包括以下六项：

（1）取得土地使用权所支付的金额，包括地价款和有关费用。如果是以协议、招标、拍卖等出让方式取得土地使用权，则地价款为所支付的土地出让金；如果是以转让方式取得土地使用权，则地价款为向原土地使用权人实际支付的土地转让金；如果是以行政划拨方式取得土地使用权，则地价款为按规定补交的土地出让金；纳税人取得土地使用权所发生的登记费、过户手续费、契税等有关费用，也作为取得土地使用权所支付的金额的组成部分。

(2)房地产开发成本，指纳税人转让的房地产开发项目的实际成本，见本书第十一章"成本费用"所述，但不包括其中的土地使用权，已经计入房地产开发成本的利息支出也应调整至财务费用中计算扣除。

(3)房地产开发费用，指与房地产开发项目有关的销售费用、管理费用和财务费用。但是，准予扣除的金额不是实际发生数，而是按《土地增值税实施细则》标准进行扣除。如利息支出，凡能够按转让房地产项目计算分摊并提供金融机构证明的，允许据实扣除，但最高不能超过按商业银行同类同期贷款利率计算的金额；除利息支出外的其他房地产开发费用，按上述第(1)、(2)项计算的金额之和的5%以内计算扣除；对于不能按转让房地产项目计算分摊的利息支出或不能提供金融机构证明的，房地产开发费用按上述第(1)、(2)项计算的金额之和的10%以内计算扣除。

(4)与转让房地产有关的税金，是指转让房地产时交纳的营业税、城市维护建设税、印花税和教育费附加。但因转让房地产的印花税已列入管理费用，故不允许单独再扣除。

(5)其他扣除项目，是指从事房地产开发的纳税人，可按上述第(1)、(2)项计算的金额之和，加计20%的扣除，此项规定对其他纳税人不适用。

(6)旧房及建筑物的评估价格。房地产企业转让已使用过的房屋及建筑物时，应按政府批准的房地产评估机构评定的重置成本乘以成新度折扣率后的价格确定。

3. 增值额和税率。增值额为上述转让房地产所取得的收入减除规定的扣除项目金额后的余额。土地增值税率实行四级超率累进税率：

(1)增值额未超过扣除项目金额的50%（含50%，下同）的部分，税率为30%。

(2)增值额超过扣除项目金额的50%、未超过扣除项目金额的100%的部分，税率为40%。

(3)增值额超过扣除项目金额的100%、未超过扣除项目金额的200%的部分，税率为50%。

(4)增值额超过扣除项目金额的200%的部分，税率为60%。

4. 应纳税额的计算。土地增值税按照纳税人转让房地产所得的增值额和规定的税率计算交纳。其计算公式如下：

$$\text{应交土地增值税} = \sum(\text{每级距的土地增值额} \times \text{适用税率})$$

在实际工作中，分级计算比较麻烦，一般可以采用速算扣除法计算。其具体计算公式如下：

（1）增值额未超过扣除项目金额的 50%：

$$\text{应交土地增值税} = \text{增值额} \times 30\%$$

（2）增值额超过扣除项目金额的 50%，未超过 100%：

$$\text{应交土地增值税} = \text{增值额} \times 40\% - \text{扣除项目金额} \times 5\%$$

（3）增值额超过扣除项目金额的 100%，未超过 200%：

$$\text{应交土地增值税} = \text{增值额} \times 50\% - \text{扣除项目金额} \times 15\%$$

（4）增值额超过扣除项目金额的 200%：

$$\text{应交土地增值税} = \text{增值额} \times 60\% - \text{扣除项目金额} \times 35\%$$

上述公式中的 5%、15%、35% 为二、三、四级的速算扣除率。

【例 12－14】 某房地产公司转让自行开发建造的房地产所取得的收入为 4 000万元，其中扣除项目金额为 1 000 万元，计算应交纳的土地增值税。

第一步，计算增值额：

$$\text{增值额} = 4\,000 - 1\,000 = 3\,000(\text{万元})$$

第二步，计算增值率：

$$\text{增值率} = 3\,000 \div 1\,000 = 300\%$$

第三步，计算应交纳的土地增值税：

$$\text{应交土地增值税} = 3\,000 \times 60\% - 1\,000 \times 35\% = 1\,450(\text{万元})$$

如果采用分级计算法，则：

$$\begin{aligned}\text{应交土地增值税} &= 1\,000 \times 50\% \times 30\% + 1\,000 \times (100\% - 50\%) \times \\ &\quad 40\% + 1\,000 \times (200\% - 100\%) \times 50\% + (3\,000 - \\ &\quad 1\,000 \times 200\%) \times 60\% \\ &= 1\,450(\text{万元})\end{aligned}$$

按税法规定，房地产企业建造普通标准住宅出售，增值额未超过扣除项目金额 20% 的，免征土地增值税；超过 20% 的，就其全部增值额按规定征税。对于既建普通标准住宅，又进行其他房地产开发的，应分别核算增值额。不能分别准确核算增值额的，不适用这一免税规定。

按税法规定，土地增值税实行预征制度，对预收房地产价款按规定的预征率预缴土地增值税，待项目清算完毕后再多退少补。这是实现土地增值税调节功能、保障税收收入均衡入库的重要手段。东部地区省份预征率不得低于 2%，中部和东北地区省份不得低于 1.5%，西部地区省份不得低于 1%，各地还要根据不同类型房地产确定适当的预征率。

房地产企业应设置“应交税费——预交土地增值税”账户核算预交的土地增值税。如果企业同时开发多个项目，还应该分项目进行明细分类核算。会计处理程序如下：

（1）取得预售收入时，按照预售收入和预征率计算预交的土地增值税时，借记“应交税费——预交土地增值税”账户，贷记“银行存款”账户。

（2）项目竣工符合收入确认条件时，按照当期确认的销售收入和预征率计算当期应承担的土地增值税，借记“税金及附加——土地增值税”账户，贷记“应交税费——应交土地增值税”账户。

（3）在取得税务机关土地增值税清算报告、确定土地增值税清算金额后，对前期预交的土地增值税款和实际应交土地增值税之间的差额进行调整：借记“以前年度损益调整——税金及附加（土地增值税）”账户（清算税款总金额－前期累计计提的土地增值税费用），贷记“应交税费——应交土地增值税”账户（清算税款总金额－前期累计已交纳的土地增值税）；实际补交时，先借记“应交税费——应交土地增值税”账户，贷记“应交税费——预交土地增值税”账户，再借记“应交税费——应交土地增值税”账户，贷记“银行存款”账户（清算税款总金额－前期累计已预交的土地增值税款）。若为退税，则作相反的会计分录。如果土地增值税清算差额不大，也可以不通过“以前年度损益调整”账户，而记入“税金及附加”账户，计入当期损益；如果开发项目年内实现销售，且年内清算完毕，需要补交的土地增值税也记入“税金及附加”账户，不涉及“以前年度损益调整”账户。

经过以上账务处理后，该项目“应交税费——应交土地增值税”账户和“应交税费——预交土地增值税”账户余额均为零。

【例12－15】 2017年，甲房地产公司（以下简称“甲公司”）预售A房屋开发项目，预售收入为10 000万元，预征率为2%。2018年年初预售收入为40 000万元，至2018年年末，该开发项目竣工，并全部实现销售，当年年底结转收入为60 000万元。2019年5月税务清算土地增值税，确认的应税收入为60 000万元，可以抵扣的项目金额为40 000万元，增值率为50%，结算的土地增值税为6 000万元（20 000×30%）。甲公司的会计分录如下：

（1）2017年预交的土地增值税为200万元（10 000×2%）。

借：应交税费——预交土地增值税	2 000 000	
贷：银行存款		2 000 000

（2）2018年预交的土地增值税款为800万元（40 000×2%）。

借：应交税费——预交土地增值税	8 000 000	
贷：银行存款		8 000 000

在2018年年底确认销售收入60 000万元时，按预征率结转的土地增值税为1 200万元（60 000×2%）。

借：税金及附加——土地增值税　　12 000 000

　贷：应交税费——应交土地增值税　　12 000 000

（3）在2019年5月清算土地增值税款时，需要调整的土地增值税为4 800万元（6 000－1 200），需要补交的土地增值税为5 000万元（6 000－200－800）。

借：以前年度损益调整——税金及附加（土地增值税）　　48 000 000

　贷：应交税费——应交土地增值税　　48 000 000

借：应交税费——应交土地增值税　　10 000 000

　贷：应交税费——预交土地增值税　　10 000 000

借：应交税费——应交土地增值税　　50 000 000

　贷：银行存款　　50 000 000

调整期初留存收益的会计分录略。

二、其他税费

其他税费包括房产税、土地使用税、车船税、印花税、消费税、资源税、城市维护建设税和教育费附加。房地产企业一般不会涉及计入税金及附加的消费税和资源税。

（一）城市维护建设税

城市维护建设税是国家对交纳增值税、消费税的单位和个人就其实际交纳的“两税”税额为计税依据而征收的一种税。它属于特定目的税，专门用于城市的公用事业和公共设施的维护建设。城市维护建设税的税率是三档差别税率，即：①纳税人所在地为市区的，税率为7%；②纳税人所在地为县城、镇的，税率为5%；③纳税人所在地不在市区、县城或者镇的，税率为1%。

（二）教育费附加

教育费附加也是以交纳的增值税和消费税为计税依据而交纳的附加费，教育费附加也有特定目的，专门用于发展教育事业，教育费附加率为3%。

【例12－16】　某房地产企业本年应交增值税为8 685万元，城市维护建设税适用税率7%，教育费附加率为3%，应交土地增值税为16 189.5万元。则：

应交纳城市维护建设税＝8 685×7%＝607.95（万元）

应交纳教育费附加＝8 685×3%＝260.55（万元）

房地产企业交纳的除增值税以外的税金及附加，都应在“税金及附加”账户列支，并同时记入“应交税费”账户。应编制的会计分录如下：

借：税金及附加　　170 580 000

　贷：应交税费——应交土地增值税　　161 895 000

——应交城市维护建设税 6 079 500

——应交教育费附加 2 605 500

（三）房产税、车船税、土地使用税和印花税

房产税是以房屋为对象对城镇产权所有人征收的一种财产税。房产税依据房产原值一次减除10%至30%后的余额计算交纳；房屋出租的，以房屋租金收入作为房产税的计税依据。

土地使用税是国家为了合理使用城镇土地，提高土地使用效益，加强土地管理征收的一种税。以纳税人实际占用的土地面积作为计税依据。

车船税是拥有并且使用车船的单位和个人，按照适用税额缴纳的一种税。

房产税、车船税和土地使用税的会计处理方法参见例2－16。

印花税是对书立、另收购货合同等凭证行为征收的一种税。纳税人预先购买印花税票，在发生应税行为时，纳税人再根据凭证的性质和规定的税率或按件计算的金额，自行计算应纳税额，将已购买的印花税票粘贴在应纳税凭证上。企业在购买印花税票时，无须通过“应交税费”账户，直接借记“税金及附加”账户，贷记“银行存款”账户。

第五节 利 润

一、房地产企业利润总额的构成

利润是企业在一定会计期间的经营成果。利润包括收入减去费用后的净额、直接计入当期损益的利得和损失。直接计入当期损益的利得和损失是作为营业外收入和营业外支出核算的，因此，也可以说房地产企业的利润总额是由营业利润和营业外收支净额构成的。相关计算公式如下：

利润总额＝营业利润＋营业外收入－营业外支出

营业利润＝营业收入－营业成本－营业税金及附加－销售费用－管理费用－财务费用－资产减值损失＋公允价值变动收益（或－公允价值变动损失）＋投资收益（或－投资损失）

净利润＝利润总额－所得税费用

上述公式中，营业收入包括主营业务收入和其他业务收入；营业成本包括主营业务成本和其他业务成本；营业税金及附加包括主营业务和其他业务的税金及附加；资产减值损失包括各项流动资产和非流动资产的减值损失；公允价值变动损益包括交易性金融资产、交易性金融负债、以公允价值模式计量的投资性房地产、衍生工具、套期保值业务等公允价值变动形成的应计入当期损益

的利得和损失；投资损益包括交易性金融资产、持有至到期投资、可供出售金融资产、长期股权投资形成的应计入投资收益的持有损益和转让损益；营业外收入和营业外支出是指企业发生的与日常活动无直接关系的利得和损失；所得税费用是指企业按照所得税税法和所得税会计准则规定计算的从利润总额中扣除的所得税；净利润是指留存企业的、可供企业用于提取公积金和向所有者分配的利润。

鉴于营业利润的各个构成部分在相关章节已经阐述，本节将主要介绍营业外收入和营业外支出，所得税费用将在本章第六节阐述。

为了反映房地产企业利润总额和净利润的形成情况，企业应设置“本年利润”账户。作为所有者权益类账户，贷方登记期末结转的主营业务收入、其他业务收入、公允价值变动净收益、投资净收益和营业外收入；借方登记期末结转的主营业务成本、其他业务成本、营业税金及附加、销售费用、管理费用、财务费用、资产减值损失、公允价值变动净损失、投资净损失、营业外支出和所得税费用；年终，企业应将本年借贷方发生额相抵后的差额予以结转，如果是本年实现的净利润，从本账户的借方结转到“利润分配——未分配利润”账户的贷方，如果是本年发生的净亏损，从本账户的贷方结转到“利润分配——未分配利润”账户的借方，结转后本账户应无余额。

二、营业外收支

营业外收入和营业外支出是指企业发生的与日常活动无直接关系的利得和损失。由于这些收支会增加或减少企业的利润，对企业利润总额及净利润可能产生较大影响，因此，对营业外收支应当加强管理，并分别核算营业外收入和营业外支出，不得以营业外收入直接冲减营业外支出。

（一）营业外收入

营业外收入是指企业发生的与日常活动无直接关系的各项利得。营业外收入是一种纯收入，其取得不需要以耗费或付出为代价，因此，确认营业外收入无须遵循收入和与其相关的费用配比的原则。营业外收入主要包括以下内容：非流动资产毁损报废利得、债务重组利得、盘盈利得、政府补助、捐赠利得、罚没利得等。

1. 非流动资产毁损报废利得，是指因自然灾害等发生毁损、已丧失使用功能而报废的固定资产、无形资产等非流动资产所产生的清理净收益，不含出售、转让固定资产、无形资产等非流动资产产生的净收益。

2. 债务重组利得，是指债务人重组债务的账面价值超过用于清偿债务的货币性资产、非货币性资产的公允价值、所转股份的公允价值或重组后债务的账面价值的差额。

3. 盘盈利得，是指企业盘盈的除固定资产以外的财产，经批准计入营业外收入的金额，如库存现金的盘盈。

4. 政府补助，是指企业与企业日常活动无关的、无偿从政府取得货币性资产或非货币性资产所形成的利得。

5. 捐赠利得，是指企业接受捐赠产生的利得。企业接受控股股东或非控股股东直接或间接代为偿债，企业获得债务豁免或捐赠，应当将相关的利得计入资本公积。

6. 罚没利得，是指企业取得的滞纳金和各种形式的罚款收入，在弥补由于对方违反合同或协议而造成的经济损失后的罚款净收入。

房地产企业应设置“营业外收入”账户，用来核算企业取得的各项营业外收入。企业取得的营业外收入，记入本账户的贷方；期末，将其余额全部转入“本年利润”账户时，记入本账户的借方；期末本账户应无余额。

【例 12－17】 因供应方违约，致使甲房地产公司商品房成本增加 20 万元，向对方索赔 25 万元，供应方已承诺支付该项罚款。则：

借：其他应收款	250 000
贷：开发成本	200 000
营业外收入	50 000

其他利得形成的会计处理请参见本书相关章节。

（二）营业外支出

营业外支出是指企业发生的与日常活动无直接关系的损失。营业外支出与企业开发经营活动无直接关系，不属于企业开发经营费用，但应从利润总额中扣减。营业外支出主要包括以下内容：非流动资产毁损报废损失、债务重组损失、公益性捐赠支出、非常损失、罚没支出等。

1. 非流动资产毁损报废损失，是指因自然灾害发生毁损、已丧失使用功能而报废的非流动资产所产生的清理净损失。其不含固定资产、无形资产等非流动资产资产出售等产生的净损失，该净损失应作为“资产处置损益”处理。

2. 债务重组损失，是指债权人重组债权的账面价值超过用于受让资产的公允价值、所转股份的公允价值或重组后债务的账面价值的差额。

3. 公益性捐赠支出，是指企业以货币性资产或非货币性资产对外进行公益性捐赠发生的支出。

4. 非常损失，是指企业因客观的、不可抗拒的因素造成的损失扣除保险公司赔偿后的净损失。

5. 罚没支出，是指企业因违反合同或税收法规等而支付的各种形式的罚款和滞纳金。

房地产企业应设置“营业外支出”账户，用来核算企业发生的各项营业外支出。企业发生的营业外支出，记入本账户的借方；期末，将其余额全部转入“本年利润”账户时，记入本账户的贷方；期末本账户应无余额。

【例 12－18】 甲房地产公司因违反税法规定，交纳税收罚款和滞纳金 3 万元。

借：营业外支出　　30 000

　贷：银行存款　　30 000

其他损失形成的会计处理请参见本书相关章节。

三、利润总额的形成

房地产企业对在开发经营过程中取得的各项收入、利得和发生的各项费用、损失，均应于期末从损益类账户有关收入类账户和费用类账户结转到“本年利润”账户。结转后，如果“本年利润”贷方发生额大于借方发生额，其差额为本期实现的利润总额；反之，则为本期发生的亏损总额。

【例 12－19】 假设甲房地产公司（以下简称“甲公司”）按年结算利润。2018 年甲公司损益类账户发生额见表 12－1。

表 12－1　　单位：万元

账户名称	借方发生额	贷方发生额
主营业务收入		170 000
其他业务收入		4 500
公允价值变动损益		1 000
投资收益		1 500
营业外收入		250
主营业务成本	82 000	
其他业务成本	2 800	
税金及附加	25 743	
销售费用	8 790.5	
管理费用	10 900	
财务费用	9 500	
资产减值损失	8 100	
营业外支出	550	
合　计	148 383.5	177 250

表 12－1 说明：

(1)主营业务收入均为销售普通标准住宅应缴纳增值税和土地增值税的项目实现的，本年发生的主营业务成本金额均属于可以从土地增值税应税收入中扣除的，另有其他可扣除金额 9 435 万元。

(2)其他业务收入均为应缴纳增值税的项目实现的。

(3)甲公司城市维护建设税税率为 7%，教育费附加率为 3%。

(4)财务费用中的利息支出不能按房地产项目分摊。

(5)相关税金的计算为：①税金及附加的计算见例 12－14；②应交印花税为 85 万元(170 000 ×0.5‰)；③土地增值税应税收入为 170 000 万元。

$$\text{土地增值税应扣除项目金额} = 82\ 000 + 82\ 000 \times 10\% + 9\ 435 + 82\ 000 \times 20\%$$

$$= 116\ 035(\text{万元})$$

$$\text{增值额} = 170\ 000 - 116\ 035 = 53\ 965(\text{万元})$$

$$\text{增值率} = 53\ 965 \div 116\ 035 = 46.51\%$$

$$\text{应交土地增值税} = 53\ 965 \times 30\% = 16\ 189.5(\text{万元})$$

根据表 12－1 及其说明，甲公司应编制的利润结转会计分录如下：

借：主营业务收入	1 700 000 000	
其他业务收入	45 000 000	
公允价值变动损益	10 000 000	
投资收益	15 000 000	
营业外收入	2 500 000	
贷：本年利润		1 772 500 000
借：本年利润	1 483 835 000	
贷：主营业务成本		820 000 000
其他业务成本		28 000 000
税金及附加		257 430 000
销售费用		87 905 000
管理费用		109 000 000
财务费用		95 000 000
资产减值损失		81 000 000
营业外支出		5 500 000

经上述结转后，甲公司 2018 年实现的利润总额为 28 866.5 万元。

第六节　所得税费用

按照税法的规定，企业的生产经营所得和其他所得，应交纳企业所得税。所得税是企业取得可供分配利润所必须付出的代价，会计核算将所得税确认为一项费用，在利润表的利润总额中扣除，以求得当期实现的净利润。

一、所得税费用确认、计量的方法

（一）所得税费用确认、计量方法的演变

所得税费用的确认与计量，最早采用的是应付税款法。这种方法是将按所得税税法计算求得的本期应交所得税作为本期所得税费用，不考虑暂时性差异对所得税费用的影响。虽然这种方法简便易行、通俗易懂，但是，它不能反映企业选择的不同于税法的会计政策对所得税费用以致对企业净利润的影响，导致会计所提供的信息难以反映企业的财务与经营政策，因此，利润表债务法应运而生。利润表债务法将会计与税法在收入和费用确认上的差异分为永久性差异和时间性差异，并将时间性差异对所得税的影响金额调增或调减当期所得税费用，同时确认递延税款。这种方法虽然考虑了时间性差异对所得税的影响，但是，它只能反映与利润表相关的会计与税法在确认收入与费用上的时间性差异，还不能反映会计与税法的全部差异。同时，对时间性差异导致的资产和负债的界定也还不够清晰。因此，我国《企业会计准则第 18 号——所得税》规定，采用资产负债表债务法确认、计量企业所得税。

资产负债表债务法是将资产负债表中资产、负债的账面价值与其计税基础的差额作为暂时性差异，核算暂时性差异导致的递延所得税资产和递延所得税负债，并相应调整当期所得税费用。资产负债表债务法较为完整地体现了资产负债观，在所得税的会计核算方面贯彻了资产、负债的界定。从资产负债表角度考虑，资产的账面价值代表的是某项资产在持续持有及最终处置某项资产的一定期间内，为企业带来的未来经济利益，而其计税基础代表的是在该期间内，按照税法规定就该项资产可以税前扣除的金额。一项资产的账面价值小于其计税基础，表明该项资产于未来期间产生的经济利益流入低于按照税法规定允许税前扣除的金额，产生可抵减未来期间应纳税所得额的因素，减少未来期间以应交所得税的方式流出企业的经济利益，应确认为递延所得税资产。反之，一项资产的账面价值大于其计税基础的，两者之间的差额将会于未来期间产生应税金额，增加未来期间的应纳税所得额及应交所得税，对企业形成经济利益流出的义务，应确认为递

延所得税负债。同时,资产负债表债务法考虑了会计与税法之间存在的所有暂时性差异,更能全面地体现暂时性差异对所得税费用的影响。

(二)资产负债表债务法下,所得税费用的核算程序

采用资产负债表债务法核算所得税费用,企业应于每一资产负债表日进行所得税的核算。企业合并等特殊交易或事项发生时,在确认因交易或事项取得的资产、负债时即应确认相关的所得税影响。企业进行所得税费用核算的一般程序如下:

1. 确定资产负债表中除递延所得税资产和递延所得税负债以外的其他资产和负债项目的账面价值。资产和负债的账面价值,是指企业按照相关会计准则的规定进行核算后在资产负债表中列示的金额,如固定资产账面价值应为固定资产原值减去累计折旧和固定资产减值准备后的净额。

2. 确定资产和负债的计税基础。以适用的税收法规为基础,确定资产负债表中有关资产、负债项目的计税基础。

3. 比较资产、负债的账面价值与其计税基础,分别确定应纳税暂时性差异与可抵扣暂时性差异并乘以适用的所得税税率,确定资产负债表日递延所得税负债和递延所得税资产的应有金额。

4. 将资产负债表日递延所得税负债和递延所得税资产的应有金额与期初递延所得税负债和递延所得税资产的余额进行比较,确定当期应确认的递延所得税资产和递延所得税负债金额或应予转销的金额,并同时确定递延所得税。

5. 计算确定当期应纳税所得额,将应纳税所得额与适用的所得税税率计算的结果确认为当期应交所得税,并同时确定当期所得税。

6. 确定利润表中的所得税费用。利润表中的所得税费用是当期所得税和递延所得税两者之和(或差)。

二、资产、负债的计税基础和暂时性差异

所得税会计的关键在于确定资产、负债的计税基础和暂时性差异。

(一)资产、负债的计税基础

1. 资产的计税基础。资产的计税基础是指企业在收回资产账面价值过程中,计算应纳税所得额时按照税法规定可以自应税经济利益中抵扣的金额,即某一项资产在未来期间计税时按照税法规定可以税前扣除的金额。

资产在初始确认时,其计税基础一般为取得成本,通常与会计确定的入账价值相同。在资产持续持有的过程中,其计税基础是指资产的取得成本减去以前期间按照税法规定已经税前扣除的金额后的余额,该余额代表的是按照税法规定,

就涉及的资产在未来期间计税时仍然可以税前扣除的金额。

(1)固定资产在持有期间进行后续计量时，由于会计采用不同于税法规定的折旧年限、折旧方法和计提税法不允许扣除的固定资产减值准备，导致固定资产的账面价值与计税基础之间存在差异。

(2)无形资产的账面价值与计税基础之间的差异主要产生于内部研究开发形成的无形资产以及使用寿命不确定的无形资产，具体表现为：①无形资产初始计量的入账价值与其计税基础的差异主要产生于内部研究开发形成的无形资产。对于内部研究开发形成无形资产的初始确认，会计准则规定开发阶段符合资本化条件以后至达到预定用途前发生的支出应当予以资本化作为无形资产的成本，研究开发过程中发生的其他支出应予以费用化计入当期损益；税法规定，企业自行开发的无形资产以开发过程中该资产符合资本化条件后至达到预定用途前发生的支出作为计税基础，这与会计准则规定相同。可见，内部研究开发形成的无形资产，按照会计准则规定确定的初始成本与其计税基础相同。但税法又同时规定，企业为开发新技术、新产品、新工艺发生的研究开发费用，未形成无形资产的，在据实扣除的基础上加计 50% 扣除；形成无形资产成本的，按照无形资产成本的 150% 摊销(2018 年财税字 99 号规定，企业开展研发活动中实际发生的研发费用，未形成无形资产计入当期损益的，在按规定据实扣除的基础上，在 2018 年 1 月 1 日至 2020 年 12 月 31 日期间，再按照实际发生额的 75% 在税前加计扣除；形成无形资产的，在上述期间按照无形资产成本的 175% 在税前摊销)。这就导致内部研究开发形成的无形资产的计税基础应在会计入账价值基础上加计 50%，于是产生账面价值与其计税基础在初始确认时的差异。按照所得税会计准则规定，如该无形资产的确认不是产生于企业合并交易，同时在确认时既不影响会计利润也不影响应纳税所得额，不确认该项暂时性差异的影响。②无形资产在持有期进行后续计量时，下述两个原因会导致无形资产的账面价值与其计税基础之间产生差异：一是无形资产是否需要摊销。会计准则规定，无形资产在取得以后，应区分为使用寿命有限的无形资产与使用寿命不确定的无形资产，对于使用寿命不确定的无形资产，不要求摊销，但持有期间每年应进行减值测试。税法规定，企业取得的所有的无形资产成本均应在一定期间内摊销，并将其摊销额在税前扣除，造成该类无形资产的账面价值与计税基础的差异。二是在对无形资产计提减值准备的情况下，因税法规定对按照会计准则规定计提的无形资产减值准备在形成实质性损失前不允许税前扣除，从而造成无形资产的账面价值与计税基础的差异。

(3)以公允价值计量且其变动计入当期损益的金融资产和可供出售金融资产，以某个会计期末的账面价值为公允价值。税法规定，资产在持有期间公允价值变动损益不计入应纳税所得额，即有关金融资产在某一会计期末的计税基础为其取得成本，会造成在公允价值变动的情况下，该类金融资产的账面价值与计税基础之间的差异。

（4）采用权益法核算的长期股权投资，其账面价值与计税基础的差异主要源于以下三种情况：①初始投资成本的调整。取得时如果初始投资成本小于按照持股比例计算应享有被投资单位可辨认净资产公允价值份额，应当调整长期股权投资的账面价值，同时确认为当期损益，按照税法规定并不要求对其成本进行调整，计税基础维持原取得成本不变。②投资损益的确认。持有投资期间在被投资单位实现净利润或发生净损失时，投资企业按照持股比例计算应享有的部分调整长期股权投资的账面价值，同时确认为各期损益，但其计税基础并不会随之变化。③应享有被投资单位其他权益的变化也应调整长期股权投资的账面价值，但其计税基础不会发生变化。

（5）采用公允价值模式计量的投资性房地产以及其他计提了资产减值准备的各项资产，如应收账款、存货等，也会导致资产账面价值与其计税基础的差异。

2. 负债的计税基础。负债的计税基础，是指负债的账面价值减去未来期间计算应纳税所得额时按照税法规定可予抵扣的金额。

负债的确认与清偿一般不会影响损益，也不会影响应纳税所得额，未来期间计算应纳税所得额时税法规定可予以扣除的金额为零，因此，负债计税基础一般就是负债的账面价值。但是，按照会计准则规定确认的某些预计负债会影响企业的损益，进而影响不同期间的应纳税所得额，使得其计税基础与账面价值之间产生差额，如企业可以按照或有事项准则规定计提产品质量担保费用，同时形成预计负债。税法规定，与销售产品相关的支出应于发生时税前扣除。因该类事项产生的预计负债在期末的计税基础为其账面价值与未来期间可税前扣除的金额之间的差额，又因有关的支出实际发生时可全部税前扣除，其计税基础为零，导致其账面价值与计税基础产生差异。而有些或有事项确认的预计负债，税法规定其支出无论是否实际发生均不允许税前扣除，即未来期间按照税法规定可予抵扣的金额为零，则账面价值等于计税基础，如企业为其他单位提供债务担保所确认的预计负债。

3. 特殊交易或事项中产生资产、负债的计税基础。企业合并准则规定，对于同一控制下的企业合并，合并中取得的有关资产、负债基本上维持其原账面价值不变，合并中不产生新的资产和负债；对于非同一控制下的企业合并，合并中取得的有关资产、负债应按其在购买日的公允价值计量，企业合并成本大于合并中取得可辨认净资产公允价值的份额部分确认为商誉，企业合并成本小于合并中取得可辨认净资产公允价值的份额部分计入合并当期损益。而企业合并的税务处理分为一般税务处理和特殊税务处理。采用一般税务处理时，合并企业应按公允价值确定接受被合并企业各项资产和负债的计税基础。采用特殊税务处理应同时符合五个条件（其中包括股权支付额不低于其交易额的85%），收购企业、被收购企业的原有各项资产和负债的计税基础保持不变。

由于会计准则与税收法规对企业合并的划分标准不同、处理原则不同，在某些情况下，会导致企业合并中取得的有关资产、负债的入账价值与其计税基础存在差异。

（二）暂时性差异

暂时性差异是指资产、负债的账面价值与其计税基础不同而产生的差额。

根据暂时性差异对未来期间应纳税所得额的影响，分为应纳税暂时性差异和可抵扣暂时性差异。

1. 应纳税暂时性差异。应纳税暂时性差异，是指在确定未来收回资产或清偿负债期间的应纳税所得额时，将导致产生应税金额的暂时性差异，该差异在未来期间转回时，会增加转回期间的应纳税所得额和应交所得税金额。在应纳税暂时性差异产生当期，应当确认相关的递延所得税负债。

以下两种情况通常会产生应纳税暂时性差异：

（1）资产的账面价值大于其计税基础。资产的账面价值大于其计税基础，该项资产未来期间产生的经济利益不能全部税前抵扣，两者之间的差额需要交税，产生应纳税暂时性差异。在其产生当期，符合确认条件的情况下，应确认相关的递延所得税负债。

（2）负债的账面价值小于其计税基础。负债的账面价值小于其计税基础，则该项负债在未来期间可以税前抵扣的金额为负数，应在未来期间增加应纳税所得额和应交所得税。产生应纳税暂时性差异的当期，应确认相关的递延所得税负债。

2. 可抵扣暂时性差异。可抵扣暂时性差异，是指在确定未来收回资产或清偿负债期间的应纳税所得额时，将导致产生可抵扣金额的暂时性差异。该差异在未来期间转回时会减少转回期间的应纳税所得额和应交所得税。在可抵扣暂时性差异产生当期，应当确认相关的递延所得税资产。

以下五种情况一般会产生可抵扣暂时性差异：

（1）资产的账面价值小于其计税基础，资产在未来期间产生的经济利益少，按照税法规定允许税前扣除的金额多，则账面价值与计税基础之间的差额，可以减少企业在未来期间应纳税所得额并减少应交所得税，符合有关条件时，应当确认相关的递延所得税资产。

（2）负债的账面价值大于其计税基础，负债产生的暂时性差异实质上是税法规定就该项负债可以在未来期间税前扣除的金额。一项负债的账面价值大于其计税基础，如某些预计负债，税法规定有关费用支出只有在实际发生时才能够税前扣除，其计税基础为零；企业确认预计负债的当期相关费用不允许税前扣除，但在以后期间有关费用实际发生时允许税前扣除，使得未来期间的应纳税所得额和应交所得税减少，产生可抵扣暂时性差异，符合有关确认条件时应确认相关的递延所得税资产。

（3）可抵扣亏损及税款抵减产生的暂时性差异。对于按照税法规定可以结转以后年度的未弥补亏损及税款抵减，虽不是因资产、负债的账面价值与计税基础不同产生的，但本质上可抵扣亏损和税款抵减与可抵扣暂时性差异具有同样的作用，均能够减少未来期间的应纳税所得额和应交所得税，应视同可抵扣暂时性差异，在符合确认条件的情况下，应确认与其相关的递延所得税资产。

（4）可在以后年度结转扣除费用产生的暂时性差异。企业发生的符合条件的广告费、业务宣传费支出，不超过当年收入15%的部分，准予税前扣除；超过部分准予在以后纳税年度结转扣除。企业通过公益性社会组织或者县级以上（含县级）人民政府及其组成部门和直属机构，用于慈善活动、公益事业的捐赠支出，在年度利润总额12%以内的部分，准予在计算应纳税所得额时扣除；超过年度利润总额12%的部分，准予结转以后三年内在计算应纳税所得额时扣除。这类费用在发生时按照会计准则规定计入当期损益，不形成资产负债表中的资产，会计账面价值为零，但按照税法规定可以确定其计税基础的，两者之间的差额形成可抵扣暂时性差异，在符合确认条件的情况下，应确认与其相关的递延所得税资产。

（5）采用预收款方式销售开发产品，会计准则要求在移交开发产品并符合收入确认条件时确认收入，而税法要求在收到预收款的当天产生纳税义务，按取得的预收收入和预计计税毛利率计算出预计毛利额，计入当期应纳税所得额。开发产品完工后，再将其实际毛利额与其对应的预计毛利额之间的差额计入当期应纳税所得额。如果这项交易既涉及负债的账面价值大于其计税基础的差异，又涉及实际毛利率与其对应的预计毛利率之间的差异，那么这些差异也应视为可抵扣暂时性差异。

采用银行按揭方式销售开发产品的，税法规定应按销售合同或协议约定的价款确定收入额，其首付款应于实际收到日确认收入的实现，余款在银行按揭贷款办理转账之日确认收入的实现，而会计准则要求符合收入确认条件时确认收入。这种情况应区分为现房销售还是期房预售，以具体判断是属于应纳税暂时性差异还是属于可抵扣暂时性差异。

三、递延所得税负债及递延所得税资产

(一)递延所得税负债的确认与计量

递延所得税负债是指应纳税暂时性差异影响的企业未来应交所得税金额。应纳税暂时性差异在转回期间将增加企业的应纳税所得额和应交所得税,导致企业未来经济利益的流出,因此,在应纳税暂时性差异发生的当期,构成企业未来应交税金的义务,应作为递延所得税负债予以确认。递延所得税负债的确认如果影响到会计利润或应纳税所得额,相关的所得税影响应作为利润表中所得税费用的组成部分;如果与直接计入所有者权益的交易或事项相关,其所得税影响应调整所有者权益;如果与企业合并中取得资产、负债相关,递延所得税影响应调整购买日应确认的商誉或是计入合并当期损益的金额。

对于递延所得税负债,应当根据适用税法规定,按照预期收回该项资产或清偿该项负债期间的适用税率计量,即递延所得税负债应以相关应纳税暂时性差异转回期间按照税法规定适用的所得税税率计量。无论应纳税暂时性差异的转回期间长短,递延所得税负债均不予以折现。

【例 12 -20】 2014 年 12 月,甲房地产公司(以下简称"甲公司")购入一项固定资产,成本为 100 万元,预计使用年限 5 年,预计净残值为零,会计采用年限平均法计提折旧,计税时采用双倍余额递减予以扣除。税法规定的使用年限及净残值与会计相同。甲公司在各会计期末均未对该项固定资产计提减值准备,适用的所得税税率为 25% 。递延所得税资产及负债期初余额均为零。递延所得税负债的确认与计量见表 12 -2。

表 12 -2 单位:万元

项　目	2015 年	2016 年	2017 年	2018 年	2019 年
实际成本	100	100	100	100	100
累计会计折旧	20	40	60	80	100
账面价值	80	60	40	20	0
累计计税折旧	40	64	78.4	89.2	100
计税基础	60	36	21.6	10.8	0
应纳税暂时性差异	20	24	18.4	9.2	0
适用税率(%)	25	25	25	25	25
递延所得税负债余额	5	6	4.6	2.3	0
当期递延所得税负债	5	1	-1.4	-2.3	-2.3

各资产负债表日确认递延所得税负债的会计分录如下：

(1)2015 年 12 月 31 日：

借：所得税费用　　50 000

　贷：递延所得税负债　　50 000

(2)2016 年 12 月 31 日：

借：所得税费用　　10 000

　贷：递延所得税负债　　10 000

(3)2017 年 12 月 31 日：

借：递延所得税负债　　14 000

　贷：所得税费用　　14 000

(4)2018 年 12 月 31 日：

借：递延所得税负债　　23 000

　贷：所得税费用　　23 000

(5)2019 年 12 月 31 日：

同 2018 年会计分录。

需要说明的是：

1. 企业与对联营企业、合营企业投资等相关的应纳税暂时性差异，一般应确认相应的所得税负债，但同时满足以下两个条件的除外：①投资企业能够控制暂时性差异转回的时间；②该暂时性差异在可预见的未来很可能不会转回。满足上述条件时，无须确认相应的递延所得税负债。对于权益法核算的长期股权投资，如果准备长期持有，一般不确认相关的所得税影响，如果改变持有意图准备近期出售，其账面价值与计税基础之间的差异应当确认相关的所得税影响。

2. 对于非同一控制下的企业合并中所确认的商誉，如果按照税法规定采用特殊税务处理，商誉的计税基础为零，则两者之间的差额形成应纳税暂时性差异。对于商誉的账面价值与其计税基础不同产生的应纳税暂时性差异，会计准则中规定不确认与其相关的递延所得税负债。但是，该商誉在后续计量过程中因会计准则规定与税法规定不同产生暂时性差异的，应当确认相关的所得税影响。

(二)递延所得税资产的确认与计量

递延所得税资产是指可抵扣暂时性差异影响的企业未来应交所得税金额。可抵扣暂时性差异在转回期间将减少企业的应纳税所得额和应交所得税，因此，在可抵扣暂时性差异发生的当期，构成企业用来抵扣未来应纳税所得额的权利，应作为递延所得税资产予以确认。递延所得税资产的确认，如果影响到会计利润或应纳税所得额，相关的所得税影响应作为利润表中所得税费用的组成部分；如果与直接计入所有者权益的交易或事项相关，其所得税影响应调整所有者权益；如果与企业合并中取得资产、负债相关，递延所得税影响应调整购买日应确认的商誉或是计入合并当期损益的金额。

与确认递延所得税负债不同的是，在估计未来期间能够取得足够的应纳税所得额可以抵扣该项可抵扣暂时性差异时，应当以很可能取得用来抵扣可抵扣暂时性差异的应纳税所得额为限，确认相关的递延所得税资产；如果在可抵扣暂时性差异转回的未来期间内企业无法产生足够的应纳税所得额用以抵扣该项可抵扣暂时性差异，使得与可抵扣暂时性差异相关的经济利益无法实现，则不应确认递延所得税资产。

确认递延所得税资产时，应当以预期收回该资产或清偿该项负债期间的适用所得税税率为基础计算确定。无论相关的可抵扣暂时性差异转回期间长短，递延所得税资产均不要求折现。资产负债表日，企业应当对递延所得税资产的账面价值进行复核。如果未来期间很可能无法取得足够的应纳税所得额用以利用可抵扣暂时性差异带来的经济利益，应当减记递延所得税资产的账面价值。

【例 12 - 21】 2014 年 12 月，甲房地产公司（以下简称“甲公司”）购入一项固定资产，成本为 100 万元，预计使用年限 5 年，预计净残值为零，会计采用双倍余额递减法计提折旧，计税时采用年限平均法予以扣除。税法规定的使用年限及净残值与会计相同。甲公司在各会计期末均未对该项固定资产计提减值准备，适用的所得税税率为 25%。递延所得税资产及负债期初余额均为零。预计未来有足够的会计利润用于抵扣可抵扣暂时性差异。递延所得税资产的确认与计量见表 12 - 3。

表 12 - 3 单位：万元

项　目	2015 年	2016 年	2017 年	2018 年	2019 年
实际成本	100	100	100	100	100
累计会计折旧	40	64	78.4	89.2	100
账面价值	60	36	21.6	10.8	0
累计计税折旧	20	40	60	80	100
计税基础	80	60	40	20	0
可抵扣暂时性差异	-20	-24	-18.4	-9.2	0
适用税率（%）	25	25	25	25	25
递延所得税资产余额	5	6	4.6	2.3	0
当期递延所得税资产	5	1	-1.4	-2.3	-2.3

各资产负债表日确认递延所得税资产的会计分录如下：

(1)2015 年 12 月 31 日：

借:递延所得税资产　　50 000

　贷:所得税费用　　50 000

(2)2016 年 12 月 31 日：

借:递延所得税资产　　10 000

　贷:所得税费用　　10 000

(3)2017 年 12 月 31 日：

借:所得税费用　　14 000

　贷:递延所得税资产　　14 000

(4)2018 年 12 月 31 日：

借:所得税费用　　23 000

　贷:递延所得税资产　　23 000

(5)2019 年 12 月 31 日：

同 2018 年会计分录。

需要说明的是：

1. 某些情况下,企业发生的某项交易或事项不属于企业合并,并且交易发生时既不影响会计利润也不影响应纳税所得额,且该项交易中产生的资产、负债的初始确认金额与其计税基础不同,产生可抵扣暂时性差异的,不确认相关的递延所得税资产,如融资租入固定资产入账价值小于计税基础的差额。这是因为,如果确认递延所得税资产,则需调整资产、负债的入账价值,对实际成本进行调整将有违会计核算中的历史成本计量要求,影响会计信息的可靠性。

2. 对与子公司、联营企业、合营企业的投资相关的可抵扣暂时性差异,同时满足下列条件的,应当确认相关的递延所得税资产:①暂时性差异在可预见的未来很可能转回;②未来很可能获得用来抵扣可抵扣暂时性差异的应纳税所得额。对联营企业和合营企业等的投资产生的可抵扣暂时性差异,主要产生于权益法下被投资单位发生亏损时,即投资企业按照持股比例确认应予承担的部分相应减少长期股权投资的账面价值,但税法规定长期股权投资的成本在持有期间不发生变化,造成长期股权投资的账面价值小于其计税基础时,产生可抵扣暂时性差异。可抵扣暂时性差异还产生于对长期股权投资计提减值准备的情况下。

3. 对于按照税法规定可以结转以后年度的未弥补亏损(可抵扣亏损)和税款抵减,应视同可抵扣暂时性差异处理。在预计可利用可弥补亏损或税款抵减的未来期间内很可能取得足够的应纳税所得额时,应当以很可能取得的应纳税所得额为限，确认相应的递延所得税资产，同时减少确认当期的所得税费用。

因适用税收法规的变化导致企业在某一会计期间适用的所得税税率发生变化的，企业应对已确认的递延所得税资产和递延所得税负债按照新的税率进行重新计量，以反映税率变化带来的影响。除直接计入所有者权益的交易或事项产生的递延所得税资产及递延所得税负债，相关的调整金额应计入所有者权益以外，其他情况下产生的递延所得税资产及递延所得税负债的调整金额应确认为变化当期的所得税费用（或收益）。

四、所得税费用的确认与计量

在资产负债表债务法下，利润表中的所得税费用由两个部分组成：当期所得税和递延所得税。

（一）当期所得税

当期所得税是指企业按照税法规定计算确定的、针对当期发生的交易或事项应交纳给税务部门的所得税金额。企业在确定当期所得税时，对于当期发生的交易或事项，由于会计处理与税务处理不同，导致税前会计利润和应纳税所得额不同的，应当予以调整。在计算当期所得税时，相应调整的税前会计利润与应税所得之间的差异可以分为暂时性差异和永久性差异。永久性差异可以分为以下四种类型：

1. 可免税收入，即对发生的交易或事项，会计确认为收入，计入利润总额，而税法不作为应税收入，不计入应纳税所得额。如购买国债的利息收入、享有的权益性投资的税后利润，应当调减会计利润求出应纳税所得额。

2. 应纳税收入，即对发生的交易或事项，会计不确认为收入，不计入利润总额，而税法作为应税收入，计入应纳税所得额。如采取基价（保底价）并实行超基价双方分成方式委托销售开发产品，属于由企业与购买方签订销售合同或协议，或企业、受托方、购买方三方共同签订销售合同或协议的，税法规定，如果销售合同或协议约定的价格低于基价，则应按基价计算的价款于收到受托方已销开发产品清单之日确认收入的实现，而会计准则规定，按销售合同或协议约定的价格确认收入，则需要调增会计利润求出应纳税所得额。

3. 不可扣减的费用或损失，即对发生的交易或事项，会计确认为费用，从收入中抵减，而税法不允许从应税收入中扣除，如违法经营的罚款、各种税收的罚款和滞纳金、赞助费、非公益性捐赠。又如超规定标准支付的职工薪酬、利息、公益性捐赠、业务招待费等，应当调增会计利润求出应纳税所得额。

4. 可扣减的费用或损失，即对相关的交易或事项，会计不确认为费用或损失，而税法允许从应税收入中扣除。如税法规定，企业为开发新技术、新产品、新工艺发生的研究开发费用，不形成无形资产的，在据实扣除的基础上加计50% 扣除，而会计按照实际发生额列支；形成无形资产成本的，按照无形资产成本的150% 摊销（2018 年财税字 99 号文件规定，企业开展研发活动中实际发生的研发费用，未形成无形资产计入当期损益的，在按规定据实扣除的基础上，在2018 年 1 月 1 日至 2020 年 12 月 31 日期间，再按照实际发生额的 75% 在税前加计扣除；形成无形资产的，在上述期间按照无形资产成本的 175% 在税前摊销），而会计按照无形资产成本摊销。为此，应当调减会计利润求出应纳税所得额。

在税前会计利润的基础上，考虑会计与税法之间的暂时性差异和永久性差异，应纳税所得额可以按照以下公式计算确定：

当期应纳税所得额 = 税前会计利润 +（ - ）永久性差异 +（ - ）暂时性差异
= 税前会计利润 + 应纳税收入 - 可免税收入 +
不可抵减的费用或损失 - 可扣减的费用或损失 +（ - ）
影响当期应纳税所得额的暂时性差异

或　应纳税所得额 = 会计利润 + 按照会计准则规定计入利润表但计税时不允许税前扣除的费用 +（ - ）计入利润表的费用与按照税法规定可予税前抵扣的费用金额之间的差额 +（ - ）计入利润表的收入与按照税法规定应计入应纳税所得额的收入之间的差额 - 税法规定的不征税收入 +（ - ）其他需要调整的因素

当期所得税 = 当期应交所得税 = 应纳税所得额 × 适用的所得税税率

（二）递延所得税

递延所得税是指应予确认的递延所得税资产和递延所得税负债的期末应有金额与原已确认金额之间的差额，即递延所得税资产及递延所得税负债当期发生额的综合结果。用公式表示为：

递延所得税 =（递延所得税负债期末余额 - 递延所得税负债期初余额）-
（递延所得税资产期末余额 - 递延所得税资产期初余额）

企业因确认递延所得税资产和递延所得税负债产生的递延所得税，除按规定应计入所有者权益和合并商誉或合并损益外，一般应当计入当期所得税费用。计入当期所得税费用的递延所得税，见例 12 - 20 和例 12 - 21。

【例 12 - 22】　2019 年 12 月 31 日，甲房地产公司（以下简称“甲公司”）持有的其他债权投资，成本为 200 万元，期末的公允价值为 250 万元，甲公司适用的所得税税率为 25% 。除该事项外，甲公司不存在会计与税法之间的其他差异，且递延所得税资产和递延所得税负债期初余额为零。

(1)2019 年年末确认可供出售金融资产公允价值变动时:

借:其他债权投资　　500 000

　贷:其他综合收益　　500 000

(2)确认应纳税暂时性差异的所得税影响时:

借:其他综合收益　　125 000

　贷:递延所得税负债　　125 000

(三)所得税费用

计算确定了当期所得税及递延所得税以后,利润表中应予确认的所得税费用为两者之和,即:

所得税费用 = 当期所得税 + 递延所得税

【例 12 -23】 甲房地产公司(以下简称"甲公司")2018 年度利润表中利润总额为 28 866.5 万元,该公司适用的所得税税率为 25%。递延所得税资产及递延所得税负债期初余额为零。与所得税核算有关的资料如下:

(1)2018 年 1 月开始计提折旧的一项固定资产,原值为 2 000 万元,使用年限为 10 年,净残值为 0,会计处理按双倍余额递减法计提折旧,税务处理按直线法计提折旧。假定税法规定的使用年限及净残值与会计规定相同。

(2)2018 年度发生研究开发支出 900 万元,其中 600 万元开发费用符合资本化条件,已计入无形资产成本。税法规定未形成无形资产的,在据实扣除的基础上加计 50% 扣除;形成无形资产成本的,按无形资产成本的 150% 摊销。甲公司自行开发的无形资产于期末达到预定用途,从 2019 年起开始摊销,摊销年限为 10 年。

(3)应支付税收罚款 400 万元。

(4)向开发小区精神文明建设捐赠 100 万元。

(5)期末对当年新增固定资产计提减值准备 120.5 万元。

甲公司的会计处理如下:

2018 年度应纳税所得额 = 28 866.5 + (400 - 200) + 120.5 - [(900 - 600) × 150% - (900 - 600)] + 400 + 100
= 29 537(万元)

本期应交所得税 = 29 537 × 25% = 7 384.25(万元)

2018 年资产负债表相关项目账面价值与及其计税基础的差额见表12 -4。

表 12 - 4 单位:万元

项　　目	账面价值	计税基础	差　　异	
			应纳税暂时性差异	可抵扣暂时性差异
固定资产				
固定资产原值	2 000	2 000		
减:累计折旧	400	200		
减:固定资产减值准备	120.5	0		
固定资产账面价值	1 479.5	1 800		320.5
无形资产	600	900		[300]
其他应付款	400	400		
合　　计				320.5

其中,无形资产初始成本确认的可抵扣暂时性差异 300 万元,不确认所得税影响。

递延所得税资产 = 320.5 × 25% = 80.125(万元)

递延所得税负债 = 0

递延所得税 = 0 - 80.125 = - 80.125(万元)

所得税费用 = 7 384.25 - 80.125 = 7 304.125(万元)

借:所得税费用　　73 041 250

　递延所得税资产　　801 250

　贷:应交税费——应交所得税　　73 842 500

【例 12 - 24】 沿用例 12 - 22 至例 12 - 23 的资料,假定甲公司 2019 年当期实现的利润总额为 30 000 万元,未发生永久性差异。2019 年资产负债表相关项目账面价值与及其计税基础的差额见表 12 - 5。则:

2016 年度应纳税所得额 = 30 000 + (320 - 200) + (60 - 90) + (390.5 - 120.5) = 30 360(万元)

本期应交所得税 = 30 360 × 25% = 7 590(万元)

期末递延所得税负债 = 50 × 25% = 12.5(万元)

期初递延所得税负债 = 0(万元)

递延所得税负债增加 = 12.5 - 0 = 12.5(万元)

期末递延所得税资产 = 710.5 × 25% = 177.625(万元)

表 12－5　　单位:万元

项　目	账面价值	计税基础	差　异	
			应纳税暂时性差异	可抵扣暂时性差异
固定资产				
固定资产原值	2 000	2 000		
减:累计折旧	720	400		
减:固定资产减值准备	390.5	0		
固定资产账面价值	889.5	1 600		710.5
无形资产	540	810		[270]
其他债权投资	250	200	50	
合　计			50	710.5

期初递延所得税资产 =80.125(万元)

递延所得税资产增加 =177.625－80.125 =97.5 (万元)

递延所得税 =12.5－97.5 = －85(万元)

所得税费用 =7 590－97.5 =7 492.5(万元)

甲公司编制的会计分录如下:

借:所得税费用　74 925 000

递延所得税资产　975 000

其他综合收益　125 000

贷:应交税费——应交所得税　75 900 000

递延所得税负债　125 000

需要说明的是,按照所得税税法的规定,房地产企业采用预收款方式销售开发产品,当期取得的预售收入先按规定的计税毛利率结算出预计营业利润额,再并入当期应纳税所得额统一计算缴纳企业所得税,待开发产品完工时再进行结算调整。企业销售未完工开发产品的计税毛利率按税法最新规定,开发项目位于省、自治区、直辖市和计划单列市人民政府所在地城市城区和郊区的,不得低于15%;开发项目位于地及地级市城区及郊区的,不得低于10%;开发项目位于其他地区的,不得低于5%;属于经济适用房、限价房和危改房的,不得低于3%。企业也应当将预收购房款视同可抵扣暂时性差异,确认递延所得税资产的形成和转回。

【例 12－25】　沿用例 12－24 的资料,假设甲公司 2017 年没有预收购房款,2018 年预收购房款 12 000 万元,2019 年预收购房款 14 000 万元;预计计税毛利率15%。2019年确认商品房销售收入中有8 000万元以前年度已预收购房款。则：

2019年度应纳税所得额 = 30 000 + (320 - 200) + (60 - 90) + (390.5 - 120.5) - 8 000 × 15% + 14 000 × 15%
= 31 260(万元)

本期应交所得税 = 31 260 × 25% = 7 815(万元)

期末递延所得税负债 = 50 × 25% = 12.5(万元)

期初递延所得税负债 = 0 (万元)

递延所得税负债增加 = 12.5 - 0 = 12.5(万元)

期末递延所得税资产 = (710.5 + 4 000 × 15% + 14 000 × 15%) × 25% = 852.625(万元)

期初递延所得税资产 = 80.125 + 12 000 × 15% × 25% = 530.125(万元)

递延所得税资产增加 = 852.625 - 530.125 = 322.5(万元)

递延所得税 = 12.5 - 322.5 = -310(万元)

所得税费用 = 7 815 - 322.5 = 7 492.5(万元)

甲公司编制的会计分录如下：

借：所得税费用　　74 925 000
　　递延所得税资产
　　　　(975 000 + 140 000 000 × 15% × 25%) 6 225 000
　　其他综合收益　　125 000
　贷：应交税费——应交所得税　　78 150 000
　　　递延所得税负债　　125 000
　　　递延所得税资产　　(80 000 000 × 15% × 25%) 3 000 000

这笔分录分别反映了2019年递延所得税资产形成的增加和递延所得税资产的转回，也可简化为：

借：所得税费用　　74 925 000
　　递延所得税资产　　3 225 000
　　其他综合收益　　125 000
　贷：应交税费——应交所得税　　78 150 000
　　　递延所得税负债　　125 000

DI第十三章 SHISANZHANG 财务报表

房　地　产　会　计

第一节　财务报表概述

一、财务报表的意义

房地产企业在日常开发经营过程中所发生的各项经济业务，通过会计要素的确认、计量和记录均已记录到会计凭证和会计账簿中。但是，会计凭证和会计账簿的资料比较分散，而且缺少必要的经营状况、会计政策、财务状况的文字说明，不能集中反映企业财务状况、经营成果和现金流量的全貌，不能满足企业管理者、投资者和债权人对会计信息的需求，因此，企业必须对日常的会计记录进一步加工汇总，编制成能够全面、系统、总括地反映企业财务状况、经营成果和现金流量的财务报表。

财务报表是会计要素确认、计量的结果和综合性描述，是对企业财务状况、经营成本和现金流量的结构性表述，是反映企业某一特定日期财务状况和某一会计期间的经营成果、现金流量的对外报告文件。

编制财务报表主要有以下三个作用：

第一，为决策者提供有用的财务会计信息。企业的投资者和债权人通过对财务报表的分析，可以了解和评价企业目前的经营成果、财务状况和现金流量，并进而预测企业未来发展前景，对是否向该企业投资或贷款作出决策。拥有表决权资本的投资者，还可以对企业的财务与经营政策行使表决权或提出意见和建议。

第二，为企业管理者提供财务会计信息。企业管理者通过对财务报表的分析，可以了解和评价企业开发经营活动的成败、得失，企业财务状况的好坏，从而总结经验、发现差距，制定进一步加强经营管理，改善企业财务状况的措施，促进企业在不断扩大再生产的过程中实现资金的良性循环和竞争能力的不断提高。

第三,为政府宏观经济管理部门提供财务会计信息。政府为了维持良好的、正常的经济秩序,为实现国民经济的可持续发展,为不断增长财政收入,也需要了解企业的财务状况和经营状况,以便分析、评价国民经济发展状况,满足国家宏观经济调控和优化资源配置的需要。财政、审计、税务、人民银行、证券监管、保险监管等部门,可通过对企业财务报表的分析,监督企业遵守有关法律、法规和制度的情况,保障宏观经济正常运行,并不断增加财政收入。

二、财务报表的构成

《企业会计准则第 30 号——财务报表》规定,企业的财务报表至少应当包括下列组成部分:①资产负债表;②利润表;③现金流量表;④所有者(或股东权益)权益变动表;⑤附注。财务报表上述组成部分具有同等的重要程度。

财务报表可以根据需要,按照不同标准进行分类。

按照财务报表的编报时间,可以分为中期财务报表和年度财务报表。中期财务报表是指以中期为基础编制的财务报表,中期是指短于一个完整的会计年度的报告期间,如月报、季报、半年报都称为中期财务报表。

按照财务报表反映的内容,可以分为静态财务报表和动态财务报表。静态财务报表是综合反映企业在某一特定日期的财务状况的报表,如资产负债表;动态财务报表是反映企业在某一会计期间经营成果、现金流量和所有者权益变动情况的财务报表,如利润表、现金流量表和所有者权益变动表。

按照财务报表的编制主体,可以分为个别财务报表和合并财务报表。个别财务报表是反映每个独立核算企业的财务状况、经营成果、现金流量和所有者权益变动情况的财务报表;合并财务报表是以母公司和子公司组成的企业集团为会计主体,根据母公司和子公司的个别财务报表,由母公司编制的综合反映企业集团财务状况、经营成果、现金流量和所有者权益变动的财务报表。本书仅阐述个别财务报表,合并财务报表参见《高级财务会计》的相关内容。

三、财务报表列报的基本要求

为了满足财务报表使用者对财务会计信息的需要,房地产企业的财务报表列报应遵循以下要求:

(一)依据企业会计准则确认和计量的结果列报

企业应当根据实际发生的交易和事项,按照各项具体会计准则的规定进行相关会计要素确认和计量,并在此基础上编制财务报表,以保证财务会计信息的客观真实、相互可比和相关有用。为了保证财务报表的数字真实可靠,房地产企业在编制财务报表时还应做到:①将报告期发生的所有经济业务全部登记入账,不得提前结账,将本期经济业务记入下期,也不得推迟结账,将下期的经济业务记入本期;②核对凭证和账簿,做到账证相符、账账相符、账表相符;③年度决算时,还应全面清查财产物资,做到账实相符。严禁任意估计数字,有意篡改数字,弄虚作假。财务报表的及时性也是提高财务会计信息有用性的重要保证。因此,房地产企业应及时搜集、加工信息,及时提供财务会计信息。

（二）以持续经营为基础列报

企业会计准则规范的是持续经营条件下企业对所发生交易和事项的确认、计量及列报,如果企业经营出现了非持续经营,致使以持续经营为基础编制财务报表不再合理,则应当采用其他计量基础编制财务报表。

一般而言,企业如果存在以下情况之一,则通常表明其处于非持续经营状态:①企业已在当期进行清算或停止营业;②企业已经正式决定在下一个会计期间进行清算或停止营业;③企业已确定在当期或下一个会计期间没有其他可供选择的方案而将被迫进行清算或停止营业。企业正式决定或被迫在当期或将在下一个会计期间进行清算或停止营业的,则表明以持续经营为基础编制财务报表不再合理。在这种情况下,企业应当采用其他基础编制财务报表。企业处于非持续经营状态时,资产采用可变现净值计量,负债按照其预计的结算金额计量等。由于企业在持续经营和非持续经营环境下采用的会计计量基础不同,产生的经营成果和财务状况也不同。在非持续经营情况下,企业应当在附注中声明未以持续经营为基础编制的事实、披露未以持续经营为基础编制的原因和财务报表的编制基础。

（三）按照权责发生制列报

除现金流量表按照收付实现制编制外,企业应当按照权责发生制编制其他财务报表。在采用权责发生制会计的情况下,当项目符合基本准则中财务报表要素的定义和确认标准时,企业就应当确认相应的资产、负债、所有者权益、收入和费用,并在财务报表中加以反映。

（四）按可比性列报

可比性是会计信息质量的重要要求,同一企业不同期间和同一期间不同企业的财务报表应当相互可比。为此,财务报表项目的列报应当在各个会计期间保持一致,不得随意变更。这一要求不仅只针对财务报表中的项目名称,还包括财务报表项目的分类、排列顺序等方面。只有发生下列情况,财务报表项目的列报才可以改变:①会计准则要求改变财务报表项目的列报;②企业经营业务的性质发生重大变化或对企业经营影响较大的交易或事项发生后,变更财务报表项目的列报能够提供更可靠、更相关的会计信息。

（五）按重要性列报

财务报表是根据若干总账和明细账资料涉及的大量的交易或事项进行处理而生成的，这些交易或其他事项按其性质或功能汇总归类而形成财务报表中的项目。关于项目在财务报表中是单独列报还是合并列报，应当依据重要性来判断。重要性是指在合理预期下，如果财务报表某项目的省略或错报会影响使用者据此作出经济决策，则该项目具有重要性。重要性应当根据企业所处的具体环境，从项目的性质和金额大小两方面予以判断。判断项目性质的重要性，应当考虑该项目在性质上是否属于企业日常活动，是否显著影响企业的财务状况、经营成果和现金流量等因素加以确定；判断项目金额大小的重要性，应当通过该项目金额占资产总额、负债总额、所有者权益总额、营业收入总额、营业成本总额、净利润、综合收益总额等直接相关或所属报表单列项目金额的比重加以确定。

重要性是判断项目是否单独列报的重要标准，总的原则是，如果某项目单个看不具有重要性，则可将其与其他项目合并列报；如具有重要性，则应当单独列报。具体而言，应当遵循以下几点：①性质或功能不同的项目，一般应当在财务报表中单独列报，但是不具有重要性的项目除外；②性质或功能类似的项目，一般可以合并列报，但是其所属类别具有重要性的，应当按其类别在财务报表中单独列报；③项目单独列报的原则不仅适用于会计报表，还适用于附注。某些项目的重要性程度不足以在资产负债表、利润表、现金流量表或所有者权益变动表中单独列示，但是可能对附注而言却具有重要性，在这种情况下应当在附注中单独披露。

（六）财务报表相关项目金额不得相互抵销

为了更好地反映交易或事项的实质，为了保证同一企业不同会计期间以及同一会计期间不同企业的财务报表之间相互可比，为了评价企业经营管理水平以及预测企业未来财务状况、经营成果和现金流量，财务报表项目应当以总额列报，财务报表中的资产项目和负债项目的金额、收入项目和费用项目的金额、直接计入当期利润的利得项目和损失项目的金额不得相互抵销，即不得以净额列报，但其他会计准则另有规定的除外。以下两种情况不属于抵销：①资产项目按扣除减值准备后的净额列示，资产计提的减值准备实质上意味着资产的价值确实发生了减损，资产项目按扣除减值准备后的净额列示才能反映资产的真实价值，如固定资产项目以原值扣除累计折旧和固定资产减值准备后的净额列示。②非日常活动产生的损益，以同一交易或一组类似交易形成的利得扣减损失后的净额列示，抵销后反而更能有利于报表使用者的理解，如非流动资产处置形成的利得和损失抵销后的净额更能直观地看出非流动资产处置之后的损益。

（七）财务报表比较信息的列报

企业在列报当期财务报表时，至少应当提供所有列报项目上一可比会计期间的比较数据，以及与理解当期财务报表相关的说明，目的是向报表使用者提供对比数据，提高信息在会计期间的可比性，以反映企业财务状况、经营成果和现金流量的发展趋势，提高报表使用者的判断与决策能力。

财务报表的列报项目发生变更的，应当至少对可比期间的数据按照当期的列报要求进行调整，并在附注中披露调整的原因和性质，以及调整的各项目金额。对可比数据进行调整不切实可行的，应当在附注中披露不能调整的原因。

（八）财务报表表首的列报

企业应当完整地填列财务报表，包括财务报表的表首、正表和附注。企业应当在财务报表的显著位置（表首）至少披露下列各项：①编报企业的名称；②资产负债表日或利润表、现金流量表、所有者权益变动涵盖的会计期间；③人民币金额单位；④财务报表是合并财务报表的，应当予以标明。

（九）财务报表的报告期间

企业至少应当编制年度财务报表。我国的会计年度自公历 1 月 1 日起至 12 月 31 日止。在编制年度财务报表时，可能存在年度财务报表涵盖的期间短于一年的情况，如企业在年度之内设立等，则应当披露年度财务报表的实际涵盖期间及其短于一年的原因。

第二节　资产负债表

一、资产负债表的结构与内容

资产负债表是总括反映企业在某一特定日期（月末、季末、半年末、年末）财务状况的静态会计报表。资产负债表可以反映企业某一特定日期企业资产、负债和所有者权益的全貌。通过资产负债表，可以了解企业拥有的全部经济资源的总量及其构成，分析经济资源的分布和构成是否合理；了解企业负债总额及其构成，分析企业的债务负担和清偿时间；了解企业所有者权益总额及其构成，分析企业资本的保值、增值情况及其对负债的保障程度；通过计算流动比率、速动比率、资产负债比率、资产利润率、净资产利润率、资本利润率、存货周转率、应收账款周转率等指标，可以分析、评价企业的变现能力、偿债能力、盈利能力和营运能力，并预测企业财务状况变动的趋势，从而有助于财务报表使用者做出相关决策。

资产负债表的格式一般有两种：报告式资产负债表和账户式资产负债表。报告式资产负债表分为上下两部分，上半部分列示资产各项目，下半部分列示负债和所有者权益各项目。具体排列形式又有两种：一是按“资产 = 负债 + 所有者权益”的原理排列；二是按“资产 - 负债 = 所有者权益”的原理排列。账户式资产负债表分为左右两方，左方列示资产各项目，右方列示负债和所有者权益各项目。我国资产负债表采用账户式的格式，左方按照资产的流动性大小顺序排列，先列示流动资产，再列示非流动资产；右方按照清偿时间的先后顺序排列，先列示流动负债，再列示非流动负债，在持续经营前提下，所有者权益无须偿还，排列在最后面。账户式资产负债表中的资产各项目的总计等于负债和所有者权益各项目的总计。

（一）资产的列示

资产应当按照流动资产和非流动资产两大类别在资产负债表中列示，在流动资产和非流动资产类别下进一步按性质分项列示。

资产满足下列条件之一的，应当归类为流动资产：①预计在一个正常营业周期中变现、出售或耗用，主要包括存货、应收款项等资产。变现一般针对应收账款、应收票据、应收股利等而言，指将应收款项变为现金；出售一般针对开发产品等存货而言；耗用一般指将材料物资等存货转变为已完开发产品形态。②主要为交易目的而持有，如交易性金融资产。③预计在资产负债表日起一年内（含一年，下同）变现，如将于一年内到期的持有至到期投资、长期应付款，以及准备在一年内出售的可供出售金融资产等。④自资产负债表日起一年内，交换其他资产或清偿负债的能力不受限制的现金或现金等价物。在实务中存在用途受到限制的现金或现金等价物，比如用途受到限制的信用证存款、超过一年才能动用的定期银行存款、更新改造资金存款等，如果作为流动资产列报，可能高估流动资产金额，从而高估流动比率等财务指标，影响到使用者的决策，因此应作为其他非流动资产。

需要说明的是：

第一，正常营业周期，是指企业从购买用于加工的资产起至实现现金或现金等价物的期间，通常短于一年。但由于生产周期较长等原因导致正常营业周期长于一年的情况下，尽管相关资产往往超过一年才变现、出售或耗用，仍应划分为流动资产。如房地产企业开发并用于出售的开发产品，从购买材料设备投入开发建造，到产品出售并收回现金或现金等价物的过程，往往超过一年，在这种情况下，与开发建造循环相关的材料设备、在建开发产品、已完开发产品、应收账款等尽管超过一年才能变现、出售或耗用，仍应作为流动资产列报。

第二，正常营业周期不能确定的，应当以一年（12 个月）作为正常营业周期。

流动资产以外的资产应当归类为非流动资产，并应按其性质分类列示。

（二）负债的列示

负债应当按照流动负债和非流动负债在资产负债表中进行列示，在流动负债和非流动负债类别下再进一步按性质分项列示。

负债满足下列条件之一的，应当归类为流动负债：①预计在一个正常营业周期中清偿；②主要为交易目的而持有；③自资产负债表日起一年内到期应予以清偿；④企业无权自主地将清偿推迟至资产负债表日后一年以上。

流动负债以外的负债应当归类为非流动负债，并应按其性质分类列示。

需要说明的是：

第一，企业正常营业周期中的经营性负债项目即使在资产负债表日后超过一年才予清偿，仍应划分为流动负债。经营性负债是指应付账款等构成企业正常营业周期中使用营运资金的一部分的负债项目。

第二，对于在资产负债表日起一年内到期的负债，企业有意图且有能力自主地将清偿义务展期至资产负债表日后一年以上的，应当归类为非流动负债；不能自主地将清偿义务展期的，即使在资产负债表日后、财务报告批准报出日前签订了重新安排清偿计划的协议，该项负债仍应归类为流动负债。

第三，企业在资产负债表日或之前违反了长期借款协议，导致贷款人可随时要求清偿的负债，应当归类为流动负债。但是，如果贷款人在资产负债表日或之前同意提供在资产负债表日后一年以上的宽限期，企业能够在此期限内改正违约行为，且贷款人不要求随时清偿，则该项负债并不符合流动负债的判断标准，应当归类为非流动负债。其他长期负债存在类似情况的，比照上述原则处理。

（三）所有者权益的列示

资产负债表中的所有者权益类一般按照净资产的不同来源和特定用途进行分类，至少应当单独列示反映下列会计信息的项目：实收资本（或股本）、资本公积、盈余公积和未分配利润。在合并资产负债表中，应当在所有者权益类单独列示少数股东权益。

二、资产负债表的填列方法

（一）资产负债表填列方法概述

按照企业会计准则的规定，房地产企业应编制比较资产负债表，分别列示各项目的期末余额和年初余额。其中“年初余额”栏各项数字，应根据上年年末资产负债表“期末余额”栏内所列数字填列。如果本年资产负债表的各个项目名称和内容同上年度不一致，应对上年年末各项目的名称和数字按照本年度的规定进行调整，填入“年初余额”栏内。其中“期末余额”各栏数字，应根据有关总账和明细账的期末余额填列，其填列方法主要有以下几种类型：

1. 根据总账期末余额直接填列。如“交易性金融资产”“其他债权投资”“其他权益工具投资”“递延所得税资产”“短期借款”“交易性金融负债”“短期借款”“应付职工薪酬”“应交税费”“持有待售负债”“预计负债”“递延收益”“递延所得税负债”“实收资本（或股本）”“库存股”“资本公积”“其他综合收益”“盈余公积”等项目，可根据相关总账期末余额直接填列。“资本公积”“应付职工薪酬”“应交税费”账户期末为借方余额时，以“－”号填列。

2. 根据有关总账期末余额计算填列。如“货币资金”项目，应根据“库存现金”“银行存款”“其他货币资金”账户期末余额的合计数填列。“未分配利润”项目1月至11月金额，应根据“本年利润”账户余额和“利润分配”账户余额计算填列。

3. 根据明细账期末余额计算填列。如“开发支出”项目，应根据“研发支出”账户所属“资本化支出”明细账的期末借方余额计算填列；“应付账款”项目，应根据“应付账款”“预付账款”账户所属明细账的贷方期末余额合计数填列；“预收账款”项目，应根据“预收账款”“应收账款”账户所属明细账的贷方期末余额合计数填列；“一年到期的非流动资产”“一年内到期的非流动负债”项目，应根据有关非流动资产或非流动负债项目的明细账余额分析填列；年度报表的“未分配利润”项目，应根据“利润分配”账户所属“未分配利润”明细账余额填列，若为借方余额，应以“－”号列示。

4. 根据总账和明细账期末余额分析计算填列。如“长期待摊费用”项目，应根据“长期待摊费用”总账期末余额减去将于一年内摊销的数额后的金额填列；“长期借款”“应付债券”项目，应分别根据“长期借款”“应付债券”总账期末余额扣除明细账中反映的一年内到期的部分分析计算填列。

5. 根据有关总账期末余额减去其备抵账户期末余额后的净额填列。如“应收票据”“应收利息”“应收股利”“其他应收款”“持有待售资产”“长期股权投资”“在建工程”“工程物资”“商誉”等项目，应分别根据相关总账期末余额减去相应减值准备账户期末余额后的净额填列。又如“固定资产”项目，应根据“固定资产”总账期末余额减去“累计折旧”“固定资产减值准备”账户期末余额后的净额填列；“无形资产”项目，应根据“无形资产”总账期末余额减去“累计摊销”“无形资产减值准备”账户期末余额后的净额填列。

6. 综合运用上述方法分析计算填列。如“应收账款”项目，应根据“应收账款”“预收账款”账户所属明细账的期末借方余额合计数，减去“坏账准备”账户中有关应收账款坏账准备期末余额后的金额填列；“预付账款”项目，应根据“应付账款”“预付账款”账户所属明细账的借方期末余额合计数，减去“坏账准备”账户中有关预付账款坏账准备期末余额后的金额填列；“存货”项目，应根据“材料采购”“原材料”“库存设备”“周转材料”“委托加工物资”“发出商品”“开发成本”“开发产品”“库存商品”“受托代销商品”“周转房”等账户的期末余额合计数，减去“受托代销商品款”“存货跌价准备”账户期末余额后的金额填列，材料采用计划成本核算的，还应再加上“材料成本差异”账户的借方余额或减去其贷方余额后的金额填列；“债权投资”项目，应根据“债权投资”总账期末余额，扣除明细账中反映的一年内到期的债权投资部分，减去“债权投资减值准备”总账期末余额后的金额填列；“长期应收款”项目，应根据“长期应收款”总账期末余额减去相应的“未确认融资收益”账户余额、“坏账准备”账户所属相关明细账期末余额和一年内到期的长期应收款后的净额填列；“长期应付款”项目，应根据“长期应付款”总账期末余额减去“未确认融资费用”账户期末余额和一年内到期的长期应付款后的净额填列；“投资性房地产”项目，若采用成本模式进行后续计量，则比照“固定资产”项目的填列方法填列，若采用公允价值进行后续计量，则根据“投资性房地产”账户期末余额直接填列。

（二）资产负债表各项目期末余额填列的具体说明

1.“货币资金”项目，反映企业库存现金、银行结算户存款、外埠存款、银行汇票存款、银行本票存款、信用卡存款、信用证保证金存款等的合计数。本项目应根据“库存现金”“银行存款”“其他货币资金”账户期末余额的合计数填列。

2.“交易性金融资产”项目，反映资产负债表日企业分类为以公允价值计量且其变动计入当期损益的金融资产，以及企业持有的直接指定为以公允价值计量且其变动计入当期损益的金融资产的期末账面价值。该项目应根据“交易性金融资产”账户的相关明细账期末余额分析填列。自资产负债表日起超过一年到期且预期持有超过一年的以公允价值计量且其变动计入当期损益的非流动金融资产的期末账面价值，在“其他非流动金融资产”项目反映。

3.“应收票据及应收账款”项目，其中，“应收票据”反映企业因销售商品、提供劳务等而收到的商业汇票，包括银行承兑汇票和商业承兑汇票，应根据“应收票据”账户的期末余额，减去“坏账准备”账户中有关应收票据计提的坏账准备期末余额后的金额填列；“应收账款”反映企业因销售商品、提供劳务等经营活动应收取的款项，应根据“应收账款”和“预收账款”账户所属各明细账的期末借方余额合计数，减去“坏账准备”账户中有关应收账款计提的坏账准备期末余额后的金额填列，如果“应收账款”账户所属明细账期末有贷方余额，应在本表“预收款项”项目内填列。将应收票据和应收账款两者期末余额之和，填列本项目。

4.“预付款项”项目,反映企业按照合同规定预付给工程承包单位和预付给供应单位的款项等。本项目应根据“预付账款”和“应付账款”账户所属各明细账的期末借方余额合计数,减去“坏账准备”账户中有关预付款项计提的坏账准备期末余额后的金额填列。如果“预付账款”账户所属各明细账期末有贷方余额,应在本表“应付账款”项目内填列。如果企业设置“待摊费用”账户,其余额应视其具体内容在“预付款项”项目或“其他流动资产”项目中列示。

5.“其他应收款”项目,反映企业应收股利、应收利息和其他应收款的期末金额。其中,“应收股利”反映企业应收取的现金股利和应收取其他单位分配的利润;“应收利息”反映企业应收取的债券投资等的利息;“其他应收款”反映企业除应收票据、应收账款、预付账款、应收股利、应收利息等经营活动以外的其他各种应收、暂付的款项。本项目应根据“应收股利”、“应收利息”和“其他应收款”三个账户的期末余额之和,减去“坏账准备”账户中相关计提的坏账准备期末余额后的金额填列。

6.“存货”项目,反映企业期末在库、在途、在建和在加工中的各种存货的可变现净值。本项目应根据“材料采购”“原材料”“低值易耗品”“开发产品”“周转材料”“委托加工物资”“委托代销商品”“开发成本”“受托代销商品”等账户的期末余额合计,减去“受托代销商品款”“存货跌价准备”账户期末余额后的金额填列。材料采用计划成本核算的企业,还应按加或减材料成本差异的金额填列。

7.“合同资产”项目,企业按照新修订的《企业会计准则第14号——收入》的相关规定,根据本企业履行履约义务与客户付款之间的关系在资产负债表中列示合同资产或合同负债。本项目应根据“合同资产”账户和“合同负债”账户明细账期末余额分析填列,同一合同下的合同资产和合同负债应以其净额列示。其中:净额为借方余额的,应根据其流动性在“合同资产”或“其他非流动资产”项目填列;已计提减值准备的,还应减去“合同资产减值准备”账户期末余额,以净额填列;净额为贷方余额的,应根据其流动性,在“合同负债”或“其他非流动负债”项目填列。

8.“持有待售资产”项目,反映资产负债表日划分为持有待售类别的非流动资产及划分为持有待售类别的处置组中的流动资产和非流动资产的期末账面价值。该项目应根据在资产类账户新设置的“持有待售资产”账户的期末余额,减去“持有待售资产减值准备”账户的期末余额后的金额填列。

9.“一年内到期的非流动资产”项目,反映企业将于一年内到期的非流动资产项目金额。本项目应根据“债权投资”、其他债权投资“长期应收款”等账户期末余额分析填列。

10.“其他流动资产”项目,反映企业除货币资金、交易性金融资产、应收票据、应收账款、存货等流动资产以外的其他流动资产。本项目应根据有关账户的期末余额填列。

按照新修订的《企业会计准则第14号——收入》的相关规定确认为资产的合同取得成本，应当根据“合同取得成本”明细账初始确认时摊销期限是否超过一年或一个正常营业周期，在“其他流动资产”或“其他非流动资产”项目中填列，已计提减值准备的，还应按减去“合同取得成本减值准备”账户中相关的期末余额后的金额填列；确认为资产的合同履约成本，应当根据“合同履约成本”明细账初始确认时摊销期限是否超过一年或一个正常营业周期，在“存货”或“其他非流动资产”项目中填列，已计提减值准备的，还应按减去“合同履约成本减值准备”账户中相关的期末余额后的金额填列；确认为资产的应收退货成本，应当根据“应收退货成本”账户是否在一年或一个正常营业周期内出售，在“其他流动资产”或“其他非流动资产”项目中填列。

11.“债权投资”项目，反映资产负债表日企业以摊余成本计量的长期债权投资的期末账面价值。该项目应根据“债权投资”账户的相关明细账期末余额，减去“债权投资减值准备”账户中相关减值准备的期末余额后的金额分析填列。自资产负债表日起一年内到期的长期债权投资的期末账面价值，在“一年内到期的非流动资产”项目反映。企业购入的以摊余成本计量的一年内到期的债权投资的期末账面价值，在“其他流动资产”项目反映。

12.“其他债权投资”项目，反映资产负债表日企业分类为以公允价值计量且其变动计入其他综合收益的长期债权投资的期末账面价值。该项目应根据“其他债权投资”账户的相关明细账期末余额分析填列。自资产负债表日起一年内到期的长期债权投资的期末账面价值，在“一年内到期的非流动资产”项目反映。企业购入的以公允价值计量且其变动计入其他综合收益的一年内到期的债权投资的期末账面价值，在“其他流动资产”项目反映。

13.“长期应收款”项目，反映企业融资租赁产生的应收款项、采用递延方式具有融资性质的销售商品和提供劳务等产生的长期应收款项等。本项目应根据“长期应收款”账户的期末余额，减去相应的“未实现融资收益”账户期末余额和“坏账准备”账户所属相关明细账期末余额以及一年内到期的长期应收款后的金额填列。

14.“长期股权投资”项目，反映企业持有的对子公司、联营企业和合营企业的长期股权投资。本项目应根据“长期股权投资”账户的期末余额，减去“长期股权投资减值准备”账户期末余额后的金额填列。

15.“其他权益工具投资”项目，反映资产负债表日企业指定为以公允价值计量且其变动计入其他综合收益的非交易性权益工具投资的期末账面价值。该项目应根据“其他权益工具投资”账户的期末余额填列。

16.“投资性房地产”项目,反映企业持有的投资性房地产账面价值。企业采用成本模式计量投资性房地产的,本项目应根据“投资性房地产”账户的期末余额,减去“投资性房地产累计折旧(摊销)”和“投资性房地产减值准备”账户期末余额后的金额填列;企业采用公允价值模式计量投资性房地产的,本项目应根据“投资性房地产”账户的期末余额填列。

17.“固定资产”项目,反映资产负债表日企业固定资产的期末账面价值和企业尚未清理完毕的固定资产清理净损益。该项目应根据“固定资产”账户的期末余额,减去“累计折旧”和“固定资产减值准备”账户的期末余额后的金额,再加或减“固定资产清理”账户的期末余额填列。

18.“在建工程”项目,反映资产负债表日企业尚未达到预定可使用状态的在建工程的期末账面价值和企业为在建工程准备的各种物资的期末账面价值。该项目应根据“在建工程”账户的期末余额减去“在建工程减值准备”账户的期末余额后的金额,以及“工程物资”账户的期末余额减去“工程物资减值准备”账户的期末余额后的金额填列。

19.“无形资产”项目,反映企业持有的无形资产净额。本项目应根据“无形资产”账户的期末余额,减去“累计摊销”和“无形资产减值准备”账户期末余额后的金额填列。

20.“开发支出”项目,反映企业开发无形资产过程中能够资本化形成无形资产成本的支出部分。本项目应根据“研发支出”账户中所属的“资本化支出”明细账期末余额填列。

21.“商誉”项目,反映企业合并中形成的商誉的价值。本项目应根据“商誉”账户的期末余额,减去相应减值准备后的金额填列。

22.“长期待摊费用”项目,反映企业已经发生但应由本期和以后各期负担的分摊期限在一年以上的各项费用。长期待摊费用中在一年内(含一年)摊销的部分,在本表“一年内到期的非流动资产”项目填列。本项目应根据“长期待摊费用”账户的期末余额减去将于一年内(含一年)摊销的数额后的金额填列。

23.“递延所得税资产”项目,反映企业确认的可抵扣暂时性差异产生的递延所得税资产。本项目应根据“递延所得税资产”账户的期末余额填列。

24.“其他非流动资产”项目,反映企业除长期股权投资、固定资产、在建工程、工程物资、无形资产等资产以外的其他非流动资产。本项目应根据有关账户的期末余额填列。

25.“短期借款”项目,反映企业向银行或其他金融机构等借入的期限在一年以下(含一年)的各种借款。本项目应根据“短期借款”账户的期末余额填列。

26. “交易性金融负债”项目,反映资产负债表日企业承担的交易性金融负债,以及企业持有的直接指定为以公允价值计量且其变动计入当期损益的金融负债的期末账面价值。该项目应根据“交易性金融负债”账户的相关明细账期末余额填列。

27. “应付票据及应付账款”项目,反映资产负债表日企业因发生购买材料、商品和接受服务等经营活动应支付的款项,以及开出、承兑的商业汇票,包括银行承兑汇票和商业承兑汇票。该项目应根据“应付票据”账户的期末余额,以及“应付账款”和“预付账款”账户所属的相关明细账的期末贷方余额合计数填列。

28. “合同负债”项目,见第7项“合同资产”填列方法。

29. “预收款项”项目,反映企业按照合同规定预收的购房订金、购房价款和代建工程款等款项。本项目应根据“预收账款”和“应收账款”账户所属各明细账的期末贷方余额合计数填列。如果“预收账款”账户所属各明细账期末有借方余额,应在资产负债表“应收账款”项目内填列。如果企业设置“预提费用”账户,其余额应视其具体内容在“预收款项”项目或“其他流动负债”项目中列示。

30. “应付职工薪酬”项目,反映企业根据有关规定应付给职工的工资、职工福利、医疗保险费、工伤保险费、生育保险费、住房公积金、工会经费、职工教育经费、非货币性福利、短期带薪缺勤等短期薪酬,以及离职后福利、辞退福利和其他长期职工福利等各种薪酬。外商投资企业按规定从净利润中提取的职工奖励及福利基金,也在本项目列示。本项目应根据“应付职工薪酬”账户期末余额填列。

31. “应交税费”项目,反映企业按照税法规定计算应交纳的各种税费,包括增值税、消费税、所得税、资源税、土地增值税、城市维护建设税、房产税、土地使用税、车船税、教育费附加、矿产资源补偿费等。企业代扣代交的个人所得税,也通过本项目列示。企业所交纳的税金不需要预计应交数的,如印花税、耕地占用税等,不在本项目列示。本项目应根据“应交税费”账户的期末贷方余额填列;如“应交税费”账户期末为借方余额,应以“-”号填列。

32. “其他应付款”项目,反映企业按照规定分期付息到期还本的长期借款应支付的利息,企业发行的公司债券应支付的利息,企业分配的现金股利或利润,企业除应付票据、应付账款、预收款项、应付职工薪酬、应付股利、应付利息、应交税费等以外的其他各项应付、暂收的款项。本项目应根据“应付股利”、“应付利息”和“其他应付款”三个账户的期末余额填列。

33. “持有待售负债”项目,反映资产负债表日处置组中与划分为持有待售类别的资产直接相关的负债的期末账面价值。该项目应根据“持有待售负债”账户的期末余额填列。

34. “一年内到期的非流动负债”项目和“划分为持有待售的负债”项目,分别反映企业非流动负债中将于资产负债表日后一年内到期部分的金额和划分为持有待售的负债金额,如将于一年内偿还的或划分为持有待售的长期借款、应付债券、长期应付款。本项目应根据相关账户的期末余额分析填列。

35."其他流动负债"项目,反映企业除短期借款、交易性金融负债、应付票据、应付账款、应付职工薪酬、应交税费等流动负债以外的其他流动负债。本项目应根据有关账户的期末余额填列。

36."长期借款"项目,反映企业向银行或其他金融机构借入的期限在一年以上(不含一年)的各项借款。本项目应根据"长期借款"账户的期末余额,扣除一年内到期的部分填列。

37."应付债券"项目,反映企业为筹集长期资金而发行的债券本金和利息。本项目应根据"应付债券"账户的期末余额,扣除一年内到期的部分填列。该项目下增设"其中:优先股"和"永续债"两个项目,分别反映企业发行的分类为金融负债的优先股和永续债的账面价值。

38."长期应付款"项目,反映企业除长期借款和应付债券以外的其他各种长期应付款项。本项目应根据"长期应付款"和"专项应付款"账户的期末余额,减去相关的"未确认融资费用"账户期末余额后的金额,扣除一年内到期的部分填列。

39."预计负债"项目,反映企业确认的对外提供担保、未决诉讼、产品质量保证、重组义务、亏损合同等预计负债。本项目应根据"预计负债"账户的期末余额填列。

40."递延所得税负债"项目,反映企业确认的应纳税暂时性差异产生的递延所得税负债。本项目应根据"递延所得税负债"账户的期末余额填列。

41."其他非流动负债"项目,反映企业除长期借款、应付债券等负债以外的其他非流动负债。本项目应根据有关账户的期末余额减去将于一年内(含一年)到期偿还数后的余额填列。非流动负债各项目中将于一年内(含一年)到期的非流动负债,应在"一年内到期的非流动负债"项目内单独反映。

42."实收资本(或股本)"项目,反映企业各投资者实际投入的资本(或股本)总额。本项目应根据"实收资本"(或"股本")账户的期末余额填列。

43."其他权益工具"项目,反映企业发行的除普通股以外分类为权益工具的金融工具的账面价值,在该项目下增设"其中:优先股"和"永续债"两个项目,分别反映企业发行的分类为权益工具的优先股和永续债的账面价值。

44."资本公积"项目,反映企业资本公积的期末余额。本项目应根据"资本公积"账户的期末余额填列。

45."库存股"项目,反映企业持有尚未转让或注销的本公司股份金额。本项目应根据"库存股"账户的期末余额填列。

46. “其他综合收益”项目,反映企业其他综合收益的期末余额。本项目应根据“其他综合收益”账户的期末余额填列。

47. “盈余公积”项目,反映企业盈余公积的期末余额。本项目应根据“盈余公积”账户的期末余额填列。

48. “未分配利润”项目,反映企业尚未分配的利润。本项目应根据“本年利润”账户和“利润分配”账户的余额计算填列。未弥补的亏损在本项目内以“-”号填列。

三、资产负债表编制举例

【例13-1】

(一)资料

1. 乙房地产公司(以下简称“乙公司”)增值税税率为11%(2018年5月起税率改为10%,2019年4月起改为9%,本例不考虑税率变动),所得税税率为25%,2018年1月1日资产负债表各项目数额已填列在2018年12月31日资产负债表的“年初余额”栏内。

2. 乙公司2018年发生以下交易或事项:

(1)用银行存款30万元预付开发项目出包工程价款和备料款。

(2)用银行存款购入开发项目用电梯两部,货款60万元,增值税10.2万元,设备已入库。

(3)预收2019年购房款40万元,已存入银行,用银行存款预交增值税2万元。

(4)将持有的交易性金融资产以2.5万元价格出售,结转成本2万元,投资收益0.5万元,均已存入银行。

(5)为购建固定资产而购入工程物资一批,不含增值税价格15万元、增值税2.55万元,已用银行存款支付,物资已入库。

(6)固定资产工程应付职工薪酬32.8万元。

(7)报废施工机械一台,原值20万元,已提折旧18万元,清理费用500元,残值收入800元,均通过库存现金收付,该设备已清理完毕。

(8)为购建固定资产从银行借入3年期借款40万元,已存入银行。

(9)用银行存款支付管理部门办公费、差旅费5万元。

(10)将到期的面值为20万元的不带息商业汇票,交银行办理转账,款项已收妥。

(11)对B公司的长期股权投资采用成本法进行核算,收到现金股利3万元,已存入银行(假设未通过“应收股利”账户)。

(12)某项固定资产购建工程完工,计算应负担的到期一次还本付息的长期借款利息为15万元,假设全部可予以资本化。

(13)购建的固定资产达到预定可使用状态,已办理竣工手续,固定资产价值140万元。

(14)转让已开发完成的商品性建设场地,不含增值税价款800万元,实际开发成本450万元,应交增值税40万元,价款尚未收到。

(15)购入自营开发项目所需原材料一批,价款20万元,增值税3.4万元,款项未付,材料已验收入库。

(16)用银行存款偿还短期借款本金25万元和已预提利息1.25万元。

(17)用银行存款50万元支付开发经营人员薪酬30万元,支付在建工程人员薪酬20万元。

(18)分配开发经营人员薪酬30万元,其中,自营开发项目生产人员薪酬27.5万元,开发项目管理人员薪酬1万元,企业管理部门人员薪酬1.5万元。

(19)提取开发经营人员工会经费、职工教育经费、各项保险费等12万元,其中开发生产人员11万元,开发管理人员0.4万元,行政管理人员0.6万元。

(20)自营开发项目领用原材料70万元。

(21)出包开发项目领用电梯两部,交付安装,成本60万元。

(22)出包开发项目结算本期不含增值税工程价款100万元,支付增值税11万元,扣除预付工程款和备料款30万元后,又支付银行存款40万元。

(23)摊销无形资产价值5万元,摊销自营开发项目低值易耗品价值8万元。

(24)计提固定资产折旧13万元,其中开发项目负担9万元,管理部门负担4万元。

(25)收到应收商品性建设场地价款及增值税400万元,已存入银行。

(26)用银行存款支付商品房交易会展览费8.09万元。

(27)计提应收账款坏账准备4.21万元,计提固定资产减值准备30万元。

(28)计提短期借款利息1.15万元、分期付息的长期借款利息1万元,均计入当期损益。

(29)结转开发间接费用。

(30)结转本期已完开发产品成本200万元。

(31)销售商品房一批,不含增值税价款700万元、增值税44万元,商品房开发成本420万元,款项已存入银行。

(32)计算本期应交纳的房产税、土地使用税、车船税2万元,应交增值税56.9万元,城市维护建设税3.98万元,教育费附加1.71万元。

(33)用银行存款62万元交纳上年未交增值税3.66万元、本年增值税50.65万元,交纳城市维护建设税3.98万元、教育费附加1.71万元。

(34)用银行存款偿还长期借款100万元。

(35)用银行存款交纳所得税110万元。

(36)计算并结转所得税费用和应交所得税。

(37)结转各损益类账户余额,计算并结转净利润。

(38)按净利润的10%提取法定盈余公积金,向投资者分配利润80万元。

(39)将"本年利润"账户余额和"利润分配"账户各明细账余额,转入"利润分配——未分配利润"明细账户。

(二)要求

根据上述资料编制会计分录,登记丁字账,并编制2018年12月31日资产负债表。

由于本书篇幅所限,会计分录和丁字账户略,仅列示乙公司2018年总账发生额及余额平衡表(见表13-1)和2018年12月31日资产负债表(见表13-2)。

表13-1 总账发生额及余额平衡表

编制单位:乙房地产公司　　2018年12月31日　　单位:元

账户名称	期初余额		本期发生额		期末余额	
	借方	贷方	借方	贷方	借方	贷方
库存现金	20 000		800	500	20 300	
银行存款	1 380 000		12 495 000	5 210 900	8 664 100	
交易性金融资产	20 000			20 000		
应收票据	246 000			200 000	46 000	
应收账款	300 000		8 400 000	4 000 000	4 700 000	
坏账准备——应收账款		900		42 100		43 000
预付账款	99 900		700 000	1 110 000		310 100
其他应收款	5 000				5 000	
原材料	660 000		200 000	700 000	160 000	
库存设备	100 000		600 000	600 000	100 000	
开发间接费用			94 000	94 000		
开发成本	800 000		2 869 000	2 000 000	1 669 000	
开发产品	9 000 000		2 000 000	8 700 000	2 300 000	
待摊费用	120 000			80 000	40 000	
长期股权投资	300 000				300 000	
固定资产	1 450 000		1 400 000	200 000	2 650 000	

续表

账户名称	期初余额		本期发生额		期末余额	
	借方	贷方	借方	贷方	借方	贷方
累计折旧		400 000	180 000	130 000		350 000
固定资产减值准备				300 000		300 000
在建工程	1 500 000		478 000	1 400 000	578 000	
工程物资			150 000		150 000	
固定资产清理			20 500	20 500		
无形资产	900 000				900 000	
累计摊销		100 000		50 000		150 000
递延所得税资产			145 525		145 525	
短期借款		300 000	250 000			50 000
应付账款		950 000		234 000		1 184 000
预收账款		202 400		400 000		602 400
应付职工薪酬		110 000	500 000	748 000		358 000
应交税费		36 600	2 011 500	2 463 150		488 250
应付利息		1 000	12 500	21 500		10 000
应付利润				800 000		800 000
其他应付款		50 000				50 000
长期借款		1 600 000	1 000 000	550 000		1 150 000
实收资本		12 800 000				12 800 000
资本公积		150 000				150 000
盈余公积		100 000		423 217.5		523 217.5
利润分配		100 000	1 223 217.5	4 232 175		3 108 957.5
主营业务收入			15 000 000	15 000 000		
投资收益			35 000	35 000		
本年利润			15 035 000	15 035 000		
主营业务成本			8 700 000	8 700 000		
税金及附加			56 900	56 900		
销售费用			80 900	80 900		
管理费用			181 000	181 000		
财务费用			21 500	21 500		

续表

账户名称	期初余额		本期发生额		期末余额	
	借方	贷方	借方	贷方	借方	贷方
资产减值损失			342 100	342 100		
营业外支出			19 700	19 700		
所得税费用			1 400 725	1 400 725		
合　　计	16 900 900	16 900 900	75 602 867.5	75 602 867.5	22 427 925	22 427 925

表 13－2　资产负债表

编制单位:乙房地产公司　　　　2018 年 12 月 1 日　　　　单位:元

资　　产	期末余额	年初余额	负债和所有者权益	期末余额	年初余额
流动资产:			流动负债:		
货币资金	8 684 400	1 400 000	短期借款	50 000	300 000
交易性金融资产		20 000	交易性金融负债		
衍生金融资产			衍生金融负债		
应收票据及应收账款	4 703 000	545 100	应付票据及应付账款	1 494 100	950 000
预付账款		99 900	预收款项	602 400	202 400
其他应收款	5 000	5 000	合同负债		
存货	4 229 000	10 560 000	应付职工薪酬	358 000	110 000
合同资产			应交税费	488 250	36 600
持有待售资产			其他应付款	860 000	51 000
一年内到期的非流动资产			持有待售负债		
其他流动资产	40 000	120 000	一年到期的非流动负债		
流动资产合计	17 661 400	12 750 000	其他流动负债		
非流动资产:			流动负债合计	3 852 750	1 650 000
债权投资			非流动负债:		
其他债权投资			长期借款	1 150 000	1 600 000
长期应收款			应付债券		
长期股权投资	300 000	300 000	其中:优先股		
其他权益工具投资			永续债		
投资性房地产			长期应付款		

续表

资　　产	期末余额	年初余额	负债和所有者权益	期末余额	年初余额
固定资产	2 000 000	1 050 000	预计负债		
在建工程	728 000	1 500 000	递延收益		
生产性生物资产			递延所得税负债		
油气资产			其他非流动负债		
无形资产	750 000	800 000	非流动负债合计	1 150 000	1 600 000
开发支出			负债合计	5 002 750	3 250 000
商誉			所有者权益（或股东权益）：		
长期待摊投资			实收资本（或股本）	12 800 000	12 800 000
递延所得税资产	145 525		其他权益工具		
其他非流动资产			其中：优先股		
非流动资产合计	3 923 525	3 650 000	永续债		
			资本公积	150 000	150 000
			减：库存股		
			其他综合收益		
			盈余公积	523 217.5	100 000
			未分配利润	3 108 957.5	100 000
			所有者权益（或股东权益）合计	16 582 175	13 150 000
资产总计	21 584 925	16 400 000	负债和所有者权益（或股东权益）总计	21 584 925	16 400 000

第三节　利润表

一、利润表的结构与内容

利润表又称损益表，是反映企业在一定会计期间（月份、季度、半年、年度）经营成果的动态会计报表。利润表可以反映企业经营成果的主要来源及其构成，有利于财务会计信息使用者分析净利润的质量，预测净利润的持续性并作出相应决策；可以反映企业在一定会计期间的成本费用的情况，有助于财务会计信息使用者分析企业开发经营的耗费水平；可以反映企业开发经营的最终财务成果，即净利润的实现情况,有利于财务会计信息使用者分析企业资本保值、增值的能力;通过利润表提供的不同时期的比较数字(本月数、本年累计数、上年数、上年同期数),可以分析企业利润的发展趋势;通过计算资产利润率、资本金利润率、成本利润率等指标,可以评价企业的获利能力。

利润表正表的格式一般有两种:单步式利润表和多步式利润表。单步式利润表是将当期所有的收入依次列示,然后将所有的费用依次列示,两者相减得出当期净损益。多步式利润表是通过对当期的收入、费用、利得、损失项目按性质加以归类,按利润形成的主要环节列示一些中间性利润指标,分步计算当期净损益。

我国采用多步式利润表格式。在利润表中应当对费用按照功能分类,分为从事经营业务发生的成本、管理费用、销售费用和财务费用等,将不同性质的收入、费用、利得、损失类别进行对比,从而可以得出一些中间性的利润数据,便于使用者理解企业经营成果的不同来源。利润表至少应当单独列示反映下列信息的项目:

第一,以营业收入为基础,减去营业成本、营业税金及附加、销售费用、管理费用、财务费用、资产减值损失,加上公允价值变动收益(减去公允价值变动损失)和投资收益(减去投资损失),计算出营业利润。

第二,以营业利润为基础,加上营业外收入(计入当期损益的利得),减去营业外支出(计入当期损益的损失),计算出利润总额。

第三,以利润总额为基础,减去所得税费用,计算出净利润(或净亏损)。

第四,其他综合收益,其他综合收益反映企业根据企业会计准则规定未在当期损益中确认的各项利得和损失扣除所得税影响后的净额。同时将其他综合收益项目进一步划分为“以后会计期间不能重分类进损益的其他综合收益项目”和“以后会计期间在满足规定条件时将重分类进损益的其他综合收益项目”两类区别列报。以后会计期间不能重分类进损益的其他综合收益项目主要包括重新计量设定受益计划净负债或净资产的变动,以及按权益法核算长期股权投资被投资单位重新计量设定受益计划净负债或净资产的变动导致的权益变动,投资企业按持股比例计算确认的该部分其他综合收益。以后会计期间在满足规定条件时将重分类进损益的其他综合收益项目,主要包括按照权益法核算的在被投资单位其他综合收益中所享有的份额、现金流量套期工具产生的利得或损失中属于有效套期的部分、外币财务报表折算差额、自用房地产转换为以公允价值模式计量的投资性房地产在转换日公允价值大于账面价值部分等项目。

第五,综合收益总额,综合收益是指企业在某一会计期间除与所有者以其所有者身份进行的交易之外的其他交易或事项所引起的所有者权益变动。综合收益总额项目反映净利润和其他综合收益相加后的合计金额。

第六，以净利润为基础，计算每股收益。普通股或潜在普通股已公开交易的企业，或者正处于公开发行普通股或潜在普通股过程中的企业，应列示基本每股收益和稀释每股收益。

利润表的具体格式及其内容请参见表13-3。

二、利润表的填列方法

（一）利润表填列方法概述

为了便于财务报表使用者通过比较不同期间利润的实现情况，判断企业经营成果的未来发展趋势，企业需要提供比较利润表，利润表各项目应分别列示“本期金额”和“上期金额”。利润表“上期金额”栏内各项数字，应根据上年该期利润表“本期金额”栏内所列数字填列。如果上年该期利润表规定的各个项目的名称和内容同本期不相一致，应对上年该期利润表各项目的名称和数字按本期的规定进行调整，填入利润表“上期金额”栏内。利润表“本期金额”栏数字，应根据损益类账户借贷方发生额分析计算填列。

（二）利润表各项目本期金额填列的具体说明

1.“营业收入”项目，反映企业经营主要业务和其他业务所确认的收入总额。本项目应根据“主营业务收入”和“其他业务收入”账户的发生额分析填列。

2.“营业成本”项目，反映企业经营主要业务和其他业务所发生的成本总额。本项目应根据“主营业务成本”和“其他业务成本”账户的发生额分析填列。

3.“税金及附加”项目，反映企业经营业务应负担的消费税、城市建设维护税、资源税、土地增值税和教育费附加等。本项目应根据“税金及附加”账户的发生额分析填列。

4.“销售费用”项目，反映企业在销售商品过程中发生的包装费、广告费等费用和为销售本企业商品而专设的销售机构的职工薪酬、业务费等经营费用。本项目应根据“销售费用”账户的发生额分析填列。

5.“管理费用”项目，反映企业为组织和管理生产经营发生的、除研发费用以外的管理费用。本项目应根据“管理费用”账户的发生额分析填列。

6.“研发费用”项目，反映企业进行研究与开发过程中发生的费用化支出。本项目应根据“管理费用”账户下的“研发费用”明细账的发生额分析填列。

7.“财务费用”项目，反映企业筹集生产经营所需资金等而发生的筹资费用。本项目应根据“财务费用”账户的发生额分析填列。本项目还需分别列示“利息收入”和“利息支出”。

8.“资产减值损失”项目,反映企业除金融工具以外各项资产发生的减值损失。本项目应根据“资产减值损失”账户的发生额分析填列。

9.“信用减值损失”项目,反映企业按照新修订的《企业会计准则第22号——金融工具确认和计量》的要求计提的各项金融工具减值准备所形成的预期信用损失。本项目应根据“信用减值损失”账户的发生额分析填列。

10.“其他收益”项目,反映计入其他收益的政府补助等。本项目应根据“其他收益”账户的发生额分析填列。

11.“投资收益”项目,反映企业以各种方式对外投资所取得的收益。本项目应根据“投资收益”账户的发生额分析填列。

12“其中:对联营企业和合营企业的投资收益”项目,应根据“投资收益”明细账的发生额分析填列。

13.“净敞口套期收益”项目,反映净敞口套期下被套期项目累计公允价值变动转入当期损益的金额或现金流量套期储备转入当期损益的金额,本项目应根据“净敞口套期损益”账户的发生额分析填列。

14.“公允价值变动收益”项目,反映企业应计入当期损益的金融资产和金融负债的公允价值变动收益。本项目应根据“公允价值变动损益”账户的发生额分析填列。

15.“资产处置收益”项目,反映企业出售划分为持有待售的非流动资产(金融工具、长期股权投资和投资性房地产除外)或处置组(子公司和业务除外)时确认的处置利得或损失,以及处置未划分为持有待售的固定资产、在建工程、生产性生物资产及无形资产而产生的处置利得或损失。债务重组中因处置非流动资产产生的利得或损失和非货币性资产交换中换出非流动资产产生的利得或损失也包括在本项目内。该项目应根据“资产处置损益”账户的发生额分析填列。

16.“营业利润”项目,反映企业实现的营业利润。

17.“营业外收入”项目,反映企业发生的与经营业务无直接关系的各项利得。本项目应根据“营业外收入”账户的发生额分析填列。

18.“营业外支出”项目,反映企业发生的与经营业务无直接关系的各项损失。本项目应根据“营业外支出”账户的发生额分析填列。

19.“利润总额”项目,反映企业实现的利润。

20.“所得税费用”项目,反映企业应从当期利润总额中扣除的所得税费用。本项目应根据“所得税费用”账户的发生额分析填列。

21.“净利润”项目,反映企业当期实现的净利润。“(一)持续经营净利润”和

“(二)终止经营净利润”项目,分别反映净利润中与持续经营相关的净利润和与终止经营相关的净利润。两个项目应按照《企业会计准则第 42 号——持有待售的非流动资产、处置组和终止经营》的相关规定分别列报。

22.“其他综合收益的税后净额”项目,反映企业当期计入所有者权益的各项利得和损失扣除所得税影响后的净额。本项目应根据“其他综合收益”账户及所属明细账发生额分析填列。

23.“重新计量设定受益计划变动额”项目,反映企业离职后福利计划采用设定受益计划类型,因重新计量设定受益计划净负债或净资产所产生的变动计入其他综合收益的金额,如精算利得或损失等。

24.“权益法下不能转损益的其他综合收益”项目,反映企业按权益法核算的长期股权投资、在被投资单位不能重分类进损益的其他综合收益变动额所享有的份额。

25.“其他权益工具投资公允价值变动”项目,反映企业指定为以公允价值计量且其变动计入其他综合收益的非交易性权益工具投资发生的公允价值变动。

26.“企业自身信用风险公允价值变动”行项目,反映企业指定为以公允价值计量且其变动计入当期损益的金融负债,由企业自身信用风险变动引起的公允价值变动而计入其他综合收益的金额。

27.“权益法下可转损益的其他综合收益”项目,反映企业按权益法核算的长期股权投资、在被投资单位将重分类进损益的其他综合收益变动额所享有的份额。

28.“其他债权投资公允价值变动”项目,反映企业分类为以公允价值计量且其变动计入其他综合收益的债权投资发生的公允价值变动。企业将一项以公允价值计量且其变动计入其他综合收益的金融资产重分类为以摊余成本计量的金融资产,或重分类为以公允价值计量且其变动计入当期损益的金融资产时,之前计入其他综合收益的累计利得或损失从其他综合收益中转出的金额作为该项目的减项。

29.“金融资产重分类计入其他综合收益的金额”项目,反映企业将一项以摊余成本计量的金融资产重分类为以公允价值计量且其变动计入其他综合收益的金融资产时,计入其他综合收益的原账面价值与公允价值之间的差额。

30.“其他债权投资信用减值准备”项目,反映企业按照新修订的《企业会计准则第 22 号——金融工具确认和计量》分类为以公允价值计量且其变动计入其他综合收益的金融资产的损失准备。

31.“现金流量套期储备”项目,反映企业套期工具产生的利得或损失中属于套期有效的部分。

以上23至31项应根据“其他综合收益”账户的相关明细账的发生额分析填列。

需要说明的是,在编制合并财务报表时,产生的外币报表折算差额在合并资产负债表中以“其他综合收益”项目列示,在合并利润表中相应地在“其他综合收益”项目下列示“外币报表折算差额”。

32.“综合收益总额”项目,反映企业当期实现的净利润与其他综合收益的合计金额。如为亏损,本项目以“-”号填列。

三、利润表编制举例

【例13-2】 沿用例13-1的资料,编制的利润表见表13-3。

表13-3 利润表

编制单位:乙房地产公司　　2018年度　　单位:元

项　目	本期金额	上期金额
一、营业收入	15 000 000	(略)
减:营业成本	8 700 000	
税金及附加	56 900	
销售费用	80 900	
管理费用	181 000	
研发费用		
财务费用(收益以“-”号填列)	21 500	
其中:利息费用	21 500	
利息收入		
资产减值损失	342 100	
信用减值损失		
加:其他收益(损失以“-”号填列)		
投资收益(损失以“-”号填列)	35 000	
其中:对联营企业和合营企业的投资收益		
净敞口套期收益(损失以“-”号填列)		
公允价值变动收益(损失以“-”号填列)		
资产处置收益(损失以“-”号填列)		

续表

项　　目	本期金额	上期金额
二、营业利润（亏损以"－"号填列）	5 652 600	
加：营业外收入		
减：营业外支出	19 700	
三、利润总额（亏损总额以"－"号填列）	5 632 900	
减：所得税费用	1 400 725	
四、净利润（净亏损以"－"号填列）	4 232 175	
（一）持续经营净利润（净亏损以"－"号填列）	4 232 175	
（二）终止经营净利润（净亏损以"－"号填列）		
五、其他综合收益的税后净额		
（一）不能重分类进损益的其他综合收益		
1. 重新计量设定受益计划变动额		
2. 权益法下不能转损益的其他综合收益		
3. 其他权益工具投资公允价值变动		
4. 企业自身信用风险公允价值变动		
……		
（二）将重分类进损益的其他综合收益		
1. 权益法下可转损益的其他综合收益		
2. 其他债权投资公允价值变动		
3. 金融资产重分类计入其他综合收益的金额		
4. 其他债权投资信用减值准备		
5. 现金流量套期储备		
6. 外币财务报表折算差额		
……		
六、综合收益总额	4 232 175	
七、每股收益：		
（一）基本每股收益	略	
（二）稀释每股收益	略	

注：应纳税所得额＝563.29－3＋34.21＋40＝634.5（万元）

应交所得税＝594.5×25%＋40×15%＝154.625（万元）

当期形成的递延所得税资产＝34.21×25%＋40×15%＝14.552 5（万元）

当期所得税费用＝154.625－14.552 5＝140.072 5（万元）

四、每股收益的计算与填列

每股收益，是反映企业普通股股东持有每一股普通股所能享有企业净利润或承担企业净亏损的业绩评价指标。该指标有助于投资者、债权人等信息使用者评价企业或企业之间的盈利能力，预测企业成长潜力，进而作出经济决策。

《企业会计准则第 34 号——每股收益》规定：普通股或潜在普通股已公开交易的企业，以及正处于公开发行普通股或潜在普通股过程中的企业，应当在利润表中单独列示基本每股收益和稀释每股收益。

潜在普通股是指赋予其持有者在报告期或以后期间享有取得普通股权利的一种金融工具或其他合同，包括可转换公司债券、认股权证、股票期权等。

（一）基本每股收益

基本每股收益是按照归属于普通股股东的当期净利润除以当期实际发行在外普通股的加权平均数计算确定的，不考虑潜在普通股的影响。

归属于普通股股东的当期净利润，是指企业当期实现的可供普通股股东分配的净利润或应由普通股股东承担的净亏损金额。发生亏损的企业，每股收益以负数列示。

发行在外普通股加权平均数应按照下列公式计算：

发行在外普通股加权平均数 = 期初发行在外普通股股数 + 当期新发行普通股股数 × 已发行时间 ÷ 报告期时间 - 当期回购普通股股数 × 已回购时间 ÷ 报告期时间

公式中，已发行时间、报告期时间和已回购时间一般按照天数计算。在不影响计算结果合理性的前提下，也可以采用简化的计算方法，如按月数计算。公司库存股不属于发行在外的普通股，且无权参与利润分配，应当在计算分母时扣除。

新发行普通股股数应当按合同规定的具体条款，从应收对价之日（一般为股票发行日）起计算确定。具体包括下列情况：①为收取现金而发行的普通股股数，从应收现金之日起计算；②因债务转资本而发行的普通股股数，从停计债务利息之日或结算日起计算；③对于非同一控制下的企业合并，作为对价发行的普通股股数，从购买日起计算，对于同一控制下的企业合并，作为对价发行的普通股股数，应当计入各列报期间普通股的加权平均数；④为收购非现金资产而发行的普通股股数，从确认收购之日起计算。

【例 13 -3】 丁房地产公司（以下简称“丁公司”）2018 年实现的净利润为 335 万元，2018 年年初丁公司发行在外的普通股为 120 万股，3 月 1 日对外新发行普通股股数为 37.2 万股，12 月 1 日回购发行在外的普通股 12 万股。则：

$$\text{发行在外普通股加权平均数} = 120 + \frac{37.2 \times 10}{12} - \frac{12 \times 1}{12} = 150\text{（万股）}$$

基本每股收益 = 335 ÷ 150 = 2.23(元)

(二)稀释每股收益

企业存在稀释性潜在普通股的,应当调整归属于普通股股东的当期净利润和发行在外普通股加权平均数,并据以计算稀释每股收益。稀释性潜在普通股,是指假设当期转换为普通股会减少每股收益的潜在普通股。

计算稀释每股收益时,应当对归属于普通股股东的当期净利润进行调整:①当期已确认为费用的稀释性潜在普通股的利息。潜在普通股一旦假定转换为普通股,与之相关的利息将不再发生,已从企业利润中扣除的费用应当加回来,增加归属于普通股股东的当期净利润。②稀释性潜在普通股转换时将产生的收益或费用。潜在普通股假定转换成发行在外普通股,还应考虑相关的间接影响因素,如实行利润分享和奖金计划的企业,假定潜在普通股转换为发行在外普通股,相关利息费用的减少将导致企业利润的增加,进而导致职工利润分享计划相关费用的增加,应调减归属于普通股股东的当期净利润。③与上述调整相关的所得税影响,即相应增加或减少的所得税费用,应调减或调增归属于普通股股东的当期净利润。对于包含负债和权益成分的可转换公司债券,仅需调整属于金融负债部分的相关利息、利得或损失。

稀释性每股收益的归属于普通股股东的当期净利润 = 原归属于普通股股东的当期净利润 + 当期已确认为费用的稀释性潜在普通股的利息(+) - 稀释性潜在普通股转换时将产生的收益(费用)(+) - 相关的所得税影响。

稀释性每股收益当期发行在外普通股加权平均数 = 计算基本每股收益时普通的加权平均数 + 假定稀释性潜在普通股转换为已发行普通股而增加的普通股股数的加权平均数

计算稀释性潜在普通股转换为已发行普通股的加权平均数时,以前期间发行的稀释性潜在普通股,应当假设在当期期初转换;当期发行的稀释性潜在普通股,应当假设在发行日转换。

认股权证和股票期权等的行权价格低于当期普通股平均市价时,应当考虑其稀释性。计算稀释每股收益时,增加的普通股股数的计算公式如下:

增加的普通股股数 = 拟行权时转换的普通股股数 - 行权价格 × 拟行权时转换的普通股股数 ÷ 当期普通股平均市场价格

企业承诺将回购其股份的合同中规定的回购价格高于当期普通股平均市场价格时,应考虑其稀释性。计算稀释每股收益时,增加的普通股股数的计算公式如下:

增加的普通股股数 = 回购价格 × 承诺回购的普通股股数 ÷ 当期普通股平均市场价格 - 承诺回购的普通股股数

稀释性潜在普通股应当按其稀释程度从大到小的顺序计入稀释性每股收益,直至稀释性每股收益达到最小值。

发行在外普通股或潜在普通股的数量因派发股票股利、公积金转增资本、拆股而增加或因并股而减少但不影响所有者权益的，应按调整后的股数重新计算各列报期间的每股收益。

按照《企业会计准则第28号——会计政策、会计估计变更和会计差错》的规定，对以前年度损益进行追溯调整的，应重新计算各列报期间的每股收益。

【例13-4】 丁房地产公司(以下简称“丁公司”)2018年实现的净利润为335万元，2018年年初丁公司发行在外的普通股为120万股，3月1日对外新发行普通股股数37.2万股，12月1日回购发行在外的普通股12万股。

2018年1月1日甲公司发行3年期可转换公司债券60万元，票面利率为5%，从发行日起每100元债券可转换为1元面值的普通股80股。所得税税率为25%。假设不具备转换选择权的类似债券的市场利率为6%，则：

$$\text{每年支付的利息}=60\times5\%=3(\text{万元})$$

$$\text{负债成分的公允价值}=3\div(1+6\%)+3\div(1+6\%)^2+63\div(1+6\%)^3=58.4(\text{万元})$$

$$\text{稀释每股收益的净利润增加额}=58.4\times6\%\times(1-25\%)=2.628(\text{万元})$$

$$\text{稀释每股收益的普通股股数增加数}=\frac{60\times80}{100}=48(\text{万股})$$

$$\text{稀释每股收益}=\frac{335+2.628}{150+48}=1.705(\text{元})$$

企业应在利润表中以净利润为基础单独列示基本每股收益和稀释每股收益。同时还应在财务报表附注中披露以下内容：①基本每股收益和稀释每股收益的分子和分母的计算过程；②列报期间不具有稀释性但以后期间很可能具有稀释性的潜在普通股；③在资产负债表日至财务报告批准报出日之间，企业发行在外普通股或潜在普通股发生重大变化的情况。

第四节 现金流量表

一、现金流量表的概念与作用

现金流量表是反映企业在一定会计期间现金及其等价物流入和流出的财务报表。它是以现金为基础反映企业财务状况变动的动态会计报表。

现金流量表中的现金包括企业的库存现金、可以随时用于支付的银行存款，以及现金等价物。其中：①库存现金是指企业持有的可随时用于支付的现金限额，即“库存现金”账户核算的库存现金；②银行存款是指企业存入金融机构，可以随时用于支取的存款，不能随时支取的定期存款不应作为现金，而应列作投资，但提前通知金融机构便可支取的定期存款应包括在现金范围内；③其他货币资金是指“其他货币资金”账户核算的外埠存款、银行汇票存款、银行本票存款、信用卡存款、信用证保证金存款、存出投资款等;④现金等价物是指企业持有的期限短、流动性强、易于转换为已知金额的现金,价值变动风险很小的投资。一项投资被确认为现金等价物,必须同时具备四个条件,即期限短、流动性强、易于转换为已知金额的现金、价值风险变动很小。现金等价物一般是指在三个月或更短时间内到期的债券投资或其他投资。

现金流量是某一会计期间企业现金流入和流出的数量。例如:企业通过销售商品、提供劳务、出售固定资产、向银行借款等途径取得现金,形成企业的现金流入;企业为购买原材料、接受劳务、购建固定资产、对外投资、偿还债务等而支付的现金,形成企业的现金流出。

现金流量表反映企业现金流入和流出的全貌,通过现金流量表提供的信息,财务会计信息使用者可以对企业整体财务状况作出客观评价,判断其经营周转是否顺畅;可以对企业的支付能力和偿债能力,以及企业对外部资金的需求情况作出较为可靠的判断;可以通过对现金流量的结构分析,预测企业的财务前景和未来的发展情况;通过比较当期净利润和当期净现金流量,评价企业产生净现金流量能力的高低和净利润的质量。

二、现金流量表的结构与内容

现金流量表可分为主表和补充资料两大部分。主表部分按照现金流量的性质划分为以下三类:

(一)经营活动产生的现金流量

经营活动是指企业投资活动和筹资活动以外的所有交易和事项,包括销售商品、提供劳务、经营租赁、购买货物、接受劳务、制造商品、广告宣传、交纳税金等。通过经营活动产生的现金流入、现金流出和现金流量净额,可以分析企业经营活动获取现金的能力,以及经营活动对企业现金流入和流出净额的影响程度。其具体内容见表13-4。

(二)投资活动产生的现金流量

投资活动是指企业长期资产的购建和不包括在现金等价物范围内的投资及其处置活动。其中,长期资产是指固定资产、在建工程、无形资产、其他资产等持有期限在一年或超过一年的一个营业周期以上的资产。投资活动主要包括取得或收回投资,购建和处置固定资产、无形资产和其他长期资产等。作为现金等价物的投资属于现金内部的变动,不包括在投资活动现金流量中,如购买三个月或更短时间内到期的债券等。通过分析投资活动产生的现金流量,可以了解企业投资活动获取现金的能力，以及投资活动现金流量对企业现金流量净额的影响程度。其具体内容见表 13 －4。

（三）筹资活动产生的现金流量

筹资活动是指导致企业资本及债务规模和构成发生变化的活动，包括吸收投资、发行股票、分配利润、发行债券、向金融机构借入款项以及偿还债务本息等。通过筹资活动现金流量，可以分析企业筹资能力、偿债能力，以及筹资活动现金流量对企业现金流量净额的影响程度。其具体内容见表 13 －4。

涉及外币收支的企业，在现金流量表主表中还应在“筹资活动产生的现金流量净额”下列示“汇率变动对现金及其现金等价物的影响”。汇率变动对现金及其现金等价物的影响，是指企业外币现金流量及境外子公司的现金流量折算成记账本位币时，所采用的现金流量发生日的汇率或按照系统合理的方法确定的与现金流量发生日即期汇率近似的汇率，与现金流量表最后一行“现金及现金等价物净增加额”中，按资产负债表日即期汇率折算的外币现金净增加额之间的差额。

对于企业日常活动之外特殊的、不经常发生的特殊项目，如自然灾害损失、保险赔款、捐赠等，应当归并到相关类别中，并单独反映。比如，对于自然灾害损失和保险赔款，如果能够确指，属于流动资产损失，应当列入经营活动产生的现金流量；属于固定资产损失，应当列入投资活动产生的现金流量。如果不能确指，则可以列入经营活动产生的现金流量。捐赠收入和支出，可以列入筹资活动产生的现金流量，如与经营活动相关，也可以列入经营活动产生的现金流量。如果特殊项目的现金流量金额不大，则可以列入现金流量类别下的“其他”项目，不单列项目。

现金流量表主表的格式和内容见表 13 －4。现金流量表补充资料的格式和内容见表 13 －5。

三、现金流量表的填列方法

现金流量表的编制方法有三种：①根据利润表、比较资产负债表及其他账簿资料分析计算填列；②工作底稿法；③T 形账户法。在实际工作中，现金流量表主表部分均已采用计算机操作，将日常经济业务中涉及现金流入和流出的数额，随时分类记入有关现金流入和流出项目，根据需要，可以随时提供年初至截止日的现金流量资料，很少采用工作底稿法和 T 形账户法，因此，本书从掌握编制原理的角度，仅介绍根据利润表、比较资产负债表及有关账簿资料分析计算填列的方法。

（一）经营活动产生的现金流量的填列方法

经营活动现金流量的编制方法有直接法和间接法两种。

直接法是通过分别列示来自经营活动的现金流入和现金流出的主要类别及

其金额,反映经营活动现金流量的。直接法一般以利润表按权责发生制确定的营业收入为起算点,按收付实现制调节与经营活动有关的项目的增减变动,然后计算出经营活动产生的现金流量。

间接法是以利润表本期净利润为起算点,调整不涉及现金的收入、费用、营业外收支等有关项目的增减变动,剔除投资活动、筹资活动对现金流量的影响,据以计算出经营活动产生的现金流量。间接法是将按权责发生制确定的净利润调节为收付实现制下的经营活动现金净流入,并剔除投资活动、筹资活动对现金流量的影响。

现金流量表的主表要求按直接法编制,同时要求在附注中提供以净利润为基础调节为经营活动现金流量的信息。

下面先介绍主表部分经营活动现金流量各项目的内容和编制方法。

1.“销售商品、提供劳务收到的现金”项目,反映企业因销售商品、提供劳务而实际收到的现金(含销售收入和应向购买者收取的增值税额),包括本期销售商品、提供劳务收到的现金,以及前期销售商品、提供劳务本期收到的现金和本期预收的款项,减去本期退回本期销售的商品和前期销售本期退回的商品支付的现金。企业销售材料和代购代销业务收到的现金,以及房地产企业所属的、被核定为增值税纳税人的物资供应公司销售材料或其他物资收到的增值税销项税额,也在本项目反映。

本项目可以根据下列公式计算求得:

销售商品、提供劳务收到的现金 = 本期营业收入 - 不属于经营活动的其他业务收入 + 本期确认的增值税销项税额 + (-)应收账款和应收票据的减少额(增加额) + (-)预收账款增加额(减少额) - (+)当期计提(冲销)的坏账准备 - 以非现金资产清偿债务减少的应收账款和应收票据 - 应收票据贴现息 - 应收账款现金折扣

本项目可根据利润表的营业收入项目或“主营业务收入”账户、“其他业务收入”账户与经营活动有关的金额,以及“应交税费”账户所属“应交增值税”明细账户所记录的本期销项税额,比较资产负债表的应收账款、应收票据,预收账款的期末余额与年初余额的差额,以及应收款项明细账的资料分析计算填列。

2.“收到的税费返还”项目,反映企业收到的返还的各种税费,如收到的增值税、消费税、营业税、所得税、城市维护建设税、土地增值税和教育费附加返还等。

本项目可根据“应交税费”“营业税金及附加”“营业外收入”等账户及所属明细账分析计算填列。

3.“收到的其他与经营活动有关的现金”项目,反映除上述各项目外收到的其他与经营活动有关的现金,如罚款收入、流动资产损失中应由个人或保险公司

赔偿的现金收入、除税费返还的其他政府补贴收入外等。收到的其他与经营活动有关的现金,如果价值较大,应单列项目反映。

本项目可根据“营业外收入”“其他应收款”“递延收入”等账户和利润表中的营业外收入项目分析填列。

4.“购买商品、接受劳务支付的现金”项目,反映企业因购买商品、接受劳务而实际支付的现金,包括本期购买商品、接受劳务支付的现金(包括增值税进项税额),以及本期支付前期购买商品、接受劳务的未付款项和本期预付的款项。本期发生购货退回收到的现金应从本项目内扣除。本项目可根据下列公式计算求得:

购买商品、接受劳务支付的现金 = 本期营业成本 - 本期营业成本中不属于经营活动的其他业务成本 + 本期确认的增值税进项税额 +(-)存货增加额(减少额)+(-)存货调整数 +(-)应付账款和应付票据的减少额(增加额)+(-)预付账款增加额(减少额)- 以非现金资产清偿债务减少的应付账款和应付票据 - 应付账款现金折扣

本项目可根据利润表的营业成本项目或“主营业务成本”账户、“其他业务成本”账户与经营活动有关的金额、“应交税费——应交增值税”明细账所记录的本期进项税额,以及比较资产负债表的存货、应付账款、应付票据、预付账款项目的期末余额与年初余额的差额、相关存货和应付款项明细账资料分析计算填列。其中,存货调整数是指计入开发成本和开发间接费用的折旧费、职工薪酬等的自制存货加工费用以及非货币性资产交换换入存货、债务重组受让存货等。

5.“支付给职工以及为职工支付的现金”项目,反映企业实际支付给职工以及为职工支付的现金,包括本期实际支付给职工的工资、奖金、各种津贴和补贴等,以及为职工支付的其他费用,不包括支付在建工程人员的工资等,支付的在建工程人员工资,在“购建固定资产、无形资产和其他长期资产所支付的现金”项目中反映。

企业为职工支付的医疗、养老、失业、工伤、生育等社会保险基金、补充养老保险、住房公积金,企业为职工交纳的商业保险金,因解除与职工劳动合同给予的补偿,现金结算的股份支付,以及企业支付给职工或为职工支付的其他费用等,应按职工的工作性质和服务对象,分别在本项目和“购建固定资产、无形资产和其他长期资产所支付的现金”项目中反映。

本项目可根据“应付职工薪酬”账户本期贷方发生额以及有关成本费用账户本期借方发生额分析填列,也可以根据下列公式计算求得:

支付给职工和为职工支付的现金 = 本期在各成本费用类账户(不含在建工程账户)列支的职工薪酬 +(-)应付职工薪酬的减少额(增加额)

6.“支付的各项税费”项目,反映企业本期实际支付的各种税费,包括本期发生并支付的税费,以及本期支付以前各期发生的税费和预交的税费,如支付的教育费附加、矿产资源补偿费、印花税、房产税、车船税、土地使用税、营业税、增值税、土地增值税、所得税和预交的营业税、所得税等,不包括计入固定资产价值、实际支付的耕地占用税等。

本项目可根据“应交税费”账户所属明细账本期借方发生额分析填列。也可根据下列公式计算求得:

支付的各项税费 = 管理费用中列支的税金 + 税金及附加 + 本期所得税费用 + (−)递延所得税资产增加额(减少) + (−)递延所得税负债减少额(增加额) + (−)应交税费减少额(增加额)

7.“支付的其他与经营活动有关的现金”项目,反映企业除上述各项目外支付的其他与经营活动有关的现金,如罚款支出、支付的差旅费、业务招待费、保险费、经营租赁支付的现金支出等,支付的其他与经营活动有关的现金如果价值较大,应单列项目反映。

本项目可根据“管理费用”“开发间接费用”“销售费用”“营业外支出”“其他应付款”等账户的记录分析填列。

(二)投资活动产生的现金流量的填列方法

1.“收回投资收到的现金”项目,反映企业因出售、转让或到期收回除现金等价物以外的交易性金融资产、持有至到期投资、可供出售金融资产、长期股权投资、投资性房地产而收到的现金,不包括债权性质投资收回的利息、收回的非现金资产,以及处置子公司及其他营业单位收到的现金净额。债权性投资收回的利息在“取得投资收益收到的现金”项目反映,处置子公司及其他营业单位收到的现金净额在“处置子公司及其他营业单位收到的现金净额”项目反映。

本项目可根据“交易性金融资产”“持有至到期投资”“可供出售金融资产”“长期股权投资”“投资性房地产”等账户的贷方发生额资料分析填列。

2.“取得投资收益收到的现金”项目,反映企业因各种投资的投资收益而收到的现金,包括企业因股权性投资而分得的现金股利,以及从子公司、联营企业和合营企业分回利润收到的现金,因债权性投资所收到的现金利息收入,不包括债权性质投资收回的本金。在现金等价物范围内的债券性投资,其利息收入在本项目反映。

本项目可根据“投资收益”“应收股利(利润)”“应收利息”等账户的发生额分析填列,也可按下列公式计算求得:

分得股利或利润收到的现金 = 本期确认的权益性投资的持有收益 + (−)应收股利(或应收利润)的减少额(增加额)

取得债券利息收到的现金 = 本期确认的债券投资收益 + (-)应收利息减少额
（增加额）+ (-)应付债券本期利息调整摊销额

3.“处置固定资产、无形资产和其他长期资产收回的现金净额”项目，反映企业处置固定资产、无形资产和其他长期资产所取得的现金，减去为处置这些资产而支付的有关费用后的净额。由于自然灾害所造成的固定资产等长期资产损失而收到的保险赔偿收入，也在本项目反映。如果处置固定资产、无形资产和其他长期资产收回的现金净额为负数，则应在“支付的其他与投资活动有关的现金”项目反映。

本项目可根据“固定资产”“固定资产清理”“无形资产”等账户的发生额分析填列。

4.“处置子公司及其他营业单位收到的现金净额”项目，反映企业处置子公司及其他营业单位所取得的现金减去子公司或其他营业单位持有的现金和现金等价物以及相关处置费用后的净额。本项目可根据有关账户的发生额分析填列。

整体处置一个单位，其结算方式是多种多样的。企业处置子公司及其他营业单位是整体交易，子公司和其他营业单位可能持有现金和现金等价物，这样，整体处置子公司或其他营业单位的现金流量，就应以处置价款中收到现金的部分，减去子公司或其他营业单位持有的现金和现金等价物以及相关处置费用后的净额反映。处置子公司及其他营业单位收到的现金净额如为负数，则应在“支付其他与投资活动有关的现金”项目反映。

5.“收到的其他与投资活动有关的现金”项目，反映企业除了上述各项以外，收到的其他与投资活动有关的现金。如收回购买股票和债券时支付的已宣告而尚未领取的现金股利或已到期尚未领取的债券利息。收到的其他与投资活动有关的现金如果价值较大，应单列项目反映。

本项目可根据“应收股利(利润)”“应收利息”等账户的发生额分析填列。

6.“购建固定资产、无形资产和其他长期资产支付的现金”项目，反映企业因购买、建造固定资产，取得无形资产和其他长期资产所支付的现金，不包括为购建固定资产、无形资产和其他长期资产而发生的借款利息资本化的部分，以及融资租入固定资产支付的租赁费。借款利息资本化的部分，应在筹资活动现金流量“分配股利、利润和偿还利息所支付的现金”项目反映，融资租入固定资产支付的租赁费，应在筹资活动产生的现金流量“支付的其他与筹资活动有关的现金”项目反映。企业以分期付款方式购建的固定资产，其首次付款支付的现金作为投资活动的现金流出，以后各期支付的现金作为筹资活动的现金流出。

本项目可根据“固定资产”“在建工程”“工程物资”“无形资产”等账户的发生额分析填列。

7.“投资支付的现金”项目，反映企业进行各种性质投资所支付的现金。包括企业为取得除现金等价物以外的交易性金融资产、持有至到期投资、可供出售金融资产、长期股权投资、投资性房地产所支付的现金，以及支付的佣金、手续费等交易费用。企业以非现金资产等进行的权益性投资，不包括在本项目内。企业购买股票时，实际支付的价款中包含的已宣告而尚未发放的现金股利，企业购买债券时，实际支付的价款中包括的已到期尚未领取的债券利息，也不包括在本项目内。

本项目可根据“交易性金融资产”“持有至到期投资”“可供出售金融资产”“长期股权投资”“投资性房地产”等账户的发生额分析填列。

8.“取得子公司及其他营业单位支付的现金净额”项目，反映企业取得子公司及其他营业单位购买出价中以现金支付的部分，减去子公司或其他营业单位持有的现金和现金等价物后的净额。本项目可以根据有关账户的记录分析填列。

整体购买一个单位，其结算方式是多种多样的，如购买方全部以现金支付或一部分以现金支付而另一部分以实物清偿。同时，企业购买子公司及其他营业单位是整体交易，子公司和其他营业单位除有固定资产和存货外，还可能持有现金和现金等价物。这样，整体购买子公司或其他营业单位的现金流量，就应以购买出价中以现金支付的部分减去子公司或其他营业单位持有的现金和现金等价物后的净额反映，如为负数，应在“收到其他与投资活动有关的现金”项目中反映。

9.“支付的其他与投资活动有关的现金”项目，其反映企业除上述各项目外支付的与投资活动有关的现金，如购买股票和债券时，实际支付的价款中包含的已宣告而尚未领取的现金股利，或已到期尚未领取的债券利息。支付的其他与投资活动有关的现金如果价值较大，应单列项目反映。

(三)筹资活动产生的现金流量的填列方法

1.“吸收投资收到的现金”项目，反映企业以发行股票方式筹集资金实际收到的款项净额(发行收入减去支付的佣金等发行费用后的净额)。以发行股票方式筹集资金而由企业直接支付的审计、咨询等费用，企业自行发行债券支付的发行费用，在“支付的其他与投资活动有关的现金”项目中反映，不从本项目内扣除。

本项目可根据“实收资本(股本)”“资本公积”等账户的发生额分析填列。

2.“借款收到的现金”项目，反映企业举借各种短期、长期借款及发行债券方式筹集资金所收到的现金。

本项目可根据“短期借款”“长期借款”“应付债券”等账户的发生额分析填列。

3.“收到的其他与筹资活动有关的现金”项目，反映企业除上述各项目外收到的其他与筹资活动有关的现金。收到的其他与筹资活动有关的现金如果价值较大,应单列项目反映。

本项目可根据“递延收益”“库存现金”“银行存款”等账户的发生额分析填列。

4.“偿还债务支付的现金”项目,反映企业以现金偿还债务的本金,包括偿还金融企业的借款本金、偿还债券本金等。企业偿还的借款利息、债券利息,应在“分配股利、利润和偿还利息所支付的现金”项目反映,不包括在本项目内。

本项目可根据“短期借款”“长期借款”“交易性金融负债”“应付债券”等账户的发生额分析填列。

5.“分配股利、利润和偿还利息支付的现金”项目,反映企业实际支付的现金股利、支付给其他单位的利润以及支付的借款利息、债券利息。

本项目可根据“应付股利(利润)”“应付利息”“短期借款”“长期借款”“应付债券——应计利息”“财务费用”“在建工程”等账户发生额分析填列。

6.“支付的其他与筹资活动有关的现金”项目,反映企业除上述各项外支付的其他与筹资活动有关的现金,如企业为发行股票、债券或向金融企业借款等筹资活动而发生的各种费用,如咨询费、公证费、印刷费等。这里所指的现金支出是指资金到达企业之前发生的前期费用,不包括利息支出和股利支出等。支付的其他与筹资活动有关的现金如果价值较大,应单列项目反映。

本项目可根据“营业外支出”“资本公积”“财务费用”“在建工程”“应付债券”“银行存款”等账户的发生额分析填列。

(四)“汇率变动对现金及现金等价物的影响”项目的填列方法

“汇率变动对现金及现金等价物的影响”项目,所反映的内容在本节“现金流量表的结构和内容”中已述。从理论上讲,应将当期发生的外币收支业务逐笔计算汇率变动对现金的影响。其计算公式如下:

$$\text{汇率变动对现金的影响} = \sum[\text{某项业务流入的现金} \times (\text{资产负债表日的即期汇率} - \text{现金流量发生时的即期汇率})] - \sum[\text{某项业务流出的现金} \times (\text{资产负债表日的即期汇率} - \text{现金流量发生时的即期汇率})]$$

(五)现金流量表补充资料的内容和填列方法

现金流量表补充资料的内容包括三个部分:①将净利润调节为经营活动现金流量的信息,实际上是以间接法编制经营活动现金流量,将权责发生制下确认的净利润调节为收付实现制下经营活动现金流量净额;②不涉及当期现金收支,但影响企业财务状况或未来可能影响企业现金流量的重大投资和筹资活动,如债务转资本、以固定资产对外投资、以存货偿还债务等,虽不涉及现金收支,但对以后各期现金流量有重大影响,应当予以披露;③现金及现金等价物净变动的情况。

补充资料的具体内容及填列方法如下：

1.“将净利润调节为经营活动现金流量”项目所属各明细项目。“将净利润调节为经营活动现金流量”项目的调节项目包括以下四类：①没有发生现金收付的收入和费用；②不属于经营活动的现金收支或损益；③存货的增减变动；④经营性应收应付项目的增减变动。

(1)“资产损失准备”项目。企业当期计提的各项资产损失准备计入当期损益，列入利润表，属于利润的抵减项目，但实际上并没有发生现金流出。为了将净利润调节为收付实现制下的经营活动现金净流量，当期计提各项资产损失准备需要加回，调增净利润。

本项目可根据“资产减值损失”账户的发生额分析填列。

(2)“固定资产折旧”项目。企业当期计提的固定资产折旧，有的计入管理费用，有的计入开发成本或开发间接费用。计入管理费用部分已作为期间费用列入当期利润表，属于利润抵减项目，但没有发生现金流出，在将净利润调节为经营活动现金流量时，需要加回，调增净利润；计入开发成本或开发间接费用中的已经变现部分，则通过营业成本列入利润表，予以扣除，但没有发生现金流出，在将净利润调节为经营活动现金流量时，需要加回，调增净利润；计入开发成本或开发间接费用中的没有变现部分，既不影响现金收支，也不影响净利润，但是，在调节存货时已经从中扣除，在净利润调节为经营活动现金流量时，需要予以加回，调增净利润。

本项目可根据“累计折旧”账户发生额中本年实际计提的折旧额填列。

(3)“无形资产摊销”“长期待摊费用摊销”项目。企业无形资产和长期待摊费用摊销时，计入管理费用或开发成本、开发间接费用，但并没有发生现金流出，与固定资产折旧的调节道理相同，在将净利润调节为经营活动现金流量时，需要加回，调增净利润。

本项目可根据“累计摊销”“长期待摊费用”账户贷方发生额分析填列，也可根据“管理费用”等成本费用账户所属明细账的摊销额计算填列。

(4)“处置固定资产、无形资产和其他长期资产的损失(减收益)”项目。企业处置固定资产、无形资产和其他长期资产，不属于经营活动而属于投资活动，其所产生的损益在将净利润调节为经营活动现金流量时，应当予以剔除。如果处置固定资产、无形资产和其他长期资产产生损失，应调增净利润；如果处置固定资产、无形资产和其他长期资产产生收益，应调减净利润。

本项目可根据“营业外收入”“营业外支出”账户所属明细账发生额分析填列。如为净收益，以“－”号填列。

(5)“固定资产盘亏、报废损失”项目。固定资产盘亏、报废损失均计入营业外支出，列入利润表，属于利润的抵减项目，但这部分损失属于投资活动产生的损益，在将净利润调节为经营活动现金流量时，应当予以剔除，调增净利润。如果发生固定资产报废清理收益，在将净利润调节为经营活动现金流量时，应当予以剔除，调减净利润。

本项目可根据“营业外收入”“营业外支出”账户下设置相应的明细账发生额分析填列。

(6)“公允价值变动损失”项目。公允价值变动损失反映企业在初始确认时划分为以公允价值计量且其变动计入当期损益的交易性金融资产或金融负债、衍生工具、套期等业务中公允价值变动形成的计入当期损益的利得或损失。企业发生的公允价值变动损益，通常与企业的投资活动或筹资活动有关，而且并不影响企业当期的现金流量。为此，应当将其从净利润中剔除。

本项目可根据“公允价值变动损益”账户的发生额分析填列。如为持有损失，在将净利润调节为经营活动现金流量时，应当加回，调增净利润；如为持有利得，在将净利润调节为经营活动现金流量时，应当扣除，调减净利润。

(7)“财务费用”项目。严格地说，企业发生的财务费用可以分别归属于经营活动、投资活动和筹资活动。比如：应收票据贴现息、应收账款和应付账款现金折扣、销售商品和购买原材料所产生的汇兑损益属于经营活动；购买固定资产所产生的汇兑损益属于投资活动；支付利息属于筹资活动；等等。在将净利润调节为经营活动现金流量时，应将属于投资活动和筹资活动的部分予以剔除，调增净利润，而不能调节应收票据贴现息、应收账款现金折扣和应付账款现金折扣等属于经营活动的部分。

本项目可根据“财务费用”账户本期发生额分析填列。在具体实务中，企业的“财务费用”明细账一般是按照费用项目设置的，为了编制现金流量表，企业可在此基础上，再按“经营活动”“投资活动”“筹资活动”分设明细分类账。每一笔财务费用发生时，即将其分别归入“经营活动”“投资活动”“筹资活动”中，并求出累计数，据以填列本项目。

(8)“投资损失(减：收益)”项目。投资损益属于投资活动产生的损益，不属于经营活动产生的损益，所以在将净利润调节为经营活动现金流量时，需要予以剔除，即若为投资收益，应当扣除，调减净利润；若为投资损失，应当加回，调增净利润。

本项目可根据“投资收益”账户发生额分析填列。如为投资收益以“－”号填列。

(9)“递延所得税资产减少(减：增加)”项目。如果递延所得税资产减少，便使计入所得税费用的金额大于当期应交的所得税金额，其差额没有发生现金流出，但在计算净利润时已经扣除，在将净利润调节为经营活动现金流量时，应当加回,调增净利润;如果递延所得税资产增加,便使计入所得税费用的金额小于当期应交的所得税金额,二者之间的差额并没有发生现金流入,但在计算净利润时已经包括在内,在将净利润调节为经营活动现金流量时,应当扣除,调减净利润。

本项目可以根据资产负债表"递延所得税资产"项目期初、期末余额分析填列。

(10)"递延所得税负债增加(减:减少)"项目。如果递延所得税负债增加,便使计入所得税费用的金额大于当期应交的所得税金额,其差额没有发生现金流出,但在计算净利润时已经扣除,在将净利润调节为经营活动现金流量时,应当加回,调增净利润;如果递延所得税负债减少,便使计入当期所得税费用的金额小于当期应交的所得税金额,其差额并没有发生现金流入,但在计算净利润时已经包括在内,在将净利润调节为经营活动现金流量时,应当扣除,调减净利润。

本项目可以根据资产负债表"递延所得税负债"项目期初、期末余额分析填列。

(11)"存货的减少(减:增加)"项目。存货的增减变动属于经营活动。在不存在赊销的情况下,如果期末存货比期初存货减少,说明本期生产经营过程耗用的存货有一部分是期初的存货,耗用这部分存货并没有发生现金流出,但在计算净利润时已经扣除,所以,在将净利润调节为经营活动现金流量时,应当加回,调增净利润;如果期末存货比期初存货增加,说明当期购入的存货除耗用外,还留有余额,即除了当期销售成本包含的存货发生现金支出外,当期购入的存货除耗用外还剩余了一部分,这部分存货也发生了现金流出,但在计算净利润时没有包括在内,所以,在将净利润调节为经营活动现金流量时,需要扣除,调减净利润。如果存货的增减变化过程还涉及应付项目,这一因素将在"经营性应付项目的增加(减:减少)"中考虑。

本项目可根据资产负债表中"存货"项目的期初余额、期末余额之间的差额填列;期末余额大于期初余额的差额,以" - "号填列。如果存货的增减变化过程属于投资活动,如在建工程领用存货,应当将这一因素剔除。

(12)"经营性应收项目减少(减:增加)"项目。经营性应收项目主要是指应收票据、应收账款、预付账款、其他应收款和长期应收款中与经营活动有关的部分(包括作为增值税纳税人的物资供应公司应收的增值税销项税额)。如果经营性应收项目期末余额大于经营性应收项目期初余额,说明本期营业收入中有一部分没有收到现金,但是,在利润表计算的净利润中已包括这部分营业收入,所以,在将净利润调节为经营活动产生的现金流量时,需要扣除,调减净利润;反之,如果经营性应收项目期末余额小于经营性应收项目期初余额,说明本期从客户处收到的现金大于利润表中所确认的营业收入,在将净利润调节为经营活动产生的现金流量时,需要加回,调增净利润。

本项目可根据比较资产负债表中的应收票据、应收账款、预付账款、其他应收款和长期应收款项目的期初、期末余额的差额分析计算填列。比较资产负债表中的应收股利、应收利息项目以及其他应收款中与经营活动无关的部分不属于经营性应收款,不包括在本项目内。

(13)"经营性应付项目的增加(减:减少)"项目。经营性应付项目主要是指应付票据、应付账款、预收账款、应付职工薪酬、应交税费、应付利息、其他应付款、长期应付款中与经营活动有关的部分(包括作为增值税纳税人的物资供应公司应付的增值税进项税额)。如果经营性应付项目期末余额大于经营性应付项目期初余额,说明本期购入的存货中有一部分没有支付现金,但是,在计算净利润时却通过销售成本包括在内,在将净利润调节为经营活动现金流量时,需要加回,调增净利润;经营性应付项目期末余额小于经营性应付项目期初余额,说明本期支付的现金大于利润表中所确认的营业成本,在将净利润调节为经营活动产生的现金流量时,需要扣除,调减净利润。

本项目可根据比较资产负债表中的应付票据、应付账款、预收账款、应付职工薪酬、应交税费、应付利息、其他应付款、长期应付款等项目的期初、期末余额的差额分析填列。如为减少,以" - "号填列。

比较资产负债表中的应付账款、应付职工薪酬、其他应付款以及应交税费项目中与经营活动无关的部分,不包括在本项目内。如应付职工薪酬费中的应付在建工程人员部分,不应作为经营性应付款,属于筹资活动应付款的应付股利、应付利息,也不包括在内。

2. 不涉及现金收支的重大投资和筹资活动。不涉及现金收支的重大投资和筹资活动,反映企业发生的不涉及当期现金收支但影响企业财务状况或在未来可能影响企业现金流量的重大投资和筹资活动。其主要包括:①债务转为资本,反映企业本期转为资本的债务金额;②一年内到期的可转换公司债券,反映企业一年内到期的可转换公司债券的本息;③融资租入固定资产,反映企业本期融资租入的固定资产;④以固定资产、无形资产或股权为对价换取被投资单位的股权等。这些投资和筹资活动虽然不涉及当期现金收支,但对以后各期的现金流量有重大影响。

3. 现金及现金等价物净变动情况。企业现金及现金等价物的有关信息包括:①现金的期初余额与期末余额;②现金等价物的期初余额与期末余额;③现金及现金等价物净增加额。

四、现金流量表编制举例

【例 13 - 5】 沿用例 13 - 1 资产负债表举例的资料。假设企业当期销售的开发产品均为以前年度开发建造完成的,且以前年度均以出包方式进行开发建造；应付职工薪酬期初余额全部为应付开发经营人员薪酬。编制的现金流量表及其补充资料见表13－4和表13－5。

（一）现金流量表有关项目数据的计算

1. 销售商品、提供劳务收到的现金＝营业收入＋增值税销项税额＋（应收票据期初余额－应收票据期末余额）＋（应收账款期初余额－应收账款期末余额）＋（应收账款坏账准备期初余额－应收账款坏账准备期末余额）＋（预收账款期末余额－预收账款期初余额）。

销售商品、提供劳务收到的现金＝15 000 000＋840 000＋（246 000－46 000）＋（299 100－4 657 000）＋（900－43 000）＋（602 400－202 400）
＝12 040 000（元）

2. 购买商品、接受劳务支付的现金＝营业成本＋增值税进项税额＋（应付账款期初余额－应付账款期末余额）＋（预付账款期末余额－预付账款期初余额）＋（存货期末余额－存货期初余额）－期末存货中的加工费用（直接计入开发成本的职工薪酬、固定资产折旧费、计入开发间接费用的职工薪酬和低值易耗品摊销费）。

购买商品、接受劳务支付的现金＝8 700 000＋271 500＋（950 000－1 494 100）＋（0－99 900）＋（4 229 000－10 560 000）－（385 000＋90 000＋14 000＋80 000）
＝1 427 500（元）

3. 支付给职工以及为职工支付的现金＝计入经营管理费用的职工工资＋计入经营管理费用的其他职工薪酬＋［应付职工薪酬期初余额－（应付职工薪酬期末余额－应付在建工程人员薪酬）］。

支付给职工以及为职工支付的现金＝300 000＋120 000＋｛110 000－［358 000－（328 000－200 000）］｝
＝300 000（元）

4. 支付的各项税费＝计入税金及附加、管理费用、所得税费用、递延营业税和递延所得税资产的税金＋本年应交增值税＋（应交税费期初余额－应交税费期末余额）。

支付的各项税费＝56 900＋20 000＋1 400 725＋145 525＋568 500＋（36 600－488 250）
＝1 740 000（元）

5. 支付的其他与经营活动有关的现金＝销售费用＋管理费用－（管理费用中的折旧费、无形资产摊销费＋管理费用中的职工薪酬＋管理费用中的税金）。

支付的其他与经营活动有关的现金 = 80 900 + 181 000 − (40 000 + 50 000 + 21 000 + 20 000)

= 130 900(元)

6. 收回投资收到的现金 = 出售交易性金融资产收到现金 = 25 000(元)。

7. 取得投资收益收到的现金 = 收到长期股权投资现金股利 = 30 000(元)。

8. 处置固定资产、无形资产和其他长期资产收回的现金净额 = 800 − 500 = 300(元)。

9. 购建固定资产、无形资产和其他长期资产支付的现金 = "在建工程"账户借方发生额 + "工程物资"账户借方发生额 − 应付职工薪酬期末余额中的应付在建工程人员薪酬 − 资本化的长期借款利息。

购建固定资产、无形资产和其他长期资产支付的现金 = 478 000 + 150 000 − 128 000 − 150 000

= 350 000(元)

10. 借款收到的现金 = "长期借款"账户贷方发生额 − 到期一次还本付息的利息。

借款收到的现金 = 550 000 − 150 000 = 400 000(元)

11. 偿还债务支付的现金 = "短期借款"账户借方发生额 + "长期借款"账户借方发生额中的本金。

偿还债务支付的现金 = 250 000 + 1 000 000 = 1 250 000(元)

12. 分配股利、利润或偿付利息支付的现金 = "应付利息"账户借方发生额 = 12 500(元)。

13. 现金及现金等价物净增加额 = 8 441 600 − 294 700 − 862 500 = 7 284 400(元)。

14. 期初现金及现金等价物余额 = 1 400 000(元)。

15. 期末现金及现金等价物余额 = 1 400 000 + 7 284 400 = 8 684 400(元)。

(二)现金流量表补充资料有关项目数据的计算

1. 资产减值准备 = 42 100 + 300 000 = 342 100(元)。

2. 递延所得税资产减少 = −145 525(元)。

3. 存货减少 = 10 560 000 − 4 229 000 = 6 331 000(元)。

4. 经营性应收项目减少 = (应收票据期初余额 − 应收票据期末余额) + (应收账款期初余额 − 应收账款期末余额) + (期初坏账准备 − 期末坏账准备) + (预付账款期初余额 − 预付账款期末余额)。

经营性应收项目减少 = (246 000 − 46 000) + (299 100 − 4 657 000) + (900 − 43 000) + (99 900 − 0)

= −4 100 100(元)

5. 经营性应付项目增加 = (应付账款期末余额 − 应付账款期初余额) + (预收账款期末余额 − 预收账款期初余额) + (应付职工薪酬期末余额 − 应付职工薪

酬期初余额）+（应交税费期末余额－应交税费期初余额）。

经营性应付项目增加＝（1 494 100－950 000）+（602 400－202 400）+（358 000－110 000－128 000）+（488 250－36 600）

＝1 515 750（元）

6. 其他＝待摊费用摊销＝80 000（元）。

表 13－4　现金流量表

乙房地产公司　　　　2018 年　　　　单位：元

项　　目	本期金额	上期金额
一、经营活动产生的现金流量：		（略）
销售商品、提供劳务收到的现金	12 040 000	
收到的税费返还		
收到的其他与经营活动有关的现金		
经营活动现金流入小计	12 040 000	
购买商品、接受劳务支付的现金	1 427 500	
支付给职工以及为职工支付的现金	300 000	
支付的各项税费	1 740 000	
支付的其他与经营活动有关的现金	130 900	
经营活动现金流出小计	3 598 400	
经营活动产生的现金流量净额	8 441 600	
二、投资活动产生的现金流量：		
收回投资收到的现金	25 000	
取得投资收益收到的现金	30 000	
处置固定资产、无形资产和其他长期资产收回的现金净额	300	
处置子公司及其他营业单位收到的现金净额		
收到其他与投资活动有关的现金		
投资活动现金流入小计	55 300	
购建固定资产、无形资产和其他长期资产支付的现金	350 000	
投资支付的现金		
取得子公司及其他营业单位支付的现金净额		
支付的其他与投资活动有关的现金		
投资活动现金流出小计	350 000	
投资活动产生的现金流量净额	－294 700	
三、筹资活动产生的现金流量：		
吸收投资收到的现金		

续表

项　　目	本期金额	上期金额
取得借款收到的现金	400 000	
收到其他与筹资活动有关的现金		
筹资活动现金流入小计	400 000	431
偿还债务支付的现金	1 250 000	
分配股利、利润或偿付利息支付的现金	12 500	
支付的其他与筹资活动有关的现金		
筹资活动现金流出小计	1 262 500	
筹资活动产生的现金流量净额	-862 500	
四、汇率变动对现金及现金等价物的影响		
五、现金及现金等价物净增加额	7 284 400	
加:期初现金及现金等价物余额	1 400 000	
六、期末现金及现金等价物余额	8 684 400	

表 13-5　现金流量表补充资料

项　　目	金　　额
1. 将净利润调节为经营活动现金流量	
净利润	4 232 175
加:资产减值准备	342 100
固定资产折旧	130 000
无形资产摊销	50 000
长期待摊费用摊销	
处置固定资产、无形资产和其他长期资产损失(减:收益)	
固定资产报废损失(减:收益)	19 700
公允价值变动损失(减:收益)	
财务费用(减:收益)	21 500
投资损失(减:收益)	-35 000
递延所得税资产减少(减:增加)	-145 525
递延所得税负债增加(减:减少)	
存货减少(减:存货增加)	6 331 000
经营性应收项目减少(减:增加)	-4 100 100
经营性应付项目增加(减:减少)	1 515 750
其他	80 000
经营活动产生的现金流量净额	8 441 600

续表

项　　目	金　额
2. 不涉及现金收支的重大投资和筹资活动	
债务转资本 融资租入固定资产 一年内到期的可转换公司债券 非现金资产取得股权投资	
3. 现金及现金等价物净增加情况	
现金的期末余额	8 684 400
减:现金的期初余额	1 400 000
加:现金等价物的期末余额	
减:现金等价物的期初余额	
现金及现金等价物净增加额	7 284 400

第五节　所有者权益变动表

一、所有者权益变动表的结构和内容

所有者权益变动表是反映所有者权益的各组成部分当期增减变动情况的动态会计报表。通过所有者权益变动表提供的信息,财务会计信息使用者可以全面了解企业一定会计期间所有者权益变动的情况,不仅包括所有者权益总量的增减变动情况,还包括所有者权益各构成部分的增减变动情况;可以了解企业直接计入所有者权益的利得和损失的情况;可以准确理解所有者权益增减变动的根源;可以了解企业的综合收益的构成,即企业的综合收益包括净利润和直接计入所有者权益的利得和损失。前者是企业已实现并已确认的收益,后者是企业未实现但已确认的收益。综合收益总额和与所有者(或股东)的资本交易导致的所有者权益的变动,应当分别列示。与所有者的资本交易,是指与所有者以其所有者身份进行的、导致企业所有者权益变动的交易。

为了清晰地反映所有者权益的各组成部分当期的增减变动情况,所有者权益变动表采用矩阵的格式。一方面,列示导致所有者权益变动的交易或事项,不再像以往仅仅按照所有者权益的各组成部分反映所有者权益变动情况,而是按所有者权益变动的来源对一定时期所有者权益变动情况进行全面反映;另一方面,按照所有者权益各组成部分(包括实收资本、资本公积、盈余公积、未分配利润和库存股)及其总额列示交易或事项对所有者权益的影响。为了提供所有者权益变动的比较信息,所有者权益变动表还将各项目分为“本年金额”和“上年金额”两栏分别填列。所有者权益(股东权益)变动表的结构和内容见表13-6。

二、所有者权益变动表的填列方法

(一)所有者权益变动表的填列方法概述

所有者权益变动表的各项目都需要填列“本年金额”和“上年金额”。

1. 上年金额栏的填列方法。所有者权益变动表“上年金额”栏内各项数字,应根据上年度所有者权益变动表“本年金额”栏内所列数字填列。如果上年度所有者权益变动表规定的各个项目的名称和内容同本年度不相一致,应对上年度所有者权益变动表各项目的名称和数字按本年度的规定进行调整,填入所有者权益变动表“上年金额”栏内。

2. 本年金额栏的填列方法。所有者权益变动表“本年金额”栏内各项数字,一般应根据“实收资本(或股本)”“资本公积”“盈余公积”“利润分配”“库存股”“以前年度损益调整”等账户的发生额分析填列。

(二)所有者权益变动表本年金额栏各项目填列的具体说明

1. “上年年末余额”项目,反映企业上年资产负债表中实收资本(或股本)、资本公积、盈余公积、未分配利润的年末余额。应根据上年度所有者权益变动表“本年金额”栏的“本年年末余额”各栏数字填列。

2. “会计政策变更”和“前期差错更正”项目,分别反映企业采用追溯调整法处理的会计政策变更的累积影响金额和采用追溯重述法处理的会计差错更正的累积影响金额。

为了体现会计政策变更和前期差错更正的影响,企业应当在上期期末所有者权益余额的基础上进行调整得出本期期初所有者权益,根据“盈余公积”“利润分配”“以前年度损益调整”等账户的发生额分析填列。

3. 本年增减变动额金额(减少以“-”号列示)项目:

(1)“综合收益总额”项目,反映企业当年直接计入所有者权益的利得和损失金额,并对应列在“其他综合收益”栏。

本项目应根据“其他综合收益”账户发生额分析填列。

(2)“所有者投入和减少资本”项目,反映企业当年所有者投入的资本和减少的资本。其中:

a. “所有者投入普通股”项目,反映企业接受普通股投资者投入形成的实收资本(或股本)和资本溢价或股本溢价,并对应列在“实收资本”和“资本公积”栏。

b. “其他权益工具持有者投入资本”项目,反映企业其他权益工具持有者投入资本的账面价值。

c.“股份支付计入所有者权益的金额”项目，反映企业处于等待期中的权益结算的股份支付当年计入资本公积的金额，并对应列在“资本公积”栏。

“所有者投入和减少资本”项目，应根据“实收资本”“其他权益工具”“资本公积”等账户及所属明细账本期发生额分析填列。

(3)“利润分配”下各项目，反映当年对所有者（或股东）分配的利润（或股利）金额和按照规定提取的盈余公积金额，并对应列在“未分配利润”和“盈余公积”栏。其中：

a.“提取盈余公积”项目，反映企业按照规定提取的盈余公积。

b.“对所有者（或股东）的分配”项目，反映对所有者（或股东）分配的利润（或股利）金额。

“利润分配”下各项目，应根据“利润分配”账户所属明细账发生额分析填列。

(4)“所有者权益内部结转”下各项目，反映不影响当年所有者权益总额的所有者权益各组成部分之间当年的增减变动，包括资本公积转增资本（或股本）、盈余公积转增资本（或股本）、盈余公积弥补亏损等项金额。其中：

a.“资本公积转增资本（或股本）”项目，反映企业以资本公积转增资本或股本的金额。

b.“盈余公积转增资本（或股本）”项目，反映企业以盈余公积转增资本或股本的金额。

c.“盈余公积弥补亏损”项目，反映企业以盈余公积弥补亏损的金额。

“所有者权益内部结转”下各项目，应根据“资本公积”和“盈余公积”账户发生额分析填列。

d.“设定受益计划变动额结转留存收益”项目，反映企业因重新计量设定受益计划净负债或净资产所产生的变动计入其他综合收益的累计利得或损失从其他综合收益转入留存收益的金额。

e.“其他综合收益结转留存收益”项目，主要反映：企业指定为以公允价值计量且其变动计入其他综合收益的非交易性权益工具投资终止确认时，之前计入其他综合收益的累计利得或损失从其他综合收益中转入留存收益的金额；企业指定为以公允价值计量且其变动计入当期损益的金融负债终止确认时，之前由企业自身信用风险变动引起而计入其他综合收益的累计利得或损失从其他综合收益中转入留存收益的金额等。本项目应根据“其他综合收益”账户的相关明细账的发生额分析填列。

三、所有者权益变动表的编制举例

【例13－6】 沿用例13－1资产负债表举例的资料，所有者权益变动表见表13－6。

表 13 – 6　所有者权益（股东权益）变动表

2018 年度

乙房地产公司　　单位：元

项　目	本年金额										上年金额									
	实收资本（或股本）	其他权益工具			资本公积	减：库存股	其他综合收益	盈余公积	未分配利润	所有者权益合计	实收资本（或股本）	其他权益工具			资本公积	减：库存股	其他综合收益	盈余公积	未分配利润	所有者权益合计
		优先股	永续债	其他								优先股	永续债	其他						
一、上年年末余额	12 800 000				150 000			100 000	100 000	13 150 000	（略）				略		略	（略）	（略）	
加：会计政策变更																				
前期差错更正																				
其他																				
二、本年年初余额	12 800 000				150 000			100 000	100 000	13 150 000										
三、本年增减变动金额（减少以“－”号填列）																				
（一）综合收益总额									4 232 175	4 232 175										
（二）所有者投入和减少资本																				
1. 所有者投入的普通股																				
2. 其他权益工具持有者投入资本																				
3. 股份支付计入所有者权益的金额																				
4. 其他																				

续表

项目	本年金额										上年金额									
	实收资本（或股本）	其他权益工具			资本公积	减:库存股	其他综合收益	盈余公积	未分配利润	所有者权益合计	实收资本（或股本）	其他权益工具			资本公积	减:库存股	其他综合收益	盈余公积	未分配利润	所有者权益合计
		优先股	永续债	其他								优先股	永续债	其他						
（三）利润分配																				
1. 提取盈余公积								423 217.5	-423 217.5	0										
2. 对所有者（或股东）的分配									-800 000	-800 000										
3. 其他																				
（四）所有者权益内部结转																				
1. 资本公积转增资本（或股本）																				
2. 盈余公积转增资本（或股本）																				
3. 盈余公积弥补亏损																				
4. 设定受益计划变动额结转留存收益																				
5. 其他综合收益结转留存收益																				
6. 其他																				
四、本年年末余额	12 800 000				150 000			523 217.5	3 108 957.5	16 582 175										

第六节　财务报表附注

一、附注披露的要求

附注是对在资产负债表、利润表、现金流量表和所有者权益变动表等会计报表中所列示项目的文字描述或明细资料，以及对未能在这些会计报表中列示项目的说明等。会计报表中的数字是经过分类与汇总后的结果，是对企业发生的经济业务的高度简化和浓缩的数字，如果没有形成这些数字所使用的会计政策、理解这些数字所必需的披露，财务报表就不可能充分发挥效用。因此，附注与资产负债表、利润表、现金流量表、所有者权益变动表等报表具有同等的重要性，是财务报表的重要组成部分。

附注披露应符合以下基本要求：①从量和质两个角度对企业经济事项完整地进行反映，提供定量和定性结合的信息，以满足信息使用者的决策需求；②按照一定的结构进行系统合理的排列和分类，有顺序地、条理清晰地披露信息，以便于财务会计信息使用者理解和掌握；③相关信息应当与资产负债表、利润表、现金流量表和所有者权益变动表等报表中列示的项目相互参照，有助于财务会计信息使用者联系相关联的信息，从整体上理解财务报表。

二、附注的主要内容

财务报表附注应当按顺序披露以下内容：

（一）企业的基本情况

1. 企业注册地、组织形式和总部地址。

2. 企业的业务性质和主要经营活动，如企业所处的行业、所提供的主要产品或服务、客户的性质、销售策略、监管环境的性质等。

3. 母公司以及集团最终母公司的名称。

4. 财务报告批准报出者和财务报告批准报出日。

5. 营业期限有限的企业，还应披露营业期限有限的信息。

（二）财务报表的编制基础

财务报表的编制应以企业持续经营为前提条件，并遵循权责发生制会计基础。

（三）遵循企业会计准则的声明

企业应当声明编制的财务报表符合企业会计准则的要求，真实、完整地反映了企业的财务状况、经营成果和现金流量等有关信息。以此明确企业编制财务报表所依据的制度基础。

如果企业编制的财务报表只是部分地遵循了企业会计准则,附注中不得作出这种表述。

(四)重要会计政策和会计估计

根据财务报表列报准则的规定,企业应当披露采用的重要会计政策和会计估计,不重要的会计政策和会计估计可以不披露。

1. 重要会计政策的说明。重要会计政策的说明包括财务报表项目的计量基础和运用会计政策过程中所做的重要判断。由于企业经济业务存在复杂性和多样化的特点,某些经济业务可以有多种会计处理方法,也即存在不止一种可供选择的会计政策。例如,存货发出的计价可以有先进先出法、加权平均法、个别计价法等;固定资产的折旧,可以有平均年限法、工作量法、双倍余额递减法、年数总额法等。企业在发生某项经济业务时,必须从允许的会计处理方法中选择适合本企业特点的会计政策。企业选择不同的会计处理方法,可能极大地影响企业的财务状况和经营成果,进而编制出不同的财务报表。为了有助于报表使用者理解,有必要对这些会计政策加以披露。

需要特别指出的是,说明会计政策时还需要披露下列两项内容:

(1)财务报表项目的计量基础。会计计量属性包括历史成本、重置成本、可变现净值、现值和公允价值,这直接显著影响报表使用者的分析,这项披露要求便于使用者了解企业财务报表中的项目是按何种计量基础予以计量的,如存货是按成本还是可变现净值计量等。

(2)会计政策的确定依据。这主要是指企业在运用会计政策过程中所做的对报表中确认的项目金额最具影响的判断。例如,企业如何判断持有的金融资产是持有至到期的投资而不是交易性投资;对于拥有的持股不足50%的关联企业,企业如何判断企业拥有控制权并因此将其纳入合并范围;企业如何判断与租赁资产相关的所有风险和报酬已转移给企业从而符合融资租赁的标准;投资性房地产的判断标准是什么;等等。这些判断对在报表中确认的项目金额具有重要影响。因此,这项披露要求有助于使用者理解企业选择和运用会计政策的背景,增加财务报表的可理解性。

2. 重要会计估计的说明。重要会计估计的说明包括可能导致下一个会计期间内资产、负债账面价值重大调整的会计估计的确定依据。财务报表列报准则强调了对会计估计不确定因素的披露要求,企业应当披露会计估计中所采用的关键假设和不确定因素的确定依据,这些关键假设和不确定因素在下一会计期间内很可能导致对资产、负债账面价值进行重大调整。

在确定报表中确认的资产和负债的账面金额过程中，企业有时需要对不确定的未来事项在资产负债表日对这些资产和负债的影响加以估计。例如，固定资产可收回金额的计算需要根据其公允价值减去处置费用后的净额与预计未来现金流量的现值两者之间的较高者确定，在计算资产预计未来现金流量的现值时需要对未来现金流量进行预测，并选择适当的折现率，应当在附注中披露未来现金流量预测所采用的假设及其依据、所选择的折现率为什么是合理的等。这些假设的变动对资产和负债项目金额的确定影响很大，有可能会在下一个会计年度内作出重大调整。因此，强调这一披露要求，有助于提高财务报表的可理解性。

（五）会计政策和会计估计变更以及差错更正的说明

企业应当按照《企业会计准则第 28 号——会计政策、会计估计变更和差错更正》及其应用指南的规定，披露会计政策和会计估计变更以及差错更正的有关情况。

（六）报表重要项目的说明

企业应当以文字和数字描述相结合，尽可能以列表形式披露报表重要项目的构成或当期增减变动情况，报表重要项目的明细金额合计应当与报表项目金额相衔接。在披露顺序上，一般应当按照资产负债表、利润表、现金流量表、所有者权益变动表的顺序及其项目列示的顺序进行。

企业应在附注中披露费用按性质分类的利润表补充资料，可将费用分为耗用的原材料、职工薪酬费用、折旧费用、摊销费用等。

（七）其他需要说明的重要事项

其他需要说明的重要事项主要包括或有和承诺事项、资产负债表日后非调整事项、关联方关系及其交易，以及企业发生的交易或者事项涉及的各个具体会计准则要求披露的内容，如在资产负债表日后、财务报告批准报出日前董事会或其他权力机构提议或宣告发放的股利总额和每股股利金额（或向投资者分配的利润总额）。

（八）有助于财务报表使用者评价企业管理资本的目标、政策及程序的信息

具体内容略。

（九）其他综合收益各项目的信息

附注中披露：其他综合收益各项目及其所得税影响；原计入其他综合收益、当期转出计入当期损益的金额等信息；其他综合收益各项目的期初和期末余额及其调节情况。

(十)终止经营的信息

企业披露终止经营的收入、费用、利润总额、所得税费用和净利润,以及归属于母公司所有者的终止经营利润。终止经营是指企业已被处置或被划归为持有待售的、在经营和编制财务报表时能够单独区分的组成部分,该组成部分按照企业计划将整体或部分进行处置。

从广义上说,分部报告和关联方关系及其交易的披露,金融工具的披露,也有益于会计信息使用者对会计报表数据的理解,以便作出正确决策,也是附注的内容。

需要说明的是,财务报表是财务报告的核心内容。财务报告包括财务报表和其他应当在财务报告中披露的相关信息和资料,如股本变动及股东情况,董事、监事、高级管理人员和员工情况,以及公司治理结构、股东大会情况简介、董事会报告、监事会报告、重要事项等信息和资料。